MONOGRAPHIE

D'UNE FAMILLE

ET

D'UN VILLAGE

LA FAMILLE DE ROBERT

ET LES GENTILSHOMMES VERRIERS DE GABRE

PAR

Élisée DE ROBERT-GARILS

TOULOUSE

IMPRIMERIE ET LIBRAIRIE ÉDOUARD PRIVAT

45, RUE DES TOURNEURS, 45

1899

MONOGRAPHIE

D'UNE FAMILLE ET D'UN VILLAGE

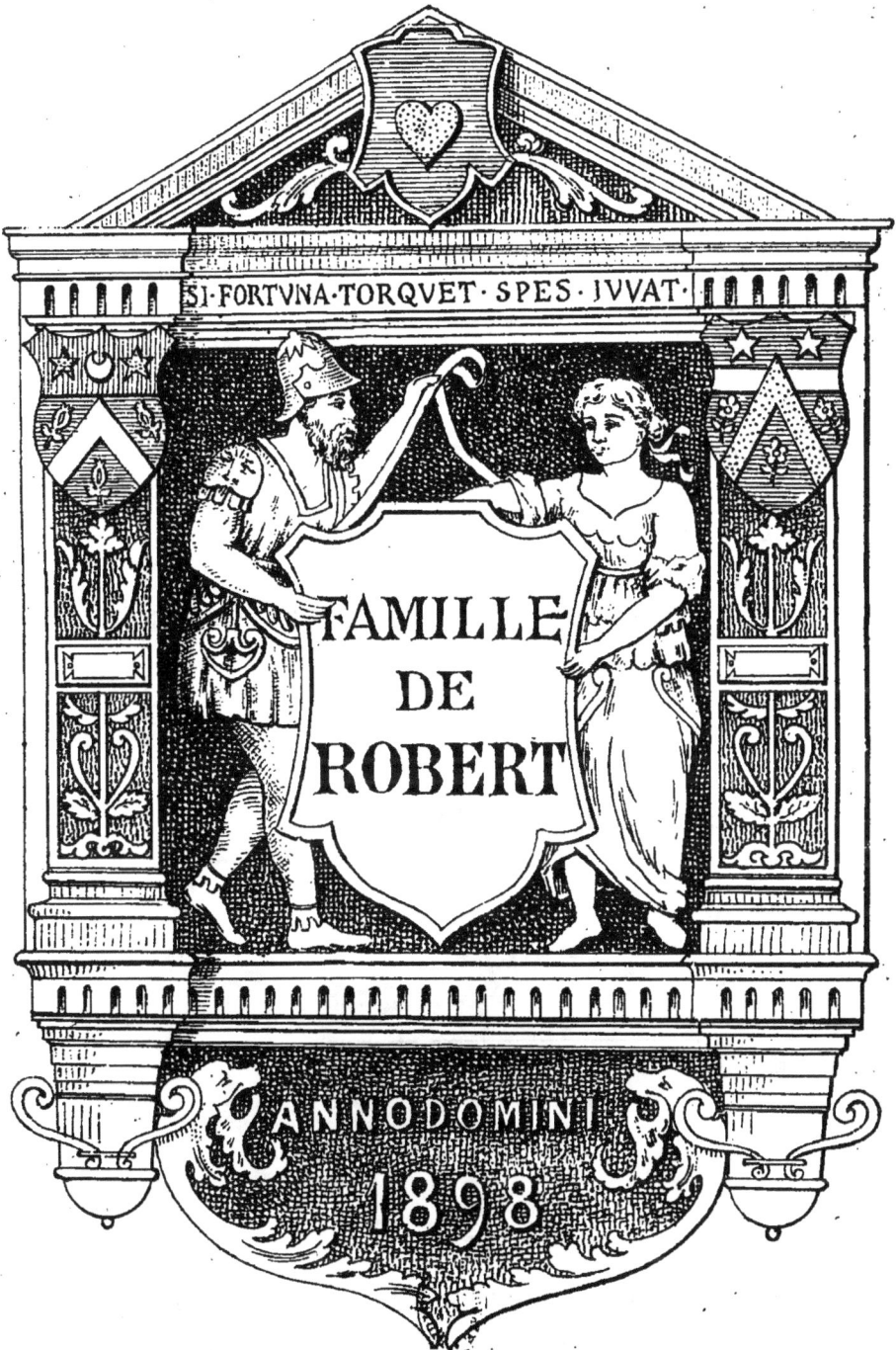

SI·FORTVNA·TORQVET·SPES·IVVAT

FAMILLE
DE
ROBERT

ANNO DOMINI
1898

MONOGRAPHIE

D'UNE FAMILLE

ET

D'UN VILLAGE

LA FAMILLE DE ROBERT

ET LES GENTILSHOMMES VERRIERS DE GABRE

PAR

Élisée DE ROBERT-GARILS

TOULOUSE

IMPRIMERIE ET LIBRAIRIE ÉDOUARD PRIVAT

45, RUE DES TOURNEURS, 45

1899

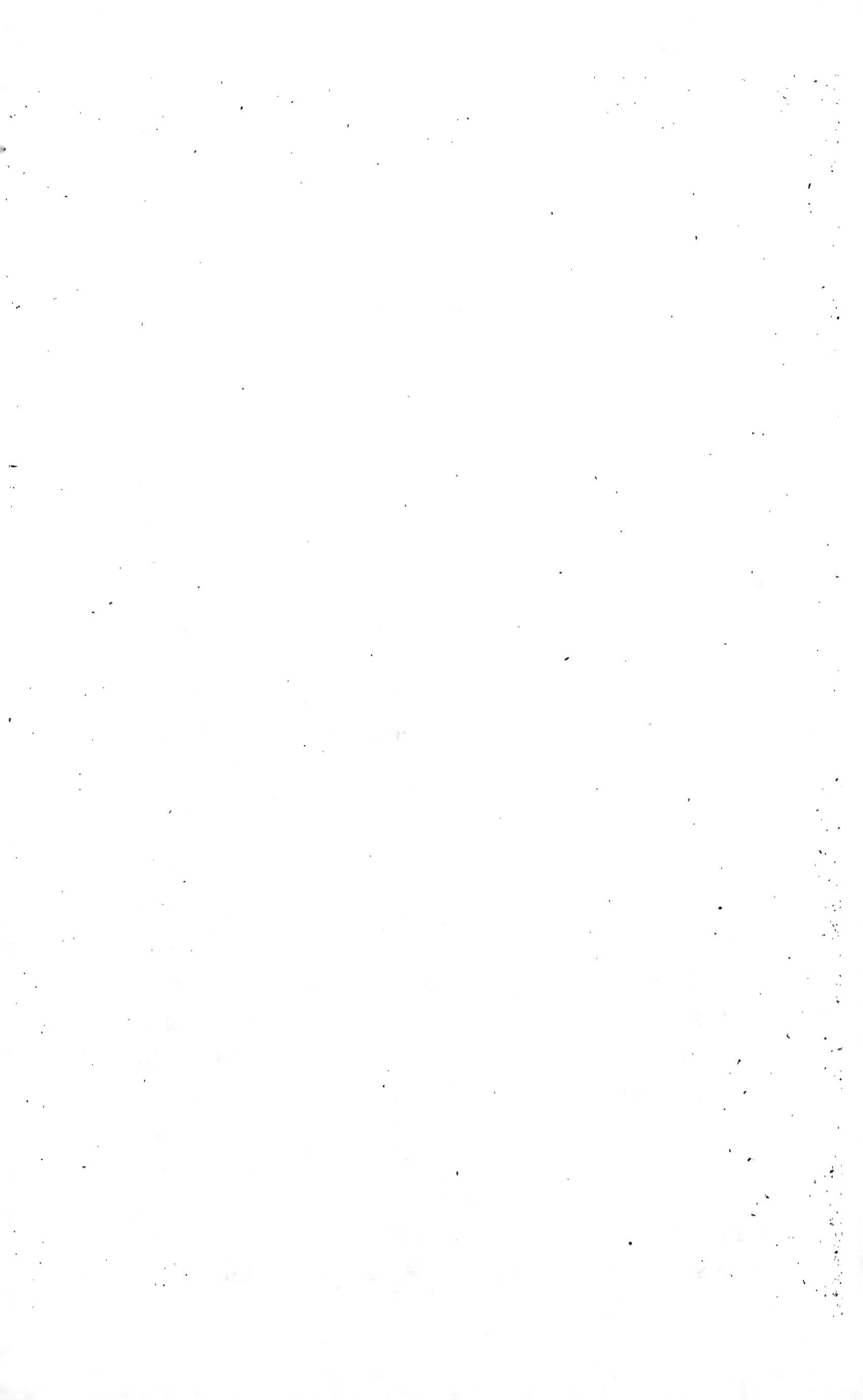

AVANT-PROPOS

Nous avons essayé de retracer, dans les pages qu'on va lire, l'histoire de la famille de Robert ; et nous espérons que cette étude intéressera, malgré ses lacunes ou ses défauts, notre nombreuse parenté. Mais ce nous serait un regret qu'elle excitât simplement la curiosité ; nous voudrions plus et mieux que cela : nous souhaiterions qu'elle eût pour effet de resserrer des liens familiaux qui vont se relâchant de plus en plus, conformément à la tendance générale de la société contemporaine. Ces liens, autrefois si solides, grâce au maintien du groupe de famille, qui formait une sorte de tribu, sont devenus aujourd'hui si fragiles, par suite de la désagrégation de ce groupe, qu'ils menacent de se perdre insensiblement avec ce groupe lui-même. Rien n'est plus regrettable ; et c'est pourquoi, si l'évocation du passé contenue dans ces pages pouvait contribuer à les raffermir un peu, ce serait là pour nous une douce satisfaction et la meilleure récompense de notre peine.

La première partie de ce travail a été conçue principalement au point de vue généalogique. Quant à l'histoire même de la famille de Robert, elle ne pouvait guère s'écrire sans y adjoindre, à titre complémentaire, celle de deux autres familles : les familles de Grenier et de Verbizier. Ces trois familles ont été si intimement unies dans le cours des âges que leur passé est inséparable : c'est un héritage commun, qu'il serait injuste de revendiquer exclusivement pour l'une d'elles. Nous ne voudrions pas attribuer plus d'importance qu'il ne convient à une vague tradition, basée sans doute sur une simple conjecture, d'après laquelle Robert, Grenier et Verbizier n'auraient été autre chose à l'origine que trois frères [1]; mais toujours est-il qu'il y a dans cette légende une marque pour ainsi dire palpable des liens séculaires existant entre ces familles. A défaut de parenté originelle, leurs fréquentes alliances et leur communauté d'intérêts, matériels et moraux, créaient entre elles un rapprochement si étroit qu'elles formaient en effet comme une seule et même famille. Gentilshommes et verriers, vivant sans cesse côte à côte, ayant les mêmes goûts, les mêmes travaux, les mêmes besoins, les mêmes plaisirs, la même foi, les Robert, les Grenier et les Verbizier ont vécu durant des siècles de la même vie, et leur histoire, encore une fois, est un patrimoine commun.

Ces gentilshommes verriers, dont l'origine est très ancienne [2], ont habité pendant longtemps la contrée de

1. Nous nous rappelons l'avoir entendu dire à feu notre grand'père maternel, et dernièrement encore un vénérable octogénaire, M. Léon de Grenier-Lalée, nous le confirmait. Cette conjecture pourrait, au reste, être la vérité, beaucoup de prénoms ou surnoms ayant servi effectivement à constituer des noms de famille : à commencer par celui de Robert, comme nous ne tarderons pas à en voir un exemple (V. Ire Partie, Chap. I et nom de *Robert de Lignerac*).

2. Leurs familles, dont les origines se perdent dans les ténèbres du Moyen-Age, et qui étaient primitivement adonnées au métier des armes, furent décimées et ruinées par les guerres de Saint-Louis; et c'est à partir

Gabre, où nous les trouvons établis dès le seizième siècle, et où leurs familles comptent de nos jours encore un
certain nombre de représentants. Si de là ils ont rayonné
ailleurs, de divers côtés, en vue de l'exercice de leur
industrie, Gabre est toujours resté, à partir de cette
époque, leur centre commun, leur grand foyer familial. Aussi leur histoire se confond-elle dès lors avec
celle de ce village. Nous avons dû par conséquent étudier les événements locaux, auxquels ils furent constamment mêlés, et où leur influence fut même prépondérante. Mais avant d'entreprendre cette étude, qui
forme le sujet de notre troisième partie, nous avons
consacré la seconde à relever les faits principaux dont
Gabre fut le théâtre dans les temps antérieurs, en raison de l'intérêt qui s'attache à ses origines et à sa qualité de siège d'une commanderie de Malte. Abordant
ensuite la période moderne, et nous plaçant à un point
de vue général et familial tout ensemble, nous avons
tâché de marquer le rôle joué à la fois par les gentilshommes verriers, par la commanderie, et par la
communauté même de Gabre, dans les destinées de
cette localité.

Il nous eût été facile de joindre à cette étude, en appendice, un grand nombre de pièces justificatives, qui

du règne de ce prince qu'elles pratiquèrent l'industrie du verre, avec certains privilèges et sous certaines conditions que l'on connaîtra dans la
suite (V. Ire Partie, Chap. IV et VI). Ce qui ne les empêcha pas, au reste,
de reprendre à l'occasion la carrière militaire et de continuer la tradition glorieuse des ancêtres : observation qui s'applique, non exclusivement mais plus particulièrement, à une branche de la famille de Robert
transplantée du midi de la France dans le nord-est sous le règne de
Louis XIV, branche qui, nous le verrons dans la *Généalogie* ci-jointe
(V. 6e Génération, Article XII), délaissa la verrerie à cette époque et a
fourni depuis lors à l'armée des officiers distingués.

sont entre nos mains, et qui auraient doublé ce volume. Les frais d'impression nous en ayant détournés, nous nous sommes contentés d'en insérer quelques-unes dans le cours de notre récit.

Nous ne fermerons pas cet avant-propos sans remercier tous ceux qui ont bien voulu favoriser notre travail de leurs communications : particulièrement MM. Ferdinand des Robert, de Nancy, membre de l'Académie de Stanislas, correspondant de la Société des Antiquaires de France et de l'Académie de Metz, et son neveu Edmond, appartenant à la famille malgré la variante de la particule *des*[1], dont le premier nous a fourni les données généalogiques concernant sa branche, et le second a dessiné les gravures illustrant cet ouvrage en même temps qu'il nous a procuré les renseignements provenant de la Bibliothèque nationale ; Urbain de Robert-Labarthe, pasteur, qui nous a procuré également les documents émanant des Archives départementales de l'Hérault ; et Félix de Grenier-Latour, aussi pasteur, qui a mis à notre disposition ses Archives familiales, contenant, par suite d'alliances, un assez grand nombre de pièces intéressant les Robert.

1. Voir encore *Généal.*, 6e Génér., Art. XII.

PREMIÈRE PARTIE

LA FAMILLE DE ROBERT

CHAPITRE I.

Le Nom de Robert; Familles diverses.

Le nom de Robert, assez répandu, non-seulement
en France mais encore à l'étranger, particulièrement
en Angleterre, et connu à la fois comme prénom et
comme nom de famille, se trouve souvent cité dans
l'histoire de notre pays. Le Père Anselme parle, dès la
période mérovingienne, d'un « Robert, père de Sainte
Angadrisme », qui fut, au septième siècle, « garde du
scel du roi Clotaire III, comme il s'apprend de la vie
de S. Ansbert, évêque de Rouen, écrite par Angradus
ou Aigradus, religieux Benedictin »[1]. Il mentionne
encore, au onzième siècle, « Robert, Queux de France »,

---

[1]. *Histoire généalogique et chronologique de la maison royale de
France, des Pairs, grands officiers de la couronne et de la maison
du roi, et des anciens barons du royaume...,* par le P. Anselme,
augustin déchaussé, continuée par du Fourny, revue, corrigée et augmentée par les soins du P. Ange et du P. Simplicien..., 3ᵉ édit. Paris,
1730, t. VI, p. 239.

qui « souscrivit avec les Grands Officiers de la Couronne, la charte de la fondation du prieuré de Saint
Martin des Champs de Paris en 1060 », et qui exerçait
encore cette charge en 1065, comme on l'apprend d'un
titre de ce Prieuré »[1], et « Robert, Senechal de
France », apparemment le même que le précédent,
qui « signa deux chartes expédiées en faveur de l'abbaye
de S. Quentin de Beauvais, et du prieuré de S. Martin
des champs de Paris en 1079 »[2]. Ce nom se rencontre
aussi fréquemment, aux diverses époques du Moyen-
Age, et notamment au temps des Croisades, sous la
plume des chroniqueurs contemporains, tels que Guillaume de Tyr et son continuateur Bernard le Trésorier, Albert d'Aix, Raoul de Caen, Orderic Vital et
d'autres encore[3]. Du Cange enfin, dans ses *Familles
d'outre-mer*[4], signale dans le même temps un assez
grand nombre de personnages du même nom parmi
les abbés, les évêques ou les patriarches de l'Orient,
les grands-maîtres de l'Ordre des Templiers ou les
grands-officiers du royaume de Jérusalem. Mais, bien
que notre famille compte vraisemblablement parmi
eux, en raison de son ancienne origine, quelqu'un de
ses ancêtres, nous ne nous attarderons pas à en faire
le relevé, qui serait trop long, et à nous livrer à leur
sujet à des suppositions sans fin, soit parce qu'il est
quelquefois difficile de distinguer le nom du prénom[5],

1. *Histoire généalogique et chronologique de la maison royale de
France, etc.*, t. VIII, p. 825.
2. *Id.*, t. VIII, p. 29.
3. Les chroniques de ces divers auteurs figurent dans la *Collection de
documents relatifs à l'Histoire de France*, de Guizot, en 28 ou 29 vol.
4. Ouvrage annoté d'après des documents inédits par M. E.-G. Rey
(1869).
5. Ce n'est guère, en effet, que vers le temps des Croisades que se

soit encore à cause de l'impossibilité d'établir la parenté d'une manière positive.

Vers la fin du douzième siècle et le commencement du quinzième, Dom Villevieille nous présente, dans ses fragments historiques, trois Robert : « huges Robert chevalier », qui, voulant revenir sur une donation faite par lui au monastère de St Vivant « lorsque guy chevalier de chef et Adeline sa femme dont il était le gendre s'y firent religieux », et dissuadé de ce dessein « par messires guy Devergy et hugues Demont Saint Jean, ses amis et entre autres Dodon le blanc son frère,... confirma la ditte donation en 1173 (Arch. du prieuré de St Vivant) »; « Noble homme pierre de Robert... temoin du testament de madame Anne de Lages veuve de feu noble et puissant seigneur ramon de Castelbajac chevalier le 23 nov. 1412 »; et « noble seigneur messire bernard de Robert chevalier », dont la fille « Anne... habitant à Castel Sarrazin epousa noble seigneur messire Bernard de Mezamat fils de noble seigneur messire Julien de M. chevalier habitant de la ditte ville de Castelsarrazin en presence de messires jean de Castello, Joseph de peltro martino, et Jean de Crosilas habitants du susdit lieu ses parens par contrat de mariage recu par jean de fraxino notaire de Toulouse le 10 déc. 1421 »[1]. Mais ici encore, quoique nous nous trouvions en présence d'un

---

constituèrent les noms de famille, à côté des noms de baptème ou des surnoms seuls usités auparavant.

[1]. Dom Villevieille : *Trésor généalogique*, Vol. 76, Fr. 31.959 (Grand ouvrage manuscrit déposé à la Bibliothèque nationale). M. Edmond des Robert, à qui nous devons ce renseignement avec plusieurs autres, n'a pu faire malheureusement à la Bibliothèque nationale, et dans cet ouvrage en particulier, qu'une consultation hâtive et incomplète.

nom de famille bien déterminé et dans la région habitée par nos ancêtres, quelles que soient les probabi-
lités de parenté, nous ne saurions dire, en l'absence
de documents précis et vu la multiplicité des familles
homonymes, s'il faut ou non voir là pour la nôtre une
ascendance certaine[1].

Divers armoriaux ou livres généalogiques, tels que
ceux de d'Hozier, de Chevillard, de La Chenaye-Desbois, de Saint-Allais, de Rietstap, et d'autres que nous
aurons l'occasion de consulter au cours de cette étude,
signalent à leur tour beaucoup de Robert disséminés
en différents lieux. Leur nombre est si considérable
que nous n'en finirions pas si nous voulions les passer
tous en revue[2]. Nous nous bornerons donc à donner

1. On trouve également signalé, vers la fin du treizième siècle et dans
la même région, dans d'Hozier (*Armorial général*), à l'article *de Guis-
card,* dans un acte se rapportant aux preuves de noblesse de cette
famille, du 26 avril 1284, un « G. de Rotbert », qui y figure comme
témoin, et qui pourrait se rattacher aux Robert malgré la variation
orthographique du nom.

Un autre Rotbert, contemporain du précédent, est encore mentionné
par M. A. du Bourg dans son *Histoire du Grand-Prieuré de Toulouse*
(Toulouse 1883), p. 548 : « Raymond Rotbert (templier) », qui figure
dans la liste des commandeurs du Bastit (Quercy) et qui exerça sa
charge de 1276 à 1280.

Ce dernier auteur rapporte aussi (p. 276) une donation faite en novembre 1170 par « Robert, abbé de Saint Michel de Gaillac ».

2. On en jugera par la simple énumération des pages ou articles les
concernant dans le *Grand Armorial général de France :* Recueil officiel dressé en vertu de l'Edit de 1696 (34 volumes de Texte et 35 volumes
d'Armoiries) par Charles d'Hozier, Juge d'armes ; énumération tirée de
l'*Indicateur* de cet ouvrage : Table alphabétique publiée sous la direction de M. Louis Paris (Paris, 1865, 2 vol.) :

« ROBERT. — Bourb., 411-412.
        Bourges, 69-129-287-323-420.
        Bourg., Ier V. 275-322-441-524.
        Bourg., IIe V. 43-241-534-564.
        Bret., I, 183-253-279-313-640-819-830 ; — IIe V. 416.
        Champ., 39-249-335.

de leurs familles, répandues aux quatre coins de la France, la liste sommaire dressée par M. Charles Grandmaison dans son *Dictionnaire héraldique*[1], en accompagnant cette liste de quelques annotations :

« ROBERT — Aunis et Saintonge — *de gueules, à l'agneau pascal d'argent, au chef cousu d'azur chargé de trois étoiles d'or* (Pl. I n° 2)[2].

Dauph., 168-169.
Fland., 622.
Guy., 301-801.
Lyon., 28-656-1044.
Montp.-Mont.., 244-620-767-1033.
Paris, I., 79-113-162-167-173-515-823-837-874-890-917-942-1148-1149-1169-1336.
Paris II., 314-499-541-603-647-707-1051-1120.
Paris III., 222-324-416-451-472-485-486-489-511.
Paris IV., 34-35-36-198-775.
Picardie., 864.
Poitou, 85-178-216-222-229-231-373-374-375-380-438-445-622-980-1154-1176-1231-1233-1237-1238-1240-1244-1245-1517-1518.
Provence, I, 222-223-409-666-776-808-933-945-947-1016-1397.
Id. II, 369-543-696.
La Rochelle, 140-158-255-366-375.
Rouen, 686-785-843.
Soissons, 462.
Toul.-Mont., 155-234-400-498-553-632-652-697-704-858-859-1076-1221-1304.
Tours, 307-1069-1131-1144-1192-1203-1211-1528.
Versailles, 231.
ROBERT (le). Montp.-Mont., 24. »

1. Qui forme le Tome XIII de la *Nouvelle Encyclopédie théologique* publiée par M. l'abbé Migne en 1861 (J.-P. Migne, éditeur, Paris).

2 Ces armes et les suivantes, que nous avons tâché de représenter, figurent sur des planches distinctes, suivant qu'elles s'appliquent à des Robert connus de nous et rentrant dans notre *Généalogie*, ou à des inconnus, dont quelques-uns, au reste, pourraient se rattacher à la famille à notre insu.

Robert — Bretagne — *de gueules, à trois coquilles
d'argent* (Pl. I n° 3)

Robert — Champagne — *de gueules, à la fasce
d'argent accompagnée de trois roses
du même* (Pl. I n° 4)[1].

1. Ces armes forment sans doute une simple variante de celles qui
sont attribuées à « Robert du Châtelet (de), en Champagne » par le
Nobiliaire universel de France de M. de Saint-Allais, publié vers le
commencement de ce siècle et réédité en 1872-1873 (Bachelin-Deflorenne,
Paris) : *de gueules à l'aigle d'argent.*

Saint-Allais (t. IV, pp. 217-221) donne de cette famille, qui, dit-il,
« tire son origine du midi de la France, et florissait en Béarn, en
Quercy et dans les provinces voisines dès le douzième siècle », une généalogie assez détaillée, applicable à une branche particulière « transplantée en Champagne sous le règne de Henri IV », et que nous croyons
devoir reproduire succinctement à cause des rapports possibles et même
vraisemblables de cette famille et de la nôtre, originaires l'une et l'autre
de la même contrée. (V. *Généal.* et Chap. IV.)

I. Joachim de Robert, vivait en Béarn, vers l'an 1450.

II. Jean de Robert, seigneur de la Guitardie, eut pour fils :

III. Adam de Robert, seigneur de Villeneuve etc., qui laissa de
Marie de la Balme son épouse :

Jean de Robert
Barthélemy, dont l'article suit
Marguerite de Robert
Marie de Robert.

IV. Barthélemy de Robert, seigneur de la Guitardie etc., alla s'établir en Champagne, vers la fin du seizième siècle. Il épousa, le 3 avr.
1603, Susanne d'Hennin-Liétard, dont il eut :

V. Philippe de Robert, sieur de Mondigny etc., qui ép. Claude de
Namps de la Grange, dont :

François-Louis, qui suit
Robert de Robert.

VI. François-Louis de Robert, sieur de Mondigny etc., ép. le 18 mai
1671 Marie-Bernardine de Frarin de Courmilly, dont :

Trois fils morts au service, etc.
Charles-Akam, q. s.

VII. Charles-Akam de Robert du Châtelet, 1er du nom, ép. le 14 mars
1712 Jeanne Chaussé des Croisettes-de-la-Neuville, dont :

Charles-Akam, q. s.
Jacques-Maximilien, q. s.
Louis-Henri, q. s.

ROBERT — Guyenne et Gascogne — *d'azur, à trois fleurs de lys d'argent et une barre d'or brochant* (Pl. V n° 1)[1].

ROBERT — Ile de France — *d'azur, à trois pattes de griffon d'or* (Pl. I n° 5)[2].

Jean-Baptiste-Louis, q. s.
Bernardine-Charlotte
N..., religieuse.

VIII. Charles-Akam, IIe du nom, ép. Elisabeth-Charlotte Comyn, dont :
Louis-Augnste-Angélique-Jacques-Charles
Anne-Andrée-Charlotte, mariée à N... Bourcard de Frontville.

VIII. Jacques-Maximilien ép. en 1785 Marie-Adélaïde Rousseau de Rimogne, dont :
Louis-Emmanuel-Maximilien, né au Châtelet le 3 oct. 1786
Ferdinand.

VIII. Louis-Henri ép. N... Souhin des Tournelles, dont :
Une fille, alliée à M. le marquis de Saint-Belin.

VIII. Jean-Baptiste-Louis ép. Claude-Olive de Failly, dont :
Louis-François-Maximilien, qui ép. Antoinette-Thérèse Méry-le-Duc-la-Tournelle
Jean-Charles
Elise
Félicie, mar. à N... de Failly-de-Champlin
N...

Cette famille, croyons-nous, existe encore de nos jours.

1. C'est ici un membre de la famille. (V. Chap. II et *Généal.* 5e Génér., Art. VIII.)

2. D'Hozier, dans son *Armorial général ou Registres de la noblesse de France* (Paris, 1752), blasonne pareillement les armes de cette famille : « *d'azur à trois Pattes de Griffon d'or, posées deux et une* », et établit sa généalogie depuis « Antoine Robert annobli par Louis XI au mois de juillet 1481 » (IIe Partie, Registre III.) — Ce même blason est attribué à un Robert de Guyenne par Jacques Chevillard le Fils, généalogiste, dans son *Dictionnaire héraldique* (in-12, Paris, 1723, p. 104). La même page du même ouvrage contient un blason en partie semblable, celui de Robert de Courtoux : *d'argent à la fasce dentelée de sable accompagnée de trois roses de gueules, coupé d'azur à trois pattes de griffon d'or.* (Pl. I n° 6).

Nous nous abstenons de reproduire la généalogie de cette famille, qui, en tant qu'anoblie, n'a rien de commun avec la nôtre, dont la noblesse est immémoriale (V. Chap. II et V.)

ROBERT — Provence — *d'or, au sautoir de sinople, accompagné en chef d'un roc d'échiquier « de même »*[1] (Pl. I n° 7).

ROBERT DE LEZARDIÈRES — Poitou — *d'argent, à trois quintaines de gueules* (Pl. I n° 1)[2].

ROBERT DE LIGNERAC — Bourgogne — *d'argent, à trois pals de gueules* (Pl. I n° 8)[3].

1. L'émail de cette pièce, que M. Grandmaison a omis de faire connaître, est de sinople comme celui du sautoir ; nous l'indiquons entre guillemets. — V. Biblioth. nat., cabinet des titres : *Pièces originales,* vol. 2501, dossier 56173 n° 22.

2. D'Hozier attribue également ce blason à un autre Robert : Robert du Castard (Biblioth. nat., cabin. des tit. : *Carrés de d'Hozier,* vol. 542).

3. Il figure pareillement, avec les mêmes armes, dans Chevillard (*ouvr. cit.,* p. 163) et dans le *Dictionnaire de la noblesse* de M. de La Chenaye-Desbois (2e édit. Paris, 1778, t. II, pp. 139-140). Seulement ces deux auteurs le placent dans le Quercy et non en Bourgogne.

L'*Armorial général* de J.-B. Rietstap (2e édit. Gouda, G. B. van Goor Zonen, 1834) fait, au sujet de ses armes, par mégarde sans doute, les trois pals *d'azur.*

Suivant La Chenaye, qui a dressé une généalogie de cette famille, dont nous ferons encore un relevé sommaire, « le nom primitif de cette ancienne noblesse était *Mure*... Elle remonte à *Robert de Mure,* qui se rendit si célèbre par ses exploits, que son fils *Timard* quitta le nom de *Mure* pour prendre celui de *Robert,* et d'un nom patronimique il en fit celui de sa Famille, sous lequel sa postérité a toujours été connue.

Jean Robert, maître des Requêtes, était, en 1289, un des 12 Conseillers du Parlement sous Philippe le Bel. On croit qu'il eut pour fils :

Gui Robert, premier évêque de Montauban, sous le pape Jean XXII ; et Adhémar Robert, évêque de Lisieux, puis Archevêque de Sens et Cardinal en 1342, dont le neveu, Pierre Robert, fut doyen de Saint-Germain-l'Auxerrois, Chanoine de Paris, maître des Requêtes, Trésorier des Finances sous Charles VI. »

I Pierre Robert, Baron de Lignerac (« ancienne Baronnie dans la Marche Limousine »), auquel seulement commence une filiation suivie, et qui vivait sous Charles VII, ép. Marguerite de Cosnac, dont :

II Charles, qui ép. Philippe de Pelagrue, dame de Puy-Gensac, dont :

III François, chevalier de l'Ordre du Roi en 1571, décédé en 1613, qui eut de Catherine d'Hautefort, sa seconde femme :

IV Edme. qui ép. le 24 avr. 1597 Gabrielle de Levis, dont :

ROBERT DE TERMES — Vivarais — *d'azur, au cœur d'or* (Pl. IV)[1].

A cet exposé sommaire, s'appliquant à diverses provinces, et très incomplet d'ailleurs, mais où nous reconnaissons toutefois deux membres de la famille : le quatrième et le dernier, il convient de joindre la nomenclature suivante, puisée dans l'*Armorial* de d'Hozier et spécialement relative à la région du Languedoc, qui a formé de tout temps un centre important pour les

V François, qui ép. Marie d'Espinchal, dont :

VI N..., déc. en janv. 1704, qui ép. Jeanne de Reilhac, dont :

VII Joseph, Brigadier des armées du Roi en 1702, déc. le 13 mai 1733, qui ép. Marie-Charlotte de Tubières-de-Grimoard-de-Pestel-de-Levis, déc. le 7 mars 1741, dont :

VIII Charles-Joseph, déc. le 15 déc. 1741, qui ép. le 18 août 1732 Marie-Françoise de Broglie, dont :

IX Achille-Joseph, qui ép. le 4 mars 1760 Marie-Odette de Levis-Châteaumorand, déc. en 1766,

IX et Charles-François-Marie, né le 13 sept. 1737, marié.

Nous ignorons si cette famille existe encore.

1. Il figure avec les mêmes dans l'*Armorial* de Rietstap. En donnant le blason de ce Robert, qui rentre, comme celui de Guyenne et Gascogne, dans notre *Généalogie* (V. Chap. II et *Généal.*, 6ᵉ Génér., art. XI), M. Grandmaison a voulu déterminer, croyons-nous, non pas précisément son blason particulier, qui est différent et que nous ferons connaître ailleurs, mais le blason originel de la famille (V. Chap. V). (Paul) de Robert-Termes, bien que placé ici dans le Vivarais, était originaire du diocèse de Saint-Pons, comme on le verra par son jugement de maintenue en la noblesse ci-dessous rapporté (V. Ch II). — Il y avait, au reste, dans le Vivarais et dans le diocèse de Viviers, une famille de Robert dont trois représentants, « Saint Ange Robert Dumolard, seigneur de Chateauneuf, Verdun et Roubin, Baillif d'Epée des Comtes de Tournon et Chalancon, Inspecteur des régiments de milice Bourgeoise des pays de Vivarais et de Velay », et ses deux fils « André Robert de Chateauneuf, capitaine d'une compagnie franche de fusiliers, aussi baillif d'Epée etc... », et « Jacques Robert de Chateauneuf, docteur es droits », obtinrent leur maintenue de l'intendant du Languedoc Nicolas de Lamoignon de Bâville le 9 décembre 1717. — Arch. départ. de l'Ardèche : Jugement de maintenue des précédents, nᵒ 161 *bis*.

Robert en général et le foyer de la famille en particulier. Elle ne comprend pas moins d'une vingtaine de
représentants du nom, tous contemporains et vivant
vers la fin du dix-septième siècle ou le commencement
du dix-huitième, savoir[1] :

P. 155 — Charles de Robert, ancien capitoul — *d'ar-
          gent à un chesne de sinople, englanté
          d'or, à un chef d'azur chargé d'un
          croissant d'argent accosté de deux étoi-
          les d'or, écartelé de gueules à un lion
          d'or et sur le tout une croix d'or bro-
          chant sur le tout* — Blas. col. Lang.
          n° I p. 418 (ou 530) (Pl. I n° 9)[2].

P. 234 — Jean de Robert Delhom (Généralité de Mon-
          tauban) — *d'azur à 3 bandes d'or* —
          Blas. col. Lang. n° I p. 928 (Pl. I n° 10).

P. 400 — Jean de Robert s[r] de la Roque (Grenade) —
          *d'azur à 3 fleurs de lys d'argent posées
          2 et 1 et une barre d'or brochant sur le
          tout* — Blas. col. Lang. n° I p. 1085 (Pl. V
          n° 1)[3].

P. 498 — Jean-François de Robert cons[r] du Roy et son
          lieutenant principal en la judicature de
          Comenge, siège d'Aurignac — *d'argent
          à un chesne de sinople englanté d'or et*

1. D'Hozier : *Armorial général,* vol. XIV : Toulouse-Montauban, et
Blasons coloriés correspondants (Biblioth. nat.).

2. Les armoiries figurent encore ici sur des planches distinctes, suivant qu'elles sont ou non applicables à des membres de la famille.

3. Membre de la famille. C'est le même que celui de Guyenne et Gascogne de Grandmaison (V. ci-dessus).

un chef d'azur chargé d'un croissant d'argent accosté de 2 étoiles d'or — Blas. col. Lang. n° II p. 1881 (Pl. I n° 11)[1].

P. 553 — Michel de Robert s' de Biros (Rieux) — *d'azur à un chevron d'argent accompagné de 3 noisettes d'or feuillées de mesme la teste en bas 2 en chef une en pointe et au chef de gueules chargé d'un croissant d'argent aussi accosté de 2 étoiles d'or* — Blas. col. Lang. n° II p. 1938 (Pl. V, n° 2)[2].

P. 632 — François Robert procureur au Parlement de Toulouse — *de gueules embrassé à senestre d'or* — Blas. col. Lang. n° II p. 2039[3].

P. 652 — Jaque Robert m. bourg. du lieu de Lisle — *d'azur à un croissant d'argent* — Blas. col. Lang. n° 2 p. 2071[4].

P. 697 — Arnaud Robert bourg. de la ville de Carcassonne — *fascé d'or et de sable à 6 pièces* — Blas. col. Lang. n° II p. 2144 (Pl. II n° 14).

P. 704 — Vincent Robert bourgeois du lieu de Fonties — *de sable taillé nuagé d'argent* — Blas. col. Lang. n° II p.   (Pl. II n° 15).

1. On remarquera le rapport de ces armes avec celles de Charles de Robert.

2. Membre de la famille (V. Chap. II et *Généal.* 6e Génér. Art. XV).

3. Ces armes sont peintes inversement : *d'or embrassé à dextre de gueules* (Pl. I n° 12).

4. Le croissant est peint : *d'or* (Pl. II n° 13).

P. 858 — Pierre de Robert sieur de Campredon (Lavaur) — *d'azur au chevron d'or accompagné de 3 noisettes avec leurs pellicules
de mesme tigées et feuillées aussi d'or,
posées 2 en chef 1 en pointe, les queues
en haut, et au chef de gueules chargé
d'un croissant d'argent accosté de 2 étoiles de mesme* (Pl. V n⁰ 3) [1].

P. 859 — Louis de Robert sieur de la Valette (Lavaur) — *de mesme* (Pl. V n⁰ 3) [2].

P. 1076 — Jean Roubert sieur de Naussac — *d'azur à
2 roues d'or posées en fasce* (Pl. II
n⁰ 16) [3].

P. 1221 — Jean de Robert sieur de Quinot procureur
du Roy et de la ville de l'Islejordain —
*de sable à un sautoir d'or, cantonné de
4 molettes de mesme* — Blas. col. Lang.
n⁰ II p. 1629 (Pl. II n⁰ 17).

P. 1304 — Marie de Robert femme de César de Grenier sieur de Sarraute (Pamiers) — *de
gueules à l'orle de 7 rocs d'échiquier
d'argent* — Blas. col. Lang. n⁰ II p. 1730
(Pl. V n⁰ 4) [4].

—   François Robert (Montpellier) — Lang.
n⁰ I p. 530 (ou 418) (Pl. II n⁰ 18) [5].

1. Membre de la famille (V. Chap. II et *Généal.* 6ᵉ Génér. Art. XIII).
Ses armes ne figurent pas dans les Blasons coloriés. On remarquera
leur rapport avec celles de Michel de Robert sʳ de Biros.
2. Membre de la famille comme le précédent. Ce sont deux frères
(V. Chap. II et *Généal.* 5ᵉ Génér. Art. VII).
3. Ses armes ne figurent pas non plus dans les Blasons coloriés.
4. Membre de la famille (V. Chap. II et *Généal.* 4ᵉ Génér. Art. I).
5. Ce Robert-ci et les quatre suivants ont leurs armes peintes dans les

— Jaque Robert s^r de Belveze Cons^r du Roy, juge en la temporalité de l'archevêché de Narbonne — Lang. n° I p. 575 (Pl. II n° 19).

— Charles de Robert s^r de la Biranne — Lang. n° I p. 784 (Pl. II n° 20).

— Pierre Robert chanoine et vicaire général de l'évesque de Nisme — Lang. n° I p. 829 (Pl. II n° 21).

— Pierre Robert curé de Loupia (Pl. II n° 22).

A côté de ces Robert, dont cinq tout au moins font partie de la famille, nous devons en faire figurer un autre — établi en Lorraine ou plus exactement dans les Trois-Évêchés mais originaire du Languedoc par son père — qui en fait partie également, et qui n'est autre qu'un neveu de Robert de Termes, malgré la variante de particule *des* qui le caractérise et au sujet de laquelle une remarque sera faite en temps et lieu dans la suite de ce travail[1] :

P. 661 — des Robert ayde major de la ville de Montmedy (Lorraine) — *d'or à une bande de sable chargée d'une billette d'or* — Blas. col. Lorr. p. 392 [2].

Négligeant maintenant, faute d'éléments d'information suffisants, et pour éviter de nous mouvoir dans le

Blasons coloriés sans qu'elles soient blasonnées dans le Texte de l'*Armorial*.

1. V. *Généal.* 6e Génér. Art. XII.

2. V. Chap. II et *Généal.*, 7e Génér. Art. IX. Le cachet peint porte une *barre* au lieu d'une *bands* (Pl. V n° 5). Nous reviendrons sur ce point au chapitre des *Armoiries*.

champ des hypothèses, de traiter la question des rapports susceptibles d'exister entre les divers Robert précités, nous nous contenterons de relever à part, au chapitre suivant, ceux d'entre eux dont nous connaissons sûrement les attaches avec notre famille. Ils sont, au total, au nombre de sept, et figurent tous à leur rang dans la *Généalogie* ci-jointe.

CHAPITRE II.

La Famille; ses Titres.

Des sept Robert signalés ci-dessus comme appartenant à la famille le premier, dont le nom *distinctif*[1] se trouve omis dans le tableau de Grandmaison mais figure dans celui de d'Hozier, est : Jean de Robert-*Laroque*[2] (V. *Généal.* 5ᵉ Génér. Art. VIII). Son jugement de maintenue en la noblesse, rendu par Le Pelletier de la Houssaye, intendant de la Généralité de Montauban, est du 30 déc. 1698[3].

1. V. *Généal.* 3ᵉ Génér. Art. I et nom de Raymond de Robert-Betbèze, note.
2. Ou *la Roque.* Les noms dans la composition desquels entre l'article, tels que celui-ci et d'autres comme la Valette, la Bastide, la Prade, la Bessède, la Serre, etc., peuvent s'écrire indifféremment en deux mots ou en un seul. Nous adopterons habituellement la seconde forme.
3. Biblioth. nat. Cabin. des tit. *Pièces originales,* Vol. 2501, Dossier 56.173. — Nous pourrions relever ce jugement de Le Pelletier, que nous avons entre les mains, à titre de modèle de maintenue; si nous ne le faisons pas, c'est pour éviter un double emploi, car nous en relèverons tout à l'heure un pareil, rendu par le même commissaire royal.

Le second, pour lequel c'est le prénom qui est omis : Paul de Robert-Termes (V. 6ᵉ Génér. Art. XI), maintenu par Claude Bazin de Bezons, intendant du Languedoc, le 10 ou le 18 déc. 1670[1].

1. Biblioth. nat. Cabin. des tit. *Nouveau d'Hozier*, Carton 138, Doss. 6623. — Une double remarque est ici nécessaire, relativement au nom et à la date. En ce qui regarde le nom, on le trouve, pour sa seconde partie, écrit indifféremment soit en un seul mot : *Dellerme*, soit en deux : *del Terme* et *de Terme* ou *Termes ;* et quant à la date, elle demeure pour nous incertaine, la copie du jugement déposée à la Bibliothèque nationale et transcrite ci-après portant à la fois le 10 et le 18 : le 10 au bas de l'acte et en tête le 18. Une *Note* des Archives départementales de l'Hérault : C. 1828 et le *Catalogue général des gentilshommes de la province de Languedoc dont les titres de noblesse ont esté remis devant Monsieur de Bezons* d'Henry de Caux (Pezenas, Jean Martel, 1676), catalogue dressé au moment de cette vérification et mentionnant le jugement à deux reprises (pp. 66 et 81) donnent la dernière date, qui est la plus probable, comme prise plus près des sources; et la première se trouve à la fois dans les *Pièces fugitives pour servir à l'Histoire de France* du marquis d'Aubaïs (Paris 1759, T. II p. 250), dans l'*Armorial de la noblesse de Languedoc* de Louis de la Roque (Montpellier et Paris 1860, T. I, p. 427), et dans le *Nobiliaire toulousain* d'Alphonse Brémond (Toulouse 1863, T. II p. 245).

Voici ce jugement — c'est, disons-nous, une copie, en tête de laquelle il y a une omission concernant le nom et la qualité de Bezons, que nous avons cru devoir rétablir, sinon en entier du moins partiellement, entre parenthèses — :

«   Du 18 déc. 1670

Copié sur une expedition en papier delivrée en 1703

(Claude Bazin seigneur de Bezons, intendant de Justice Police et Finance de la province de Languedoc)

Entre Nobles Paul de Robert sieur del Terme et Jean François de Robert sieur de Talibert frères, du diocèse de Sᵗ Pons, demandeurs par requête en retractement du jugement par nous rendu le premier octobre mil six cent soixante huit et à ce qu'ils soient maintenus en leur qualité de nobles d'une part et le procureur du Roi en la commission et Mᵉ Alexandre Belleguise chargé par sa Majesté de la poursuite et de la recherche des usurpateurs du titre de noblesse en la Province de Languedoc d'autre

Vu ladite Requête avec notre Ordonnance au pied par laquelle les suppliants sont reçus à produire de nouveau

Jugement par nous rendu le premier octobre mil six cent soixante

Le troisième : Michel de Robert-Biros (V. 6ᵉ Génér.

huit par lequel lesdits Robert sont déclarés usurpateurs du titre de noblesse et condamnés à trois cents livres d'amende chacun

La Declaration de sa Majesté et l'arrêt de son Conseil des 24ᵉ déc. 1661 et 24ᵉ mai 1667

La Procuration par eux faite à Mᵉ Jean Lajasse Procureur pour se présenter et soutenir leurs qualités de nobles

Généalogie et armes desdits Robert

Testament de noble Pierre de Robert sieur de Terme par lequel il institue ses héritiers nobles Paul et Jean Francois de Robert ses enfans en date du 20 oct. 1666

Mariage dudit Pierre de Robert fils de feu noble Jacques de Robert avec demⁱˡᵉ Marguerite de Riols en date du 9 mai 1633

Mariage de noble Jaques de Robert fils de feu noble Sebastien de Robert avec demⁱˡᵉ Marie de Jacques en date du 1ᵉʳ mai 1598

Mariage de noble Sebastien de Robert avec demⁱˡᵉ Françoise de Landrette en date du 25 novembre 1555

Transaction passée entre ledit noble Sebastien de Robert, Guillaume et Antoine Robert, frères, à raison de la succession des biens de noble Germain de Robert leur père, decedé ab intestat en date du 11 avril 1562

Jugement de declaration de noblesse par nous rendu le 4 déc. 1670 en faveur de nobles Paul de Robert, Pierre de Robert, sieurs de Boscapel, frères, et autres de la famille; dans le vu duquel il est fait mention du testament de noble Amiel de Robert, par lequel il institue heritiers nobles Jean, Gaillard, Bertrand et Germain Roberts ses enfans en date du 30 déc. 1542

Invantaires et continuations des deffendeurs

Contredits dudit Belleguise

Conclusions du Procureur du Roi en la commission

Ouï le rapport du sʳ Bernard commissaire à ce députô

Tout considéré

Nous intendant susdit par jugement souverain et en dernier ressort à l'avis des officiers par nous pris au nombre de l'Ordonnance, retractant notre précédent jugement dudit jour premier octobre 1668 avons declaré et declarons ledit Paul de Robert sieur de Terme et Jean François de Robert sieur de Talibert avoir satisfait à la déclaration de sa Majesté et arrêt de son Conseil et en ce faisant justifié de leur qualité de noble, ordonné et ordonnons que tant eux que leur postérité née et à naître en légitime mariage jouiront des privilèges de noblesse tant et si longtemps qu'ils vivront noblement et ne feront actes dérogeans à noblesse et à cet effet il en sera fait mention dans le catalogue des nobles de la Province de Languedoc

Fait à Montpellier le 10 déc. 1670

Bazin signé à l'original.

Extrait de son original estant dans les archives du domaine du Roi

Art. XV), maintenu par Le Pelletier le 12 août 1698.[1]

de la Province de Languedoc, près la Cour des Comptes Aides et Finances de Montpellier et collationé par nous soussigné garde des archives

      Ce 10 nov. 1703

                        (Signé) Dardelet »

Il convient d'observer que ce jugement de maintenue mentionne un jugement négatif antérieur, et qu'il emprunte sa forme rectificative à une règle de procédure alors générale, paraît-il. On ne procédait plus ainsi vers la fin du siècle, et nous aurons l'occasion, dans un instant, de relever une pièce analogue positive et non précédée d'un jugement négatif.

1. Arch. départ. de Tarn-et-Garonne : *Pays de Foix*, Art. 301. — La Production de Biros renfermait un jugement de messire Jean-François de Trémolet de Buelly marquis de Montpezat, lieutenant-général des armées du roi en Languedoc, capitaine-viguier et gouverneur de Sommières (Gard), en date du 7 septembre 1675, qui le déclare « noble et issu de noble race, et ordonne qu'il sera mis au catalogue de ceux qui ont droit de jouir des privilèges et immunités accordées aux gentils-hommes exerçant l'art de verrerie ».

Les gentilshommes verriers jouissaient, en effet, autrefois de certains privilèges attachés à leur industrie, privilèges dont le gouverneur de Sommières était le conservateur-né. Et comme leur industrie même était basée sur leur noblesse (V. Chap. iv et vi), leur maintenue de privilèges donnait lieu de sa part à des maintenues *particulières* de noblesse.

Voici, à titre de spécimen de ces sortes de maintenues, à la place de celle d'un Robert, qu'il nous a été impossible de nous procurer dans son intégralité, celle d'un Verbizier, obtenue le 12 octobre 1753 :

    « (Parchemin)

              (Cachet de la Généralité de Montauban)

François-Raymond-Joseph de Narbonne-Pelet Vicomte de Narbonne Lieutenant Général des Armées du Roy Capitaine Viguier et Gouverneur des Ville Château et Viguerie de Sommières juge Conservateur des privilèges des Srs Gentilshommes exerçant l'art et science de verrerie en la province de Languedoc, Comté de Foix Haute et Basse Guienne et entier ressort de la Cour de Parlement de Toulouze Commissaire général né, vérificateur de leurs titres de Noblesse

Veu l'ordonnance par nous rendue le quatorze septembre 1751, portant la Convocation d'une assemblée générale de tous les Srs Gentils-hommes exerçant led. Art de Verrerie dans nôtre département à la diligence de Noble de Sarrat et pour remettre leur titres de Noblesse et être par nous procédé à la vérification diceux, la Comparution faitte devant nous par Noble Pierre de Verbisier sr de Coustaut habitant du pas de la Mandre Jurisdiction de Ste Croix Diocèze de Rieux, la production par luy fournie des titres de sa famille pour être jugés, Concistant

Le quatrième : Pierre de Robert-Campredon (V. 6ᵉ Génér. Art. XIII), maintenu par le même le 20 sept. 1698[1].

Le cinquième : Louis de Robert-Lavalette, frère du précédent (V. 5ᵉ Génér. Art. VII), maintenu par le même jugement.

Le sixième, qui est une femme : Marie de Robert, fille de Raymond de Robert-Betbèze et femme de César de Grenier-Sarraute (V. 4ᵉ Génér. Art. I).

Le septième, dont le prénom est omis par d'Hozier : Nicolas des Robert (V. 7ᵉ Génér. Art. IX), le fils de

premièrement en un Jugement rendu par Mʳ le Marquis de Montpezat cy devant Viguier et Gouverneur des Ville Château et Viguerie de Sommières du septième juillet mil six cens soixante seize par lequel Jacques de Verbizier Sieur du Sablon est déclaré Noble et dans lequel Jacques de Verbizier Sieur du Pot de Leu est cité en qualité de Noble étant de la même famille, le Contract de Mariage de Noble Jacques de Verbizier du dix septembre 1738 par lequel il est prouvé qu'il est fils dud. Noble Jacques de Verbizier Sieur du Sablon, Le Testament de Noble Jacques de Verbisier sieur du Pot de Leu cité dans le susd. Jugement du vingt sixième Janvier mil sept cens vingt cinq dans lequel il est justifié que ledit Pierre de Verbizier produisant est son fils, les Conclusions du Procureur du Roy en ladite Viguerie de Sommières et Ouys les Sʳˢ de Montauriol et de l'Eschard Sindics en la Comté de Foix

Nousdit Viguier et Gouverneur de l'avis des Gradués par nous appellés au désir de l'ordonnance Avons dit et déclaré les titres dud. Pierre de Verbizier bons et valables et icelluy être véritablement Noble et sorti de Noble race et lignée et Comme tel l'avons maintenu et gardé pour ce qui nous concerne aux droits et prérogatives et prééminences de Noblesse pour en jouir luy et ses descendants tant qu'ils vivront Noblement, ensemble des privilèges et concessions accordés aux Sʳˢ Gentilhommes exerçant l'art et science de Verrerie et autres qui leur ont été donnés par nos Roys faisant deffences à toutes personnes de à celuy donner aucun trouble ny empêchement à peine de mille livres d'amende, ayanf led. Sʳ de Verbizier retiré les susd. titres.

Donné à Sommières le Douze Octobre mil Sept Cent Cinquante trois

Le V. De Narbonne Pelet (V. Pl. XII nᵒ 3)

Par mondit Seigneur

Niel secrétaire. » — *Papiers de famille* de M. Numa de Verbizier-Pot-de-Leu (V. *Généal.* 11ᵉ Génér. Art. XXI), qui a bien voulu nous communiquer cette pièce.

1. Arch. départ. de Tarn-et-Gar. : *Lomagne.*

l'immigré lorrain déjà mentionné à la fin du chapitre
précédent : Jean-François de Robert-Talibert (V. 6ᵉ Génér. Art. XII), frère de Paul de Robert-Termes, maintenu en même temps que ce dernier par le jugement
précité[1].

Ces divers représentants de la famille vivaient, disons-nous, vers la fin du dix-septième siècle et le commencement du dix-huitième. Il est inutile de nous
étendre ici plus longuement sur leur compte, car ils
rentrent tous, encore une fois, dans la *Généalogie* ci-
jointe, où l'on trouvera, à leurs noms respectifs, de
plus amples détails.

Ce ne sont pas, au reste, les seuls membres de la
famille que nous connaissions à cette date, loin de là ;
car notre arbre généalogique, qui remonte beaucoup
plus haut et embrasse une période de quatre cents
ans, comprend, dès le seizième siècle, plusieurs branches, très développées déjà à la fin du dix-septième ;
de telle sorte que les quelques Robert dénommés ci-
dessus ne forment qu'une minime partie de leurs nombreux rameaux.

Voici, entre beaucoup d'autres, ceux qui, à notre
connaissance, obtinrent comme les précédents la confirmation de leurs titres à l'occasion de la Vérification
générale entreprise en 1666 et continuée durant plus
d'un demi-siècle[2] :

1. Ce jugement fut confirmé dans la suite, pour les descendants de
Talibert fixés en Lorraine et en Champagne, par les intendants de ces
provinces : à Metz le 19 juill. 1740 par Mʳ de Creil, et à Châlons le
4 oct. 1749 par Mʳ Caze de la Bove. — *Papiers de famille.*
2. Commencée en 1666 à l'instigation de Colbert et suspendue en 1674
à cause des guerres, cette vérification de titres fut reprise en 1696 et se
continua encore au siècle suivant.

Paul et Pierre de Robert-Boscapel frères, Charles de Robert-Laroque fils de Paul et Charles de Robert-Fraissinet leur neveu (V. 4e Génér. Art. IV, V et VII), maintenus par Bezons le 4 ou le 10 déc. 1670[1].

Jacob de Robert-Bartaragna (V. 7e Génér. Art. IV), maintenu par Le Pelletier le 22 août 1698[2].

[1]. Le 4 suivant la mention de cette maintenue renfermée dans le premier jugement précité, dans d'Aubaïs, de la Roque et Brémond; et le 10, date la plus vraisemblable, suivant le *Catalogue* de Caux (p. 36) et une nouvelle *Note* des Arch. départ. de l'Hérault : C. 1828, qui, pour le dire en passant, modifient le nom de *Fraissinet* en celui de *Faisonet.*

[2]. Il nous a paru bon de relever encore ce jugement de maintenue, qui diffère du précédent d'une part par l'établissement de la filiation, fait en sens inverse et suivant une autre formule, d'autre part par l'absence de la mention relative à un jugement négatif antérieur, et qui forme ainsi, comme nous le disions tout à l'heure, un modèle nouveau des documents de ce genre.

Nous avons cru également utile de placer sous les yeux du lecteur, à titre de spécimen, l'Inventaire de la Production faite en vue du Jugement à obtenir :

« Pays de Foix — Art. 388
Produisant
Jacob de Robert sr de Bartaragna

25 juillet 1690	Contract de mariage de Noble Jacob de Robert sr de Bartaragna fils de Noble François de Robert sr de Laprade et de feue damoiselle Françoise de Grenier passé pardevant Paul Grillon notaire royal de La Bastide de Séron.
26 mai 1673	Inventaire fait après le décès de Jacob de Robert sr des Garils habitant des Bordes à la réquisition de Nobles François, Jean et Clovis de Robert ses fils pardevant Paul Anglade notaire royal du Mas d'Azil.
28 août 1659 Expédition par un non détempteur mais l'acte précédent supplée.	Contract de mariage de Noble François de Robert fils de Noble Jacob sr des Garils et de feue damoiselle Peyronne Dupeyrat avec Damoiselle Françoise de Granier passé pardevant Dupias notre royal des Bordes.
29 mars et jours suivants 1646	Inventaire fait après le décès de Noble François de Robert capitaine à la requête de Jacob de Robert sieur de Garils son fils faisant pour et au nom de Noble Pierre de Robert et de damoiselle Gabrielle de Robert ses frères au préalable interrogée Damoiselle Peyronne de Robert veuve dudit Robert capitaine.

François de Robert-Saint-Polit et Annet de Robert-

15 oct. 1628   Transaction passée entre Noble Jacob de Robert et Damoiselle Peyronne de Peyrat mariés à l'avis entr'autres de Noble François de Robert s^r de Garils père dudit Jacob d'une part et Noble Pierre de Peyrat père et beau-père pardevant Dupias notaire royal et expédiée par Anglade notaire des Bordes.

10 déc. 1596   Contract de mariage de Noble François de Robert fils de Noble Raymond de Robert et de Damoiselle Marguerite de Grenier habitant du lieu de Garils avec Damoiselle Roze de Montporcet passé pardevant François Alciat no^{re} royal de Labastide de Séron.

10 aoust 1561   Contract de mariage de Noble Raymond de Robert de la paroisse de Gabre avec damoiselle Marguerite de Granier passé pardevant Alciat dont la minute est produite.

30 juillet 1559   Contract de mariage de Noble Catherine Robert, fille à Noble Bertrand de Robert et de Noble Jeanne Astelles habitant quand vivait de Garils assistée de Noble Jeanne Astelles sa mère, de Jean, Raymond et Guillaume Robert ses frères avec Joseph de Nat passé pardevant Alciat notaire de Labastide. »

Les frères constituant la dot avec la mère

— Arch. départ. de Tarn-et-Garonne.

«   (Cachet de la Généralité de Montauban)

Félix le Pelletier chevalier seigneur De la houssaye con^{er} du Roy en ses conseils M^e des requetes ordinaire de son hostel, Intendant de justice police et finance en la generalité de Montauban

Entre Charles de la cour de Beauval chargé de l'execution de la Declaration du Roy du quatre septembre mil six cent quatre vingt seize contre les Usurpateurs du titre de Noblesse demandeur aux fins de l'arrest du conseil rendu led. jour pour l'execution de lad. Declaration suivant l'exploit d'assignaon donnée en consequence ce vingt quatre fevrier mil six cent quatre vingt dix huit d'une part

Et Noble Jacob de Robert sieur de Bartaragna deffendeur d'autre part

Veu lesd. Declaration du Roy, arrest du conseil et exploit d'assignaon. Contrat de Mariage de Noble Catherine Robert avec Joseph de Nat par lequel il paroist qu'elle estoit fille de Bertrand Robert qualifié Noble et de Noble Jeanne Adcelles et que Raymond Robert estoit son frere passé pardevant nor^e le trente juillet mil cinq cent cinquante neuf. Contrat de Mariage dud. Raymond Robert qualifié Noble avec dem^{elle} Margueritte Granier passé pard^t nore le dix aoust mil cinq cent soixante un. Autre Contrat de Mariage de Francois de Robert avec dem^{elle} Rose de Montpourcct dans lequel il est qualifié Noble et fils dud. Noble Raymond de

Lasserre, frères (V. 4e Génér. Art. VI et 5e Génér. Art. III), maintenus par le même le 7 déc. 1698 [1].

Robert et de lad. Margueritte de Granier passé pardevant no[re] le dix decembre mil cinq cent quatre vingt seize. Transaction passée pardevant no[re] le quinze octobre mil six cent vingt huit Entre Jacob Robert qualifié Noble et dem[elle] Peyronne de Peyrat sa femme d'une part et Noble Pierre de Peyrat pere de lad. Peyronne d'autre par laquelle il paroist que led. Jacob Robert estoit fils dud. Francois. Invantaire fait a la requete dud. Jacob de Robert des effets dud. Noble Francois de Robert son pere du vingt neuf mars et autres jours suivans de l'année mil six cent quarente six. Contrat de Mariage de Francois de Robert qualifié Noble avec dem[elle] Francoise de Grenier par lequel il paroist qu'il estoit fils dud. Noble Jacob de Robert et de lad. dem[elle] Peyronne de Peyrat passé pardevant no[re] le vingt huit aoust mil six cent cinquante neuf. Invantaire fait des effets dud. Jacob de Robert a la requete dud. Noble Francois de Robert et de ses frères du vingt six may mil six cent soixante treize. Contrat de Mariage de Jacob de Robert s[r] de Bartaragna produisant avec Dem[elle] Jeanne de Granier dans lequel il est qualifié Noble et fils dud. Noble Francois de Robert et dem[elle] Francoise de Granier passé pardevant Paul Grillon no[re] de la bastide de Seron le vingt cinq juillet mil six cent quatre vingt dix. Invantaire de production faite pardevant Nous des titres et pieces cy dessus. Consentement du procur dud. de la cour de Beauval a la decharge de lad. assignation. Conclusions du procur du Roy, Tout considere

Nous Intendant et commissaire susd. avons maintenu et gardé led. Jacob de Robert sieur de Bartaragna en la qualité de Noble, Ordonnons qu'il jouira ensemble ses successeurs Enfans et posterité nais et a naistre en legitime mariage de tous les privilleges honneurs et exemptions dont jouissent les gentilshommes du Royaume tant qu'ils vivront noblement et ne feront acte derogeant, Faisons deffences aud. de la cour de Beauval et tous autres de les y troubler a peine de cinq cents livres d'amande et de tous dépens dommages et interets, et en consequence que led. Jacob de Robert sera compris dans l'Estat qui sera par Nous envoyé à sa Majesté pour y avoir égard en faisant le Catalogue des veritables nobles de la province. Fait a Montauban le vingt deux aoust mil six cent quatre vingt dix huit.

Le Pelletier de la Houssaye (V. Pl. XII no 5)

Par Monseigneur

Olivier

Le vingt quatrieme aoust 1698 par moi premier huissièr audiancier soubsigné siniffié à Me Merigot procureur de Me Charles Lacour de Beauval Et luy ay baillé coppie en parlant au sieur Vernhie son commis dans son bureau

Reynal. » — *Papiers de famille*.

1. *Papiers de famille.*

Alexandre, Louis et Jacques, frères de **Jean de Robert-Laroque** (V. 5ᵉ Génér. Art. VIII), maintenus **avec**
lui par le jugement ci-devant mentionné.

Jean de Robert-Lanoguière (V. 6ᵉ Génér. Art. IX),
maintenu par le même le 26 nov. 1699 [1].

Nous pourrions peut-être joindre encore à ceux-là
Jean de Robert-Montauriol fils de Biros (V. 7ᵉ Génér.
Art. XII), car le *Nobiliaire toulousain* signale parmi
les maintenues de 1698 de Le Pelletier celle d'un Robert-Montauriol (sans prénom) [2].

Plusieurs autres virent leurs titres soumis à la même
Vérification pour lesquels nous n'avons pas trouvé de
maintenue. C'est ainsi que Vital et son fils aîné François de Robert-Lalauze (V. 5ᵉ Génér. Art. VIII) furent
gratifiés d'un jugement de condamnation, l'un le 1ᵉʳ juin
1666 et l'autre à une date qui nous échappe, sans avoir
pu obtenir, que nous sachions, de jugement rectificatif
subséquent [3]; que Jean de Robert-Lapeirière (V. 4ᵉ Génér. Art. VI) eut un jugement pareil rendu contre lui
le 20 janv. 1668 [4]; qu'Abraham (V. 5ᵉ Génér. Art. VII)
fut assigné devant Bezons le 24 août suivant : assignation dont nous ignorons les suites [5]; que Jacob de
Robert-Garils (V. 5ᵉ Génér. Art. IV) fit vers la fin de

---

1. Cette date, figurant au dos de l'Inventaire de la Production de La-
noguière (Arch. départ. de Tarn-et-Gar. : *Comenge, 2ᵉ rolle, Art. 305*)
est reportée en sept. (même jour) par le *Nobiliaire toulousain*, qui applique en outre la maintenue au père, « la Bastide », aussi bien qu'au
fils, « la Noguière ».

2. Nous n'avons, pour notre compte, trouvé aucune trace de cette
maintenue.

3. Biblioth. nat., etc. « *Ordonnance du 30 déc. 1698* » : Maintenue
de Jean de Robert-Laroque et frères, mentionnant ces condamnations.

4. *Papiers de famille.*

5. *Id.*

la même année sa Production à Montpellier[1], devant
Alexandre de Belleguise, subdélégué de l'intendant,
comme appert à la fois d'un acte notarié[2] et des archives familiales[3], sans que nous en connaissions le résultat; que Baltazard de Robert-Saint-Palavy (V. 6ᵉ
Génér. Art. XIV) eut un jugement de défaut rendu
contre lui le 29 avr. 1700, suivant la Production faite
par lui en tant qu'opposant à ce jugement : Production
qui, au demeurant, renfermait entre autres pièces une
maintenue particulière du marquis de Montpezat, du
22 juill. 1676, en faveur de son père Lajeuzan et de
son oncle Élie (V. 5ᵉ Génér. Art. IX)[4].

A ces Robert, qui rentrent tous dans la *Généalogie*,
on serait tenté au premier abord d'en ajouter encore
deux autres : « Jean de Robert, cadet des Verrieres »,

1. Nous espérions trouver dans les archives de cette ville, qui fut,
avant Montauban, le siège de notre Vérification de titres, les documents
y relatifs; mais la presque totalité de ces documents, brûlés à la Révolution, a disparu.

2. Acte retenu aux Bordes le 3 déc. par Mᵉ Anglade, notaire du Mas.

3. On voit, dans ces *Papiers de famille*, que la Production même de
Garils servit plus tard à son petit-fils Bartaragna devant Le Pelletier.
Les pièces qui la composent, en effet, portent au dos, indépendamment
de la désignation de l'acte, une double suscription avec des lettres de
marque diverses correspondant aux deux procédures; d'abord :
« Pour Noble Jacob de Robert Contre Mᵉ Alexandre de Belleguise et
le procur du Roi en la Comion », puis : « Pour Noble Jacob de Robert
sr de Bartaragna ».

4. Arch. départ. de Tarn-et-Gar. : *Villefranche, Art. 245*.

Voilà tout ce que nous avons pu découvrir, concernant la famille, sur
cette fameuse recherche de noblesse de Louis XIV, qui, soit dit ici en
passant, loin d'être toujours guidée par le souci de maintenir pur un
corps de la nation, fut trop souvent l'occasion d'injustices et de faveurs,
ainsi que s'en plaint l'intendant du Languedoc lui-même, Lamoignon
de Bâville (*Mémoires pour servir à l'histoire de Languedoc*), cité par
M. E. Roschach dans ses *Études historiques sur la province de Languedoc* (T. XIII, p. 694 de l'*Histoire générale de Languedoc*, par Devic
et Vaissette. Toulouse, Édouard Privat, éditeur, 1877).

du « diocèse d'Allet », maintenu le 7 oct. 1669[1] ; et
« Jean de Robert sieur de Segalla et de Causse, natif
de la Bruguiere, diocèse de Castres »[2], « capitaine au
régiment royal »[3], dont les titres furent confirmés en
mars 1670, le 7 suivant d'Aubaïs, le 17, date la plus
probable, suivant le *Catalogue* de Caux et une troisième *Note* des Archives départementales de l'Hérault[4] :
tous deux également en tant qu'originaires de la même
contrée, et le second, de plus, à titre de verrier. Mais,
quant à l'un, sa profession *nouvelle*, indiquée par sa
qualité de *cadet,* qui semble nous défendre de voir en
lui un verrier de race, ne nous permet guère de le comprendre dans la famille ; et, quant à l'autre, son jugement de maintenue offrant cette particularité qu'il fut
rendu « en vertu des *Lettres d'anoblissement* »[5], Lettres
toutes récentes d'ailleurs, datant de « septembre 1665 »,
confirmées en « juillet 1669 » et enregistrées « le 20 mars
1671 »[6], il doit nécessairement en être rejeté en tant
qu'anobli[7] ; à moins que cet anoblissement même, au
lieu d'être un anoblissement réel, ne soit, comme le
cas s'en présentait quelquefois, qu'une forme particulière de confirmation de noblesse.

1. Henry de Caux : *ouvr. cit.*, p. 56.
2. ID., *ibid.*, p 36.
3. Marquis d'Aubaïs : *ouvr. cit.* T. III, p. 16.
4. C. 1828.
5. C'est nous qui soulignons. — Henry de Caux : *Ibid.*, p. 36 ; et marquis d'Aubaïs : *Ibid.*
6. Marquis d'Aubaïs : *Ibid.*
7. La noblesse de la famille, en effet, est immémoriale ; et, à ce titre,
elle se basait, comme celle de toutes les familles anciennes, dont l'origine se perd dans la nuit des temps, uniquement sur la *preuve généalogique*, c'est-à-dire sur la possession non interrompue de cette qualité
durant un certain nombre de générations déterminé par des arrêts du
Conseil d'État. L'arrêt du 19 mars 1667 exigeait la preuve à partir de
l'an 1560.

CHAPITRE III.

Sa Généalogie.

Cette généalogie, dont quelques éléments figurent déjà dans les ouvrages précités du marquis d'Aubaïs et de Louis de la Roque[1], embrasse une période de quatre siècles. La filiation y est marquée, d'une génération à l'autre, par un numérotage de correspondance permettant de suivre facilement l'ascendance ou la descendance pour chaque branche de la famille. Nous aurions aimé néanmoins la représenter en un tableau synoptique; mais son développement considérable ne nous l'a pas permis.

Bien que dressée sous la forme d'un arbre unique, elle contient en réalité plusieurs arbres, par suite de l'impossibilité où nous nous sommes trouvés de déterminer les rapports de parenté de quelques-uns des premiers représentants de la famille. Malgré tous nos efforts pour relier ensemble ces branches originelles et

---

1. D'Aubaïs a placé ces renseignements dans la partie de son livre intitulée : « *Jugements sur la noblesse de Languedoc par M. de Besons — Généralité de Toulouse* » (t. II. pp. 250-251). Cet ouvrage ayant paru en 1759, les données généalogiques qu'il contient s'arrêtent naturellement à cette date. Louis de la Roque, qui a publié le sien en 1860, a complété ces données, plus spécialement applicables à la branche de la famille émigrée du midi et transplantée dans le nord-est de la France, par la mise à jour de la généalogie dressée par son devancier (t. I, p. 427 et suiv.).

les rattacher à une tige commune, cette satisfaction nous a été refusée.

Nous avons même eu le regret de ne pouvoir pas établir la première ascendance d'une des branches actuellement existantes : celle des Lafrégeyre, dont le premier ancêtre connu, Guillaume de Robert-Campaurel, remonte seulement au dix-septième siècle.

La famille, telle qu'elle est constituée par cette généalogie, compte, bien que disséminée aujourd'hui en beaucoup de lieux divers, en France et même à l'étranger, trois foyers principaux : premièrement celui de Gabre (Ariège), de beaucoup le plus important, formé dès le commencement du seizième siècle, à la suite d'une émigration venue de la Montagne-Noire (Tarn et départements limitrophes), et qui, se développant, rayonna de Gabre dans le voisinage, particulièrement dans les quartiers de Serredecor (commune de Cadarcet) et de Pointis (commune de Mercenac); deuxièmement celui des Pays Lorrain et Champenois, formé vers le milieu du dix-septième siècle par une émigration pareille, et concentré de nos jours à Nancy ou dans les environs (Meurthe-et-Moselle); enfin celui de la Montagne-Noire elle-même, formant apparemment le foyer originel de la famille (V. Chap. IV) et s'étendant à divers quartiers (nommément ceux de Sorèze et des Verreries-de-Moussans), qui n'occupe qu'une très petite place dans notre travail à cause du peu de renseignements que nous avons pu avoir à son sujet.

PREMIÈRE GÉNÉRATION.

I. Amiel de Robert[1], né dans la seconde moitié du

1. Amiel, dont la naissance nous échappe complètement, mais dont il nous est permis de déterminer approximativement la date du mariage d'après les renseignements que nous possédons sur ses enfants, fit son testament le 30 déc. 1542. Nous n'avons pas cette pièce ; mais elle se trouve mentionnée à la fois dans une note des *Papiers de famille* et dans les deux *Jugements de maintenue en la noblesse* rendus par Bezons en faveur de plusieurs des descendants d'Amiel au dix-septième siècle, dont l'un a été relevé au chapitre précédent.

La note familiale nous apprend que l'acte fut retenu par Baron, notaire d'Arfons (Tarn) : ce qui nous indique qu'Amiel était apparemment fixé dans la Montagne-Noire, bien que le testament, relevé ci-après (V. 2e Génér., Art. II), de son fils Bertrand, établi, lui, aux Garils (commune de Gabre-Ariège), semble le faire originaire de cette dernière contrée ou du moins y placer sa sépulture.

Il est à propos de faire observer dès à présent, relativement à cette question d'origine, sur laquelle nous reviendrons (V. Chap. IV), non-seulement que la famille, adonnée à la fabrication du verre depuis plusieurs siècles, se trouvait déjà au seizième disséminée à la fois dans les deux régions précitées, mais encore que ses représentants se transportaient assez communément de l'une à l'autre, suivant les besoins de leur industrie, comme il est aisé de s'en convaincre par cette note-ci et les suivantes.

Quant au testament même d'Amiel, il nous a servi à déterminer, conformément à la mention qui en est contenue dans le jugement précédemment transcrit (V. Chap. II), l'ordre de primogéniture de ses enfants.

Amiel avait pour contemporains et pour parents plus ou moins rapprochés Pierre, François, et deux ou trois Jean. Le premier, qui nous paraît lui tenir de très près, comme nous le verrons tout à l'heure, et qui doit être un frère, ou peut-être même son père, n'a pu être compris dans la généalogie en raison du caractère incertain de cette parenté. Les autres y figurent avec leur descendance ; mais, par suite de l'ignorance où nous sommes sur la nature de leurs rapports avec Amiel, nous avons été obligés de les classer un peu au hasard ; en sorte que nous ne saurions affirmer qu'ils occupent leur rang normal dans l'ordre des générations.

Nous avons sur Pierre, à défaut de donnée généalogique positive, un renseignement précieux, relatif à l'établissement de la famille dans ce pays-ci. Il habitait, lui aussi, comme Bertrand, et avant lui, la contrée de

quinzième siècle, et marié vers 1510, laissa 4 enfants
mâles :

> Jean qui suit I
> Gaillard

Gabre. La pièce ci-dessous transcrite, trouvée aux *Archives départementales de la Haute-Garsnne*, dans le *Fonds de l'Ordre de Malte et
de la Commanderie de Gabre*, en fait foi. C'est une Reconnaissance
féodale relative à la propriété terrienne, consentie par Pierre, en 1529,
au Commandeur et au Roi de France, coseigneurs en paréage de Gabre
et de ses dépendances. Cet acte, qui figure au folio 57 d'un ancien Livre
ou Registre classé dans les archives sous le numéro 1543, contenant la
Reconnaissance générale des habitants de Gabre et correspondant à
notre *Cadastre*, nous fait connaître la propriété et la verrerie qu'il avait
aux Garils. Comme il est rédigé en latin, nous en ferons suivre le relevé
de la traduction française :

« *Recognitio consulum manençium et habitancium ac communitatis
Loci de Gabro.*   avril 1529.

. . . .

MAGR PETRUS ROBERTI veyrerius gratis tenere Recognovit in feu-
dum/ ab eisdem condominiis de Gabro (*Commandeur et Roi, nommés
une fois pour toutes dans le premier article des Reconnaissances*) Quod-
dam territorium hereum cum vitreria inibi constructa continen insimul
septuaginta cestariatas terre seu circa/loco vocato als Garils confron
a solis ortu cum gutta vocata de Arnault bel/meridie cum petro Viguier
fusterio/occiden cum gutta vocalis tenden ad molendum antiquum
venti nunc ruina consumptum et inde tendit versus Lezam cum passu
des Garils per eundo vel redeundo apud villa Fuxi cum Petro Johanne
Pujol ac heredibus cujusdam petri fabri/sub obliis decem novem solu-
brum et trium denariorum turon. . . . . XIXs IIIdt
Item unum pratum ibidem contigum continentem unam cestariatam
cum dimidia seu circa/confron cum eodem recognoscen fluvio Leze in
medio et cum quodam voçato bonifas/sub obliis sex denariorum tu-
ronen. . . . . VIdt
Testes qui supra (*Mc JEAN GONTARD, NOTAIRE DE TOULOUSE, ET JEAN
ESTEVE DU LIEU DE NESCUS CITÉS DANS UN ARTICLE PRÉCÉDENT*). »

« *Reconnaissance des consuls manants et habitants et communauté
du Lieu de Gabre.*   avril 1529.

. . . .

MAITRE PIERRE DE ROBERT verrier Reconnait volontiers tenir en
flef des mêmes coseigneurs de Gabre Un certain territoire héréditaire avec
la verrerie qui y est construite contenant ensemble soixante-dix séterées

Bertrand q. s. II

Germain q. s. III

de terre ou environ, au lieu appelé aux Garils, confrontant du levant avec la goutte (ravin) appelé d'Arnault bel, du midi avec pierre Viguier bûcheron, du couchant avec la goutte du nom (goutte des Garils) tendant vers un ancien moulin à vent maintenant tombé en ruine, et de là jusqu'à la Lèze au pas des Garils pour aller à la ville de Foix ou en revenir avec Pierre Jean Pujol et les héritiers d'un certain pierre de fabre; sous l'oblie de dix-neuf sous et trois deniers tournois. XIX^s III^{dt}

De plus un pré là-même contigu contenant une séterée et demie ou environ, confrontant avec l'auteur même de la Reconnaissance de l'autre côté du ruisseau de la Lèze et avec un certain nommé bonifas; sous l'oblie de six deniers tournois. . . . . VI^{dt}

Témoins ceux que dessus. »

Cette propriété des Garils, dont une branche de la famille a tiré son nom, formait un fief héréditaire ou une terre allodiale se rattachant à un ancien terroir du même nom, limitrophe de celui de Gabre du côté du couchant et qui, indépendant à l'origine, fut agrégé à ce dernier, au treizième siècle, par la Commanderie, en vertu d'une donation à elle faite, le 3 des ides de juin 1259, par Bernard et Arnaud frères, fils de Bernard de Montmaur et vassaux de la maison de Foix (V. pour plus de détails sur ce terroir des Garils IIe Part. Chap. IV). Passée, de 1529 à 1555, de Pierre à Bertrand, ainsi qu'il résulte du testament de celui-ci (testament déjà cité et auquel le lecteur nous permettra de le renvoyer encore), et transmise depuis lors sans interruption de père en fils durant une période de trois cents ans environ, elle fut, vers la fin du siècle passé, vendue à la famille d'Amboix du Mas-d'Azil, qui l'a gardée jusqu'à ces derniers temps où elle a été acquise par M. Gaston Raynaud du château des Salenques. Située dans la partie orientale du vallon de Gabre, dans le quartier qui a conservé son nom, et comprise tout entière sur la rive droite de la Lèze, à l'exception d'une prairie placée sur la rive gauche, elle est encore aujourd'hui facile à reconnaître malgré certaines modifications d'appellations locales relatives à ses limites. Mais la maison même des Garils, qui s'élevait à une centaine de mètres au-dessus du ruisseau, en face de la ferme actuelle de Barranè, a disparu, ayant été démolie par M. Raynaud, qui en a employé les matériaux à la construction d'une maison nouvelle à Couly, situé dans le voisinage un peu plus à l'est. Les travaux de démolition ont mis à découvert, à une place distincte, des fondements d'une solidité extraordinaire, appartenant vraisemblablement à la vieille verrerie de Pierre, qui s'y maintint florissante jusque vers la fin du dix-septième siècle, époque à laquelle la fabrication principale fut transportée de Gabre à Pointis par un descendant de Bertrand : Clovis de Robert-Falga (V. à ce nom : 6e Génér. Art. VII).

La transmission de la propriété des Garils de Pierre à Bertrand mar-

DEUXIÈME GÉNÉRATION.

I. Jean de Robert[1] épousa le 25 mars 1541 Peyronne d'Escach, dont il eut :

Bertrand
Jean q. s. I
Jean-Etienne q. s. II
Arnaud q. s. III
François

---

que certainement des liens étroits de parenté entre l'un et l'autre, et le testament de celui-ci les confirme : Bertrand parle, en effet, d'un tombeau familial existant dans l'église de Gabre, où il désire être enterré avec « *sous ancestrez* » : Pierre est sans aucun doute un de ces ancêtres, en qualité d'oncle ou d'aïeul vraisemblablement. Nous sommes d'autant plus fondés à le croire que Pierre nous apparaît comme le seul Robert figurant dans les *Reconnaissances* de Gabre de 1529 (V. IIe Part. Chap. XIII) : constatation qui, pour le dire ici en passant, nous aidera plus tard à élucider la question relative au lieu d'origine de la famille (V. Chap. IV).

Amiel et Pierre ne connurent sans doute pas la Réforme, qui naissait à peine tandis qu'ils mouraient ; et des enfants du premier les deux plus jeunes, décédés prématurément, s'ils la connurent peut-être, n'eurent pas le temps de l'apprécier ; mais il n'en fut pas de même de l'aîné, qui adopta le nouveau culte (la famille de sa femme, du Mas-d'Azil, appartenait également à la Communion réformée) ; et bientôt toute la famille, à son exemple, abandonna le giron de l'Eglise catholique (V. IIIe Part., Chap. I).

1. Son contrat de mariage fut retenu par Me Respaud, notaire du Mas-d'Azil, et son testament (3 oct, 1588) par Me Jacques Rosselloty, notaire des Bordes-sur-Arize. Il demeurait à Gabre. Quelques-uns de ses descendants s'établirent dans la Montagne-Noire : peut-être son fils Arnaud, et en tout cas ses petits-fils Paul, Charles et Pierre. Ce dernier, occupé, au moment de la Vérification de Bezons, à réunir les pièces de sa Production, et alors « habitant de Moulayrès au diocèse de Castres en Lauragais », vint chercher aux Bordes la minute du testament de son grand'père, qu'il prit le 12 oct. 1668 et rapporta le 31 août 1669, comme le prouvent l'acte de délivrance du Registre contenant ce document et la note marginale constatant la reddition (Me Anglade, notaire du Mas).

II Bertrand de Robert[1] ép. Jeanne Atisselles, dont :

1. Voici le testament original de Bertrand, auquel il a été déjà fait allusion précédemment :

Au dos : « *1555 — Testament de Noble Bertrand de Roubert du Lieu des Garilz* »

« Au nom de la saincte Trinite pere et filz et sainct esprit Ainsin soit il. Scaichent toutz presentz et advenir que l an de l Incarnation de N^re Seigneur mil cinq cent cinquante cinq Et le vingt cinquiesme journ del mez de Juilhet Apprez midy Al Loc des Garilz Et maison de Noble Bertrand de Roubert Jurisdión de Gabre Al dioceze et Judicature de Rieux Sen^cee de Thlē Regnant trez chrestien prince Henry par la grace de Dieu Roy de France, Pardevant moy moy nottē et tesmoingz soubz escriptz, En personne constitue Led Noble Bertrand de Roubert habitant de ce present lieu Lequel estant estant dans son lict bien malade de certaine maladie corporelle de laquelle craint de mourir, persoque sap que la mort est certaine a toute creature vivante, et que l heure est incertaine, Estant neantmoingz en son bon sens bonne memoire et entendement bien parlant oyant voyant et cognoissant, mais pour esviter que procez debat ny querelle n arrive entre les siens a l advenir pour raizon des biens que Dieu luy a donnez, de son bon gre et volonte a vouleu faire et ordonne son dernier et ultime testament comme s ensuit. Prumierement comme bon chrestien a fait le signe de la venerable croix sur son corpz en dizant Au nom du pere et del filz et del sainct esprit Amen, Aprez s est recommande a Dieu son createur le priant vouloir recevoir son aine al ciel quand sera separee de son corpz, Et quand sera mort vol et entend estre ensepulturat dedens l esglize de la parrochie de Gabre et sepulture de sous ancestrez, Et vol qu a son enterrement soit appellatz quatre capelas et pagat cinq solz tourn a cadaun d elis, et que sio crompat siez entorches del pez de deux livres cadune, et que sa navene et cap de l an ly sion faictes matisses haunous, et vol que sio dounat de sous biens que Dieu ly a dounatz la somme de quatre livres tourn a les paures necessitouzes del loc de Gabre pendent le journ de son enterrement et suitte de sa navene une foys payable par ses hoirs soubz escriptz, Et remet le surplus des aultres fraizes a la discretion de Damoiselle Jeanne Atisselles sa femme et de ses hers susd. Item veult et ordonne que lad demoiselle sa femme aye la jouissance et administration de toutz ses biens, et que soit mestresse et goubernadoure de sousd enfans et biens, jusques a ce que sesd hers soubz escriptz auront l atge de vingt cinq ans accomplis, sans qu elle soit teneue leur rendre aulcung compte de lad jouissance, A la charge par elle de nourrir, vestir et chausser ses enfans et qu elle tiendra une viduelle, Et quand sesd hoirs seront parveneus a l atge de vingt cinq ans et qu ilz voudront prendre leur heritage, vol led Noble Bertrand de Roubert testateur que lad demoiselle Jehanne Atisselles sa femme aye la quarte partye des

Raymond q. s. IV
Jean q. s. V

fruictz et revengutz que pourront porter sesd biens pour ly tenir loc de
pension. Item vol et ordonne led Noble Bertrand de Robert testateur que
lad demoiselle sa femme et sesd hoirs soubz escriptz fassent ung douaire
a demoiselle Catherine de Roubert sa fille a proportion de son droict de
legitime quand elle trouvera party convenab‾ pour se marier, Lequel
douaire veult que luy soit paye par sesd hers aux pacz que eulx, amis et
parentz arresteront Et jusques aud temps Et veult et entend que soit
nourrie entreteneue vestie et chaussee sur ses biens suyvant sa condition. Et par ce que le fondement de tout bon et valable testament est
l instituion hereditaire, sans laquelle seroit de nul effect et valeur, led
Noble Bertrand de Roubert de son bon gre et volonte a faictz et de sa
propre bouche nommez ses heretiers generaux et universelz sur toutz et
chescungz ses biens noms, droictz voix et actions en quoy que consistent, et ou qu ilz soint scituez. Scavoir est Nobles Raymond Jehan et
Guilhaumes de Roubert ses troys enfans masles, pour soy partager le
tout par esgalles partz et portions quand ilz auront le susd atge de vingt
cinq ans en acquittant les susd legatz et observant le conteneu au present testament cassant et anullant toutz aultres testamentz, codicilz et
donnations que pourroit avoir faictz cy devant et veult seulement que
le present aye valeur et eficasse soit par testament codicil ou aultres
formes et manieres que de droict puisse valoir, Come aco ez sa derniere
voulantat ayant priez les tesmoingz soubz escriptz de s en vouloir souvenir et porter bon et fidel tesmoignage Et requis a moy notte‾ luy en
rettenir le present insturment Ce qu ay faict et recite ez presences de
Noble Sicard de Roubert, Noble Pierre de Roubert habitantz deld loc
de Gabre Noble Bourlhoumieu de Granier habitant del loc del Bousquet
signez a la notte du present avec led sieur testateur Jehan et Pierres
Faure, Estieny et Francez de Jehan habitantz deld loc de Gabre quy
requis de signer ont dict ne scavoir escripre, Et de moy Arnaud Soulier
notte‾ royal de la ville du Maz d Azilz requis soubzne‾, quy ay retteneu le
present l an et journ que dessus et grossoye le mesme jour En foy de ce
dessus me suis signe de mon seing pubig et acoustume paraffe .
　　Soulier Note (V..Pl. XII n⁰ 4). » — *Papiers de famille.*

Cet acte, bien conçu et bien rédigé, nous fournit plusieurs renseignements intéressants :

Remarquable par la sagesse des dispositions testamentaires elles-mêmes — particulièrement en ce qui regarde l'usufruit et la tutelle de la
femme, subordonnés à son veuvage (*viduelle*), et l'hérédité des enfants,
majeurs à 25 ans et tous égaux, sans droit d'aînesse —, ce testament, en
même temps qu'il nous offre un vieux spécimen de ces sortes d'actes et
un modèle de la langue vulgaire de l'époque, mélange singulier de français et de roman, a le mérite de nous apprendre la date à laquelle la

Guillaume [1]

Catherine, mariée à Joseph de Nat le 3o juill. 1559 [2]

qualification de *Noble* paraît avoir commencé d'être appliquée aux gentilshommes verriers dans les actes publics : elle semble s'être substituée, vers 1550, à celle de *Maître* usitée précédemment. En effet, tandis que dans son testament, soit donc en 1555, Bertrand est désigné par la qualité de *Noble*, il l'est par celle de *Maître* dans un acte de 1549, antérieur par conséquent de quelques années à peine, qui n'est autre qu'un « Instrument de fidélité et hommage » consenti au Commandeur de Gabre par la Communauté, et que nous aurons l'occasion de relever dans la suite (V. IIe Part. Chap. XIV). Cette même qualification de *Maître (Magister)* se retrouve, ainsi qu'on l'a déjà vu, appliquée pareillement à Pierre de Robert dans la *Reconnaissance* de 1529 reproduite ci-devant (V. 1re Génér. Art. I).

Cette pièce a de plus l'avantage de nous faire connaître, indépendamment de la famille de Bertrand et du lieu de sa résidence, l'établissement à Gabre, au village, de deux « *parentz* », Sicard et Pierre, fils de François, et originaires d'une autre contrée, comme on le verra au nom de ce dernier (V. 2e Génér. Art. IV).

Elle nous intéresse encore, au point de vue confessionnel, par la profession de foi qu'elle nous permet d'attribuer à Bertrand, qui, placé dans la période de transition où la famille abandonna le Catholicisme pour la Réforme, paraît bien appartenir encore lui-même à l'ancienne communion, mais dont les descendants embrassèrent la nouvelle.

Enfin elle nous révèle, par la clause où le testateur manifeste le désir d' « *estre ensepulturat dedens l esglize de la parrochie de Gabre et sepulture de sous ancestrez* », l'existence à Gabre d'un *tombeau familial* : renseignement qui, rapproché de la *Reconnaissance* de Pierre, nous a déjà fait voir en celui-ci un proche parent de Bertrand, et dont nous aurons encore à tenir compte au chapitre suivant, relatif à la question des origines.

Bertrand mourut apparemment en 1555 : il est fait allusion à cette mort dans le contrat de mariage de sa fille (1559) mentionné ci-dessous en note.

1. « Noble Guilhem Robert verrier » achète, en 1574, « à Gabre au village de dessous », « une maison... avec jardin et champ allant jusqu'au ruisseau », aux héritiers de « Rofflac » (acte retenu par Me Respaud, notaire du Mas). Il s'agit sans doute de ce Guillaume, sur lequel nous n'avons d'ailleurs aucune autre donnée. Ce renseignement pourrait se rapporter aussi à son cousin le fils cadet de Germain, dans le cas où celui-ci aurait habité le pays : ce que, du reste, nous ignorons.

La partie la plus basse du village de Gabre, qui porte maintenant le nom de *Roufiac*, et où notre famille a encore une propriété, tire sûrement son appellation de l'ancienne famille de ce nom.

2. Acte retenu par Me Pierre Alciat, notaire de la Bastide-de-Sérou.

III Germain de Robert[1] ép. N.[2] dont :

Sébastien q. s. VI

Guillaume

Antoine

IV François de Robert[3] ép. N. dont :

Sicard

Pierre q. s. VII

V Jean de Robert[4] ép. N. dont :

François q. s. VIII

VI Jean de Robert ép. Marie (?) de Grenier, dont :

Géraud q, s. IX

---

1. Germain mourut intestat vers 1560, et ses trois fils passèrent une transaction à raison de sa succession le 11 avr. 1562.

2. Cette lettre désigne les noms inconnus de personne et de lieu.

3. François, mort antérieurement au 17 mai 1550, nous apparaît comme étant originaire du Quercy. En effet, ses deux « fils et cohoirs », Sicard et Pierre, que le testament de Bertrand nous a présentés comme établis à Gabre en 1555, vendirent à la première date à un Jean de Robert « une maison et héritages situés à la Verrerie de Pierre-trincade » (Hauteserre près Vaour — Tarn) (Acte retenu par Me Pierre Billaup, notaire de Beaupuy en Lauraguès). Nous trouvons plus tard (16 mai 1581) Pierre fixé à Arfons (Donation à lui faite par une cousine, Paule de Robert, aussi d'Arfons, et retenue par Me Jean de Galaup). Il y a là un exemple frappant des déplacements habituels à la famille.

François forme la première des branches de la famille non reliées à l'arbre principal de cette généalogie. Il constitue donc avec sa descendance un arbre spécial. C'est cependant sûrement un très proche parent d'Amiel : un neveu sans doute (ou peut-être même un frère), car, nous le rappelons, ses deux fils Sicard et Pierre figurent dans le testament de Bertrand comme témoins, et comme « *parentz* » aussi évidemment.

4. Ce Jean et le suivant sont peut-être un seul et même; mais dans le doute nous les avons séparés. Ils constituent, au même titre que François, la tige d'un arbre spécial.

TROISIÈME GÉNÉRATION.

I Jean de Robert[1] ép. le 1er janvier 1596 Marguerite de Boéry, dont :

Raymond de Robert-Betbèze[2] q. s. I
François de Robert-Saint-Polit q. s. II
Jérémie
Samsom de Robert-Campas q. s. III
Marguerite, mar. à Raymond de Sarda
Jeanne, mar. à Bernard Gauzence
Peyronne, mar. à François de Robert-Garils

II Jean-Étienne de Robert[3] ép. Antoinette d'Allégret, dont :

Madeleine, mar. à Jean-Raymond Baurés

1. Jean était établi, au moment de son mariage (contrat retenu par Me Alciat, notaire de la Bastide), à Serredecor, qui fut pendant longtemps un foyer de la famille dans la contrée. Sa femme, « veuve » et « habitante de Gabre », fit son testament, retenu par Me Abel Austry, notaire des Bordes, le 11 janv. 1623, à Sabarat. Son fils aîné s'établit plus tard aux Bordes ; les autres habitaient Serredecor.

2. Conformément à un usage qui s'établit vers la fin du seizième siècle ou le commencement du dix-septième, les garçons prirent généralement, à partir de cette date, un nom particulier et distinctif à côté du nom patronymique. Ce second nom, qui était une sorte de titre, représentait un fief, réel ou fictif. On faisait précéder le premier, dans leurs actes, de la qualification de *noble*, remplacée quelquefois par celle de *messire*, qui indiquait leur classe sociale, et le second de celle de *seigneur* ou *sieur*, accompagnée parfois de celle d'*écuyer* ou de *chevalier*, qui marquait leur qualité personnelle. C'est sous le second nom qu'ils étaient habituellement connus. Nous continuerons de désigner simplement par leur prénom ceux qui ne prirent pas ou dont nous ignorons ce second nom.

3. Jean-Etienne avait, à Serredecor, un château-fort, qui fut démantelé et brûlé dans la dernière période des guerres de religion, comme on le verra dans la suite de ce travail (V. IIIe Part., Chap. IV).

III Arnaud de Robert[1] ép. N. dont :

Paul de Robert-Boscapel q. s. IV

Charles q. s. V

Jean de Robert-Lapeirière (*alias* Lapeyrère) q. s. VI.

Pierre de Robert-Boscapel q. s. VII

Isabeau, mar. à Jean de Grenier le 11 fév. 1653

IV Raymond de Robert ép. le 10 août 1561[2] Marguerite de Grenier, fille de Naudet, d'Arbas en Comminges, dont entre autres enfants :

François de Robert-Garils q. s. VIII

V Jean de Robert ép. en 1560 Jeanne de Grenier, dont :

Jean

VI Sébastien de Robert ép. le 25 nov. 1559[3] Françoise de Landrette, dont :

Jacques q. s. IX

VII Pierre de Robert ép. N. dont :

Louis q. s. X

---

1. Nous savons qu'Arnaud fit un testament; mais cette pièce, simplement mentionnée dans les *Papiers de famille*, nous est inconnue.

2. Contrat retenu « aux Verrieres des Garils » par Me Pierre Alciat notaire de la Bastide.

3. Le premier jugement de maintenue précité (V. Chap. II) porte 1555, mais ce doit être une erreur.

VIII François de Robert ép. le 9 juin 1558[1] Catherine de Puigarelh, dont :

Jean q. s. XI

IX Géraud de Robert[2] ép. le 8 sept. 1558 Judith de Bardet, dont :

Daniel, baptisé le 12 août 1584, q. s. XII

X Jean de Robert[3] ép. Catherine de Casteras, dont :

Sicard q. s. XIII
Pontaut

QUATRIÈME GÉNÉRATION

I Raymond de Robert-Betbèze[4] ép. N. dont :

1. Contrat retenu par Me Jean de Camps notaire de la Bastide.
2. Géraud, dont le contrat, où il figure avec le titre d'« escuyer », fut retenu par Me Fazat, habitait, au moment de son mariage, la paroisse de Cadarcet. Son père était mort apparemment à cette date, car il se maria « du consentement de Noble Pierre Robert son oncle » (Production faite en 1698 devant Le Pelletier par l'arrière-petit-fils de Géraud, « Baltazar Robert sr de St Palavy habitant de Quissac en Quercy » — Arch. départ. de Tarn-et-Gar. : *Villefranche*, Art. 245.
3. Jean forme encore une branche de la famille dont la liaison avec les autres nous échappe. Il habitait Gabre, et mourut sans doute jeune, laissant par son testament, retenu par Me Pierre Pardeilhens le 20 avr. 1558, l'usufruit de ses biens à sa femme, et instituant héritiers ses deux enfants.
4. Nous le trouvons établi, dès 1648, aux Bordes, où il exerça à plusieurs reprises les fonctions du consulat. Grâce à cette charge, qu'il avait encore en 1672, et à la position de sa maison, qui, sise dans la

Marie, mar. à César de Grenier-Sarraute[1]

II François de Robert-Saint-Polit ép. N. dont :
Jean de Robert-Lasrives (?)[2]
Pierre de Robert-Labessède q. s. I

III Samson de Robert-Campas[3] ép. le 24 sept. 1646
Françoise de Cortade, dont :
Paul
Jeanne
Judith, mar. à Jean Bertrand
Jean

---

grand'rue et adossée au levant à la place publique, correspondait du
côté du couchant avec les fossés de la ville, il put, le 1er juin, favoriser
la fuite de Pierre et Jean Dupias, père et fils, qui s'étaient réfugiés chez
lui, menacés d'une arrestation imminente par un archer du prévôt général du Languedoc, en vertu d'une ordonnance de l'intendant de Bezons
et d'un arrêt confirmatif du Conseil privé du roi, rendus à la suite d'une
bagarre provoquée dans cette ville quelque temps auparavant par une
querelle religieuse survenue entre Catholiques et Réformés : tentative
d'arrestation qui, exaspérant ces derniers et mettant les partis aux prises, amena un soulèvement général — Arch. départ. de l'Ariège : *Fonds
de l'Abbaye du Mas-d'Azil : Religionnaires.*
Belbèze mourut avant le 10 janvier 1678, date à laquelle Marie, sa
fille et « héritière universelle », vendit sa maison — 2 portails en pierre
de taille, 3 étages, 6 cannes de long et 4 de large — (Acte retenu par
Me Anglade notaire du Mas.)
1. Elle était probablement fille unique, en tant qu'« héritière universelle ». Les armes que d'Hozier lui attribue, et que l'on connaît déjà,
sont vraisemblablement celles de son père et figurent aux *Armoiries.*
2. Il n'est pas sûr que ce soit là un fils de François de Robert-Saint-
Polit, mais nous le supposons, parce qu'il figure comme témoin dans
le testament de Pierre de Robert-Labessède, qui avait un frère aîné,
étant surnommé lui-même « Capdet » — *Papiers de famille.*
3. Son testament, retenu à Serredecor par Me Rosselloty, notaire des
Bordes, qui avait aussi retenu son contrat de mariage, est du 3 juill.
1677. Ses deux premiers enfants devaient être morts à cette date, car il
n'institue héritiers que Jean et Judith — *Papiers de famille.*

IV Paul de Robert-Boscapel[1] ép. le 29 janv. 1631 Marie de Riols[2], dont :

　　Charles de Robert-Laroque q. s. II

V Charles de Robert ép. le 16 juill. 1634 Annè de Robert, dont :

　　Jacques de Robert-Fraissinet (*alias* Faisonet)

VI Jean de Robert-Lapeirière (*alias* Lapeyrère)[3] ép. Marie de Grenier, dont :

　　François de Robert Saint-Polit[4]

　　Annet de Robert-Lasserre q. s. III

　　Anne, mar. à Vincent de Traversier de la Tour en
　　　1667

　　Marguerite, mar. à Andrieu Domenc le 30 sept.
　　　1674

VII Pierre de Robert-Boscapel[5] ép. le 16 oct. 1652 Isabeau Rolland

------

1. Ainsi qu'on l'a déjà vu (V. Chap. II), ses titres de noblesse furent confirmés par jugement souverain, en même temps que ceux de son frère Pierre de Robert-Boscapel, de son fils Charles de Roberit-Laroque et de son neveu Jacques de Robert-Fraissinet le 4 ou le 10 déc. 1670. On trouvera aux *Armoiries* le blason des Boscapel.

2. Famille du quartier de Moussans (Montagne-Noire), ayant contracté plusieurs alliances avec les Robert, et représentée encore de nos jours.

3. Il était fixé dans la contrée de Gabre. La localité de Lapeirière se trouve située dans la commune de la Bastide, mais dans un quartier limitrophe de celui de Gabre.

4. Maintenu avec son frère par Le Pelletier le 7 déc. 1698 (V. Chap. II).

5. Pierre était établi, comme il a été déjà dit, dans la Montagne-Noire (V. au nom de son grand'père Jean de Robert : 2e Génér. Art. I).

VIII François de Robert-Garils[1] ép. 1° le 10 déc. 1596 Rose de Montpourcel, dont :

> Jacob de Robert-Garils q. s. IV
> Pierre de Robert-Lahille q. s. V
> Gabrielle
> 2° Peyronne de Robert

IX Jacques de Robert ép. le 1er mai 1598 Marie de Jacquès, dont :

> Pierre de Robert-Termes q. s. VI

X Louis de Robert ép. le 28 août 1594[2] Marie de Robert, dont :

> Abraham q. s. VII
> N. mar. à N. de Riols

---

1. François vécut dans la période des guerres de religion, y prit une part active, et s'y signala parmi les gentilshommes verriers. Connu généralement de son temps sous le nom de « *Capitaine Robert* », et désigné plutôt par la tradition sous celui de « *Garils-le-Gros* », il a été honoré jusqu'à nos jours d'une grande célébrité dans nos familles, qui gardent pieusement son souvenir. Il se distingua particulièrement dans les démêlés des Verriers avec la noblesse catholique de la Bastide-de-Sérou, et il commandait une troupe à la tour de Gabre en 1625, lorsque le maréchal de Thémines, à la tête d'une armée royale, vint faire le siège du Mas-d'Azil. Nous nous abstiendrons, pour éviter des redites, d'entrer ici à son sujet dans des détails qui seront mieux à leur place ailleurs, car nous le retrouverons dans le cours de notre étude (V. IIIᵉ Part. Chap. IX et X) — Arch. départ. de la Hᵗᵉ-Gar. : *Commanderie de Gabre ;* et *Papiers de famille*.

Il fut consul de Gabre en 1626, et mourut sans doute à la fin de 1645 ou au commencement de 1646, car ses enfants firent l'inventaire de ses effets au mois de mars de cette dernière année — Arch. départ. de Tarn-et-Gar. : *Pays de Foix, Art. 388.*

2. Contrat retenu par Mᵉ Roberty notaire de Revel.

XI Jean de Robert[1] ép. le 31 déc. 1596 Marie Abrieu, dont :

    Vital q. s. VIII

XII Daniel de Robert[2] ép. le 7 mars 1614 Roze de Layque, dont :

    Maffre de Robert-Lajeuzan q. s. IX
    Elie
    Judith

XIII Sicard de Robert[3] ép. le 15 nov. 1592 Françoise de Montaud, dont :

    Jacques de Robert-Biros
    Jean de Robert-Montauriol q. s. X

---

1. Son testament est du 18 sept. 1654.

2. Daniel se trouve désigné avec le titre d'écuyer comme son père. Sa femme, « du masage de St Palavy juridiction de Penne d'Albigeois », fit son testament, retenu par Me Estienne de Bes, notaire de Penne, le 31 mars 1648. On y voit qu'elle avait été mariée en premières noces à Jean Mothes.

3. Sicard, connu lui aussi sous le nom de « *Capitaine Sicard* », fut un compagnon d'armes de François. Il participa comme lui aux guerres de religion dans le Pays de Foix, et y joua même, semble-t-il, un rôle assez considérable, car nous voyons, bien que les détails nous manquent à ce sujet, que le parti réformé lui confia, vers la fin du seizième siècle, la défense d'une ville importante : c'est ce qui résulte de son contrat de mariage, retenu par Me Mathieu Dortel, où il est désigné avec la qualité de « *capitaine du Château et Ville de Tarascon* », suivant la mention de cet acte contenue dans la Production faite par un de ses petits-fils, Michel de Robert-Biros, devant Le Pelletier en 1698, pour obtenir la confirmation de ses titres de noblesse — Arch. départ. de Tarn-et-Gar. : *Pays de Foix, Art. 301.*

Nous ignorons la date de la mort de Sicard ; mais nous savons qu'elle est antérieure à 1627 par un acte du 28 août 1676 faisant allusion à son décès (Me Anglade notaire du Mas). Le testament de sa femme, retenu par Me Jean Dupias notaire des Bordes, est du 11 janvier 1644.

CINQUIÈME GÉNÉRATION.

I Pierre de Robert-Labessède[1] ép. Louise de Verbizier-Mortis, dont :

> Jean de Robert-Labessède, né le 11 sept. 1681, q. s. I
> François de Robert-Saint-Polit
> Jean de Robert-Latour
> Jean de Robert-Dandirac
> François de Robert-Lasrives (*alias* Lagentille) q. s. II
> Anne
> Marie

II Charles de Robert-Laroque ép. le 20 avr. 1651 Marguerite de Citou

III Annet de Robert-Lasserre[2] ép. 1° le 19 janv. 1663 Judith de Grenier, dont :

> Jeanne, mar. à Jean de Grenier-Brisonde vers 1683
> 2° le 19 août 1666 Marie de Grenier-Dutaux, dont :
> Jean de Robert-Lapeirière q. s. III
> Jean de Robert-Lasserre q. s. IV
> Paule
> Marguerite

1. Son testament est du 8 nov. 1690.
2. Nous rappelons ici sa maintenue : 7 déc. 1698 (V. Chap. II). Il mourut le 6 juin 1709.

IV Jacob de Robert-Garils[1] ép. 1º le 15 oct. 1628
Peyronne de Peyrat, dont :

　François de Robert-Laprade q. s. V
　Pierre
　Samson
　Jean de Robert-Gassion q. s. VI
　Théodora
　Marguerite
2º Marie de Grenier, dont :
　Clovis de Robert-Falga q. s. VII
　Pierre de Robert-Lasnauzes q. s. VIII
　Jeanne, mar. à Jacques Rosselloty, notaire des
　　Bordes, le 20 juin 1678

---

1. Jacob, fils du *Capitaine Robert*, participa aux dernières guerres religieuses dans la contrée, en même temps que son père ; et c'est probablement au prestige de celui-ci qu'il dut l'honneur de commander, malgré sa jeunesse, les gentilshommes verriers au siège du Mas-d'Azil, comme nous le verrons en son lieu (V. IIIᵉ Part. Chap. IX). Sa première femme, originaire des Bordes, et dont le testament (retenu par Mᵉ Jean Dupias notaire de cette ville, qui avait retenu aussi son contrat de mariage) est du 22 août 1644, était la fille du *Capitaine Peyrat*, qui se battit lui-même vaillamment, à l'occasion du même siège, contre l'armée de Thémines. Nous aurons à nous occuper plus tard du rôle joué par Jacob dans l'administration de la Communauté de Gabre (V. IIIᵉ Part. Chap. XI). Il mourut intestat, en 1672 sans doute ou au commencement de 1673, car ses enfants dressèrent l'inventaire de ses effets le 26 mai de cette dernière année. Ils passèrent leur acte de partage, retenu par Mᵉ Anglade, notaire du Mas, le 3 avr. 1679, et firent un arrangement d'après lequel Falga hérita seul des biens-fonds que son père possédait à Gabre et aux Bordes.

Jacob de Robert-Garils fit sa Production en 1668, à l'occasion de la Vérification de titres précédemment signalée ; mais nous avons déjà dit que nous en ignorions le résultat (V. Chap. II). Sa noblesse fut, au reste, confirmée un peu plus tard en la personne de son petit-fils Jacob de Robert-Bartaragna, dont on connaît le jugement de maintenue (Ibid.).

V Pierre de Robert-Lahille ép. le 28 nov. 1628[1]
Marie de Dumas, dont :

Jacob de Robert-Labastide q. s. IX
Pierre de Robert-Lahille
Tristan de Robert-Lagarenne q. s. X
Charles de Robert-Sarrat
Izabeau
Françoise
Jeanne, mar. à Armand de Grenier-Coustaut le
    2 août 1671
Paule

VI Pierre de Robert-Termes[2] ép. le 9 mai 1633 Marguerite de Riols, dont :

Paul de Robert-Termes q. s. XI
Jean-François de Robert-Talibert (*alias* Lalibot)
    q. s. XII

VII Abraham de Robert[3] ép. le 9 déc. 1641 Gabrielle
de Glayel, dont :

Pierre de Robert-Campredon q. s. XIII
Louis de Robert-Lavalette
Marguerite

---

1. Acte retenu par Mᵉ Jean Dupias, nommé ci-dessus.
2. Son testament, où il institue héritiers Paul et Jean-François, est du 20 oct. 1666.
3. Abraham, dont le contrat de mariage fut retenu par Mᵉ Simon Blaquière, notaire de Sorèze, émancipa ses deux garçons le 6 déc. 1669, au lieu dit « des Pradels, juridiction et paroisse de Verdalle », où ils habitaient avec leur père, et fit son testament, retenu par Mᵉ Jean de Vié notaire de Castres, le 17 sept. 1670.

VIII Vital de Robert[1] ép. 1° le 12 oct. 1648 Anne de Grenier, dont :

François de Robert-Lalauze
Jean de Robert-Laroque, bapt. le 27 déc. 1654[2]
Alexandre
Louis, bapt. le 27 fév. 1663
2° Antoinette de Grenier, dont :
Jacques

IX Maffre de Robert-Lajeuzan[3] ép. le 1er janv. 1654 Antoinette de Pons, dont :

Baltazard de Robert-Saint-Palavy q. s. XIV
Marie
Marguerite
Françoise
Guillaumette

1. Vital, dont le contrat fut retenu par Me François Rozet, notaire de Layrac, fit son testament, retenu par Me Jean Dirac, notaire d'Escaza, le 22 déc. 1683. Ses quatre derniers fils, nous le rappelons ici, obtinrent leur jugement de maintenue de Le Pelletier le 30 déc. 1698, malgré la condamnation prononcée d'abord contre leur père le 1er juin 1667 et plus tard contre leur frère aîné. Ce jugement mentionne une maintenue particulière rendue en leur faveur quelques années auparavant, le 24 nov. 1690, par M. de Villemelle, commissaire subdélégué par M. de St Duhe, juge-conservateur des privilèges des gentilshommes verriers et vérificateur ordinaire de leurs titres de noblesse — Biblioth. nat. etc. (V. Chap. II).

2. Nous reparlerons de ses armes, mentionnées déjà précédemment (V. Chap. I), aux *Armoiries*.

3. Maffre, originaire « du lieu de Peyrillac en Albigeois » et habitant « du lieu de Quissac en Quercy » au moment de son mariage, fit son testament, retenu par Me Ourtal, notaire d'Issepts, le 2 oct. 1685. Son fils tira son second nom du hameau de Saint-Palavy, situé, nous l'avons vu dans une note précédente, dans la juridiction de Penne. Nous rappellerons ici encore la maintenue particulière obtenue par Maffre et son frère Elie du marquis de Montpezat le 22 juill. 1676 (V. Chap. II).

X Jean de Robert-Montauriol[1] ép. le 13 août 1630 Izabeau de Langlois, dont :

Michel de Robert-Biros q. s. XV

Jean de Robert-Pontet q. s. XVI

Samson de Robert-Montauriol q. s. XVII

Raymond de Robert-Angéli q. s. XVIII

Pierre de Robert-Lasrives[2]

SIXIÈME GÉNÉRATION.

I Jean de Robert-Labessède ép. le 5 sept. 1718 Marguerite de Verbizier-Pot-de-Leu, dont :

Jean de Robert-Lespinassière

1. Jean de Robert-Montauriol, dont le contrat de mariage fut retenu par Me Domenc, notaire du Mas, et qui mourut sans doute en 1678 s'il faut en juger par l'inventaire de ses effets dressé par ses enfants le 12 janv. 1679, eut à s'occuper souvent, comme Jacob de Robert-Garils, des affaires de la Communauté de Gabre, ainsi que nous aurons l'occasion de le voir par la suite (V. IIIe Part. Chap. XI et passim). La famille de sa femme habitait alors le Mas-d'Azil. De nos jours un représentant de cette famille, M. Robert-Edemond Langlois comte d'Estaintot, résidant à Fultot (Seine-Inférieure), a contracté de nouveau alliance avec une famille de Robert, dont nous ignorons, au reste, les rapports avec la nôtre, par ses deux mariages avec : 1o Marie-Elise-Stéphanie-Emilienne Robert de Saint-Victor, petite-fille de messire Louis Robert, chevalier, seigneur de Saint-Victor, conseiller au Parlement et président de la Cour des Comptes de Normandie, en 1861 ; et 2o Marie-Antoinette-Léontine Robert de Saint-Victor — M. Bachelin-Deflorenne : *Etat présent de la noblesse française*, 4e éd. Paris 1873, Art. *Langlois d'Estaintot*, p. 1035.

2. Lasrives, marchant sur les traces de son aïeul, embrassa la carrière militaire; nous le trouvons, en 1708, comme « lieutenant de cavalerie dans le régiment de Bussy ». Il ne se maria sans doute pas ou n'eut pas de famille, si l'on doit en juger par la donation qu'il fit de sa métairie de Montauriol à sa cousine maternelle Izabeau de Langlois — *Inventaire sommaire des Archives départementales* (Ariège) *antérieures à 1790 :* p. 154 B 147 — 1732.

Marie, mar. à Joseph de Grenier-Monbac le 5 juill.
1751

II François de Robert-Lasrives (*alias* Lagentille) ép.
Brandelise de Grenier, dont :

Jean de Robert-Saint-Polit, né le 2 janv. 1713,
q. s. I
Pierre de Robert-Lasrives, né vers 1720, q. s. II
Jeanne, mar. à Henry de Robert-Bartaragna le
19 août 1744

III Jean de Robert-Lapeirière[1] ép. le 13 sept. 1724
Françoise de Grenier, dont :

Marie, née le 18 juill. 1725, mar. à Jean de Robert-
Hautequère
Françoise, bapt. le 22 août 1741

IV Jean de Robert-Lasserre ép. Louise (?) de Grenier, dont :

Pierre (*alias* Jean) de Robert-Lasserre q. s. III
Marguerite
Jeanne, décédée le 20 nov. 1783 âgée de 40 ans
environ

V François de Robert-Laprade ép. le 28 août 1659
Françoise de Grenier, dont :

Jacob de Robert-Bartaragna q. s. IV

---

1. Ses armes figurent aux *Armoiries*.

VI Jean de Robert-Gassion ép. Jeanne de Robert-Carcoupet, dont entre 4 garçons et 1 fille, nés vers 1665. 1669. 1673. 1677. 1679 :

N. de Robert-Léchard (*alias* Leychard ou Leychart) q. s. V

VII Clovis de Robert-Falga[1] ép. Louise de Grenier, d'Arbas en Comminges, dont :

Jean de Robert-Monner, né vers 1675, q. s. VI

1. Falga nous apparaît comme le premier de la famille qui, parti de Gabre vers la fin du dix-septième siècle, alla fonder des verreries du côté de l'Ouest, et particulièrement dans la région de Pointis. Ce départ eut lieu vraisemblablement à l'occasion de la révocation de l'Edit de Nantes et des persécutions qui en furent le prélude dans la contrée protestante avoisinant le Mas-d'Azil (V. III° Part. Chap. XVIII). Il monta premièrement une fabrique à Mauvezin-de-Sainte-Croix (fabrique qu'il abandonna du reste bientôt), de concert avec Jacques de Grenier-Périlhou, comme résulte à la fois de leur contrat d'association tendant à affermer pour huit ans une partie de la forêt de ce lieu au comte de Rabat en vue de la bâtisse d'une verrerie (16 mars 1681 — *Anglade notaire du Mas*) et d'un reçu qui lui fut délivré le 10 juin 1687 par « Gaston de Foix » en son château de Fornex, qui n'est autre que le reçu de fin de paye de ce qu'il lui restait « quand il la quitta » (*Papiers de famille*).

Etabli ensuite à Pointis, Falga commença d'abord par affermer également les bois de messire Jean-Jacques de Saint-Jean, vicomte de Pointis et seigneur de Betchat, y construisit ensuite une verrerie, et fit quelques acquisitions de terres situées dans les juridictions de Mercenac, Caumont et Betchat, comme appert de l'acte de l'une d'elles (12 août 1720 — *Michel Biros notaire du Plan-Volvestre*). Nous ne sommes pas fixés exactement sur la date de cet établissement; mais la première mention de la fabrique de Pointis remonte à l'an 1700 (*Registres de l'Etat civil de Mercenac*). Falga transmit plus tard à ses enfants, et particulièrement à l'aîné, la propriété et la direction de cette verrerie (29 juin 1722 — *Acte retenu à Poudelay par le même notaire*), qui fut rasée en juin 1746, en vertu d'un jugement de l'intendant d'Auch Bejin relatif aux assemblées protestantes du *Désert* (V. au nom de Jean de Robert-Monner : 7° Génér. Art. V et III° Part. Chap. XIX). Rétablie dans la suite, malgré les défenses de ce jugement devenues caduques, la verrerie de Pointis, qui avait été à l'origine et qui resta quelque temps encore une verrerie ordinaire, absorba petit à petit toute la fabrication; de telle

Paul de Robert-Garils, qui mourut sans doute cé-
libataire
François de Robert-Latourette q. s. VII
Jacques de Robert-Laprade q. s. VIII
N. (une fille), née vers 1677

VIII Pierre de Robert-Lasnauzes ép. N. et mourut
avant 1680, apparemment sans postérité

IX Jacob de Robert-Labastide[1] ép. le 26 avr. 1676
Anne Damoin, dont :
Jean de Robert-Lanoguière

X Tristan de Robert-Lagarenne ép. le 21 juill. 1676
Jeanne de Grenier-Lasablière

---

sorte que non-seulement les verreries voisines de Mi-Bosc et de la Boucharde, mais encore celles du quartier de Fabas ou de Sainte-Croix-
Volvestre, et même celles de Gabre (V. Chap. VI) se centralisèrent toutes,
vers la fin du siècle, dans ce petit hameau, qui prit le nom générique de
Verreries-de-Pointis et suivit un développement parallèle à celui de son
industrie. Dirigée d'abord par les descendants de Falga puis par les Lafrégeyre, cette verrerie a connu dans ce siècle-ci une belle prospérité,
jusqu'au jour récent encore où elle a vu, pour des causes multiples et
qu'il serait trop long d'analyser ici, arriver insensiblement son déclin.
Elle est aujourd'hui définitivement éteinte; et cette extinction marque le
terme d'une industrie familiale vieille de près de sept siècles (V. Chap. IV).
Quant à la verrerie de Mauvezin abandonnée par Falga, nous ignorons si son ancien associé ou quelqu'un plus y continuèrent la fabrication d'une façon suivie; nous la trouvons, en tout cas, en pleine activité
dans la seconde moitié du dix-huitième siècle, après la ruine de celle de
Pointis, qui, rétablie, devait bientôt l'absorber comme les autres.

1. Natif de Serredecor, nous le trouvons, en 1685, établi à Bruniquel
(Tarn-et-Gar.), où il était *ancien* de l'église, et où sa sœur Jeanne avait
déjà fait bénir son mariage en 1671. Sa maintenue et celle de son fils,
nous le rappelons, sont du 26 sept. ou nov. 1699 (V. Chap. II).

XI Paul de Robert-Termes [1] ép. N.

1. Son jugement de maintenue est du 10 ou du 18 déc. 1670, comme on le sait déjà (V. Chap. II). On trouvera son blason aux *Armoiries*. Etabli dans la Montagne-Noire (diocèse de Saint-Pons), il eut de la postérité; mais nous n'avons pas de renseignements précis à ce sujet; il est toutefois vraisemblable que les Robert fixés encore aujourd'hui dans cette région, dans le quartier de Moussans, qui a formé de tout temps un centre important de la famille, appartiennent, en partie tout au moins, à sa descendance. Voici un tronçon généalogique les concernant :

PREMIÈRE GÉNÉRATION

I Joseph de Robert-Termes, probablement un petit-fils ou arrière-petit-fis de Paul, ép. Marie-Anne du Laur de la Caussade, dont :
Marie-Anne-Angélique, mar. à Jean-Pierre Calvet
Joseph-Gabriel, mort à St Amans le 18 nov. 1823
Jean-Pierre q. s. I

II Paul de Robert-Labarthe, frère du précédent sans doute, ép. Catherine de Robert-Latour, dont :
Jean-François de Robert-Labarthe, né ou bapt. le 15 déc. 1716, de Fourtou, diocèse d'Alet (parrain et marraine : F. de Robert-Lachardonnière et Marguerite de Vic, de la verrerie de la Betouse, paroisse de Camp), q. s. II
Louis de Robert-Bousquet q. s. III
N. qui se serait établi en Lorraine
N. mort à Perpignan
N. mar. à N. de La Salle
Marthe, mar. à Henri du Laur de Baraille.

DEUXIÈME GÉNÉRATION

I Jean-Pierre de Robert, d'Albine, ép. N. dont :
Denys
Jean-Cyprien
François
Françoise

II Jean-François de Robert-Labarthe ép. en 1746 Isabeau du Laur de la Caussade, veuve de Jacques de Raymond de La Serre, dont :
Jean-Louis-François q. s. I

III Louis de Robert-Bousquet ép. en 1747 Marie-Jeanne-Françoise du Laur de la Caussade, sœur d'Isabeau, dont :
Jacques-Barthélemy, né le 26 août 1753
Jean-Jacques-Blaise, né le 20 juill. 1758, q. s. II
Sa femme mourut le 23 fév. 1790. Présents à l'inhumation : messire

XII Jean-François de Robert-Talibert (*alias* Lalibot)[1]

Jean-Jacques-Etienne-Ignace-Xavier-Michel d'Auxillon s^r et baron de Sauveterre m^{is} de Mithay et autres lieux, parrain de Jean-Jacques-Blaise, et noble Maximilien de Gaspard de Lassere

TROISIÈME GÉNÉRATION

I Jean-Louis-François de Robert ép. Marguerite Malrit, dont :
Elisabeth

II Jean-Jacques-Blaise de Robert ép. Christine de Villa, dont :
Marie, mar. à N. Senigat
Louis q. s. I
Jeanne, mar. à N. Favre
Elisabeth-Véronique-Rosalie, née le 3 avr. 1802
Marthe, mar. à N. de Puch en 1833
Joseph q. s. II

QUATRIÈME GÉNÉRATION

I Louis de Robert ép. Anne de Lautier

II Joseph de Robert ép. N. en 1834

Nous regrettons de n'avoir pas pu nous procurer sur ces familles des renseignements plus complets et plus suivis, car il nous eût été agréable de faire figurer leurs représentants actuels dans ce travail.

Il convient de noter, au point de vue confessionnel, que cette portion de la famille est aujourd'hui catholique ; mais il paraît qu'elle était anciennement protestante, et qu'elle rentra dans le giron de l'Eglise au dix-septième siècle, vraisemblablement aux alentours de la Révocation de l'Edit de Nantes (V. IIIe Part. Chap. I, note).

1. C'est l'émigré dont il a été déjà question plusieurs fois. Originaire du diocèse de Saint-Pons comme le précédent, il entra dans l'armée, fut capitaine au régiment de Vandy, alla avec son régiment vers 1660 à Montmédy, où il fut nommé aide-major et capitaine des portes en 1662, se maria dans le pays et s'y fixa définitivement. Il fut fait chevalier de Saint-Louis. Le *Catalogue* d'Henry de Caux et le *Nobiliaire toulousain* de Brémond lui attribuent les mêmes armes qu'à son frère.

Nous avons à faire trois remarques à son sujet :

En premier lieu, bien que figurant encore pour son propre compte dans la généalogie avec son nom régulier et entier, tel qu'il est porté dans son jugement de maintenue précité (V. Chap. II), ce fut lui, paraît-il, qui, après son émigration du Midi, d'une part substitua à la particule *de* devant le nom de Robert la particule *des*, qu'il transmit à sa posté-

ép., à Bonzée-en-Woèvre (diocèse de Verdun), Marie
Le Loup, dont, entre 12 enfants dont 5 garçons :

Nicolas des Robert q. s. IX
Noël des Robert q. s. X
Marguerite, mar. à N. de Daymas de Villé
Angélique, mar. à N. Mulet de la Girouzière, com-
mandant le bataillon de Beauvoisis
Élisabeth, mar. à N. Fiacre, receveur à La Chaus-
sée (Meuse), anobli sous Léopold duc de Lorraine en
raison de son mariage avec une fille de gentilhomme [1]

XIII Pierre de Robert-Campredon [2] ép. Delphine de
Favart, dont :

Abraham de Robert-Dubosc q. s. XI

XIV Baltazard de Robert-Saint-Palavy ép. le 22 août
1687 Jeanne de Cavayrol

XV Michel de Robert-Biros [3] ép. vers 1670 N., dont
entre autres enfants :

rité, et d'autre part délaissa son second nom, de telle sorte que ses descendants ne prirent plus le nom de Talibert ni aucun autre du même
genre, à trois ou quatre exceptions près.
En second lieu, il faut observer que son déplacement et sa carrière
militaire contribuèrent sans doute également l'un et l'autre à amener
l'abandon définitif de la verrerie dans sa famille, cantonnée dès lors
presque exclusivement dans l'armée.
Enfin, la situation confessionnelle de la descendance de Talibert est
la même que celle de la descendance de Termes. C'est la seule branche
du présent arbre généalogique appartenant à la communion catholique.

1. V. *Nobiliaire de Lorraine* par Dom Pelletier, Art. *Fiacre*.
2. Nous rappelons qu'il fut maintenu dans sa noblesse, avec son frère
Lavalette, par Le Pelletier le 20 sept. 1698 (V. Chap. II). Ses armes, déjà
blasonnées (V. Chap. I), figurent aux *Armoiries*.
3. Nous connaissons déjà les deux maintenues rendues en sa faveur

Jean de Robert-Montauriol q. s. XII

Jacques de Robert-Hautequère q. s. XIII

XVI Jean de Robert-Pontet ép. Madeleine de Bru-
guière, dont il avait vers 1685 2 enfants tout jeunes

XVII Samson de Robert-Montauriol ép. N. Maury,
et mourut avant le 4 fév. 1682, apparemment sans postérité

XVIII Raymond de Robert-Angéli ép. le 2 août 1680
Jeanne de Grenier-Dutaux, dont entre autres enfants :

Louis de Robert-Angéli q. s. XIV

XIX Guillaume de Robert-Campaurel[1] ép. Françoise
de Riols, dont :

Anne

par le marquis de Montpezat et par Le Pelletier le 7 sept. 1675 et le
12 août 1698 (V. Chap. II). Son blason, connu également (V. Chap. I),
figure aux *Armoiries.*

1. Campaurel forme la dernière des branches de la famille non reliées
à l'arbre principal de cette généalogie. Nous ne savons rien de son ascendance, fixée apparemment dans la Montagne-Noire. Originaire lui-même
du quartier de Moussans, où il prit sa femme, et tirant son nom du plateau de Campaurel dominant ce village, il fit son testament nuncupatif
à Albine (consulat de la Bastide-de-Rouairoux) le 30 juill. 1690 (*Papiers
de famille*). On pourrait, au premier abord, lui attribuer un caractère
particulièrement facétieux à la lecture de cette pièce, où, après avoir
institué héritier son fils Abel, « ledit testateur donne et lègue à tous ses
autres parents ou prétendants cinq sols à se les partager entre eux, une
seule fois payables, moyennant quoi les fait ses héritiers particuliers et
leur impose silence perpétuel ». Mais ce curieux legs était alors à la
mode : c'était un legs secondaire, insignifiant, une sorte de formule

Abel de Robert-Lafrégeyre q. s. XV
Marie
Marthe

SEPTIÈME GÉNÉRATION.

I Jean de Robert-Saint-Polit[1] ép. le 29 sept. 1746
Anne Lafont, dont :

Pierre de Robert-Saint-Polit q. s. I

Paule, mar. à Jean de Grenier-Monbac le 29 oct.
1777

destinée seulement à assurer le legs principal en déboutant par avance
le bénéficiaire de toute autre prétention à l'héritage. Nous en avons
trouvé, en effet, deux analogues dans les testaments déjà mentionnés de
Marguerite de Boéry et de Samson de Robert-Campas, retenus par des
notaires, en 1622 et 1677.

Campaurel avait un frère, dont nous ignorons le nom, et dont un fils
s'appelait Isaac de Robert du Bosquant.

Son fils Abel de Robert-Lafrégeyre quitta la Montagne-Noire pour
venir se fixer dans la contrée de Gabre. Il était encore à Arfons (diocèse
de Lavaur) lorsqu'il fit bénir son premier mariage, le 2 juill. 1691. C'est
vers la fin du dix-septième siècle qu'il se transporta dans ce pays-ci,
que sa postérité a toujours habité depuis — dans les quartiers de Gabre
ou de Pointis, — mêlée aux autres branches nombreuses de la famille
qui s'y trouvaient établies plus anciennement.

Tous ces Robert, disons-le à cette occasion, formant la grande majorité de ceux qui figurent dans cette généalogie, nous avons négligé inten-
tionnellement d'indiquer leur résidence, pour éviter des longueurs. On
saura donc une fois pour toutes qu'à part les représentants de la branche transplantée avec Talibert dans le nord-est de la France et la descendance de Campredon fixée du côté de Sorèze, tous les autres appartiennent à cette contrée-ci.

1. Nous savons par la tradition qu'un Saint-Polit embrassa la carrière militaire et mérita la croix de Saint-Louis (V. IIIe Part. Chap. XX).
- Il s'agit apparemment de celui-ci.

II Pierre de Robert-Lasrives ép. 1º Madeleine de Grenier-Dalez, dont :

Marie, née le 7 mai 1744, bapt. au Désert le 21 fév. 1746

Jacques, né ou bapt. le 3 juill. 1746

Jeanne, mar. à Jean-Pierre de Robert-Labarthe le 25 sept. 1771

2º le 23 nov. 1752 Anne de Grenier-Vidalens, dont :

Pierre de Robert-Roquezel, né le 14 avr. 1754, déc. le 31 mai 1793

III Pierre (*alias* Jean) de Robert-Lasserre ép. le 20 sept. 1766 Elisabeth de Verbizier-Lassalle, dont :

Marguerite, n. le 22 août 1767, mar. à Michel de Grenier-Portal, déc. le 10 pluv. an III

Marie, n. le 28 déc. 1769, mar. à Simon de Grenier-Belloc le 17 niv. an XII, déc. le 18 juill. 1840

Jeanne, n. le 17 janv. 1773

IV Jacob de Robert-Bartaragna[1] ép. le 25 juill. 1690 Jeanne de Grenier, dont *entre autres enfants* :

Pierre de Robert-Laprade q. s. II

Henry de Robert-Bartaragna, n. le 21 fév. 1710, q. s. III

Marie, mar. à Jean de Verbizier-Coustaut, déc. le 18 oct. 1786 âgée de 75 ans

---

1. On trouvera aux *Armoiries* le blason de Bartaragna, dont la maintenue, du 22 août 1698, a été relevée précédemment (V. Chap. II).

V N. de Robert-Léchard (*alias* Leychard ou Leychart) ép. N. dont :

Paul de Robert-Léchard q. s. IV

VI Jean de Robert-Monner [1] ép. le 4 fév. 1700 Philippe (*alias* Philiberte) de Grenier, dont :

Pierre de Robert-Garils, n. le 3 sept. 1701, q. s. V

1. Jean de Robert-Monner, que l'on trouve aussi parfois désigné, dans quelques ouvrages protestants, sous le nom de Gassion, fut une des principales victimes de la persécution religieuse qui atteignit les Robert et les gentilshommes verriers en général pendant la période du *Désert*, dont nous aurons ailleurs à retracer l'histoire (V. IIIe Part. Chap. XIX et XX).

Déjà en 1734, un an avant que Bernage, intendant du Languedoc, sévit généralement contre eux par son jugement du 5 déc. 1735 — jugement dont on trouvera plus bas la teneur —, en raison d'assemblées *illicites* tenues dans le quartier de Gabre, il fut lui-même, dans le quartier de Pointis, où il faisait à l'occasion l'office périlleux de pasteur, l'objet d'une poursuite, dont nous ignorons le résultat, pour avoir présidé le service funèbre de la veuve de Jacques de Verbizier-Monredon, sœur de Marveille des Bordes, « morte comme une sainte à la Verrerie de Poudelay » le 9 sept. (Arch. départ. de l'Hérault : C, 203).

Plus tard, en outre des tentatives faites contre lui-même et plusieurs autres membres de la famille par l'intendant d'Auch Bejin pour les dégrader de leur noblesse (Charles Coquerel : *Histoire des églises du désert*, T. I p. 417), il fut condamné par cet intendant, le 5 fév. 1746, avec ses cinq fils : Pierre de Robert-Garils, Jean de Robert-Gassion, Jean de Robert-Monner, Jacques de Robert-Bousquet, et Octave < sans compter sa fille Pauline, qui encourut une condamnation particulière >; un de ses petits-fils : Simon de Robert-Lavernière, que l'on trouve également quelquefois désigné sous le nom de Vincent ou Vincende ; un frère : Jacques de Robert-Laprade ; trois neveux : Louis de Robert-Latourette, Jean-François de Robert-Labarthe, et Jean de Robert-Laprade ; deux neveux au second degré : Henry de Robert-Bartaragna, et Paul de Robert-Léchard ; et ses trois gendres : François de Verbizier-Lassalle, Paul de Robert-Biros, et Charles de Robert-Pontiès ; en vertu d'un jugement condamnant à la fois quarante-quatre gentilshommes verriers et deux de leurs femmes, dont sept effectivement < il était du nombre avec son fils Octave > et les autres par contumace — on en trouvera au Chap. XIX de notre IIIe Part. la liste complète, dans laquelle figurent

Jean de Robert-Gassion, n. le 7 avr. 1705

Jean de Robert-Monner, n. le 23 nov. 1706, q. s.

VI

François, jumeau avec le précédent, déc. sans
doute jeune

Elisabeth, n. le 24 avr. 1708, déc. sans doute jeune

Marie, n. le 9 mai 1713, mar. à François de Verbizier-Lassalle

encore, pour comprendre ici tous les Robert : Jean de Robert-Lapeirière, Jean de Robert-Montauriol, Jean de Robert-Hautequère, Louis de
Robert-Angéli et ses deux enfants Louis de Robert-Cabanac et Isabelle
< celle-ci fut encore l'objet, comme Pauline, d'une condamnation parti-
culière > —, à la peine des galères perpétuelles, avec confiscation des
biens, pour avoir assisté à diverses assemblées tenues dans la région de
Gabre ou dans celle de Pointis au cours des années 1744 et 1745 (Antoine
Court : *Lettre à Jean Royer du 23 août 1746* — Amsterdam, *Correspondance Royer-Court;* Armand de Lachapelle : *La nécessité du culte
public parmi les chrétiens* — Francfort 1747, p. 335 et suiv.; U. de
Robert-Labarthe : *Histoire du Protestantisme dans le Haut-Languedoc, le Bas-Quercy et le Comté de Foix de 1685 à 1789*, T. II
p. 182 et suiv. — Paris 1896; etc...). Cette peine lui fut cependant
épargnée à lui-même, à cause de « son grand âge », suivant Lachapelle; mais il eut l'immense douleur de voir : Octave, son plus jeune
enfant < et non l'aîné, comme le disent à tort l'auteur précité et
quelques autres à sa suite >, âgé de 22 ans, mis à la chaîne et
conduit, en qualité de forçat pour la foi, au bagne de Marseille, où il
mourut la même année (Haag : *France protestante*, 2e éd. T. VI,
col. 332) : sa verrerie de Pointis démolie, en vertu du même jugement,
au mois de juin, avec défense de la rétablir : sa fille Pauline condamnée
à être rasée et enfermée sa vie durant à l'hôpital de Tarbes pour avoir
tenu au baptème, le 15 sept. 1744, sa nièce du même nom, fille de son
frère Jean de Robert-Monner, condamné lui-même, en outre de la peine
des galères, à une amende de 500 livres pour avoir fait célébrer ce baptème au désert par un ministre (J. Bte Loyre dit Olivier) : enfin l'expatriation de Jacques, amenée sans aucun doute par la crainte d'une arrestation et d'un sort pareil à celui d'Octave.

Quant à Isabelle de Robert-Angéli, elle encourut la même condamnation que Pauline de Robert-Monner pour avoir fait bénir, aux fêtes de la
Pentecôte de l'an 1745, par le ministre Pierre Cortez neveu dit Carrière,
son mariage avec Paul de Robert-Léchard, condamné lui aussi, comme
son cousin second Jean de Robert-Monner, en sus de la peine des galères, à 500 livres d'amende pour le même motif.

Jacques de Robert-Bousquet, n. le 4 avr. 1718, qui s'expatria, à cause de la persécution religieuse dont toute sa famille et lui-même étaient l'objet à l'occasion des assemblées protestantes du Désert, et mourut sans doute à Turin (enseigne au Régiment de Chablais, Infanterie étrangère, au service du roi de Sardaigne), où il fit, le 29 janv. 1778, son testament, dans lequel il est spécifié qu'« il entend et veut qu'il lui soit fait la sépulture où l'on enterre les protestants du régiment » — *Papiers de famille.*

Pauline, n. le 14 avr. 1710, mar. à Paul de Robert-Biros

Jeanne, n. le 27 juill. 1722, mar. à Charles de Robert-Pontiès le 19 mai 1743

Octave, n. le 2 janv. 1724, condamné aux galères pour cause de religion le 5 fév. 1746, avec plusieurs autres gentilshommes verriers, et mort la même année à la peine à Marseille, avec une grande résignation, d'après une lettre d'un de ses nombreux compagnons d'infortune : « Un de ces messieurs du Comté de Foix mourut le mois passé, un jeune homme de 22 à 23 ans, étant fort résolu à la mort. » — *Bull. hist. et litt. de la Soc. de l'Hist. du Protest. franç.* : année 1880, n° 8.

VII François de Robert-Latourette ép. le 29 nov. 1705 Madeleine de Donnès, dont :

Jacques, bapt. le 19 fév. 1707

Martre, n. le 8 oct. 1708, déc. le 17 sept. 1712

Françoise, n. le 16 déc. 1710, mar. à N.

Louis de Robert-Latourette, déc. sans postérité le
28 oct. 1787

Jean-François de Robert-Labarthe q. s. VII

Jeanne-Marie, n. le 23 mai 1723, mar. à François
de Grenier-Lajonquière le 6 août 1743

Benoît, n. le 13 déc. 1724, déc. le 16 nov. 1727

VIII Jacques de Robert-Laprade ép. Jeanne de Grenier, dont :

Marie, n. en 1721, déc. le 2 oct. 1724

Thérèse, déc. le 26 sept. 1723

Jacques, bapt. le 18 mai 1723, déc. le 11 sept.

Jean de Robert-Laprade, n. le 7 oct. 1725, q. s.
VIII

Paul, jumeau avec le précédent, déc. le 10 oct. 1725

Jean de Robert-Lassagne, n. le 30 mai 1728, q. s.
IX

IX Nicolas des Robert[1] ép. Catherine Gobert d'Escouviers, dont :

1. Nicolas, mentionné déjà précédemment (V. Chap. I), prenait le titre d'écuyer. Nous le trouvons, à l'exemple de son père, dans les rangs de l'armée, de même que nous y trouverons tout à l'heure son frère. Lieutenant au régiment de Picardie (1671), capitaine d'une compagnie franche (1702), major à Montmédy, chevalier de St Louis. Il résulte d'un « aveu et dénombrement » déposé à Metz, aux *Archives de l'ancien département de la Moselle* (1056 — 12 nov. 1709), que Nicolas possédait la « moitié de la terre et seigneurie d'Escouviers », située dans la paroisse de Montquentin (près de Montmédy), et dont il prit le nom après son mariage. Il figure sous ce nom de « d'Escouvier » dans l'« *Indicateur nobiliaire ou Table alphabétique des noms des familles nobles susceptibles d'être enregistrées dans l'Armorial général de feu M. d'Hozier*, dont une nouvelle édition est sous presse à l'Imprimerie royale, Paris 1818 ».

Jean-Baptiste, n. à Lonwy, q. s. IX

Louis-Joseph, n. le 13 juin 1702, déc. le 21 avr.
1760, à Pékin, supérieur des Jésuites et man-
darin de 3ᵉ classe[1]

Louis-Benoît, n. le 7 fév. 1705 à Montmédy, q. s. XI

Marie, chanoinesse à Tiffertange (Luxembourg)

Jeanne-Catherine, mar. à Frederik capit. aux gardes suisses

Marie-Nicole, mar. à H. d'Argens off. d'infanterie

X Noël des Robert[2] ép. le 3 mars 1696, à Sedan,
Louise de Beaumont, fille de Dominique-Suzanne de
B. major de Sedan, dont :

François des Robert-Rochefort, n. le 23 nov. 1702,
q. s. XII

N. mar. à N. marquis de Montgon

---

1. V. Michaud : *Biographie universelle.*
2. Noël prenait le titre de chevalier et faisait précéder son nom de la
qualification de messire. Il eut une carrière militaire brillante. Sorti de
la compagnie des Cadets d'Etat établie à Longwy. Lieutenant réformé
(1677) à la suite du régiment de Picardie. Lieutenant au régiment de
Normandie (28 juill. 1680). Capitaine au même régiment (24 oct. 1683).
Capitaine à la compagnie de grenadiers au régiment de Foix (dédouble-
ment de Normandie) (1684). Lieutenant-colonel au même régiment
(27 oct. 1698). Se distingua à Hochstett, où il fut blessé grièvement, et
fit le siège de deux villes du Palatinat, dont s'empara. Lieutenant de
roi à Huningue (3 juin 1706). Ingénieur du roi. Chevalier de Saint-Louis
comme son père et son frère, et brigadier des armées du roi (1709). Mourut à Huningue le 7 oct. 1721, et fut enterré sous les marches du maître-
autel de l'église paroissiale. Il y a au Ministère de la guerre, dans le
dossier de cet officier, une lettre de Villars à sa louange (V. *Histoire de
l'ordre de Saint-Louis* par d'Aspect, T. II p. 375 ; *Histoire de l'infanterie* par Suzanne ; *Lettres* du maréchal de Villars ; et Biblioth. nat.,
Cabin. des tit. : *Dossiers bleus*, Vol. 569 nº 15.056). La famille a de lui
un portrait qui le représente assiégeant Huningue qu'il bombarde. Il est
en cuirasse, tenant à la main un plan de cette ville. On trouvera aux
Armoiries un ex-libris à ses armes.

XI Abraham de Robert-Dubosc ép. Claudine de Bouvillard, dont :

> Pierre-Frédéric de Robert-Dubosc, déc. sans pos-
> térité à Sorèze en août 1779
> Jean de Robert-Campredon, n. en 1745, q. s. XIII
> Louis-François de Robert-Campredon, q. s. XIV
> Jeanne, mar. à Philippe Favart off. d'infanterie,
> de Puylaurens, déc. en 1813

XII Jean de Robert-Montauriol ép. 1° Marguerite de
Grenier, dont :

> Marie, n. le 20 mars 1709
> Jean de Robert-Montauriol, n. le 15 janv. 1712,
> q. s. XV
> Jean-Pierre de Robert-Labarthe q. s. XVI
> Madeleine, n. le 16 mai 1716
> 2° Marguerite de Rousse, déc. sans postérité

XIII Jacques de Robert-Hautequère ép. Anne de
Grenier-Vidalens, dont :

> Paul de Robert-Biros q. s. XVII
> Jeanne, mar. à Jean de Robert-Monner le 28 juin
> 1741
> Jean de Robert-Hautequère q. s. XVIII
> Charles de Robert-Pontiès q. s. XIX
> Marie

XIV Louis de Robert-Angéli[1] ép. Marie-Jeanne de Grenier, dont :

Jean-Louis de Robert-Cabanac, n. le 5 nov. 1722, q. s. XX

Elisabeth (*alias* Isabelle), n. le 21 fév. 1725, mar. en 1745 à Paul de Robert-Léchard

Jean-Baptiste, n. le 9 fév. 1727, déc. le 23 nov.

Paul, n. le 23 mars 1729

Marie, n. le 18 sept. 1737

François, n. le 4 sept. 1739

Françoise, n. le 3 mai 1741

XV Abel de Robert-Lafrégeyre ép. 1° le 12 sept. 1690 Paule de Grenier-Lagraussette;

2° le 1er juill. 1696 Anne de Grenier-Bousquet, dont :

Louis de Robert-Bousquet q. s. XXI

Jean-Pierre, bapt. le 7 mars 1699

Jeanne, mar. à Jacques de Grenier-Teulade le 6 août 1722

Françoise, n. le 10 mars 1709

HUITIÈME GÉNÉRATION

I Pierre de Robert-Saint-Polit ép. le 5 juin 1770 Marie-Marthe Lantois, et déc., croyons-nous, sans postérité

---

1. Un Jean de Robert-Angéli, ayant pour femme Catherine de Grenier, fit baptiser une fille, Marianne, le 18 sept. 1764, à « Hauteserre d'Albigeois »,

II Pierre de Robert-Laprade ép. Marie Durrieu, dont :

> Jean de Robert-Vergé q. s. I
>
> Marie, n. vers 1740, mar. à 1º Pierre de Grenier-Souloumiac le 10 sept. 1769, 2º Jean de Grenier-Lalevade le 8 avr. 1782, déc. le 2 fév. 1816
>
> N. mar. à N. Saint-Polit
>
> Déc. le 30 avr. 1767, âgé d'environ 78 ans

III Henry de Robert-Bartaragna ép. le 19 août 1744 Jeanne de Robert-Lasrives, dont :

> Paule, n. vers 1745, mar. à Pierre Lafont le 21 janv. 1771, déc. le 1er fév. 1820
>
> Jean-Paul, n. vers 1750
>
> Anne, n. le 5 juill. 1757, bapt. le 18 août

IV Pierre de Robert-Garils ép. le 29 mai 1725 Marie de Grenier-(Souloumiac?), dont :

> Simon de Robert-Lavernière q. s. II
>
> Paul de Robert-Garils, n. le 19 mai 1730, q. s. III
>
> Pierre de Robert-Bousquet, n. le 8 fév. 1734, q. s. IV
>
> Pauline, n. vers 1742, mar. à Jean de Robert-Lassagne, déc. le 18 août 1822
>
> Jean, n. le 23 mars 1745
>
> Marie, n. le 21 juin 1747, mar. à Jean de Robert-Laprade
>
> Marion, mar. le 17 août 1766 à Paul de Verbizier-

Saint-Paul, qui fut la mère du général du même
nom

Jeanne, mar. à Pierre de Grenier-Latour le 5 juill.
1769, déc. le 29 sept. 1829

Déc. en 1758 ou au commencement de 1759. Sa
femme était morte avant lui

V Paul de Robert-Léchard (*alias* Leychard ou Leychart) ép. en 1745 Isabelle de Robert-Angéli

---

VI Jean de Robert-Monner ép. le 28 juin 1741 Jeanne
de Robert-Hautequère, dont :

Pauline, n. le 14 sept. 1744, mar. à Pierre de Robert-Bousquet le 5 juill. 1764, déc. à l'âge de
80 ans

Paul de Robert-Monner, n. le 13 fév. 1746, déc.
sans doute jeune

François de Robert-Monner, n. le 29 sept. 1747,
q. s. V

Marie, mar. à Jean de Verbizier-Lassalle en 1766,
déc. le 21 fruct. an V

André, n. le 24 ? 1751

VII Jean-François de Robert-Labarthe ép. Madon
Gouzy, dont :

Jean-François-Baptiste de Robert-Labarthe q. s.
VI

VIII Jean de Robert-Laprade ép. 1° Marie de Robert-Garils, 2° Marguerite de Verbizier-Montredon le 19 juill. 1766, et déc. sans laisser de postérité

IX Jean de Robert-Lassagne ép. Pauline de Robert-Garils et déc. sans postérité le 24 germ. an XII (14 avr. 1804)

X Jean-Baptiste des Robert[1] ép. Anne-Françoise Soucelier, dont :

> Catherine-Antoinette, n. le 13 mars 1732 à Thionville, déc. à Metz
> Louis-Henry, n. le 18 janv. 1734 à Montmédy
> Nicolas, n. le 18 août 1735
> Louis-Joseph, jumeau avec le précédent, q. s. VII
> Marie, n. le 1er janv. 1737
> Elisabeth, n. le 28 août 1740
> N. mar. à N. de Golberg le 6 mars 1774
> Déc. le 3 oct. 1747 à Longwy

XI Louis-Benoît des Robert[2] ép. Marie-Agnès de Wendel d'Hayange, dont :

> François des Robert-Lomerange, n. le 2 fév. 1766 à Sierck, q. s. VIII
> Anne-Jeanne-Marie-Gabrielle, mar. à Pierre-Remy Seranville comte de Bellerose, lieutenant-colonel

1. Ingénieur en chef de Rodemak (près de Thionville), chevalier de Saint-Louis.
2. Lieutenant-colonel au régiment de Senneterre, commandant de Sierck et du bataillon de Rethel-Mazarin, lieutenant des maréchaux de France, chevalier de Saint-Louis.

du régiment de chasseurs de Picardie, chevalier
de Saint-Louis

XII François des Robert-Rochefort[1] ép. 1° le 28 juill.
1738 Jeanne de Wendel, déc. sans postérité le 17 fév.
1739 à Metz;

2° le 10 nov. 1741 Marguerite Andry, fille d'Antoine-
Christophe A. capit. d'infant., déc. le 10 nov. 1741 à
Metz, dont :

N., mort quelque temps après sa mère;

3° le 14 avr. 1744, à Rethel, Charlotte-Françoise de
Brodart, dont :

Louis-François, déc. sans postérité à Metz

Jean-Baptiste Nicolas, n. à Rethel le 24 juin 1745,
q. s. IX

Charlotte-Françoise, mar. à Prosper Tyrant de
Flavigny en 1770

XIII Jean de Robert-Campredon ép. le 5 mai 1781
Madeleine de Falc de Pebertou (*alias* Pechpertou),
fille de messire Marc-Antoine de F. de P. capit. d'infant., dont :

Antoine-Alexandre de Robert-Campredon, n. le
16 mai 1782, q. s. X

---

1. Lieutenant-colonel au régiment de Champagne, commandant le
bataillon de Rethel-Mazarin. Blessé à la bataille de Pavie (1734). Chevalier de Saint-Louis (1744).

XIV Louis-François de Robert-Campredon[1] ép. Elisabeth de Bouvillard, dont :

> 2 garçons et 2 filles, dont l'aîné est mort en Autriche, les autres à Revel

Déc. en 182 (?)

———

XV Jean de Robert-Montauriol ép. Paule de Brun, dont :

> Jean de Robert-Montauriol q. s. XI

———

XVI Jean-Pierre de Robert-Labarthe ép. Anne de Grenier, dont :

> Jean-Pierre de Robert-Labarthe, n. vers 1730, q. s. XII

———

XVII Paul de Robert-Biros ép. Pauline de Robert-Monner et déc. sans doute sans postérité

———

XVIII Jean de Robert-Hautequère ép. Marie de Robert-Lapeirière, dont :

> Paul de Robert-Hautequère, n. vers 1751, q. s. XIII
>
> Thoinette, n. le 2 nov. 1754
>
> Jean de Robert-Pontet, n. le 30 août 1759, q. s. XIV

———

1. Capitaine au régiment de Guienne. Chevalier de Saint-Louis en 1779. Habitant à Sorèze, il assista à l'Assemblée de la Noblesse réunie à Castelnaudary en 1789 lors de la convocation des Etats-Généraux (V. *Nobiliaire toulousain* de Brémond, T. II p. 346).

XIX Charles de Robert-Pontiès ép. le 19 juin 1743
Jeanne de Robert-Monner, dont :

Paul de Robert-Biros q. s. XV
Jean de Robert-Pontiès q. s. XVI

XX Jean-Louis de Robert-Cabanac ép. Marie-Jeanne
de Montagnès, dont :

Marie, mar. à Simon de Grenier-Bousquet le
31 janv. 1787

XXI Louis de Robert-Bousquet ép. le 6 août 1722
Elisabeth de Grenier-Dalez, dont :

Henry de Robert-Bousquet, n. vers 1728, déc. célibat. le 10 brum. an VII
Paul de Robert-Lafrégeyre q. s. XVII
Jean de Robert-Lassagne, n. vers 1740, déc. célibat. le 30 nov. 1821
Jeanne, mar. à Pierre de Grenier-Dalez le 5 avr.
1768

NEUVIÈME GÉNÉRATION

I Jean de Robert-Vergé ép. le 29 juin 1782 Elisabeth
de Grenier-Monbac, dont :

Marie, n. le 9 avr. 1784, déc. le 7 sept. 1786
Joseph de Robert-Vergé, n. le 18 avr. 1787, déc.
célibat. à l'armée [1]

---

1. En butte à l'opposition de ses parents dans un projet de mariage
qu'il avait formé, il s'engagea dans l'armée et suivit Napoléon en Espagne, d'où il ne revint pas.

Paule, n. le 8 mars 1788, mar. à François de Robert-Bousquet

Marie, mar. à Jean de Robert-Bousquet

II Simon de Robert-Lavernière ép. Jeanne de Verbizier-Campet, dont :

Joseph de Robert-Lavernière q. s. I

Pauline, mar. à Jean-Paul de Grenier-Labourdette

Jeanne, mar. à François de Robert-Monner le
29 juill. 1778

III Paul de Robert-Garils[1] ép. le 17 sept. 1753 Suzanne Roger (*alias* Rougé), dont :

Marie, n. le 8 sept. 1754, mar. à Jean de Grenier-
Labourdette le 7 sept. 1785

Jeanne-Marie, n. en 1756, déc. célibat. le 21 nov.
1836, connue sous le nom de « Mademoiselle
Tellet »

Pierre de Robert-Gassion, n. le 12 mars 1758,
q. s. II

Jean de Robert-Garils, n. le 29 juill. 1761, q. s. III

Jean-Paul de Robert-Falga, n. vers 1763, q. s. IV

---

1. Il fit bénir seulement son mariage le 17 juill. 1755, au désert, par le
ministre Lafont, ayant déjà une fille, Marie, « née sous la foi d'un légitime et loyal mariage, après avoir assuré n'avoir eu occasion d'épouser
selon les rites et usages de l'Eglise Réformée, et protesté n'avoir voulu
requérir ni recevoir la bénédiction nuptiale d'aucun prêtre de la communion de Rome » (*Papiers de famille*). Il mourut le 28 août 1791. Sa
femme était déc. le 14 oct. 1788.

Pierre de Robert-Léchard, n. le 11 juin 1769, déc. célibat. le 10 nov. 1843 [1]

IV Pierre de Robert-Bousquet ép. le 5 juill. 1764 Pauline de Robert-Monner, dont :

François de Robert-Bousquet, n. le 13 avr. 1765, q. s. V

Pierre de Robert-Léchard, n. le 23 nov. 1766, déc. sans doute jeune

Paul de Robert-Bousquet, n. le 3 août 1768, déc. le 10 fév. 1770

Jean de Robert-Lassagne, n. le 2 nov. 1770, q. s. VI

Marie, n. le 22 déc. 1772, mar. à Louis de Robert-Lafrégeyre le 30 oct. 1789, déc. le 9 mai 1849

Jeanne-Marie, n. le 9 mai 1775, mar. à Pierre de Robert-Monner

Joseph de Robert-Bousquet, n. le 14 sept. 1777, q. s. VII

Pauline, n. le 21 août 1781, mar. à Jean-Paul de Grenier-Latour le 12 fruct. an IX, déc. le 29 juill. 1821

Déc. le 17 sept. 1810

V François de Robert-Monner ép. le 29 juill. 1778 Jeanne de Robert-Lavernière, dont :

1. Servit dans l'armée et fut décoré de la Fleur de Lys le 26 juill. 1814 à la suite de brillants états de service dans la guerre d'Espagne. On raconte encore de lui plusieurs actes d'adresse et d'intrépidité. Grand admirateur de Napoléon, c'est lui qui fit donner ce prénom au troisième enfant de Jean-Paul-André de Robert-Garils son petit-neveu.

Octave de Robert-Monner, n. le 2 janv. 1784, déc.
   sans doute jeune

Paule, n. le 27 sept. 1784

Joseph de Robert-Monner, déc. sans doute jeune

Marguerite, n. le 19 avr. 1787, mar. à Joseph de
   Robert-Bousquet

Marie, n. le 10 juin 1789

Pierre de Robert-Monner, n. le 5 déc. 1790, q. s.
   VIII

Déc. le 12 sept. an II

VI Jean-François-Baptiste de Robert-Labarthe ép. le
2 août 1779 Marie-Anne de Martres de la Gaillarde,
dont :

Françoise, n. en 1781, déc. sans doute célibat.

Jean-Louis de Robert-Labarthe, n. en 1782, déc.
   jeune

Paul de Robert-Labarthe, n. le 9 janv. 1786, q. s.
   IX

François de Robert-Labarthe, n. le 9 déc. 1787,
   déc. jeune

Jeanne-Marie, n. le 25 août 1789, mar. à Ambroise
   Cours le 10 avr. 1806

Déc. le 8 janv. 1809

VII Louis-Joseph des Robert[1] ép. le 5 juin 1770
Marie-Barbe de Caldaguès, dont :

1. Admis à l'école de Mézières avec le brevet de lieutenant du régiment de Bourbonnais le 28 mars 1754, ingénieur ordinaire en 1756, déta-
ché au Canada en 1759, colonel du génie, brigadier des armées du roi,

Charles-Antoine, n. à Bergues en Vinou (Flandre) le 7 janv. 1774[1], q. s. X

Déc. à Metz le 26 déc. 1826

VIII François des Robert-Lomerange[2] ép. le 24 août 1796 Catherine Bourcke, dont :

François-Philippe, n. à la Martinique, q. s. XI

IX Jean-Baptiste-Nicolas des Robert vicomte de Maisoncelles, seigneur de Moyaumont[3], ép. à Oger-sur-Aisne (Ardennes) Anne-Charlotte de Châtillon, fille de messire François de C. seigneur baron d'Oger et de dame Elisabeth Canelle, dont :

Elisabeth-Marie-Françoise, n. le 14 déc. 1769, mar. à N. de Champeaux officier de cavalerie, déc. en Allemagne

chevalier et doyen de l'Ordre de Saint-Louis. Fut emprisonné sous la Terreur, en même temps que sa femme, à Arras, où il commandait les fortifications.

1. « Fut baptisé le même jour et eut pour parrain messire Charles-Antoine de Rémont chevalier, sr d'Arzilmont, Provizy, Novion, Cordes, etc..., son grand-oncle maternel, qui a donné la procuration de tenir l'enfant en son nom à messire Raymond de Caldaguès, lieutenant au Régiment d'infanterie de Soissonnois et pour marraine Dame Martine Joseph de Raymond épouse de messire Jean André de Caldaguès, commandant de la ville de Bergues, escuyer sr de Ferval, grand'mère maternelle du baptisé » — Biblioth. nat., Cabin. des tit. : *Carrés de d'Hozier*, Vol. 542 p. 348.

2. Lieutenant au régiment de Foix, aide-de-camp du comte de Viomenil et du vicomte de Damas, passa à la Martinique. On trouvera ses armes au chapitre des *Armoiries*. — Lomerange : village situé aux environs de Metz, dans l'ancien Bailliage de Briey.

3. Etabli en Champagne. Chevalier de Saint-Louis (1765). Son titre de vicomte, qui fut à l'origine un simple titre de courtoisie, que lui avait donné un ministre de Louis XV en lui écrivant, passa ensuite dans ses actes. — Maisoncelles : village situé dans l'ancienne Election de Reims.

Charles-Patane, n. le 15 avr. 1771, déc. en Allemagne en 1793

Louis-François-Narcisse, n. le 29 oct. 1772, q. s.
XII

Déc. en 1797

_____

X Antoine-Alexandre de Robert-Campredon [1] ép. le
1ᵉʳ mai 1817 Jeanne-Rose Barthès, dont :

Félix de Robert-Campredon, n. en 1818, q. s. XIII

Déc. en 1871

_____

XI Jean de Robert-Montauriol ép. le 22 juin 1757
Marie Rosselloty

Déc. le 1ᵉʳ juin 1807, âgé de 76 ans

_____

XII Jean-Pierre de Robert-Labarthe ép. le 25 sept.
1771 Jeanne de Robert-Lasrives, dont :

Jean-Pierre de Robert-Montal, n. le 2 août 1772,
q. s. XIV

Jeanne, dite Barthète, n. le 6 mars 1776, mar. à
Jean Faure le 23 fruct. an IX, déc. le 9 mars 1842.

Pierre de Robert-Labarthe, n. le 4 fév. 1774, q. s.
XV

Déc. le 13 oct. 1781

_____

1. Embrassa la carrière militaire. Capitaine, et chevalier de la Légion
d'honneur par ordonnance du 17 mai 1832.

XIII Paul de Robert-Hautequère ép. le 13 août 1786 Marie de Grenier-Monbac, dont :

Joseph de Robert-Hautequère, n. le 6 mai 1787, q. s. XVI

Jeanne-Marie, n. le 8 mars 1788, mar. à Jean de Grenier-Rieutailhol le 21 oct. 1821, déc. le 23 oct. 1851

Jean de Robert-Hautequère, n. le 25 avr. 1792, q. s. XVII

Elisabeth, n. le 6 vendém. an V, déc. célibat. le 16 oct. 1852

Déc. le 9 juin 1813. Sa femme mourut le 14 août 1822

XIV Jean de Robert-Pontet ép. le 12 mars 1793 Suzanne de Grenier-Duclaux, dont :

Jeanne-Marie, n. le 8 mess. an II, mar. à Jean de Grenier-Lacoste le 5 juin 1813, déc. le 11 juill. 1827

Paul de Robert-Pontet, n. le 9 frim. an V, déc. célibat. le 11 oct. 1854

Marguerite, n. le 5 vend. an VIII, célibat.

Elisabeth, n. le 6 niv. an X, déc. le 6 vend. an XII

Déc. le 17 fév. 1832. Sa femme était morte le 7 mars 1820

XV Paul de Robert-Biros ép. le 26 déc. 1771 Gabrielle Vergé, dont :

Suzanne, mar. à Paul Boubila le 10 fruct. an VIII, déc. le 23 flor. an XIII

Françoise, mar. à Jean Pons, déc. le 13 janv. 1852, âgée de 75 ans

Elisabeth-Rosalie, mar. à Jean-Paul Marc, déc. le 8 janv. 1844, âgée de 60 ans

Jeanne, mar. à Etienne Respaud, déc. le 12 nov. 1872, âgée de 75 ans

Jean-Paul-François-Auguste de Robert-Biros, jumeau avec Jeanne, q. s. XVIII

XVI Jean de Robert-Pontiès ép. le 15 août 1769 Catherine de Grenier-Laplane, dont :

Paul, n. le 1ᵉʳ avr. 1771, déc. le 7 janv. 1772

Jeanne, n. le 10 déc. 1772, mar. à N. de Grenier-Rochet, déc. le 27 mars 1840

François de Robert-Pontiès, n. vers 1776, déc. célibat. le 17 mars 1840

Marie, déc. célibat. le 27 mars 1837

Gabrielle, mar. à François de Robert-Lafrégeyre le 31 oct. 1816, déc. le 20 janv. 1855

XVII Paul de Robert-Lafrégeyre ép. le 2 mai 1761 Jeanne de Grenier-Labourdette, dont :

Louis de Robert-Lafrégeyre q. s. XIX

Charlotte, n. le 22 juill. 1768, mar. à Pierre de Robert-Gassion le 4 août 1789, déc. le 16 juill. 1850

Elisabeth, n. le 8 oct. 1772, mar. à N. de Verbizier

Henriette, mar. à Jean de Verbizier-Verbizier

DIXIÈME GÉNÉRATION [1]

I Joseph de Robert-Lavernière ép. le 18 avr. 1784 Marguerite de Verbizier-Saint-Paul, sœur du général Paul de Verbizier-Saint-Paul, dont :

Eléonore, n. le 11 avr. 1789, mar. à N. Vergé

II Pierre de Robert-Gassion ép. le 4 août 1789 Charlotte de Robert-Lafrégeyre, dont :

Henriette, n. le 21 mai 1790, mar. à Jean-Pierre de Robert-Montal le 7 juill. 1811, déc. le 15 juill. 1873

Marie, n. le 27 mai 1793, mar. à François de Grenier-Montazer le 3 août 1815, déc. le 8 sept. 1886

Sophie-Jeanne, n. le 4 frim. an V, mar. à Pierre de Robert-Labarthe le 16 juin 1825, déc. le 24 mars 1874

Louis, n. le 9 mess. an IX, q. s. I

Déc. le 4 juill. 1816

III Jean de Robert-Garils [2] ép. le 12 fruct. an V Jeanne Dutilh, dont :

Jeanne-Marie-Caroline, n. le 11 mess. an VI, mar. à Simon de Verbizier-Latreyte le 9 juill. 1813, déc. le 29 juin 1815

---

1. A partir de cette époque les garçons portent tous uniformément le nom du père; nous n'inscrirons donc, comme au début, que leurs prénoms.

2. Servit, comme son frère Léchard, dans l'armée, en qualité de lieutenant.

Jean-Paul-André, n. le 21 fruct. an VII, q. s. II
Déc. le 23 flor. an VII

IV Jean-Paul de Robert-Falga[1] ép. Jeanne de Verbizier-Saint-Paul, sœur du général, dont :

Joseph-Samuel, déc. le 25 oct. 1819, âgé de 17 ans
environ

---

1. Comme ses deux frères Garils et Léchard, Falga servit dans l'armée, avec son cousin germain et futur beau-frère le général Saint-Paul
alors simple lieutenant. Il assista à la reprise de Toulon sur les Anglais
le 17 déc. 1793. Il prit part à ce haut fait d'armes en qualité de sous-
lieutenant d'une compagnie de volontaires levée dans le canton du Mas-
d'Azil et faisant partie du bataillon des *Chasseurs de l'Ariège*. Une
chanson de lui, où respirait un grand souffle patriotique et que chantaient encore nos vieux, nous a conservé le souvenir de cette action.
Notre père ne se rappelle guère que les premiers couplets, que voici :

« Il y avait un bataillon
Dont *l'Ariège* était le nom,
Un petit corps de chassurs,   (suivant la prononciation du temps)
Mais comme ils se peignaient dur !

Ils vinrent d'un pas léger
Vers nos postes avancés   (ce sont les Anglais qui parlent)
Et jusque sous nos remparts
Grimpant comme des lézards.

La sentinelle entendit
Autour d'elle un peu de bruit ;
Tout de suite elle cria :
— Qu'est-ce que c'est ? qui va là ?

Le chef de ce bataillon
Lui répondit sans façon :
— Les Républicains français
Qui viennent chasser l'Anglais.

.   .   .   .
.   .   .   .

Falga mourut au château de Poudelay, où il est enterré avec son fils.

V François de Robert-Bousquet ép. 1° le 20 juill. 1788 Catherine de Grenier-Dalez, dont :

Paule-Pierrette, dite Pauline, n. le 29 nov. 1789, mar. à Elie Faure le 17 mai 1819, déc. le 4 juin 1848

Jeanne, n. le 10 oct. 1790, mar. à Jean-Pierre de Robert-Lassagne le 29 mai 1813, déc. le 31 janv. 1839

Henriette, n. le 26 mai 1793, déc. célibat. le 25 fév. 1870

Jean, n. le 6 vend. an IV, q. s. III

Pierre, n. le 9 frim. an VI, q. s. IV

Joseph, n. le 14 germ. an VIII, q. s. V

Jeanne-Marie, n. le 28 mess. an XI, mar. à Pierre de Robert-Monner le 1er août 1828, déc. le 11 sept. 1879

Célestine-Catherine, n. le 6 niv. an XIV, mar. à Jean de Grenier-Fajal le 2 août 1823, déc. le 4 nov. 1889

Victor, n. le 22 mars 1808, q. s. VI

Alexandre, n. le 1er mai 1814, q. s. VII

2° Paule de Robert-Vergé, dont :

Catherine-Elisabeth, dite Adèle, n. le 7 oct. 1817, mar. à Joseph de Grenier-Fajal dit Bousquas en 1833

Pauline, dite Léonide, n. le 9 oct. 1820, mar. à Simon de Grenier-Fajal vers 1826, déc. le 20 oct. 1897

Déc. le 8 déc. 1820. Sa première femme était morte le 30 oct. 1814

VI Jean de Robert-Lassagne ép. le 29 sept. 1794 Pauline de Grenier-Latour, dont :

Pierre q. s. VIII

Jean-Pierre, n. le 11 oct. 1793, q. s. IX

Déc. le 10 fév. 1826

VII Joseph de Robert-Bousquet ép. le 27 sept. 1810 Marguerite de Robert-Monner, dont :

Eugène-Pierre, n. le 16 janv. 1812, déc. célibat. le 10 janv. 1857

Marguerite-Zélie, n. le 4 août 1813, mar. à André Duran, déc. le 15 janv. 1880

Marie, n. le 29 juill. 1820, mar. à Samuel de Robert-Lafrégeyre le 29 juill. 1841, déc. le 25 juill. 1858

Déc. le 18 janv. 1846

VIII Pierre de Robert-Monner ép. le 1er août 1828 Jeanne-Marie de Robert-Bousquet, dont :

Lydie-Marguerite, n. le 23 juin 1829, mar. à Joël de Robert-Lafrégeyre le 6 nov. 1847, déc. le 17 oct. 1857

Joseph-Benjamin, n. le 19 déc. 1830, déc. le 1er janv. 1832

Joseph-Benjamin, n. en 1832, déc. le 7 oct. 1838

Déc. le 16 mai 1863

IX Paul de Robert-Labarthe[1] ép. en 1837 Virginie-Charlotte-Irma d'Armengaud, dont :

> Marie-Albanie-Zénaïde-Colarie-Sylvie-Clémentine, n. le 13 fév. 1841, déc. jeune
>
> Gaëtan-Lonès-Alexandre-Paul, n. le 25 juill. 1846, déc. jeune

---

X Charles-Antoine des Robert[2] ép. 1° le 2 flor. an X, au château de Spada près de Saint-Mihiel (ancien duché de Bar) Louise-Béatrix baronne de Malvoisin, dont :

> Louis-Aimé, n. à Spada en 1804, déc. sans postérité à Metz en 1853[3]
>
> Raymond, n. à Spada en 1805, q. s. X
>
> Melchior-Adolphe, n. à Spada le 21 janv. 1806, q. s. XI

Déc. à Metz en 1840

XI François-Philippe des Robert[4] ép. en 1842 M. L. de Cools, dont :

> Geneviève, mar. à Mahé de la Villéglé, commis-

---

1. Embrassa la carrière militaire. Capitaine, et chevalier de la Légion d'honneur. Après la mort de ses deux enfants, il adopta le fils aîné de sa sœur Jeanne-Marie, Louis-Alexandre Cours, qui fut, paraît-il, inspecteur général de l'Instruction publique. Il mourut à l'âge de 80 ans.

2. Elève à l'école de Mézières, sous-lieutenant au régiment de Forez, à Bergues, alferez aux gardes wallonnes sous Charles IV roi d'Espagne (V. Grandmaison), brigadier des gardes du corps (1814), chevalier de Saint-Louis.

3. Elève de l'Ecole polytechnique, chevalier de la Légion d'honneur.

4. Commissaire général de la marine, officier de la Légion d'honneur. Mort en France, à Saint-Séveran.

saire de la marine en retraite, chevalier de la
Légion d'honneur

XII Louis-François-Narcisse des Robert[1] ép. 1° N.
Aubé de Bracquemont; 2° Joséphine Roustan de Gol-
berg, remar. à Adrien de Cabannes à Metz, déc. à
Nancy en fév. 1894
Déc. sans postérité

XIII Félix de Robert-Campredon

Déc. en 1881, directeur des constructions navales à
Indret (près Nantes)

XIV Jean-Pierre de Robert-Montal ép. le 7 juill. 1811
Henriette de Robert-Gassion, dont :
Pierre, dit Adolphe, n. le 22 avr. 1812, q. s. XIII
Clotilde, n. le 30 juill. 1818, mar. à Victor Faure
le 8 mai 1840, déc. le 20 août 1849
Déc. le 20 oct. 1848

XV Pierre de Robert-Labarthe[2] ép. 1° Catherine
Peyrat, dont :
Philibert, n. le 16 juin 1814, q. s. XIV

---

1. Chevalier de Saint-Louis (1815) et du Lys.
2. Servit dans l'armée et fit la campagne d'Egypte.

2° le 16 juin 1825 Sophie-Jeanne de Robert-Gassion, dont :

Jules, n. le 20 juill. 1829, q. s. XV

Déc. le 9 mars 1840. Sa première femme était morte le 19 mai 1824

XVI Joseph de Robert-Hautequère ép. le 7 avr. 1817 Elisabeth Faure, dont :

Jean, n. le 30 août 1818, déc. le 5 sept.

Jean, n. le 5 oct. 1819, déc. le 22 avr. 1831

Elisabeth, n. le 1er fév. 1822, mar. à 1° Théodore Vergé le 7 oct. 1838, 2° Achille de Verbizier

Déc. le 14 mars 1828. Sa femme mourut le 1er fév. 1832

XVII Jean de Robert-Hautequère ép. le 10 août 1834 Elisabeth, dite Julie, de Grenier-Marton, dont :

Paul, n. le 21 mai 1836, célibat.

Ezéchiel, dit Achille, n. le 29 mars 1838, q. s. XVI

Lérie, dite Lydie, n. le 13 juin 1839, mar. à Pierre Chevry le 3 mars 1882

Alix, n. le 9 oct. 1842, mar. à Jean Faurous le 17 janv. 1880

Hermany, n. le 14 janv. 1845, mar. à Adolphe Delpla

Bélanie-Victorine, n. le 13 avr. 1848, mar. à Denis Comminges le 9 mars 1882

Adélaïde, n. le 9 sept. 1851, mar. à Pierre Bonne-fille

Déc. le 30 mars 1856

XVIII Jean-Paul-François-Auguste de Robert-Biros ép. le 28 fév. 1813 Jeanne-Marie-Catherine Boubila, dont :

Jean-Élie, n. le 15 sept. 1814, q. s. XVII

Jean, n. le 18 mai 1818, célibat.

Auguste, n. le 9 déc. 1820

Paul, n. le 7 fév. 1822, déc. le 15

Joséphine, n. le 27 janv. 1823, déc. le 7 sept. 1833

Catherine, n. le 20 juin 1828, mar. à François
   Vergé

Déc. le 3 juill. 1860, âgé de 75 ans

XIX Louis de Robert-Lafrégeyre ép. le 30 oct. 1789 Marie de Robert-Bousquet, dont :

Jean, n. le 7 déc. 1790, q. s. XVIII

François, n. le 22 fruct. an II, q. s. XIX

Henriette, n. le 4 juill. 1792, mar. à François de
   Verbizier-Sablon le 9 juill. 1809, déc. le 29 janv.
   1876

Henri, n. le 17 flor. an V, q. s. XX

Paule, n. le 11 frim. an VIII

Jean-Paul, n. le 27 brum. an XI, q. s. XXI

Pauline, n. le 3 vend. an XIV, mar. à Joseph de
   Robert-Bousquet le 21 oct. 1825, déc. le 12 fév.
   1873

Déc. le 22 mars 1817

ONZIÈME GÉNÉRATION

I Louis de Robert-Gassion ép. le 25 oct. 1832 Françoise-Julie Durrieu, dont :

Pierre-Clovis, n. le 8 avr. 1835, déc. le 1er juill. 1849

Charlotte-Anaïs-Aglaé, n. le 28 juin 1840, déc. le 25 déc. 1859

Déc. le 12 sept. 1847

II Jean-Paul-André de Robert-Garils ép. le 31 juill. 1825 Delphine Durrieu, dont :

Jean-Clovis, n. le 25 mai 1826, déc. le 6 sept.

Jean-Pierre-Clovis-Philidor, n. le 11 mai 1828, q. s. I

Louis-Napoléon-Oscar, n. le 13 nov. 1832, q. s. II

Célonide-Caroline, dite Célanire, n. le 18 oct. 1835, mar. à François de Robert-Lafrégeyre le 9 oct. 1855

Déc. le 29 déc. 1865. Sa femme mourut le 16 janv. 1867.

III Jean de Robert-Bousquet ép. Marie de Robert-Vergé, dont :

Hortense, n. le 5 avr. 1817, mar. à Pierre, dit Adolphe, de Robert-Montal, le 8 sept. 1840

Jean, n. le 31 déc. 1819, q. s. III

IV Pierre de Robert-Bousquet ép. Marie de Grenier-Rochet, dont :

> Jeanne, n. le 17 mai 1824, mar. à Jean Balsente le 21 mars 1842
>
> Elisa, mar. à Théophile de Robert-Bousquet le 31 août 1851

Déc. le 2 juin 1829

V Joseph de Robert-Bousquet ép. le 21 oct. 1825 Pauline de Robert-Lafrégeyre, dont :

> Théophile, n. le 27 avr. 1828, q. s. IV
>
> Jeanne-Lucie, n. le 4 juin 1832, mar. à Paul-Eugène de Robert-Lafrégeyre le 4 oct. 1856, déc. le 2 fév. 1874
>
> Marie-Anaïs, n. le 31 juill. 1834
>
> Nina-Alix, n. le 29 déc. 1836, mar. à Epiphane Lottin
>
> Henry-Philippe, n. le 27 janv. 1843, q. s. V
>
> Lucie-Adélina, n. le 5 sept. 1848, déc. le 20 janv. 1855

Déc. le 28 déc. 1871

VI Victor de Robert-Bousquet ép. N. Dagain, dont :

> Emilie, mar. à Hippolyte Pons

VII Alexandre de Robert-Bousquet ép. le 2 sept. 1842 Françoise-Catherine, dite Henriette, Boubila, dont :

> Hortense-Clara, n. le 12 oct. 1843, mar. à François-Alcédalis Comminges le 29 août 1871

Léopold, n. le 3o juin 1846, q. s. VI

Elize, n. le 25 juin 1849, mar. à Pierre Guiraud le
1ᵉʳ oct. 1880

Anna, n. le 11 sept. 1851

Edmond-Frédéric-Bertrand, n. le 27 juill. 1855,
q. s. VII

Aspasie, n. le 15 juill. 1859

Rubain-Georges-Doris-Gustave, n. le 15 août 1864,
q. s. VIII

Déc. le 11 janv. 1882

VIII Pierre de Robert-Lassagne ép. Marguerite-Lu-
cile Gardel, dont :

Sophie-Lisma, n. le 4 mai 1814, mar. à Paul de
Grenier-Labourdette

Paul-Auguste, n. le 21 oct. 1816

Pauline-Adélaïde, n. le 20 nov. 1818, mar. à Pierre
Siadous, déc. le 22 juin 1897

IX Jean-Pierre de Robert-Lassagne ép. le 29 mai
1813 Jeanne de Robert-Bousquet, dont :

Ulysse-François, n. le 24 avr. 1816, q. s. IX

Pauline-Zélanide, n. le 27 mars 1819, mar. à Jean
de Verbizier-Latreyte le 12 mars 1853, déc. le
20 avr. 1859

Marie-Angélique, n. le 15 avr. 1822, mar. à Jean-
Jacques Dagain le 6 mai 1841, déc. le 28 fév.
1894

Erina, n. le 24 nov. 1825, mar. à Jean de Robert-
Bousquet le 27 déc. 1844, déc. le 27 avril 1898
Emile, déc. à l'âge de 21 ans
Déc. le 28 oct. 1873

X Raymond des Robert ép. 1° vers 1836 Marie-Thé-
rèse de Marion, dont :
Olivier, déc. jeune
Valentine, déc. jeune
Charles-Arthur, n. à Metz en 1839, q. s. X
2° en 1853 Marie Charuel, dont :
Marie-Raymond-Adolphe, n. à Metz en 1854, q. s.
XI
Déc. en 1854, conseiller à la Cour d'appel de Metz

XI Melchior-Adolphe des Robert, élève de Saint-Cyr,
officier démissionnaire au moment de son mariage, ép.
le 27 sept. 1834 Sophie-Henriette Possel, fille de Bar-
thélemy P. receveur général de la Moselle, dont :
Caroline, n. en 1835, déc. à l'âge de 19 ans
Louis-Emile-Ferdinand, n. le 4 sept. 1836, q. s.
XII
Raymond-Maurice, n. à Metz le 23 avr. 1838, q. s.
XIII
Marie-Thérèse-Louise, n. à Metz le 23 juill. 1839,
mar. à Gabriel baron Piat de Braux, déc. en juin
1894
Déc. à Metz le 3 nov. 1865

XII

XIII Pierre, dit Adolphe, de Robert-Montal ép. le 8 sept. 1840 Hortense de Robert-Bousquet, dont :

Aristide, n. le 14 juin 1841, q. s. XV

Jean, dit Abel, n. le 9 juill. 1844, q. s. XVI

Hyacinthe-Samuel, n. le 4 fév. 1853, déc. le 1er sept. 1859

Déc. le 1er déc. 1871

XIV Philibert de Robert-Labarthe ép. le 21 fév. 1846 Jeanne, dite Almazine, Gouazé, dont :

Pierre-Jules-Fulbert, n. le 2 nov. 1847, déc. le 17 mars 1848

Pierre-François-Fulbert, n. le 31 janv. 1849, q. s. XVII

Pierre-Urbain, n. le 14 mai 1852, q. s. XVIII

XV Jules de Robert-Labarthe ép. 1° le 14 sept. 1855 Marie-Célina de Grenier-Lalée, dont :

Edouard-Philibert, n. le 3 juin 1857, q. s. XIX

Arthur-Albert-Hosmann, n. le 2 oct. 1859, q. s. XX

Sophie-Amilie-Julia, n. le 10 nov. 1862, déc. le 21

2° en déc. 1875 Zulima Benoît, déc. sans postérité

XVI Ezéchiel, dit Achille, de Robert-Hautequère ép.
le 1er juill. 1868 Anaïs Clément, dont :

Louis, n. le 28 juin 1870, q. s. XXI
Alphonse, n. le 26 janv. 1873, q. s. XXII
Emile, n. le 17 juill. 1875, q. s. XXIII
Gabrielle, n. le 23 janv. 1878

Déc. le 2 nov. 1879

XVII Jean-Elie de Robert-Biros ép. 1° le 6 août 1836
Suzanne-Marie Dumas, dont :

Jacques-Polydore-Hippolyte, n. le 1er juin 1839,
q. s. XXIV
Auguste, n. le 11 mars 1841, déc. célibat. le 30 juill.
1871

2° le 25 fév. 1847 Jeanne, dite Rose, Vergé, dont :
Jean, n. le 31 déc. 1848, déc. le 6 juill. 1849
Jean, n. le 11 nov. 1850, déc. le 10 déc. 1869
François, n. le 4 nov. 1855, q. s. XXV
Jean-Paul, n. le 1er déc. 1862, déc. le 17

Déc. le 13 déc. 1869. Sa femme était morte le 28 avr.
1842

XVIII Jean de Robert-Lafrégeyre ép. le 6 sept. 1823
Elisabeth, dite Pauline, de Grenier-Niger, dont :

François-Joël, n. le 9 mars 1825, q. s. XXVI
Henriette-Clarisse, n. le 24 fév. 1827, déc. le
20 janv. 1828
Henri-Nathan, n. le 18 mai 1832, q. s. XXVII
Paul-Eugène, n. le 22 nov. 1835, q. s. XXVIII

Charlotte-Aline, n. le 9 déc. 1837, déc. célibat. le
22 mars 1893

Louis-Joseph, n. le 24 mai 1840, q. s. XXIX

Déc. le 30 nov. 1851. Sa femme, n. le 16 germ.
an XII, mourut le 20 déc. 1876

XIX François de Robert-Lafrégeyre ép. le 31 oct.
1816 Gabrielle de Robert-Pontiès, dont :

Nina-Polydore, mar. à Jean de Verbizier-Fajau,
déc. le 12 mars 1881

Marie-Alzire, n. le 14 avr. 1819, mar. à Victor
Quinard, déc. le 13 oct. 1854

Henry-Daniel, n. le 26 nov. 1820, q. s. XXX

Déjanire, n. le 19 nov. 1823, déc. le 29 déc. 1839

Déc. le 16 juill. 1878, maire de Mercenac et chevalier
de la Légion d'honneur

XX Henri de Robert-Lafrégeyre ép. le 13 mars 1818
Charlotte de Verbizier-Fajau, dont :

Jean-Samuel, n. le 14 mars 1822, q. s. XXXI

Adair, n. le 18 sept. 1823, q. s. XXXII

François, n. le 29 déc. 1825, q. s. XXXIII

Marie-Bélina, n. le 18 mars 1829, mar. à Jean-
Pierre - Clovis - Philidor de Robert - Garils le
12 août 1851, déc. le 23 janv. 1898

Philémon, n. le 1er janv. 1832, déc. le 9 oct. 1833

Philémon, n. le 10 avr. 1835, q. s. XXXIV

Déc. le 11 oct. 1878. Sa femme mourut le 13 déc. 1882

XXI Jean-Paul de Robert-Lafrégeyre ép. Constance, dite Cléonide, de Verbizier-Coustaut, dont :

Urbain, n. le 29 mai 1829, q. s. XXXV

. Philippe, n. le 17 mars 1834, q. s. XXXVI

Déc. le 13 déc. 1835. Sa femme se remaria à Jean de Verbizier-Pot-de-Leu, dont : Numa, n. le 27 oct. . 1842

═══════════

DOUZIÈME GÉNÉRATION

I Jean-Pierre-Clovis-Philidor de Robert-Garils ép. le 12 août 1851 Marie-Bélina de Robert-Lafrégeyre, dont :

Louis-Oscar-Élisée, n. le 2 sept. 1851, q. s. [1]

Henri-Alfred, n. le 26 avr. 1853, q. s.

Marie-Héloïse-Hélène, n. le 16 déc. 1854, déc. le 20 sept. 1858

Zélia-Dora, n. le 24 oct. 1856, déc. le 27 oct. 1857

Louise-Zélia, n. le 6 oct. 1859, déc. le 15 août 1862

Zélia-Delphine, n. le 17 mars 1862, mar. à Louis-Joseph de Grenier-Rieutailhol le 26 oct. 1895

Auguste-Zacharie, n. le 1er juill. 1864, déc. le 28

───────────

1. Nous attribuerons désormais à tous les garçons uniformément la suite à la génération suivante, mais sans la numéroter, vu l'incertitude et conséquemment l'irrégularité de cette suite.

II Louis-Napoléon-Oscar de Robert-Garils ép. le
28 mai 1856 Louise-Caroline-Dorothée Abadie, dont :

Marie-Andrienne-Lucile, n. le 25 mars 1858, mar.
à Samuel Monnier le 8 avr. 1885
Paul-Jean, n. le 20 juin 1860, q. s.
Émile, n. le 20 mars 1862, q. s.
Marguerite-Louise, n. le 11 déc. 1871
Déc. le 18 avr. 1879

III Jean de Robert-Bousquet ép. le 27 déc. 1844
Erina de Robert-Lassagne, dont :

Ariston, n. le 19 août 1848, déc. le 29 nov. 1873
Pierre-Roussel, n. le 21 avr. 1851, q. s.
Marie-Noëmie, n. le 18 fév. 1853, mar. à Alexis
Pinon le 3 sept. 1886, déc. en 1888
Edmond, n. le 22 juill. 1856, q. s.
Emma-Caroline, n. le 25 déc. 1859, mar. à Ernest
Minault le 5 janv. 1887, déc. le 20 mars 1890
Déc. en 1873. Sa femme mourut le 27 avr. 1898

IV Théophile de Robert-Bousquet ép. le 31 août 1851
Elisa de Robert-Bousquet, dont :

Louis-Adrien, n. le 13 janv. 1856, q. s.
Lucile-Philicie, n. le 19 déc. 1857, mar. à Henri
de Robert-Lafrégeyre
Nelson-Joseph-Timothée, n. le 16 nov. 1859, q. s.
Paulin-Élisée-Maurice, n. le 23 oct. 1861, q. s.
Paul-Auguste, n. le 20 déc. 1862, q. s.
Numa-Agénor, n. le 5 mars 1864, déc. le 24 août

Gustave-Henri, jumeau avec le précédent, déc. le
30 nov. 1879

Joseph. . . . ., q. s.

V Henry-Philippe de Robert-Bousquet

VI Léopold de Robert-Bousquet ép. le 3 oct 1878
Marie-Bélonie Vergé, dont :

Émile-Alexandre, n. le 5 nov. 1879, déc. le 4 juin
1880

Émile-Julien-Alexis, n. le 21 fév. 1881, q. s.

Hélène-Aurélie, n. le 26 fév. 1883

Henriette, n. le 19 oct. 1884

Émilienne, n. le 3 déc. 1885

Roger, n. le 21 nov. 1887, déc. le 24 mai 1888

Clémence, n. le 20 mai 1891, déc. le 10 sept.

Gabrielle, n. le 22 août 1893

Gustave, n. le 18 fév. 1896, q. s.

VII Edmond-Frédéric-Bertrand de Robert-Bousquet
ép. le 23 déc. 1892 Lydie Berlouin

VIII Rubain-Georges-Doris-Gustave de Robert-
Bousquet ép. le 1er oct. 1889 Cécile Chapeau, dont :

Éva, déc. jeune

Gustave, n. le 5 juill. 1891, déc. le 30 juill. 1893

Déc. le 2 janv. 1892. Sa femme mourut le 21 janv.
1894

IX Ulysse-François de Robert-Lassagne ép. le
22 déc. 1842 Jeanne-Marie de Verbizier-Latreyte, dont :

Elvia-Jenny, n. le 1er sept. 1844, mar. à Cyrille
Massat le 31 oct. 1874

Zélonide-Mélanie, n. le 23 juill. 1846, déc. jeune

Émilien-Paul, n. le 27 août 1848, déc. le 5 oct.
1854

Maurice-Émile, n. le 3 déc. 1850, déc. célibat. le
21 avr. 1898

Irma, n. le 25 fév. 1853, déc. le 3 fév. 1854

Norbert-Aimé, n. le 5 fév. 1855, déc. le 25 fév.
1858

.X Charles-Arthur des Robert ép. 1° vers 1861 Sté-
phanie de Caix de Rambures, déc. sans postérité en
avr. 1871 ; 2° le 30 avr. 1872 Marie Huchet de la Bé-
doyère, dont :

Frédéric, n. le 26 fév. 1873, q. s.

Blanche, n. le 27 fév. 1874, déc. jeune

Blanche-Thérèse, n. le 23 janv. 1875, déc. le
31 juill. 1881

Thérèse, n. le 23 avr. 1877

Louis, n. en 1879, q. s.
Élisabeth, n. le 12 juill. 1881

XI Marie-Raymond-Adolphe des Robert

XII Louis-Émile-Ferdinand des Robert ép. le 15 mars 1873 Camille-Marie-Valentine de Lauris-Castellane, dont :

Henri-Joseph-Adolphe, n. le 17 mars 1874, q. s.
Paul-Albert-Adolphe, n. le 1er janv. 1876, q. s.

XIII Raymond-Maurice des Robert ép. le 24 janv. 1876 Marie de Golberg, dont :

Jehan, n. en 1876, déc. en 1877
Louis-Marie-Joseph-Edmond-Pierre, n. le 25 mai 1878, q. s.
Noëmie-Catherine-Marie-Antoinette, n. le 25 nov. 1881

XIV

XV Aristide de Robert-Montal ép. le 11 janv. 1870 Marie-Jeanne Livie Bellet, dont :

Sara, n. le 26 nov. 1870, mar. à Sigismond Bergé le 8 oct. 1898

Rachel-Louise, n. le 6 déc. 1872, mar. à Léonce-Zacharie Piquemal le 26 sept. 1892

Samuel-Henri, n. le 28 déc. 1875, q. s.

Auguste-Adolphe, n. le 16 janv. 1878, q. s.

XVI Jean, dit Abel, de Robert-Montal ép. le 10 juill. 1873 Rebecca-Anne Barouyer, dont :

Léa-Jeanne, n. le 11 mai 1874

Élisée-Adolphe, n. le 18 sept. 1877, q. s.

Benjamin-Nephtali, n. le 9 déc. 1879, q. s.

Marguerite-Marcelle, n. le 28 sept. 1893

XVII Pierre-François-Fulbert de Robert-Labarthe ép. le 18 nov. 1873 Denise-Isabelle Brugueyrolles, dont :

Anita-Éloïse, n. le 16 juill. 1875

Raoul-Pierre, n. le 22 mars 1878, q. s.

Prisca-Anne-Charlotte, n. le 6 juill. 1879

XVIII Pierre-Urbain de Robert-Labarthe ép. le 12 fév. 1880 Lucy-Eugénie Schlœsing, dont :

Pierre-Adolphe-Samuel, n. le 20 mars 1881, déc. le 22 mai 1882

XIX Édouard-Philibert de Robert-Labarthe ép. le 4 janv. 1894 Adèle-Joaquina Lamsfus et Fernandez

XX Arthur-Albert-Hosmann de Robert-Labarthe ép. le 2 sept. 1890 Jane Bones, dont :

Roger, n. le 27 nov. 1891, q. s.
Édouard, n. le 11 fév. 1893, q. s.
Paul, n. le 7 oct. 1894, q. s.
René, n. le 19 juill. 1896, q. s.

XXI Louis de Robert-Hautequère

XXII Alphonse de Robert-Hautequère ép. le 1er mai 1897 Marie. . . . .

:

XXIII Émile de Robert-Hautequère

XXIV Jacques-Polydore-Hippolyte de Robert-Biros
ép. le 21 déc. 1871 Marie Berdou, dont :

Madeleine, n. le 3 déc. 1872, déc. le 1ᵉʳ mars 1890
Julie, n. le 27 juin 1875, déc. le 29 juill. 1876
François, n. le 27 sept. 1877, déc. le 2 mai 1879
Lydie-Adrienne, n. le 17 nov. 1881

XXV François de Robert-Biros ép. Anne Pons, dont :
Jean-Élie, n. le 14 juin 1884, q. s.

XXVI François-Joël de Robert-Lafrégeyre ép. le
6 nov. 1847 Lydie-Marguerite de Robert-Monner, dont :

Louis, n. le 4 août 1848, déc. le 16 déc. 1849
Pierre-Daniel, n. le 14 juill. 1850, q. s.
Jean-Félix-Benjamin, n. le 24 janv. 1852, q. s.

XXVII Henri-Nathan de Robert-Lafrégeyre

XXVIII Paul-Eugène de Robert-Lafrégeyre ép. 1° le
4 oct. 1856 Jeanne-Lucie de Robert-Bousquet, dont :

Clarisse-Lydie-Alix, n. le 24 janv. 1860, déc. le
5 mai 1863

Ariste-Joël, n. le 16 juill. 1864, q. s.

Firmin-René-Marius, n. le 3 sept. 1868, déc. le
20 sept. 1869

Marius-Théophile-René, n. le 1er sept. 1871, déc.
le 13 sept. 1873

2° Hélène Lamsfus, dont :

Marthe-Élisabeth-Ernestine, n. le 12 nov. 1879

XXIX Louis-Joseph de Robert-Lafrégeyre ép. le
17 nov. 1863 Félicie Lautré, dont :

Éva-Camille-Pauline, n. le 12 janv. 1865, mar. à
Édouard Lombrail le 24 mai 1883

XXX Henry-Daniel de Robert-Lafrégeyre ép. le
29 juin 1848 Adélina-Joséphine-Suzanne Vergé, dont :

Nelly-Gabrielle-Dorothée, n. en 1849, déc. le
28 juill. 1859

Marie-Mathilde, n. le 8 janv. 1851, mar. à Enri-
que-Abundo de Tiendah le 3 sept. 1881

Marie-Sara, n. le 13 déc. 1852, mar. à Saint-Cyr
Cambefort le 25 janv. 1878

Gabrielle-Adélina, n. le 9 oct. 1858, mar. à Charles
Curchod le 14 mars 1881

Déc. le 2 déc. 1872. Sa femme était morte le 22 fév.
1870

XXXI Jean-Samuel de Robert-Lafrégeyre ép. le 29 juill. 1841 Marie de Robert-Bousquet, dont :

Adèle-Octavie, n. le 15 mai 1842

Henry.-Ferdinand, n. le 19 nov. 1843, déc. le 9 janv. 1845

Louis-Théodore, n. le 22 oct. 1845, q. s.

Louise-Bélina, n. le 27 fév. 1847, déc. célibat. en 1896

Célina, n. le 24 fév. 1848, déc. le 23 juill. 1873

Henry-Armand, n. le 30 août 1850, q. s.

Charles, n. le 30 sept. 1852, q. s.

Auguste-Edmond, n. le 3 juill. 1856, q. s.

Déc. le 31 déc. 1874

XXXII Adair de Robert-Lafrégeyre ép. le 12 fév. 1853 Félicie-Gémina de Grenier-Labourdette, dont :

Henri, n. le 12 déc. 1853, q. s.

Maria, n. le 8 sept. 1855, mar. à François-Jules de Verbizier-Fajau le 30 août 1879

Ernest, n. le 6 fév. 1858, q. s.

Marie-Lydie, n. le 26 mai 1860

Adolphe-Clément, n. le 18 déc. 1862, q. s.

Déc. le 18 sept. 1890

XXXIII François de Robert-Lafrégeyre ép. le 9 oct. 1855 Célonide-Caroline, dite Célanire, de Robert-Garils, dont :

Gaston-Henri, n. le 25 oct. 1857, q. s.

Berthe, n. le 13 mai 1859, mar. à Frédéric Dagain
le 19 janv. 1878

Frank-Léo, n. le 26 mai 1861, q. s.

Natalie-Lucile, n. le 2 juin 1864, mar. à Louis-
Ernest-Alcédalis Piquemal-Grenier le 19 oct.
1887

Léontine-Julia, jumelle avec la précédente, mar. à
Amédée Piquemal le 19 mars 1888

Adrien-Auguste, n. le 10 mai 1863, q. s.

Déc. le 5 fév. 1870

XXXIV Philémon de Robert-Lafrégeyre ép. le
11 juill. 1861 Sophie-Jeanne-Clémentine Bez, dont :

Émile-Gustave-Fernand, n. le 17 mai 1862, q. s.

Augusta-Charlotte-Sara-Alice, n. le 23 sept. 1865,
mar. à Achille Corneil le 15 août 1885

Déc. le 15 avr. 1868. Sa femme mourut le 21 fév. 1871

XXXV Urbain de Robert-Lafrégeyre ép. le 2 sept.
1856 Célima Andrieux, dont :

Alice, n. le 27 sept. 1857, mar. à Paul Cabrol en
1876

Mathilde, n. en 1861, déc. le 25 sept. 1864

Charles-Jean-Paul, n. le 25 juin 1865, q. s.

Micheline, n. le 29 déc. 1873, déc. le 8 juill. 1882

XXXVI Philippe de Robert-Lafrégeyre ép. le 17 fév. 1872 Caroline-Jenny Massy, dont :

> Hélène-Rosa, n. le 22 déc. 1872, mar. à Auguste Desbrousses, ingénieur des manufactures de l'État, le 10 sept. 1895
>
> Jenny, n. le 11 oct. 1874, mar. à Lucien Chabaud en 1899

TREIZIÈME GÉNÉRATION

Louis-Oscar-Élisée de Robert-Garils

Henri-Alfred de Robert-Garils ép. le 24 oct. 1895 Madelaine-Adélina Fines, dont :

> Lydie-Marie, n. le 7 août 1896
>
> Paule-Marguerite-Dora, n. le 28 déc. 1898

Paul-Jean de Robert-Garils ép. le 23 avr. 1891 Marcelle Mauser

Émile de Robert-Garils

Pierre-Roussel de Robert-Bousquet ép. le 27 août 1877 Marie-Thérèse Guichené, dont :

  Paul-Raoul, n. le 27 juin 1878, déc. jeune
  Emma-Marie-Noémy-Julienne, n. le 26 août 1879, déc. jeune
  Marguerite-Isaure-Aimée-Éva, n. le 22 sept. 1882
  Raoul-Gabriel, n. le 26 fév. 1888
  Herbert-Henri-Ernest, n. le 14 juill. 1890

Edmond de Robert-Bousquet ép. le 2 avr. 1887 Hélène Vielgeux, dont :

  Marcelle, n. le 16 janv. 1888
  Adrienne-Erina, n. le 4 déc. 1888, déc. jeune
  Alphonse, n. le 7 août 1890, déc. jeune
  Samuel, n. le 22 fév. 1893
  Adrien-Ariston, n. le 3 août 1895
  Clément-Jean, n. le 29 sept. 1898

Louis-Adrien de Robert-Bousquet ép. le 29 sept. 1894 Lydie Malignan

Nelson-Joseph-Timothée de Robert-Bousquet

Paulin-Élisée-Maurice de Robert-Bousquet ép. le 5 janv. 1892 Marie, dite Gémina, Cadix, dont :

Paul-Auguste de Robert-Bousquet ép. le 15 mai 1895 Céline Kissel, dont :

Joseph de Robert-Bousquet

Émile-Julien-Alexis de Robert-Bousquet.

Gustave de Robert-Bousquet

Frédéric des Robert

Louis des Robert

Henri-Joseph-Adolphe des Robert

Paul-Albert-Adolphe des Robert

Louis-Marie-Joseph-Edmond-Pierre des Robert

Samuel-Henri de Robert-Montal

Auguste-Adolphe de Robert-Montal

Élisée-Adolphe de Robert-Montal

Benjamin-Nephtali de Robert-Montal

Raoul-Pierre de Robert-Labarthe

Roger de Robert-Labarthe

Édouard de Robert-Labarthe

Paul de Robert-Labarthe

René de Robert-Labarthe

Jean-Élie de Robert-Biros

Pierre-Daniel de Robert-Lafrégeyre ép. le 2 nov.
1875 Joséphine-Catherine-Élisa Siadous, dont :

Marie-Marguerite-Lydie, n. le 18 juill. 1876
Laure-Geneviève-Pauline, n. le 15 nov. 1879

Jean-Félix-Benjamin de Robert-Lafrégeyre ép. le
26 mai 1879 Marie-Eudoxie Nègre, dont :

Marcel-François-Félix, n. le 20 mars 1888
Charles-Francis, n. le 10 mai 1890

Ariste-Joël de Robert-Lafrégeyre ép. le 27 juin 1891
Pauline-Christine Vignaux, dont :

Lucie-Hélène-Marie, n. le 6 mai 1892, déc. le
   28 janv. 1894
Paul-Eugène-Gaston, n. le 22 fév. 1894
Marthe-Germaine-Eva, n. le 2 nov. 1896

· Louis-Théodore de Robert-Lafrégeyre

Henry-Armand de Robert-Lafrégeyre

Charles de Robert-Lafrégeyre

Auguste-Edmond de Robert-Lafrégeyre

Henri de Robert-Lafrégeyre ép. le 29 nov. 1887
Lucile-Philicie de Robert-Bousquet, dont :
  René, n. le 22 sept. 1890, déc. le 5 oct. 1893
  Lucien, n. le 19 août 1894
  André, n. le 14 avr. 1897

Ernest de Robert-Lafrégeyre ép. le 11 déc. 1879 Hélène Lambert, dont :

Ernestine-Marguerite-Félicie, n. le 6 sept. 1880
Henri-Ernest, n. le 10 janv. 1882
Frank-Gaston, n. le 2 déc. 1886, déc. le 19 mai 1890

Adolphe-Clément de Robert-Lafrégeyre ép. le 26 mai 1891 Jeanne-Suzanne Latreille, dont :

Marguerite, n. le 17 mars 1892

Gaston-Henri de Robert-Lafrégeyre

Frank-Léo de Robert-Lafrégeyre ép. le 17 fév. 1891 Zélie-Caroline-Lydie Guichou

---

Adrien-Auguste de Robert-Lafrégeyre ép. le 26 oct. 1896 Jeanne-Antoinette Coulon, dont :

Marcel-Louis-Jean, n. le 30 août 1897

Emile-Gustave-Fernand de Robert-Lafrégeyre ép. le 23 sept. 1885 Émilie Wauthier

---

Charles-Jean-Paul de Robert-Lafrégeyre

QUATORZIÈME GÉNÉRATION [1]

---

1. Nous arrêtons ici cette généalogie, sans la fermer, laissant aux intéressés le soin de la poursuivre, en inscrivant, au fur et à mesure des événements, leur état civil dans les espaces vides qui précèdent ou les pages blanches qui suivent ménagés à ce dessein et destinés à servir de registre de famille.

Ainsi qu'on a pu le remarquer, il manque certainement bien des chaînons à cette chaîne pourtant déjà longue des Robert. C'est là un défaut inhérent aux généalogies, qui sont rarement complètes. D'ailleurs, est-il besoin de le dire? nous ne nous sommes jamais flattés de l'espoir d'éta-

blir toute la postérité; et nous devons nous estimer heureux du modeste
résultat de nos recherches, étant données les difficultés de toute sorte
qu'il nous a fallu surmonter. Nous avons connu, il est vrai, beaucoup
d'autres représentants de la famille en outre de ceux qui figurent dans
le tableau précédent; mais le grand embarras était de les encadrer.
Aussi faut-il nous contenter à leur égard d'une simple mention : tels
les Carcoupet, les Naubarre, les Lapartide, les Lagrenade (nous avons
trouvé mentionnés comme parrain et marraine en 1710 Henry de Robert-
Lagrenade et Jeanne de Robert), les Laquérette, les Lagraulhet, les
Albret, les Lateilhade, les Montaut, les Lautier, les Lajonquière (Pierre
de Robert-Lajonquière, fils de François de Robert-Lautier et de Damoiselle marquise de Chabernac décédés avant 1699, demeurant à Fourtou,
diocèse de Narbonne, ép. le 24 nov. 1694 (bénédiction) Marie de Grenier,
dont : Etienne de Robert-Lajonquière et Marguerite, mar. à Pierre de
Grenier-Lanoguière), les Fonclare (André de Robert-Fonclare était un
autre fils de Pierre de Robert-Lajonquière, ou bien son frère; il ép.
Marie de Grenier le 9 juill. 1726 (bénédiction), les Fonfrède, les Lalèze,
les Lafont, les Labourdasse, les Pradebost, les Lamouline, les Belagon,
les Larrigue (dont nous ferons connaître ci-après le blason), les Lagarrigue, les Lalagade, les Larouquette, les Lassalle, les Lachardonnière,
les Brouzet, les Saint-Paul, les Saint-Félix (Barthélemy-Maurice de Robert, seigneur de Saint-Félix, assista à l'Assemblée de la Noblesse convoquée à Castelnaudary en 1789 et précédemment citée — *Nobiliaire
toulousain* de Brémond, t. II, p. 346), les Lalbarède, les Vallès, les
Bérosguen, les Desplats, les Villars.

Quelques autres Robert, dont, au reste, nous ignorons les attaches,
méritent une observation particulière : Il s'agit d'une famille établie à
Pamiers au dix-septième siècle, catholique, et comptant même parmi
ses membres trois chanoines. Elle occupait une situation assez élevée,
et eut beaucoup à souffrir de la part des Réformés, qui dévastèrent ses
propriétés dans la dernière période des guerres de religion. Antoine de
Robert-Fiches, docteur et avocat en la Cour, qui se maria mais paraît
n'avoir eu que des filles, avait quatre frères : Roger, chanoine à la

cathédrale de Carcassonne; François, chanoine à la cathédrale de Pamiers; Charles, chanoine également à Pamiers; autre Charles (de Robert-
Fiches). Il vit, le 15 juin 1621, sa propriété de Fiches, située aux environs de la ville (le château de Fiches fait aujourd'hui partie de la commune de Verniolle) saccagée par le baron de Léran, chef des Réformés
dans le Pays de Foix, qui fit en même temps prisonniers deux de ses
frères : le chanoine Charles et Charles Fiches, rançonnés plus tard à
4000 livres (*Arch. départ. de l'Ariège : Fonds de l'Evêché de Pamiers;
nº 101, Cahier nº 8*). Charles de Robert-Fiches ép. vers 1640 Anne-
Louise de Labarthe de Cassignan, dont : Roger de Robert-Fontanes et
François de Robert-Lasserre. Fontanes ép. en 1666 Isabeau de Fabre,
fille de Guillaume de F., conseiller du roi et receveur des tailles du diocèse de Narbonne. Une sœur des Fiches et des chanoines, Jeanne, avait
ép. vers 1630 Jean de Prétianne de Fontfrède. Un membre de cette
famille figure au nombre des consuls de Pamiers en 1660 (M. J. de
Lahondès : *Annales de Pamiers*). Ces Robert, au demeurant, semblent
n'avoir habité cette ville que d'une façon transitoire; ils n'y comptent
plus, en tout cas, de représentant depuis longtemps; le dernier fut sans
doute Jean-François de Robert-Fiches, qui laissa son héritage, vers le
commencement du dix-huitième siècle, aux familles de Labarthe, de
Flurian, d'Idrac-Latapie et de Sers (*Inventaire sommaire des Archives
départementales (Ariège) antérieures à 1790*, p. 189, B. 153 — 1715,
6 mai). C'est apparemment cette famille qui a donné son nom à une
promenade de la ville appelée le *Cours Robert*. Son blason, sculpté au-
dessus d'une vieille porte à la cathédrale, est indéchiffrable par suite de
l'usure de la pierre.

CHAPITRE IV

Son Origine; sa Noblesse.

Nous n'avons pas de renseignements particuliers sur la famille relativement à ses premières origines et au fondement de sa noblesse. Les seules données que nous possédions à cet égard sont deux données générales, très explicites d'ailleurs, concernant les gentilshommes verriers. Elles s'appliquent par conséquent aux Grenier et aux Verbizier aussi bien qu'aux Robert[1], et sont basées sur un document relevé ci-après, duquel il résulte : d'abord, que leurs familles appartenaient primitivement à la noblesse militaire, dans laquelle elles paraissent avoir occupé anciennement une situation brillante ; puis, qu'elles abandonnèrent, dans le courant du treizième siècle, la carrière des armes pour se consacrer désormais à l'industrie verrière.

Cette modification profonde de leurs destinées fut amenée par les guerres de Saint-Louis, qui leur furent particulièrement cruelles ; et c'est à ce prince, au service duquel elles s'étaient dévouées corps et biens, qu'elles durent, après la perte de leur fortune, les privilèges attachés à leur nouvelle condition[2].

1. Elles sont pareillement applicables à quelques autres familles que l'on trouvera mentionnées au chapitre VI.
2. V. Chap. VI.

Les détails à ce sujet nous faisant absolument défaut, nous sommes également sans renseignements positifs sur la contrée habitée par nos ancêtres à cette date reculée. Mais il y a tout lieu de croire que la famille était dès lors fixée dans le Midi, et dans le même quartier où la *Généalogie* nous la montre établie dès le seizième siècle — à savoir la région boisée des Cévennes, bien propre à favoriser le développement de son industrie grâce au combustible qu'elle lui fournissait abondamment pour l'entretien de ses fours (département actuel du Tarn et pays limitrophes connus vulgairement sous le nom de Montagne-Noire) —, se rattachant vraisemblablement à celle qui nous est présentée à la fois par Villevieille et Saint-Allais comme originaire de ce même quartier, où elle était déjà florissante au douzième siècle[1].

Il semblerait, il est vrai, à première vue, qu'elle fût plutôt originaire de Gabre (localité de l'ancien Comté de Foix incorporée à la France dès le treizième siècle et ayant formé depuis lors une enclave du Languedoc — réuni lui-même à la Couronne vers le même temps — jusqu'à la formation du département de l'Ariège)[2]; car c'est là que nous trouvons la majeure partie de ses plus anciens représentants et son foyer principal à partir du seizième siècle. Il le semblerait d'autant plus qu'entre ces premiers représentants un, Pierre, se montre à nous comme ayant une fabrique aux Garils dès l'an 1529[3], tandis qu'un autre, Bertrand, nous parle,

1. V. Chap. I.
2. V. IIe Part. Chap. VIII.
3. V. *Généal.* 1re Génér. Art. I, note.

dans son testament, en 1555, d'un tombeau familial existant dans l'église de Gabre[1] : preuve que la famille avait déjà des racines dans le pays. Mais un examen attentif nous engage à considérer ces racines comme peu profondes et à placer le foyer familial originel dans la Montagne-Noire. Notre opinion à cet égard se fonde :

Premièrement, sur la résidence d'Amiel, contemporain de Pierre et tige de notre arbre généalogique, qui fit son testament à Arfons, pour venir ensuite peut-être mourir à Gabre[2] : ce qui expliquerait le tombeau familial de Bertrand, explicable d'ailleurs à la rigueur avec Pierre, que nous avons tout lieu de regarder, on le sait, comme son oncle (ou son aïeul), et qui, lui, mourut certainement à Gabre;

Deuxièmement, sur la constatation déjà faite que Pierre est le seul représentant de la famille figurant dans le Livre des *Reconnaissances* de Gabre de 1529[3]; à quoi nous ajouterons qu'on ne trouve dans ce même Livre aucune mention concernant les Grenier et les Verbizier, établis dans le pays postérieurement à cette date[4], et dans le passé antérieur de cette localité aucune trace des Verriers en général : ce qui nous fait croire que Pierre fut le premier à venir s'y fixer et à y construire une verrerie;

1. V. *Ibid*. 2e Génér. Art. II.
2. V. *Ibid*. 1re Génér. Art. I.
3. Nous rappelons que c'est le *Cadastre* de l'époque (V. *Généal*. 1re Génér. Art. I et IIe Part. Chap. XIII.
4. Ce n'est que vers le milieu du seizième siècle que nous constatons la présence de trois Grenier à Gabre : en 1541 Jean (ou Guillard), commandeur (V. IIe Part. Chap. XVI); en 1549 autre Jean (V. IIe Part. Chap. XIV); en 1555 Bourthoumieu, demeurant à Bousquet (V. le testament de Bertrand : *Généal*. 2e Génér. Art. II).

Troisièmement, sur ces remarques aussi curieuses qu'instructives :

Que, d'une part, certains noms génériques de la Montagne-Noire indiquent évidemment un centre de fabrication important et ancien : *Le Four-du-Verre,* situé entre Lespinassière et Lacabarède ; *La Verrerie,* au nord-est d'Arfons ; *La Verrière,* au sud-est de Laprade ; enfin *Les Verreries-de-Moussans,* village et commune qui semblent avoir formé dans cette région un des principaux foyers de la famille ;

Que, d'autre part, quelques noms très particuliers de localités de la contrée de Gabre habitées par des Verriers, tels que *Malet, Périlhou, Bousquet* et *Le Claus,* noms que l'on trouve également dans la Montagne-Noire, et qui n'existaient pas à Gabre, notons-le, au moment de la confection des *Reconnaissances* précitées, nous apparaissent comme ayant été transportés d'un lieu à l'autre à la suite de l'établissement de ces mêmes Verriers ;

Que, de plus, le nom patronymique de *Robert* se retrouve pareillement dans la Montagne-Noire, entre Lacaune et La Salvetat ;

Qu'enfin les noms distinctifs de la plupart des membres de la famille compris dans la *Généalogie,* même, pour une moitié environ, ceux des Gabrais, les seuls à relever ici, ont été empruntés à la même région : à commencer par le plus caractéristique, celui de *Monner,* qui, suivant son étymologie latine, *Mons-Niger,* n'est pas autre chose que le nom même de la *Montagne-Noire;* et à suivre par ceux de *Betbèze, Labessède, Lasserre, Laprade, Falga, Lasnauzes, Lespinassière, Latourette, Labastide, Sarrat, Lafrégeyre,*

Bousquet, Labarthe, Lassagne, Lavernière[1] : autant de noms qui, comme les précédents, nous semblent marquer une réminiscence du berceau de la famille.

Quant à sa noblesse, qui se perd, ainsi que son origine, dans la nuit des temps[2], c'est, nous l'avons déjà dit, une noblesse *militaire*[3], c'est-à-dire une noblesse *de nom et d'armes*[4], la seule qui donnât droit anciennement au titre de *gentilhomme*[5].

Elle n'a pas sa source, en effet, ainsi que quelques-uns pourraient le croire, dans l'exercice de la verrerie; car jamais la verrerie n'a donné la noblesse, ni ne l'a même supposée nécessairement et en principe, bien qu'en fait elle ait peut-être pu, dans certains cas, en être considérée comme une preuve indirecte, parce qu'elle constituait autrefois un monopole de la noblesse conservé avec un soin d'autant plus jaloux

1. Certains de ces noms, tels que celui de Labastide par exemple et quelques autres, qui sont des espèces de noms communs, peuvent s'appliquer, il est vrai, à diverses régions; mais cette particularité n'infirme pas la valeur générale de l'observation.

2. Quelques auteurs protestants, en particulier Napoléon Peyrat dans son *Histoire des pasteurs du désert* et à sa suite A. Borrel dans sa *Biographie d'Antoine Court*, la font remonter arbitrairement à Charles V.

3. Que l'on trouvera marquée dans le document cité quelques lignes plus bas, et confirmée dans les armes de la famille par le timbre (*casque* ou *heaume*) caractéristique de cette noblesse (V. Chap. V et Pl. 4, 6, 7).

4. « l'exercice des armes n'estant alors permis qu'à ceux qui vivaient noblement », ainsi que s'exprime Gilles-André de la Roque : *Traité de la noblesse et de ses différentes espèces* — Paris, Estienne Michallet, 1678 — Chap. VIII, p. 8.

5. Applicable seulement, dans le principe, dit encore la Roque, à « ceux de qui la race est de tout temps exempte de roture; car », poursuit-il, « on ne tient point pour véritablement Nobles ceux dont on peut prouver que la race a esté roturière en quelque temps que ce soit » — Id. *Ibid.* Chap. IV, p. 5).

qu'il était exercé par un petit nombre de familles[1].

« C'est une erreur populaire et grossière », écrit la Roque[2], « de croire que les Verriers soient Nobles en vertu de leur exercice »[3] ; et ce qui prouve clairement qu'il n'en est rien, c'est que les gentilshommes qui, pour une raison quelconque, voulaient travailler le verre sollicitaient de la part des Souverains des *Lettres de dispense* leur permettant de se livrer à cette occupation sans encourir la dérogeance : « ce qu'ils n'auraient pas fait », dit avec raison, après la Roque, l'*Encyclopédie* du siècle passé, « si l'art de la verrerie eût anobli ou s'il eût supposé la noblesse »[4].

Le seul mérite de l'*art et science* de verrerie était de ne pas déroger[5]. Aussi M. Chéruel écrit-il, à la suite des auteurs précités et après avoir examiné d'autres cas : « Il n'y avait pas non plus dérogeance pour les gentilshommes verriers... maintenus dans leur qualité d'écuyers par arrêt de la cour des aides de 1582 et de 1597 »[6]. Mais encore fallait-il, pour éviter cette dé-

---

1. Ce monopole semble avoir été particulier à ces familles, sinon en droit, du moins en fait.

2. *N. B.* Ne pas confondre ce la Roque avec Louis de la Roque cité dans les chapitres précédents.

3. la Roque, *ouvr. cit.* Chap. CXLIV, p. 436. — Le simple bon sens suffirait à faire justice de cette opinion erronée; car il eût été vraiment par trop commode de se faire noble en se faisant verrier. C'est apparemment pour réagir contre cette opinion qu'un Jean de Robert, dont il a été déjà question précédemment (V. Chap. II) fit spécifier dans son jugement de maintenue qu'il était « noble avant avoir travaillé aux Verrieres » — *Catalogue* déjà cité d'Henry de Caux, p. 56.

4. *Encyclopédie ou Dictionnaire raisonné des sciences, des arts et des métiers*, par une Société de gens de lettres, mis en ordre et publié par M. ··· — Neufchastel, Samuel Fauche et Cie, 1765 — T. XI, Art. *Noblesse verrière*, p. 179-180.

5. la Roque : *ouvr. cit.* Chap. CXLIV, p. 435, et *Encycl.*, Ibid.

6. A. Chéruel : *Dictionnaire des institutions, mœurs et coutumes de la France*, Art. *Noblesse*.

rogeance (ce dont, entre parenthèses, nos trois auteurs n'ont pas l'air de se douter) que les gentilshommes verriers observassent scrupuleusement certains règlements spéciaux, qu'ils s'étaient imposés eux-mêmes, et dont il sera question dans un prochain chapitre[1].

Les gentilshommes verriers, en un mot, bien que formant dans la noblesse, en raison de leur industrie familiale, un corps séparé, jouissant de privilèges particuliers attachés à cette industrie et les distinguant des autres nobles du royaume, n'ont jamais constitué une classe proprement dite, une catégorie de noblesse, comme semblerait l'indiquer la qualification assez déplacée de noblesse *de verre;* car, encore un coup, leur noblesse ne tenait pas à leur profession, ainsi que c'était le cas pour d'autres espèces de noblesses, par exemple celle *de robe,* qui s'acquérait par l'exercice de la magistrature; c'était au contraire leur profession qui tenait à leur noblesse (V. Chap. VI). En d'autres termes, ils étaient verriers parce qu'ils étaient nobles, et non nobles parce qu'ils étaient verriers : étant nobles d'abord et verriers ensuite, ainsi que le marquent expressément, du reste, soit leur nom même de *gentilshommes verriers,* soit le vieil adage que « pour faire un gentilhomme verrier il fallait d'abord prendre un gentilhomme »[2].

Conformément à ces principes, la noblesse de la famille est, en effet, antérieure à l'exercice de la verrerie, et indépendante de cet exercice. Il faut en chercher l'origine, comme nous le disions tout à l'heure, dans

1. V. Chap. VI.
2. Edouard Garnier : *Histoire de la Verrerie et de l'Émaillerie,* Tours 1886, p. 177.

la profession des armes, que nos aïeux pratiquaient encore au treizième siècle, et qu'ils délaissèrent, nous le répétons, pour la verrerie vers la fin du règne de Saint-Louis, après s'être ruinés au service de ce prince, qui les récompensa de leur dévoûment par les privilèges attachés à leur industrie.

C'est ce qui résulte du document suivant, auquel il a été déjà fait allusion au commencement de ce chapitre, et que nous empruntons au *Procès-verbal de l'Assemblée générale des Verriers* tenue à Sommières en 1753, le 7 octobre et jours suivants, sous la présidence du vicomte François-Raymond-Joseph de Narbonne-Pelet, juge-conservateur-né de leurs privilèges en sa qualité de capitaine-viguier et gouverneur de cette ville [1] :

Discours du Syndic Jean de Robert-Montauriol

« Je représente ici, Monsieur, avec ces MM. qui m'assistent, un corps considérable de noblesse, et je puis le dire, d'une noblesse très ancienne, qui vient aujourd'hui réclamer votre justice.

1. Cette assemblée, dont le procès-verbal, enregistré par M⁰ Pierre Niel, notaire de Sommières, se trouve imprimé tout au long, sauf une petite lacune à la fin, dans l'ouvrage de M. O. de Grenier-Fajal sur *François Rochette et les trois frères de Grenier* (Montauban, 1886), fut convoquée pour remédier aux abus qui se glissaient depuis assez longtemps déjà parmi les Verriers par suite de l'inobservation des Statuts et Règlements de leur corporation. C'est pour demander la surveillance et la répression à cet égard que leur doyen et syndic adressa au président, dès l'ouverture de l'assemblée, le discours ci-dessus rapporté, que nous ferons suivre de la réponse du juge-conservateur. — On sait déjà que le gouverneur de Sommières était, en même temps que le conservateur des privilèges des Verriers, le vérificateur ordinaire de leurs titres de noblesse (V. Chap. II).

Nos ancêtres embrassèrent avec zèle les intérêts de l'État, et par un long et pénible service pendant les guerres les plus sanglantes sous le règne de Saint-Louis, y perdirent leurs biens et leurs vies.

Ce monarque généreux, touché de l'état de leurs familles désolées, ne voulant pas les confondre avec les roturiers, leur donna le privilège d'exercer l'art et science de verrerie sans déroger, exempta leurs ouvrages et les matières servant à les composer de tous les droits qui se perçoivent sur les denrées et les marchandises, et les mit sous une autorité souveraine.

Ces privilèges qui nous appartiennent ont été successivement confirméz par tous nos Rois et par Louis quinzième, heureusement régnant.

Déchus de l'état brillant de nos illustres guerriers, nous en conservons les sentiments et le désir ardent de les imiter. Notre principale attention, à l'exemple de ceux qui nous ont précédés, est d'éviter la dérogeance, et qu'aucun roturier ne se mêle parmi nous, et ne s'ingère dans l'art que nous exerçons.

Nos pères ont dans cette vûe fait des règlemens, ils les ont renouvellez dans les Assemblées générales tenues devant leurs conservateurs et sous leur autorité ; nous venons à celle-ci imiter leur exemple, et par un bonheur marqué, nous nous trouvons aujourd'hui sous la vôtre, dont nous ressentons tout l'avantage.

Nous connaissons, Monsieur, l'ancienneté de votre illustre maison et de vos alliances, vos emplois éminens au service de notre souverain, et votre mérite personnel ; je n'ose à mon âge en entreprendre les éloges, mes expressions seraient trop faibles, mais la voix publique les annonce partout.

Vous êtes, Monsieur, notre chef, notre protecteur,
notre conservateur, notre juge; nous espérons tout de
votre bonté, de la sagesse, de l'intégrité et de la sévérité de vos jugemens pour réprimer les abus et punir
les entreprises. Nous avons et nous aurons toujours
pour vous, Monsieur, et pour tout ce qui vous appartient, un respect infini, une parfaite soumission à vos
ordonnances; nous vous demandons l'honneur de votre
protection, et nous tâcherons de la mériter. »

Réponse du Juge-Conservateur

« C'est avec plaisir, Messieurs, que je vous vois assemblés ici sous la protection du Roi, pour travailler
de concert avec nous aux moyens de remettre en vigueur des statuts depuis si longtemps négligés, et
cependant d'une telle importance à la gloire et aux
véritables intérêts de votre corps, que vous devez les
regarder comme le plus ferme soutien de vos privilèges, ces privilèges si anciens et si flatteurs, confirméz
par tant de Rois, jusqu'à celui qui règne aujourd'hui
si glorieusement parmi nous, conservéz avec tant de
soin par vos ancêtres, qui vous les ont transmis comme
un titre précieux de la noblesse de votre sang, et que
vous devez être également jaloux de laisser dans toute
leur intégrité à vos descendans. Ce n'est, Messieurs,
que par une sévère et scrupuleuse exactitude à redres-
ser les abus glisséz parmi vous, que vous pourrez vous
flater de conserver à votre État ces avantages uniques
et distinctifs du reste de la noblesse de ce royaume.

Flaté comme je le dois de l'honneur que j'ai d'être à
votre tête en qualité de Gouverneur de cette ville, je

donnerai toute mon attention aux affaires qui vont être
l'objet de cette Assemblée ; je vous exhorte à y porter
tout le zèle et l'unanimité qui convient aux délibérations d'un corps de gentilshommes tel que le vôtre, et
vous prie d'être persuadéz que dans aucun tems je ne
négligerai les plus petites occasions de vous être utile,
Messieurs, et de vous faire connaître combien vous
m'êtes tous chers en général et en particulier. »

CHAPITRE V

Sa Devise ; ses Armoiries ; Alliances.

C'était la coutume autrefois que les gentilshommes,
essentiellement soldats, habitués, durant la paix, à
préluder à leurs exploits militaires par des jeux appro-
priés de force et d'adresse, prissent des marques dis-
tinctives pour se reconnaître à la guerre, dans les tournois, ou ailleurs. Ces marques, adaptées, avec leur
sens symbolique, à la situation des familles, et inter-
prétées par des hérauts, furent habituellement représentées sur l'armure, particulièrement sur le bouclier
ou écu : de là leur nom d'*armes* ou *armoiries ;* et de
là aussi la science ou art *héraldique*[1], autrement dit
encore le *blason*[2].

1. Du latin *heraldus : héraut.*
2. L'étymologie de ce mot est apparemment dans le vocable allemand
blasen (sonner du cor), indiquant la façon dont les gentilshommes se
présentaient aux tournois, munis de leurs écus et annoncés au son du
cor par les hérauts d'armes.

Cette science du blason étant fort peu connue aujourd'hui, il est indispensable que nous donnions ici brièvement, en manière d'introduction à ce chapitre et pour en faciliter l'intelligence, quelques renseignements techniques, que nous avons empruntés nous-mêmes à l'*Encyclopédie* déjà citée.

L'*écu*[1], variable dans le cours des âges, et revêtant parfois une configuration fantaisiste, doit, régulièrement, avoir la forme suivante : « La largeur de l'écu divisée en sept parties égales, on en ajoute une huitième pour la hauteur. On arrondit les angles d'en bas d'une portion de cercle dont le rayon est d'une demi-partie ; deux autres portions de cercle de même proportion, au milieu de la ligne horizontale inférieure, se joignent en dehors et forment la pointe. »

Les armes étaient représentées sur l'écu par des *métaux,* des *couleurs,* et des *fourrures.* On y employait l'émail pour résister aux injures du temps : ce qui fit donner le nom d'*émaux* à ces métaux, couleurs et fourrures.

Il y avait neuf émaux : deux métaux, cinq couleurs, et deux fourrures, qu'on représentait soit en gravure soit en peinture ; en gravure[2] :

les *métaux :* le jaune, qu'on nommait *or,* par grand nombre de petits points ; le blanc, *argent,* tout blanc, c'est-à-dire sans aucune hachure ;

les *couleurs :* le bleu, qu'on nommait *azur,* par des lignes horizontales ; le rouge, *gueules,* par des lignes perpendiculaires ; le vert, *sinople,* par des lignes dia-

1. Du latin *scutum : bouclier.*
2. C'est, paraît-il, dans le courant du seizième siècle seulement que l'on commença de représenter les émaux en gravure.

gonales à droite; le violet, *pourpre* (rare), par des lignes diagonales à gauche; le noir, *sable,* par des lignes horizontales et perpendiculaires croisées les unes sur les autres;

les *fourrures : le vair,* par l'azur chargé de petites pièces d'argent en forme de clochette renversées; l'*hermine,* par l'argent chargé de mouchetures de sable; en peinture : par les couleurs ordinaires.

Ces émaux avaient, aussi bien que les figures représentées, un sens symbolique. L'or signifiait : *force, foi, pureté, constance;* l'argent : *innocence, blancheur, virginité;* l'azur : *royauté, majesté, beauté;* le gueules : *courage, hardiesse, intrépidité;* le sinople : *espérance, abondance, liberté;* le pourpre : *dignité, puissance, souveraineté;* le sable : *science, modestie, affliction;* le vair et l'hermine : *grandeur, autorité, empire.*

A ces neuf émaux on en ajoutait deux autres : la couleur de *carnation* pour le corps humain et ses parties lorsqu'ils sont de couleur de chair; la couleur *naturelle* pour les animaux et les plantes qui se trouvent tels que la nature les représente.

Les figures, *pièces* ou *meubles,* placées dans le *champ* de l'écu et constituant, avec ce champ même, les armoiries, étaient accompagnées souvent du *timbre* des armes, c'est-à-dire de la marque particulière distinguant les diverses espèces ou les divers degrés de noblesse : tels par exemple le *casque* ou *heaume,* caractéristique de la noblesse militaire, surmonté lui-même quelquefois d'un *cimier* et flanqué de *lambrequins;* et les *couronnes,* dont, pour le dire en passant, l'usage ne vint qu'assez tard, et qui dans la plupart des cas n'ont aucune signification réelle. La position du timbre est au-dessus de l'écu, dont les côtés sont aussi d'ordinaire munis d'ornements accessoires très variés portant le nom de *tenants* ou *supports.*

Les familles nobles prenaient aussi habituellement une *devise,* s'harmonisant avec leur condition comme leurs armes, devise qui, jointe aux armoiries, a sa place sur un ruban au-dessous de l'écu (V. Pl. IV).

Celle de la famille, qui se trouve gravée sur une vieille épée conservée à la maison et dont nous relevons le dessin (Pl. III), s'accorde parfaitement avec la situation malheureuse faite à nos ancêtres sous le règne de Saint-Louis (V. Chap. IV). C'est donc à cette date qu'il faut, selon toute vraisemblance, en faire remonter l'origine. Elle nous apparaît sous la forme de deux petits vers rimés :

> Si Fortune me tourmente
> Le Esperance me contente.

On remarquera le rapport de cette devise, qu'il nous semble avoir vue quelque part sous la forme latine :

> *Si fortuna torquet, spes juvat,*

forme sous laquelle elle a été représentée dans le frontispice de cet ouvrage, avec celle de la famille de Robert de Lignerac (V. Chap. I) : *Dum spiro spero*[1], devise qui, traduite littéralement en français : *Tant que je respire j'espère,* revêt le caractère d'une sentence générale dans le proverbe patois : *Tant qué y a bido y a esperanço*[2].

---

1. Rietstap : *ouvr. cit.*
2. Au reste, des familles diverses pouvant se trouver souvent dans des situations pareilles ou analogues, les devises devaient se ressembler assez fréquemment.

Pour ce qui est des armoiries, avant d'entreprendre
la description des divers cachets connus de nous, nous
voudrions tâcher de déterminer les armes *pleines* de
la famille, dans leur simplicité primitive. Sans nous
flatter d'avoir à cet égard une certitude absolue, nous
avons tout lieu de penser que ces armes sont celles
attribuées par Grandmaison[1] à (Paul) de Robert-Termes (V. Chap. I) :

> *d'azur au cœur d'or* (Pl. IV).

Cet auteur, en effet, suivant l'observation qui en a été
déjà faite, et conformément au principe qui l'a guidé
généralement dans la détermination des armoiries —
principe en vertu duquel il ne donne « que les armoiries simples et réelles de chaque maison »[2] —, nous
paraît avoir voulu faire connaître non pas précisément
le blason particulier de ce Robert, qui est différent et
que l'on trouvera décrit quelques lignes plus bas, mais
le blason originel de la famille. Ces armes, au reste,
s'accordent à merveille avec le dévouement témoigné
par nos pères à la Royauté (V. Chap. IV), dévouement
dont elles constituent le symbole par excellence. Nous
les avons représentées avec le timbre caractéristique
de la noblesse militaire ou d'épée, timbre que l'on
retrouvera dans les cachets de Jean de Robert-Lapeirière, de Jacob de Robert-Bartaragna[3] et d'Antoine-

---

1. Grandmaison : *ouvr. cit.*, col. 174. Rietstap (*ouvr. cit.*) donne à
Termes les mêmes armes.
2. Id. *Ibid.* Préface p. XI.
3. Le cachet de Bartaragna se trouve peint au pied de son jugement
de maintenue précité (V. Chap. II).

Alexandre de Robert-Campredon (Pl. VI et VII).

La Roque, dans son *Armorial*[1], où il a dressé, comme nous l'avons déjà dit (V. Chap. III), une généalogie plus particulièrement relative à la branche de Lorraine, donne à la famille, dans le corps de son ouvrage, les armes suivantes :

> *d'azur au chevron d'argent accompagné de deux étoiles de même en chef, une rose de gueules en pointe, et une fasce d'or sur le tout* (Pl. V nº 6).

Mais il convient de n'accorder à ce renseignement, puisé nous ne savons où, qu'une valeur très secondaire, en raison soit de la modification opérée par l'auteur lui-même dans ces armes, auxquelles il substitue, dans ses *Additions et corrections*, sur la communication à lui faite par la famille d'un ancien cachet, celles de Noël des Robert relevées ci-après (Pl. VIII), soit de l'inexactitude que ces armes renferment en elles-mêmes, car elles sont assurément fautives en un point : dans l'émail de la rose, en vertu de la règle héraldique défendant de poser métal sur métal, ou couleur sur couleur comme c'est ici le cas[2].

Quant au blason particulier de Paul de Robert-Termes (V. *Généal.* 6ᵉ Génér. Art. XI), auquel nous faisions allusion tout à l'heure, il se lit :

---

1. Louis de la Roque : *ouvr. cit.*

2. Ces armes peuvent bien, au reste, moyennant la correction à faire dans l'émail de la rose, qui doit être d'or ou d'argent, s'appliquer à quelque membre de la famille ; et c'est pourquoi les avons-nous rapportées.

*Écartelé ; au premier et quatrième de gueules
au lion d'or ; au second et troisième de gueules au château d'argent à 3 tours maçonnées
de sable ; sur le tout* **d'azur à un cœur d'or**
(Pl. V n° 9)[1].

Ce blason renferme, on le voit, dégagées des alliances comprises généralement dans les écartellements, et
soulignées par nous, les armes primitives, les seules,
encore une fois, qu'ait voulu, semble-t-il, relever
Grandmaison.

Ces armoiries n'appartiennent pas d'ailleurs exclusivement à Termes ; elles lui sont communes avec son
frère Jean-François de Robert-Talibert (V. *Généal.*
6ᵉ Génér. Art. XII)[2].

Voici maintenant, en suivant l'ordre des générations,
les autres membres de la famille dont nous avons pu
retrouver les armes[3] :

Marie de Robert-Betbèze, qui a sans doute le blason
de son père Raymond (V. *Généal.* 4ᵉ Génér. Art. I),
porte :

*de gueules à l'orle de 7 rocs d'échiquier d'ar-
gent* (Pl. V n° 4)[4].

1. Arch. départ. de l'Hérault : C. 1828; Henri de Caux : *ouvr. cit.*;
d'Aubaïs : *ouvr. cit.*; Brémond : *ouvr. cit.*

2. Id. *Ibid.* — Brémond attribue encore les mêmes armes à (Jacques)
de Robert-Fraissinet (V. *Généal.* 4ᵉ Génér. Art. V), auquel Rietstap
(*ouvr. cit.*) donne au contraire les armes des Boscapel (V. plus bas et
Pl. V n° 7).

3. Entre les armoiries décrites dans ce chapitre quelques-unes ont été
déjà relevées précédemment (V. Chap. I). Si nous les reproduisons ici,
c'est en vue de les faire figurer, comme il convient, dans le tableau
général des blasons familiaux.

4. d'Hozier : *ouvr. cit.*

Paul de Robert-Boscapel et son fils Charles de Robert-Laroque (V. *Généal.* 4ᵉ Génér. Art. IV) portent,
suivant le *Nobiliaire* de Brémond[1] :

> *d'azur au chevron d'argent accompagné de*
> *trois glands de chêne branchés et feuillés*
> *d'or, posés 2 et 1, la tige en haut; au chef*
> *de gueules chargé d'un croissant d'argent*
> *accosté de deux étoiles d'or* (Pl. V nº 7)[2].

D'autre part, Rietstap[3] attribue aux Boscapel, ainsi
qu'à (Jacques) de Robert-Fraissinet (V. *Généal.* 4ᵉ Génér. Art. V) les armes déjà signalées de Noël (Pl. VIII).

Jean de Robert-Laroque (V. *Généal.* 5ᵉ Génér. Art.
VIII) porte :

> *d'azur à 3 fleurs de lys d'argent posées 2 et 1*
> *et une barre d'or brochant sur le tout* (Pl. V
> nº 1)[4].

Jean de Robert-Lapeirière (V. *Généal.* 6ᵉ Génér.
Art. III) fit graver son blason, en 1727, sur une grosse
pierre formant le dessus du portail de sa maison, sise
à Lasserre, entre Périlhou et Carcoupet (Pl. VI)[5]. Ces

---

1. Brémond : *ouvr. cit.*
2. On remarquera le rapport étroit de ce blason avec plusieurs de
ceux qui suivent : les variantes s'y réduisent à peu de chose.
3. Rietstap : *ouvr. cit.*
4. d'Hozier : *ouvr. cit.;* Grandmaison : *ouvr. cit.*
5. Cette pierre, assez bien conservée et mesurant un mètre de longueur
environ, est aujourd'hui à Malet, chez M. Félix de Grenier-Latour, qui
la prit il y a quelques années à la maison ruinée de Lasserre, et qui
nous a permis d'en relever le dessin (Pl. VI). Ce même cachet, réduit à
l'écu, se trouve également gravé sur la pierre formant clef de voûte au
portail de la maison de M. Philibert de Robert-Labarthe, au village de
Gabre.

armoiries, évidemment mal gravées, seraient assez dif-
ficiles à déchiffrer, pour l'une des pièces, si nous
n'avions pas comme terme de comparaison des armoiries analogues qui nous laissent deviner aisément la
nature de cette pièce défectueuse : il s'agit du meuble
accompagnant le chevron. Ce meuble est, selon toute
vraisemblance, le même que celui qui figure dans
plusieurs des cachets reproduits ci-après, blasonnés
par d'Hozier lui-même, particulièrement dans celui de
François des Robert-Lomerange (Pl. IX n° i) : une
noisette avec ses pellicules; à cette différence près que
dans ce dernier cachet ce meuble est entièrement d'argent tandis que dans le premier il renferme deux
émaux. On est d'autant plus fondé à le croire que la
tradition y reconnaît le même fruit. Ces armoiries doivent donc se blasonner :

> *d'azur au chevron d'argent accompagné de
> trois noisettes avec leurs pellicules de même,
> feuillées d'or, posées 2 en chef 1 en pointe,
> les queues en haut; au chef de gueules chargé
> d'un croissant d'argent accosté de deux étoi-
> les de même; à la bordure d'argent* (Pl. VI).

Ce cachet, remarquable par la *bordure*[2], qui, assez
rare comme pièce de l'écu, indique le plus souvent,
paraît-il, une *brisure* (modification) introduite dans les
armoiries par des cadets de puînés, l'est encore par la

2. Si du moins c'est là, comme il le semble, une vraie bordure, faisant
partie intégrante de l'écu, et non une simple fioriture comme ce pourrait
aussi à la rigueur être le cas. Il faut signaler à cet égard une irrégularité : la bordure comme pièce de l'écu est trop étroite, et le chevron de
même;

couronne à trois fleurons, la plus anciennement usitée, posée sur le casque en guise de cimier. Quant aux lambrequins et supports, ils y revêtent la forme de simples arabesques [1].

Pierre de Robert-Campredon (V. *Généal.* 6ᵉ Génér. Art. XIII) et son frère Louis de Robert-Lavalette portent :

> *d'azur au chevron d'or accompagné de trois noisettes avec leurs pellicules de mesme tigées et feuillées aussi d'or, posées 2 en chef 1 en pointe, les queues en haut, et au chef de gueules chargé d'un croissant d'argent accosté de 2 étoiles de mesme* (Pl. V n° 3)[2].

Michel de Robert-Biros (V. *Généal.* 6ᵉ Génér. Art. XV) porte :

> *d'azur à un chevron d'argent accompagné de trois noisettes d'or feuillées de mesme la teste en bas 2 en chef 1 en pointe et au chef de gueules chargé d'un croissant d'argent aussi accosté de 2 étoiles d'or* (Pl. V n° 2)[3].

Jacob de Robert-Bartaragna (V. *Généal.* 7ᵉ Génér. Art. IV) a ses armes peintes au pied de son jugement de maintenue précité (V. Chap. II)[4]. Elles portent apparemment, comme les précédentes, des noisettes, dis-

---

1. Observons encore une autre particularité dans ce cachet : la présence d'un cœur de chaque côté des supports de l'écu. Cette présence serait-elle fortuite ? ou faudrait-il y voir une réminiscence des armes originelles ?

2. d'Hozier : *ouvr. cit.*

3. d'Hozier : *ouvr. cit.*

4. *Papiers de famille.*

posées différemment, et se distinguent par le chevron *abaissé*. Elles doivent se lire :

> *d'azur au chevron abaissé d'argent accompagné de trois noisettes d'or tigées et feuillées de même, posées 2 en chef 1 en pointe, la tête en haut; au chef de gueules chargé d'un croissant d'argent accosté de deux étoiles d'or* (Pl. VII n° 2)[1].

Nicolas des Robert (V. *Généal.* 7ᵉ Génér. Art. IX) porte :

> *d'or à une bande de sable chargée d'une billette d'or* (Pl. V n° 5)[2].

Noël des Robert (V. *Généal.* 7ᵉ Génér. Art. X), dont un ex-libris, existant en plusieurs exemplaires[3], nous fait connaître les armes, porte :

> *d'azur à la fasce d'argent accompagnée en chef de deux étoiles de même et en pointe de trois soucis aussi de même posés 2 et 1 ; au chevron d'or posé sur le tout* (Pl. VIII).

1. Dans les cachets peints les casques, cimiers, lambrequins et supports étaient aussi habituellement coloriés; et l'on se servait généralement pour ce coloriage des émaux ou principaux émaux entrant dans l'écu. Dans ce cachet-ci en particulier ces ornements sont d'or et de gueules entremêlés.

2. d'Hozier : *ouvr. cit.* — Bien que la remarque en ait été déjà faite (V. Chap. I), il convient de rappeler ici que les Blasons coloriés portent une *barre* au lieu d'une *bande*. Celle-ci, ne différant de la barre que par la position, devrait aller de la droite du haut de l'écu à la gauche du bas. Il y a là, dans l'*Armorial* de d'Hozier, une erreur : dans le texte ou dans le dessin.

3. *Papiers de famille*. Deux lettres de François des Robert-Rochefort, déposées aux *Archives de l'ancien département de la Moselle*, portent également ce cachet, dont nous donnons le fac-similé (Pl. VIII).

Une *Note familiale,* émanant de Louis-François-Narcisse des Robert, dernier représentant de cette branche, attribue, d'autre part, à Noël un cachet différent. Ces armes, accolées à celles de la famille de Beaumont, se lisent :

> *d'argent au chevron d'azur accompagné de cinq molettes de sinople dont deux en chef et trois en pointe posées 2 et 1 ; le tout fascé de gueules* (Pl. V n° 11).

Un cachet d'argent gravé, signalé par le même, contient encore une variante :

> *d'argent au chevron d'azur accompagné en chef d'un besant de sinople accosté de deux étoiles de même et en pointe de trois molettes aussi de même posées 2 et 1 ; le tout fascé de gueules* (Pl. V n° 10).

Il existe encore, toujours mentionné par le même, un troisième cachet analogue :

> *d'argent au chevron d'azur accompagné de cinq roses aussi d'argent dont deux en chef et trois en pointe posées 2 et 1, les queues en bas ; le tout fascé de gueules* (Pl. V n° 12).

Mais il est vraisemblable que ces trois cachets sont faux, particulièrement le dernier, ayant métal sur métal ou couleur sur couleur, contrairement, encore un coup, aux règles héraldiques ; et les seules armoiries authentiques de Noël sont les premières.

François des Robert-Lomerange (V. *Généal.* 9ᵉ Génér. Art. VIII), dont les armes nous sont également
connues par un ex-libris[1], porte :

> *d'azur au chevron d'argent accompagné de
> trois noisettes avec leurs pellicules de même
> tigées et feuillées aussi d'argent, posées 2 en
> chef 1 en pointe, la tête en bas; au chef de
> gueules chargé d'un besant d'argent accosté
> de deux étoiles de même* (Pl. IX nᵒ 1)[2].

Un cachet du même, figurant dans les *Papiers de
famille,* accolé à celui de son beau-frère Seranville de
Bellerose que nous ferons connaître tout à l'heure,
porte des pommes de pin au lieu de noisettes et se
blasonne conséquemment :

> *d'azur au chevron d'argent accompagné de trois
> pommes de pin de même posées 2 en chef et
> 1 en pointe, les queues en haut; au chef de
> gueules chargé d'un besant d'argent accosté
> de deux étoiles de même* (Pl. IX nᵒ 2)[3].

Charles-Antoine des Robert (V. *Généal.* 10ᵉ Génér.
Art. X), en intervertissant ici exceptionnellement l'ordre des générations, pour ne pas séparer dans ce ta-

---

1. Biblioth. nat. Cabin. des tit. : *Nouveau d'Hozier,* Cart. 138, Doss.
6624.

2. La parenté de ce blason avec plusieurs de ceux qui précèdent, et
nommément, suivant la remarque qui en a été déjà faite, avec celui de
Lapeirière, dont il ne diffère guère que par le besant, ancienne monnaie
turque, remplaçant le croissant, est évidente.

3. On peut faire pour ces armes et les suivantes une observation analogue à celle qui a été déjà faite dans la note précédente.

bleau les membres d'une même branche de la famille, a encore un cachet semblable, où les pommes de pin sont simplement remplacées par des grenades. Ces armes, accolées à celles de la famille de Malvoisin que nous ferons connaître également dans un instant, se lisent donc :

> *d'azur au chevron d'argent accompagné de trois grenades de même posées 2 en chef et 1 en pointe, les queues en bas; au chef de gueules chargé d'un besant d'argent accosté de deux étoiles de même* (Pl. IX n° 3)[1].

Enfin Antoine-Alexandre de Robert-Campredon (V. *Généal.* 9e Génér. Art. X), se servait, paraît-il, d'un cachet portant les armes suivantes :

> *d'azur au chevron de gueules accompagné de trois noisettes d'or tigées et feuillées de même, posées 2 en chef et 1 en pointe, les queues en haut; au chef de gueules chargé d'un croissant d'argent accosté de deux étoiles de même* (Pl. VII n° 1)[2].

Ce blason est évidemment erroné, en tant que faisant le chevron de gueules, contrairement à la règle héraldique signalée plus haut, et alors qu'il doit être manifestement d'or, conformément aux armes ci-devant décrites s'appliquant à cette branche de la famille (Pl. 5 n° 3).

---

1. *Papiers de famille.*
2. *Id.*

Nous ne voulons pas terminer cette énumération des blasons familiaux sans relever celui d'un Robert de Lagarrigue qui, bien que n'étant pas compris dans la *Généalogie,* appartient sûrement à la famille, comme le prouve la similitude de ce blason même :

> *d'azur à un chevron d'or accompagné de trois glands de même feuillés de sable posés 2 en chef 1 en pointe, les queues en haut; au chef de gueules chargé d'un croissant d'or accosté de deux étoiles de même* (Pl. V n° 8)[1].

——————

A ces armes de la famille il nous a paru bon de joindre, en une sorte d'appendice, celles de quelques familles alliées : familles de Grenier, de Verbizier, de Riols, de Seranville de Bellerose, de Malvoisin, de Caldaguès, de Wendel.

La famille de Grenier, nombreusement représentée comme la nôtre par toute la France, nous offre, limitée même à la province du Languedoc ou à la région avoisinante, plusieurs cachets.

Jean de Grenier sieur du Raisin, des Verreries-de-Moussans, porte :

> *d'azur à la souche de sable armée de sable passant et une bande d'azur brochant sur le tout chargée de trois étoiles d'or*[2].

Louis de la Roque établit une généalogie de ce Gre-

1. Vte de Magny : *La Science du blason et Armorial général des familles nobles de l'Europe,* Paris 1858, p. 264.
2. Arch. départ. de l'Hérault : *C. 1828.*

nier remontant à la quatrième génération [1], et donne à la famille, quant au blason, cette variante :

d'azur à la bande d'argent chargée de trois étoiles de gueules accompagnées d'une souche de vigne de sable chargée d'un fruit de sa couleur en chef et d'un lévrier de sable en pointe (Pl. X n° 3) [2].

Le chevalier (François) Grenier de Fonblanque, mentionné au chapitre suivant (note), et qui vivait au commencement du dix-huitième siècle, dans le Montalbanais, porte :

de gueules à trois grenades d'argent posées 2 et 1, coupé d'azur à un croissant aussi d'argent (Pl. X n° 2) [3].

André de Grenier-Fonclaire, demeurant au même quartier vers la fin du même siècle, a les armes pa-

---

1. On nous saura peut-être gré de reproduire ici cette courte généalogie : ·

   « I Pierre de Grenier, obtint avec d'autres gentilshommes verriers des privilèges et ép. le 6 mars 1562 Mirgue de Vaux et il en eut :

   II Antoine de Grenier ép. le 11 fév. 1583 Catherine Colomb et il en eut :

   III Antoine de Grenier ép. Marie Clavieres dont il eut :

   IV Jean de Grenier s^r de Raisins et des Verrières-Basses de Moussans D. de St Pons ép. le 11 fév. 1652 Isabeau de Robert et fut maintenu dans sa noblesse par jugement souverain du 1er nov. 1668. »

2. Rietstap (*ouv. cit.*) mentionne également ces armes.

3. *Arch. départ. de Tarn-et-Garonne.*

reilles, avec cette différence qu'il s'agit ici d'un *parti*
au lieu d'un *coupé ;* soit :

> *de gueules à trois grenades d'argent posées 2*
> *et 1, parti d'azur à un croissant aussi d'ar-*
> *gent* (Pl. X n° 1)[1].

Nous signalerons encore, relativement à cette famille.
particulièrement unie à la nôtre par de nombreuses
alliances, les armes suivantes, dont nous ne saurions
d'ailleurs, pour quelques-unes, déterminer nominativement les possesseurs :

Jean de Grenier sieur d'Arsegnet porte :

> *de gueules à 3 amandes d'or couronnées et ti-*
> *gées de mesme party d'azur à un croissant*
> *d'argent*[2].

Grenier curé de Castelginest :

> *d'azur à un chevron d'argent accompagné de*
> *3 épis posés 2 et 1*[3].

Jean de Grenier marchand à Bouillac :

> *de-gueules à 2 épis d'or posés en sautoir*[4].

---

1. Ces armes figurent sur un cachet d'argent gravé appartenant à
M. Félix de Grenier-Latour, qui le tient de la famille Fonclaire, aujour-
d'hui éteinte, et qui a bien voulu nous en communiquer l'empreinte.
2. d'Hozier : *ouvr. cit.* — On remarquera le rapport de ces armes avec
les précédentes.
3. Id. *Ibid.*
4. d'Hozier : *ouvr. cit.* — A signaler encore le rapport de ces armes
avec les précédentes, ainsi que celles d'un Grenier de la province de
Normandie données également par d'Hozier :
> *de gueules à 3 épis de bled d'or posés en pal l'un à côté de*
> *l'autre, et au chef aussi d'or chargé de 3 étoiles d'azur.*

Grenier — : *d'argent à trois grenades au naturel*[1].

Grenier — : *de gueules à la fasce d'or accompagnée
　　　　en chef de deux molettes de même et
　　　　en pointe d'un agneau passant d'ar-
　　　　gent*[2].

Grenier — : *d'azur à l'aigle éployé surmonté d'une
　　　　étoile et accosté de deux autres posées
　　　　entre le vol et la tête, le tout d'or*[3].

———

Concernant la famille de Verbizier, dont les alliances avec la nôtre sont également nombreuses, un seul
cachet nous est connu, appartenant à la branche de
Saint-Paul, qui, pour le dire encore en passant, a modifié elle aussi le nom patronymique ordinaire de Verbizier en Verbigier[4] :

*de gueules à la croix pattée et alézée d'or, à la
　bordure de l'écu d'azur chargée de huit be-
　sants d'argent mis en orle* (Pl. X n° 4)[5].

———

1. Rietstap : *ouvr. cit.; Nobiliaire de l'Ariège* (VIIᵉ Vol. de l'*Histoire
des Ariégeois* de l'abbé Duclos. — Ces armes sónt celles de la branche
de Cassagnac, qui, pour le dire ici en passant, a modifié le nom patronymique ordinaire de Grenier en Granier (les deux formes sont d'ailleurs aussi régulières l'une que l'autre).

2. Rietstap : *ouvr. cit.*

3. Id. *Ibid.*

4. Ici encore, du reste, les deux formes du nom sont également régulières.

5. *Nobiliaire de l'Ariège*, ouvr. cit.

Les Riols de Fonclare portent :

> *d'argent à un arbre de sinople arraché, au*
> *chef d'azur chargé d'un croissant d'argent*
> *accosté de deux étoiles d'or*[1].

Les Seranville de Bellerose, dont le cachet est accolé, ainsi qu'il a été déjà dit, à un de nos cachets familiaux :

> *d'azur à la fasce d'argent chargée d'une rose*
> *de gueules et accompagnée de trois étoiles*
> *aussi d'argent posées 2 en chef et 1 en pointe*
> (Pl. IX n° 2)[2].

La famille de Malvoisin, ou du moins l'un de ses membres, dont le cachet est également accolé à un des nôtres :

> *Écartelé ; au 1er et 4e d'azur à 3 têtes de reine*
> *au naturel* (qui est de Grammont) ; *au 2e et 3e*
> *contre-écartelé d'or et de gueules* (qui est de
> Myon) ; *sur le tout d'argent à la croix poten-*
> *cée de gueules* (qui est de Malvoisin) (Pl. IX
> n° 3)[3].

---

1. Vte de Magny : *ouvr. cit.* p. 24. — Les rapports existant entre ce blason et ceux de Charles de Robert ancien capitoul et de Jean-François de Robert conseiller du roi précédemment décrits marquent évidemment des liens de parenté (V. Chap. I et Pl. I nos 9 et 11).

2. *Papiers de famille.*

3. *Papiers de famille.*

La famille de Caldaguès :

> *d'or à l'arbre terrassé de sinople, au lévrier passant d'argent colleté d'or, brochant sur le fût de l'arbre; au chef d'azur chargé de trois étoiles d'or* [1].

La famille de Wendel :

> *de gueules à deux martinets emmanchés d'or posés en sautoir la tête vers le chef et un de même posé en pal la tête vers la pointe; coupé d'azur à un canon d'or posé en fasce; à la bordure d'argent* [2].

CHAPITRE VI

Son industrie verrière.

Ainsi qu'on l'a déjà vu (V. Chap. IV), la famille ruinée, après avoir prodigué son sang et sa fortune dans les guerres de Saint-Louis, dut, pressée par le besoin, abandonner le métier des armes et en prendre un autre pour se créer des ressources nouvelles. Elle choisit l'industrie du verre comme la plus en harmonie avec sa situation; car si la verrerie n'a jamais donné

1. *Id.*
2. *Id.*

la noblesse, elle a été du moins considérée de tout temps comme un des arts les plus nobles. Elle fut en effet l'objet, dès la plus haute antiquité, de faveurs spéciales de la part des Souverains; les Égyptiens l'avaient déjà en grande estime; et l'empereur romain Théodose honora encore cet art en exemptant les Verriers de la plupart des charges de la République[1].

Les rois de France imitèrent cet exemple; et Saint-Louis en particulier, pour ce qui regarde nos pères, touché de leur malheur et de leur dévouement à la gloire du royaume, leur accorda le privilège d'exercer leur industrie sans déroger, en même temps qu'il attachait à cette industrie des avantages considérables, pour les aider à se refaire une position sortable à leur qualité de nobles.

Ces privilèges, octroyés par Saint-Louis et confirmés par ses successeurs, consistaient pour les Verriers, suivant les *Lettres patentes* de Louis XV, qui furent apparemment les dernières, dans l'exemption de toutes tailles ou redevances, tant anciennes que nouvelles, ayant cours dans le royaume, applicables soit à leurs biens personnels soit à leur industrie. Il était défendu, en conséquence, aux commissaires-collecteurs de l'État de les comprendre dans le Rôle des impositions, et aux seigneurs particuliers de les assujettir à la redevance des droits seigneuriaux, sous peine de mille livres de dommages-intérêts et de poursuites devant les juges chargés d'en connaître. Au lieu de faire ici l'énumération de ces franchises et immunités nous mettrons

1. La Roque : *ouvr. cit.* Chap. CXLIV.

sous les yeux de nos lecteurs les Patentes mêmes de Louis XV :

« *Lettres patentes sur arrêt portant confirmation de privilèges pour les Gentilshommes verriers du pays de Couzerans...*

Louis par la grace de Dieu roy de France et de Navarre A nos amés et féaux conseillers les Gens tenans notre Cour de Parlement à Toulouse Salut Nos chers et bien amés les Gentilshommes exerçans l'art et science de verrerie des dioceses de Couzerans de Comenges et de Rieux nous ont fait remontrer [1] qu'ils ont été de

---

1. Ces remontrances étaient faites par un procureur des Verriers, qui, nommé par-devant notaire et muni des titres nécessaires, se transportait à Paris pour demander en leur nom la confirmation des privilèges. Les gentilshommes verriers pouvaient n'être pas tous intéressés dans cette démarche. Dans le cas présent il ne s'agit que de ceux des diocèses de Couzerans, de Comminges et de Rieux, se rattachant spécialement à notre famille et aux familles de Grenier et de Verbizier. Nous eussions désiré faire figurer en regard des Lettres patentes la Délégation même à la suite de laquelle elles furent accordées; mais n'ayant pas cette pièce sous la main, nous en transcrivons, à titre de spécimen approchant, une du même genre :
« L'an 1724 et le 27 juin à Carcassonne, après-midy, devant nous notaire, furent présens Noble Anthoine de Grenière, sieur de la Seigne, sindic et procureur général de Messieurs les Gentilshommes de Verreries du departement de Grésigne, Noble Jean d'Azemar sieur de Colombier, sindic de Messieurs les Gentilshommes verriers au departement du Vivaretz, Noble Anthoine de Girard, sindic de MMrs les Gentilshommes verriers du departement du Bas Languedoc, et Noble Pierre de Robert sieur de Laprade aussy sindic de MMrs les Gentilshommes verriers au departement de Moussan, lesquels en cette qualité, tant en leur nom qu'à celuy de ceux qui composent les departemens, ont dit qu'à raison des privileges et prerogatives à eux accordés à l'occasion des Verreries, il convient pour leur utilité et celle du public d'en demander la confirmation, et à ce faire de se pourvoir devant Sa Majesté, pour y obtenir à ce sujet des lettres patentes et arrêts de confirmation, et comme il importe d'aller avant en cause les susnommés donnent pouvoir à Noble François de Granier de Fonblanque, citoyen du lieu d'Auteserre, juridiction

tout temps maintenus et confirmes dans plusieurs privileges qui leur sont personnels à cause de leur science
suivant les Lettres patentes qui leur ont été accordees
par les roys nos predecesseurs Charles VII, Louis XI,
Charles VIII, Louis XII, Charles IX, Henri IV,
Louis XIII, et Louis XIV notre tres honore seigneur
et bisaïeul, Et afin d'obtenir de nous une pareille confirmation ils se sont pourvus par requette en notre
Conseil Par laquelle ils nous ont demandé d'être
maintenus en l'affranchissement et exemption de toutes tailles censives terrages aides subsides impositions
communes revrages chaussees trains peages courtages

de Penne en Albigeois, exerçant l'art et science de Verrerie absent, pour
et au nom des comparans comme procèdent et pour tous lesquels qui les
ont nommés sindics des departemens se transporter incessamment en la
ville de Paris où estant se pourvoir devant le Roy pour le supplier de
confirmer les statuts privileges et prerogatives à Eux accordés au sujet
des Verreries en y faisant inserer les anciens titres, ce faisant que les
Verreries ne travailleront que pendant six mois de chaque année, suivant et conformement aux actes memoires et instructions qui lui seront
remis, et qu'on nommera dans les impetrations qui seront sur ce dres-
sées, le tout aux frais et depens de leur communauté, promettant d'avoir
pour agréable tout ce que par lui sera fait, requis et consenty, ne point
le revoquer, au contraire le relever de ladite charge sous l'obligation de
leurs biens, et du général et particulier de leur communauté.

Fait et receu présent le sr Philippe de Fornié, docteur en médecine
residant à St Pons de Thomiers, et Victor Sabarthe habitant dudit Carne,
signés avec lesdites parties, et nous François Lugar, notaire royal de
ladite ville, soussigné qui ay delivré la presente sans autre

La Seigne, Colombier, Dazemar, De Girard, V. Sabarthe, Laprade de
Robert, Fournier dr médecin, Lugar notaire royal

Controlé à Carcassonne le 27 juin 1724

Maguelonne. »

— *Arch. départ. de l'Hérault* : C. 2760.

Cette pièce, bien que visant une question particulière de discipline,
relative à la durée des campagnes ou du travail dans les verreries, plutôt qu'une confirmation de privilèges proprement dite, donne une idée
suffisante de la forme sous laquelle étaient rédigées les procurations
d'une nature analogue.

taroages habitages pontanages et autres redevances et
exactions quelconques anciennes et nouvelles ayant
cours en notre Royaume Et en consequence qu'inhibitions et deffenses fussent faites à tous commis rece-
veurs préposés particuliers et à tous autres de les
troubler dans lesdites franchises et exemptions même
aux commissaires collecteurs des tailles et seigneurs
particuliers de les comprendre non seulement à la
taille pour les biens qu'ils possèdent en leur particulier terres et bois servans à l'entretien journalier des
fours de leurs verreries dans l'Etat et Rolle des impositions Mais encore de les assujettir à la redevance des
censives et droits seigneuriaux dont lesdits biens sont
exempts pour les immunités et concessions accordées à
la science des exposans Et ce à peine de tous depens
dommages interets de mille livres contre chacun des
contrevenans et d'en être informé pardevant les juges
qui en doivent connaître Sur laquelle requette est in-
tervenu arret en notre Conseil le 9ᵉ mars 1728 par
lequel les exposans conformement aux Lettres patentes
de notredit seigneur et bisaïeul ont été confirmes dans
leurs privileges immunites franchises et exemptions et
ordonné que pour l'execution d'icelui toutes Lettres
patentes leur seraient expediees Lesquelles ils nous
ont tres humblement fait supplier de leur vouloir accorder A ces causes de l'avis de notre Conseil voulant
traiter favorablement les exposans Nous avons conformement aux Lettres patentes du feu roy Louis XIV de
l'an 1655 et audit arret de notre Conseil du 29ᵉ (sic) mars
1728 ci attaché sous le contre scel de notre chancellerie
confirmé et confirmons par ces presentes signees de
notre main les Gentilshommes verriers du pays de

Couzerans dans les privileges immunites franchises et exemptions mentionnées auxdites Lettres patentes de 1655 pourvu neanmoins que lesdits privileges n'aient point été revoqués par quelques dispositions posterieures auxdites Lettres Sy vous Mandons que ces presentes vous fassiez registrer et de leur contenu jouir et user les exposans pleinement et paisiblement cessant et faisant cesser tous troubles et empêchemens contraires Car tel est notre plaisir Donné à Versailles le 5ᵉ jour du mois de janvier l'an de grace mil sept cent trente un et de notre regne le seizième Louis signé Par le roy Phelipeaux

Registrees en consequence de son arret du 29ᵉ mars mil sept cent trente un[1]. »

---

1. Arch. de la Hᵗᵉ-Garonne : *Série B Parlement; Edits tome 44 fol. 305.* — Ces Lettres nécessitent deux observations :

L'énumération qu'elles renferment des Lettres précédentes est incomplète. Elle ne comprend, en effet, ni les Lettres primitives de Saint-Louis établissant les privilèges ni les Lettres confirmatives de ses successeurs immédiats; elle semble marquer, en outre, quelques interruptions dans ces dernières : de Charles VII à Henri IV. Ces omissions tiennent sans doute à la Production même des Verriers, qui n'avaient apparemment en leur possession, au moment où ils demandèrent la confirmation de leurs privilèges, que les titres mentionnés dans ces Lettres. Nous avons trouvé un des titres manquants : à savoir les Lettres de François Iᵉʳ, données à Blois le 5 septembre 1523, et exhibées par les Verriers dans un procès qu'ils intentèrent, en 1745, devant Le Nain, intendant du Languedoc, à Nicolas Pascal, fermier des octrois de Toulouse, qui ne respectait pas leurs franchises (*Arch. départ. de la Hᵗᵉ-Gar.* C. 69). Ces Lettres, au reste, comme celles de Louis XV, ne remontent pas au-delà de Charles VII.

Les Lettres de Louis XV, quant à leur fond même, paraissent accorder aux gentilshommes verriers une exonération entière d'impôts, nonseulement par rapport à leur industrie mais aussi par rapport à leurs biens. Celles de François Iᵉʳ, au contraire, semblent appliquer exclusivement leurs immunités à leur industrie; et le discours de Montauriol (V. Chap. IV) comme la *Reconnaissance* de Pierre de Robert (V. *Généal.* 1ʳᵉ Génér. Art. I) leur donneraient raison. Celles de Louis XIV (*Arch.*

Les anciens Verriers se montraient fort jaloux de leurs privilèges et ne négligeaient rien pour les garder intacts. Aussi s'étaient-ils donné une organisation spéciale destinée à en assurer le maintien. Cette organisation, ébauchée déjà, semble-t-il, suivant le discours de Montauriol, sous le règne même de Saint-Louis, avait à sa base un officier royal, qui n'était autre que le *capitaine-viguier et gouverneur de Sommières* [1], chargé de confirmer souverainement les gentilshommes verriers à la fois dans leur noblesse et dans leurs privilèges : de là son nom de *juge-conservateur* [2].

Son autorité s'étendait sur un *ressort* comprenant cinq *départements :* 1° le département de la Haute-Guyenne, Comté de Foix et Comté d'Armagnac, embrassant les diocèses de Comminges, Couzerans, Rieux et Auch ; 2° le département de Grézigne, d'où dépendaient les verreries du Rouergue et celles du Bazadais, jusqu'aux frontières de l'Armagnac ; 3° le département de Moussans et Fourtou, comprenant les diocèses de Narbonne et de Saint-Pons ; 4° le département de Méjanais en Vivarais ; 5° le département du Bas-Languedoc : juridiction qui embrassait en un mot le Haut et Bas Languedoc, la Haute et Basse Guyenne, le Comté

départ de la B^te-Gar. C. 69), auxquelles se réfèrent celles de Louis XV, ne sont pas suffisamment explicites à cet égard. De telle sorte que nous ne saurions décider absolument si la franchise générale dont les Verriers prétendaient jouir au siècle passé (V. IIIe Part. Chap. XIII) constituait un privilège réel ou un abus.

1. Sommières forme aujourd'hui un chef-lieu de canton du département du Gard.

2. Nous avons déjà relevé une de ces confirmations. Nous y renvoyons le lecteur (V. Chap. II).

de Foix et entier ressort de la Cour de Parlement de Toulouse.

Il présidait, à Sommières même, les *assemblées générales,* auxquelles tous les Verriers du ressort étaient tenus de se rendre ou de se faire représenter par des procureurs dûment fondés de pouvoirs. Ces assemblées, dont il ne faisait qu'exécuter les décisions, étaient en réalité l'autorité suprême, établissant les *règlements,* conformément aux anciens *statuts,* dont le premier article disait que « *nul ne peut exercer l'art et science de verrerie s'il n'est noble et procréé de noble génération* »[1], et veillaient à leur observation par le moyen des *syndics : généraux* et *départementaux.* Elles étaient convoquées, de loin en loin, sur l'initiative de ces derniers, pour fournir aux ayants-droit l'occasion de faire corroborer leurs titres, et pour obliger les intrus, incapables d'exhiber les leurs, ou les récalcitrants, si par hasard il s'en trouvait, à se séparer du *corps* volontairement, sous peine de s'y voir forcés après des condamnations sévères comportant la démolition des fours, une amende de mille livres et la confiscation des outils, matières et marchandises; pour régler enfin tout ce qu'il convenait de faire pour le bien et l'avantage du corps.

1. *Procès-verbal* déjà cité. — Il est aisé de comprendre, après cela, que l'exercice de la verrerie ait pu être considéré parfois comme une preuve de noblesse. Ce n'a jamais été là, il est vrai, qu'une preuve indirecte; mais, aussi longtemps que ces statuts furent en vigueur, elle avait toute la force d'une preuve directe, et l'on conçoit qu'elle ait pu, dans ces conditions, constituer un véritable titre. C'est apparemment ce qui a donné lieu à la fausse opinion que nous signalions tout à l'heure, d'après laquelle la noblesse des Verriers aurait sa source dans la verrerie, celle-ci étant regardée comme une cause alors qu'elle n'est qu'un effet (V. Chap. IV).

S'il survenait, dans l'intervalle de deux assemblées générales[1], quelque affaire importante intéressant le corps, il était permis aux syndics généraux, s'ils le jugeaient nécessaire, de convoquer sous leur propre autorité, à une *assemblée particulière*, dans la ville la plus centrale et la plus à portée des divers départements[2], les syndics départementaux, avec lesquels il leur était loisible de délibérer et de prendre des résolutions, même pour ajouter des articles aux règlements, à la condition qu'ils fussent conformes aux statuts, qu'ils ne fussent pas en contradiction avec les règlements établis dans la dernière assemblée générale, et qu'ils les fissent autoriser par leur Conservateur ou son Lieutenant.

Les Verriers devaient scrupuleusement observer, sous peine de déchéance de leurs privilèges, de mille livres d'amende et de dérogeance à leur noblesse, les règlements élaborés dans ces assemblées : règlements qui, entre autres choses, défendaient à un maître de verrerie de recevoir aucun ouvrier sans s'être informé préalablement s'il était de la qualité requise[3], et à

---

1. La dernière assemblée générale des Verriers, dont il a été déjà question dans un chapitre précédent (V. Chap. IV), se tint, avons-nous dit, en 1753 (octobre), sous la présidence du vicomte de Narbonne-Pelet. La précédente, présidée par le comte d'Harling, avait eu lieu en 1718 (septembre).

2. L'assemblée générale de 1753 avait désigné à cet effet la ville de Carcassonne.

3. Il s'agit ici uniquement, bien entendu, des ouvriers proprement dits, travaillant le verre, et non des manœuvres ou domestiques, qui pouvaient être attachés à leur service ou à la fabrique même, et qu'on employait à divers ouvrages, comme à la préparation du bois, à l'entretien du feu, à l'emballage ou au transport des marchandises, et généralement à tous les travaux nécessaires, pourvu qu'ils fussent étrangers à la manipulation du verre scrupuleusement réservée aux gentilshommes.

l'ouvrier de se présenter devant un maître sans avoir préalablement aussi fait la preuve de cette qualité par des titres en bonne et due forme devant le syndic de son département, qui était chargé d'en dresser un procès-verbal et d'en délivrer un extrait à l'ouvrier pour lui servir devant qui de droit, et sans avoir prêté serment devant son juge-conservateur; qui défendaient encore aux maîtres de verreries de vendre leur marchandise au détail et hors de leurs magasins, où ils devaient attendre que les marchands eux-mêmes vinssent l'acheter, comme aussi de s'associer avec des roturiers pour en recevoir de l'argent ou une aide quelconque; qui limitaient le temps des *campagnes*[1], soit six mois en moyenne dans les départements compris dans le ressort de Sommières, où l'on travaillait habituellement d'octobre à avril, de manière à permettre aux Verriers de s'adonner, pendant le reste du temps, aux exercices de la noblesse, particulièrement à celui des armes[2], pour s'y perfectionner toujours plus; qui enfin leur imposaient la loi de ne se livrer en aucun cas à aucune sorte d'occupation réputée roturière[3].

1. Ce terme est remarquable : ces campagnes ouvrières rappellent sans doute le premier métier des gentilshommes verriers et leurs vieilles campagnes militaires.

2. Nous verrons plus bas qu'ils s'y montraient fort habiles (V. IIIe Part. Chap. IX) Leur épée ne les quittait jamais, et durant leur travail ils la suspendaient à côté d'eux avec leur manteau. Ils avaient l'habitude de se cotiser pour prendre ensemble des leçons d'escrime, d'équitation, de musique, de danse, etc. avec des maîtres autorisés.

3. Ils aimaient beaucoup la chasse, qu'ils pratiquaient même durant le temps des campagnes, dans les loisirs que leur laissait le travail : c'était leur distraction favorite. Ceux de leurs petits-neveux qui se livrent encore à cet exercice liront peut-être avec intérêt la pièce suivante, extraite des *Papiers de famille* :

« *Consultation sur le droit de chasse des gentilshommes verriers*

Le conseil soussigné, qui a pris lecture d'une copie de la sentence ren-

Ce qui prouve que, si les Verriers tenaient à leur industrie et aux privilèges qui y étaient attachés, ils tenaient aussi, comme les autres nobles, à leur qualité de gentilshommes et voulaient en rester dignes.

due par le juge gruier de la seigneurie de Belfach du 11 mars 1777 et des autres pièces énoncées dans la production des sieurs de Robert gentilshommes verriers,

Estime : 1°, que la fin de non-valoir opposée au sieur de Pointis n'est pas fondée, s'il est vrai qu'il est seigneur engagiste de la terre de Belfach, puisqu'en cette qualité il doit jouir de tous les droits utiles et honorifiques attachés à la justice. C'est au sieur de Pointis à justifier de sa qualité de seigneur justicier de Belfach. Mais si les consultants ne peuvent point la révoquer en doute ni son droit, il est inutile d'insister sur une exception préliminaire qui n'amènerait à rien, et qui a été condamnée par la sentence du juge gruier, laquelle suppose évidemment que la justice appartient à Mr de Pointis.

2°, Le moyen de cassation, pris de ce que, la terre de Belfach étant domaniale, il aurait fallu porter la plainte pour fait de chasse à la maîtrise, n'est pas non plus fondé. Le seigneur engagiste ayant ses officiers de justice, ils jouissent des avantages de la grurie, comme ceux des autres seigneurs.

3°, La sentence condamne solidairement les consultants en 100 livres d'amende pour avoir entrepris de chasser dans les terres de Belfach et Belloc.

S'il est prouvé que les habitants de ces deux terres jouissent, en vertu des privilèges qui leur furent accordés par les souverains, du droit de chasse, les consultants, en qualité de nobles, auront pu chasser en temps non prohibé dans l'étendue de ces terres domaniales, quoique baillées à titre d'engagement; et cela pour deux raisons :

L'une, parce que, suivant les ordonnances de 1555 art. 6, août 1533 art. 16, août 1547, avril 1548, 5 sept. 1552, 10 déc. 1561, 10 janvier 1596, juin 1601 et 3 mars 1604, rapportées par Guénois, les gentilshommes ont droit de chasse, quoiqu'ils n'aient ni justice ni directe. L'ordonnance de 1669 n'a pas dérogé à ces anciennes lois, puisque la faculté de chasser est conservée aux nobles par les articles 14, 15 et 17 du titre des chasses.

La seconde raison est prise de ce que les souverains de Comminge ayant accordé aux habitants de ce comté la faculté de chasser, elle est conservée aux nobles tant par les ordonnances que par les arrêts des Cours souveraines, comme un honnête délassement dont on ne doit pas les priver. C'est ainsi que cela fut jugé par l'arrêt du 17 avril 1666, rapporté par Graverol sur Mr Laroche Des droits seigneuriaux titre 27, article 3. Il en a été rendu plusieurs depuis l'ordonnance de 1669 qui

Il convient même de mentionner à cet égard deux usages bien caractéristiques adoptés parmi eux : Leurs règlements avaient prévu le cas où un verrier, à la suite d'un malheur quelconque, tomberait dans l'indigence, et avaient sagement pourvu aux mesures nécessaires pour l'empêcher de s'entacher de roture dans la nécessité pressante, et pour contribuer à son relèvement. Ils prévoyaient encore celui où l'un d'eux, particulièrement qualifié pour exercer le métier des armes et pour entrer au service du roi — ce qu'ils considéraient comme la plus noble occupation d'un gentilhomme —, aurait besoin d'assistance pour s'y préparer, et lui

l'ont jugé de même : entr'autres l'arrêt rendu en 1693 en la Chambre Tournelle entre la dame marquise d'Aramon et les habitants de Conques de Valabrègues ; et depuis en la 2ᵐᵉ Chambre des enquêtes, au rapport de Mʳ de Resseguier, entre les habitants d'Ardisas et le sieur Dencaussé ; comme aussi l'arrêt du 1ᵉʳ avril 1713, rendu en faveur du sieur Dufray, qui fait mention des privilèges accordés aux habitants de Conques de l'année 1661 contenant droit et faculté de chasser dans toute la juridiction.

Ainsi, étant prouvé, par les privilèges accordés en 1233 aux habitants du comté de Comminge et confirmés par Charles VII le 4 sept. 1490, que ses habitants ont, en vertu de la concession des souverains, la faculté de chasser, il ne paraît pas que l'engagiste du roi puisse en priver les nobles, puisque le jugement souverain du 14 avril 1682 maintient les habitants de Martres, situé dans le comté de Comminge, « au droit et faculté de chasser dans la juridiction dudit lieu, savoir : les personnes nobles conformément à leur privilège ; et les roturiers, paysans et autres personnes non nobles, sans armes à feu et avec d'engins non prohibés par les ordonnances ».

Ce jugement énonce tous les titres antérieurs sur lesquels ce privilège est fondé. Il en résulte que si les consultants sont du nombre des habitants du comté de Comminge auxquels ce privilège a été accordé, ils doivent espérer d'obtenir leur relaxe. Mais il faut rapporter le jugement de 1682 en bonne forme, et, s'il est possible, une expédition des privilèges des habitants de Comminge

Délibéré à Toulouse le 14 juillet 1777

(Signé) Albaret   (Et plus bas) Arexy. »

fournissaient les moyens de poursuivre cette carrière[1].

Voilà donc la vie qu'ont menée nos pères depuis le règne de Saint-Louis, c'est-à-dire depuis près de sept cents ans[2]. Ils ont pratiqué cette industrie du verre avec succès et persévérance jusqu'à la fin de l'ancien régime, sous la sauvegarde de ces sages institutions qu'ils s'étaient eux-mêmes données. La Révolution les ayant dépossédés de leurs anciens privilèges, ils n'en ont pas moins continué, par la force de la tradition, à fabriquer la verrerie; mais à dater de ce moment le déclin a commencé et est allé s'accentuant de jour en jour. Dès les premières années de ce siècle, en effet, plusieurs de nos familles, voyant l'impossibilité d'élever leurs enfants dans cette industrie et de leur conserver en même temps leur rang social, loin de les encourager à l'embrasser, ont au contraire fait tous leurs efforts pour les en détourner, les poussant d'un autre côté et de préférence vers le pastorat ou l'enseignement. Ce mouvement s'est étendu de proche en proche à la généralité d'entre elles, et dès aujourd'hui l'on peut dire que cette industrie touche pour nous à sa fin. Nos verreries sont depuis longtemps fermées, et l'on aurait vite compté les verriers qui peuvent exis-

---

1. Aussi n'y a-t-il pas lieu de s'étonner du rôle militaire joué par un certain nombre de nos ancêtres, comme on a pu le voir dans la *Généalogie*.

2. La verrerie moderne n'est plus du tout ce qu'était l'ancienne. Les conditions de fabrication ont complètement changé, et avec elles la physionomie de l'ouvrier, chez lequel on chercherait en vain le gentilhomme et l'artiste d'autrefois. On trouvera de celui-ci une peinture fidèle dans un ouvrage d'Elie Berthet intitulé *Le Gentilhomme verrier*, dont le héros est Robert de Briqueville. — Il convient d'ajouter que nos familles ne travaillaient que le verre blanc; la manipulation du noir leur était absolument étrangère.

ter encore parmi les Robert[1]. C'est bien le cas ou jamais de dire que tout a un terme ; et, en jetant un coup d'œil rétrospectif sur leur passé, nous ne saurions nous défendre d'une certaine mélancolie à la pensée que tant de générations successives ont vécu de la même vie et que cette vie est éteinte définitivement.

Nos familles ont fabriqué le verre en bien des endroits, ainsi qu'on a pu le comprendre déjà par ce qui précède. Seules ou associées avec quelques autres familles nobles : les Suère, les la Roque, les Lauzière-Thémines, les Castelviel, les Girard, les Aigaliers, les Virgile, les Faucon, les Noguiès, les Azémar, mais plus particulièrement les Grenier et les Verbizier[2], elles ont fondé, un peu partout dans le Midi, un grand nombre de verreries, dont aucune d'ailleurs n'existe plus aujourd'hui.

La première en date, dans la période qui nous est connue et dans la contrée de Gabre, est celle des Garils, appartenant à Pierre de Robert, qui existait, nous l'avons vu (V. *Généal.* 1re Génér. Art. I), dès le commencement du seizième siècle, et qui se maintint jusque vers la fin du dix-septième, époque à laquelle la fabrication principale fut transportée de Gabre à Pointis par Clovis de Robert-Falga, suivant la remarque qui en a été également faite précédemment (V. *Généal.* 6e Génér. Art. VII).

Au reste, la verrerie des Garils n'est pas la seule qu'il y ait eu dans le quartier de Gabre. Une seconde

1. Il en est de même pour les Grenier et les Verbizier.
2. Peut-être y en avait-il encore quelque autre. Cette liste, en tout cas, n'est pas donnée comme une liste fermée.

fut fondée, vers le milieu du seizième siècle, par un Grenier à Bousquet. Et plus tard on y en compte trois ou quatre autres : une à la Bade, entre le Courtalas et Montauriol[1]; une à Liounard, sur la limite des communes de Gabre et d'Aigues-Juntes, au nord-est de Carcoupet; une au bois de l'Hôpital; et, s'il faut en croire une assez vague tradition, une quatrième à Coudère.

Il faut citer encore, comme se rattachant au même quartier, bien que situées dans les juridictions de la Bastide-de-Sérou et de Cadarcet, les verreries de la Lèze, de Goutte-Gay, de Mane et de Serredecor[2].

Si nous quittons le quartier de Gabre, nous trouvons encore des verreries à la Bergère, dans la juridiction de Camarade; à Mauvezin-de-Sainte-Croix[3]; à la Bourdette, au Pal, au Pas-de-la-Mandre, à Portetény, du côté de Sainte-Croix-de-Volvestre; à Poudelay, à la Verrerie-d'En-bas, à Lafite, à Soye, à Salet, à Cantegril, du côté de Fabas; au Lenx, du côté de Cérisols; à la Boucharde, à Mi-Bosc, dans la région de Pointis; à Pointis même surtout, dans la commune actuelle de Mercenac, le foyer le plus important de notre famille après Gabre dans ce pays-ci et le principal centre de

1. Cette verrerie fut rasée en 1697 pour avoir abrité une assemblée du Désert (V. IIIᵉ Part. Chap. XIX).

2. A Mane, la partie du hameau où se trouvait la fabrique porte encore aujourd'hui le nom de *La Verrerie*.

A Serredecor, il y a eu des verreries soit au hameau même soit aux environs. L'une d'elles, celle du Gayétayré, fut brûlée et ruinée, comme on le verra plus bas, pendant les guerres de religion (V. IIIᵉ Part. Chap. IV).

3. Nous rappelons que la verrerie de Mauvezin fut fondée par Clovis de Robert-Falga et Jacques de Grenier-Périlhou en 1681 (V. *Généal.* 6ᵉ Génér. Art. VII).

fabrication, nous le répétons, depuis la fin du dix-septième siècle : c'est là qu'ont été nos verreries les plus florissantes, et c'est là aussi que nous avons vu péricliter insensiblement et mourir enfin notre industrie locale ; à Arbas et à Salerm, à Hillet près de Sarrancolin dans la vallée d'Aure, à Nistos, dans l'ancien pays de Comminges ; à Trie, dans le Bigorre ; à Marciac, à Aignan, dans l'Armagnac ; à Peyre-trincade, à Puységur, à la Pilade, en Grézigne et dans le Quercy ; au Pas-de-Ceilles, à Camboulas, au Moulin-d'Ayres, dans le Rouergue ; aux Pradels, juridiction de Verdalle, dans le Lauragais ; à Bédarieux, à Gaillac, à la Civadière, à Montguilhem, à Bougette, à Montpellier, à Cette, à Saint-Félix, au Pont-d'Orb, au Bousquet-d'Orb, à la Betouze-de-Camps, et particulièrement à Moussans, un autre foyer de la famille, dans le Languedoc[1].

Bon nombre de ces fabriques ont été certainement fondées ou dirigées par d'autres que par les Robert ; mais ceux-ci ont travaillé dans toutes ou à peu près toutes, soit comme maîtres soit comme ouvriers. Il leur est même arrivé, surtout dans les derniers temps, dans le courant de ce siècle, de franchir ce cercle relativement restreint. L'industrie du verre, comme les autres industries, allait se centralisant dans les grandes villes : Toulouse, Bordeaux, Marseille, etc. ; et cette grande industrie, en tuant la petite et en faisant disparaître insensiblement celle des verreries mentionnées plus haut qui pouvaient marcher encore, a obligé nos fa-

1. Nous ne prétendons pas, au reste, mentionner ici toutes les verreries qui peuvent avoir existé dans les régions précitées.

milles, si elles ont voulu continuer à fabriquer le verre, à se transporter dans ces grands centres. Quelques-unes l'ont fait, du quartier de Gabre comme du quartier de Moussans, et ont eu des chances diverses. Dernièrement encore deux de nos oncles, Philippe de Robert-Lafrégeyre et Numa de Verbizier-Pot-de-Leu, demi-frères et associés, avaient à Bordeaux une fabrique prospère; mais, pour des raisons que nous n'avons pas à apprécier ici, ils l'ont abandonnée sans retour; et cet abandon marque la fin de notre industrie familiale.

CHAPITRE VII

Les Gentilshommes verriers de Gabre.

Nous n'avons guère envisagé jusqu'ici la famille de Robert qu'en elle-même. Nous l'étudierons désormais relativement aux événements auxquels elle a pu être mêlée.

A ce point de vue, la première observation qui s'impose, eu égard aux événements auxquels nous faisons allusion, c'est que la famille n'y est pas également intéressée tout entière. Si elle a pu toute y prendre part au début, il n'en a pas été de même dans la suite, à cause de la séparation qui s'est opérée dans son sein, et qui a fait qu'une partie a vécu, à compter d'une cer-

taine période, dans un ou même plusieus milieux différents : nous voulons parler, on le devine sans peine si
on nous a suivis jusqu'à présent, des Robert établis
ailleurs que dans cette contrée de Gabre, qui doit faire
dorénavant le sujet exclusif de nos recherches.

Une seconde observation à faire, c'est que la famille
de Robert n'a pas été la seule à prendre part à ces
événements. Et c'est ici le lieu de rappeler les liens
étroits qui la relient, sous le rapport historique aussi
bien que sous le rapport généalogique, aux deux familles de Grenier et de Verbizier. Ces trois familles
ont vécu côte à côte depuis des siècles, réunies par la
parenté à la suite d'alliances nombreuses ; par leur industrie, qu'elles ont exercée en commun de temps immémorial ; par leurs intérêts et aussi leurs goûts, qui
étaient identiques ; par leurs idées enfin, dont la concordance se manifesta d'une façon toute particulière
sur le terrain religieux. Aussi les retrouvons-nous toujours ensemble si loin que nous remontions dans le
passé. L'histoire de l'une, par conséquent, se confond
avec celle des deux autres ; et voilà pourquoi nous
avons dû, de toute nécessité, les comprendre toutes
trois dans la suite de ce travail. Et c'était justice, car
elles peuvent revendiquer chacune au même titre leur
participation commune aux faits que nous aurons à
raconter.

Avant d'entreprendre le récit de ces faits, qui eurent
Gabre pour théâtre principal, nous avons jugé utile
de faire connaître sommairement le passé de cette localité, chef-lieu d'une commune où il n'est presque pas
de hameau qui n'ait donné son nom à quelque verrier
ou qui ne le lui ait emprunté. Les familles nommées

ci-dessus y ont joué un rôle prépondérant depuis le
temps de la Réforme, temps auquel elles nous paraissent s'y être établies [1]. Leurs membres sont connus
dans l'histoire du Protestantisme français sous la qualification générale de gentilshommes verriers ; et c'est
sous ce nom que nous les désignerons nous-mêmes
dans la suite de cette étude.

1. Cet établissement se rattache sans doute à l'immigration générale
qui marqua cette période, durant laquelle un grand nombre d'habitants
des provinces voisines, fuyant la persécution, vinrent se réfugier dans le
pays de Foix, sous la protection de Marguerite de Navarre et de Jeanne
d'Albret, qui favorisaient de tout leur pouvoir les adeptes du nouveau
culte (V. Bertrand Hélye : *Historia comitum fuxensium* — Vieillard,
Toulouse 1540 ; Pierre Olhagaray : *Histoire des comtes de Foix, Béarn
et Navarre* — Paris 1629 ; et *Le Mémorial historique*, contenant la narration des troubles et ce qui est arrivé diversement de plus remarquable
dans le pays de Foix et Diocèse de Pamiers, depuis l'an de grâce 1490
jusques à 1640, par M. Jean-Jacques de Lescazes Foixien, prêtre, jadis
Curé de Foix, et à présent de Bénac, et ses annexes de Serres et du
Bosc, au même Diocèse — Toulouse, Arnaud Colomiez, imprimeur ordinaire du Roi et de l'Université, 1644).

DEUXIÈME PARTIE

GABRE ET SA COMMANDERIE

CHAPITRE I.

Origine de Gabre.

Sans nous arrêter plus que de raison à rechercher l'étymologie du nom de *Gabre*[1], qu'on pourrait peut-être tirer du verbe hébreu גָּבַר ou גְּבַר : *il fut fort* ou *prospéra* (en latin *valuit*), ou du substantif גֶּבֶר (en forme chaldaïque גְּבַר) : *l'homme adulte et fort* (*vir* en latin)[2], il nous suffira de savoir que ce petit

---

1. *Gabré,* suivant la prononciation française ancienne et la patoise encore actuelle.

2. Lisez : *g͠abar — gabèr — g(u)èbèr — g(u)ebar.* — Si nous avons songé à cette étymologie, c'est parce que les noms d'un assez grand nombre de lieux voisins sembleraient avoir également, par leur forme et leur prononciation, une origine hébraïque : tels *Aron, Suzan, Antuzan, Urabech, Mathali, Larchè.* Les territoires de toutes ces localités sont contigus, et l'hypothèse de l'établissement dans ce quartier d'une ancienne colonie hébreue, sans avoir de base autrement solide, serait à la rigueur admissible.

village prit pour patron Saint-Laurent, martyr du troisième siècle, et que son église fut bâtie sous l'invocation de ce saint. Nous manquons de renseignements précis sur son origine [1]. Les documents où il se trouve mentionné pour la première fois sont postérieurs à l'établissement de la commanderie de l'Ordre de Malte qui y eut son siège. Faut-il en conclure qu'il doit sa fondation à cet établissement, connu sous le nom d'*Hôpital de Gabre?* Il nous est impossible de faire à cette question une réponse catégorique par oui ou par non.

Voici, d'un côté, ce qui pourrait jusqu'à un certain point nous autoriser à lui attribuer une existence antérieure à la venue des commandeurs :

Un monument dont le caractère antique est incontestable, la *croix de Saint-Martin* [2], connue aussi an-

---

1. Il n'y a pas lieu de s'en étonner, les archives de Gabre, qui se confondent avec celles de sa commanderie, ayant en grande partie disparu, comme tant d'autres, pendant les guerres de religion, auxquelles furent mêlés les commandeurs seigneurs de la localité. Elles se perdirent apparemment dans le pillage de leur château (V. IIIe Part. Chap. II). Le peu qui en restait et celles qui furent dans la suite reconstituées tant bien que mal par les soins de l'Ordre de Malte se trouvent déposées aux *Archives départementales de la Haute-Garonne.*

2. La croix, que nous considérons ici comme existant encore bien qu'elle ait disparu il y a quelques années, était adossée à une grande pierre, communément appelée elle aussi *pierre de Saint-Martin.* Cette pierre, qui a été elle-même déplacée par M. l'abbé Pouech en vue de fouilles, se trouve désignée déjà sous ce nom dans une charte du treizième siècle relative à la commanderie et que nous aurons à étudier. Elle y figure comme marque de délimitation territoriale (V. Chap. VII).

En dépit du nom qu'elle porte, cette pierre est regardée par les archéologues comme un monument druidique, connu sous le nom de *dolmen de Coudère.*

S'il y a là effectivement un dolmen, comme cela ne paraît pas douteux, le monument de Coudère contient en réalité deux monuments, dont l'un greffé sur l'autre dans le but pieux de substituer à un monu-

ciennement sous le nom de *croix de Gabre*[1], située au-dessus du village, sur le plateau de la Coudère et sur le chemin de Sabarat, semblerait indiquer, soit par son nom même, soit par sa position sur le passage qui fait communiquer les deux vallées et les deux localités, que Gabre existait déjà à l'époque de son érection. A quelle date cette érection elle-même remonte-t-elle? Elle pourrait à la rigueur nous reporter à la seconde moitié du quatrième siècle, époque à laquelle l'évêque de Tours évangélisa les Gaules, et être considérée comme une marque de son apostolat. Mais alors même qu'elle n'aurait été faite que plus tard, la consécration de cette croix nous apparaîtrait comme probablement antérieure à la fondation de la commanderie, qui ne remonte pas au-delà du douzième siècle; car un document du siècle précédent[2], relaté par *l'Histoire générale de Languedoc*, nous apprend que l'église de Sabarat, dont le territoire était limitrophe de celui de Gabre, se trouvait à cette époque dédiée à ce saint[3]; et il serait assez naturel de penser que la

---

ment payen un monument chrétien. Ce qui est certain, c'est que la tradition populaire, en tout cas, n'y a jamais vu qu'un seul monument, consacré tout entier au souvenir de l'apôtre des Gaules, qui a donné son nom à la pierre aussi bien qu'à la croix. Elle prétend reconnaître même sur la pierre la trace du saint : la place où il se serait assis lui-même et la marque des pieds de son cheval.

1. Elle figure sous ce nom, et elle aussi comme marque de délimitation territoriale, à l'instar de la pierre, dans une autre charte du treizième siècle publiée par M. F. Pasquier, ancien archiviste de l'Ariège, aujourd'hui archiviste de la Haute-Garonne, dans une brochure imprimée à Foix en 1890 et ayant pour titre : *Donation du fief de Pailhès en 1256.*

2. C'est une confirmation des possessions de l'abbaye du Mas-d'Azil par Isarn, évêque de Toulouse, en 1075.

3. Sabarat se réclame aujourd'hui de Sainte-Anne; mais le quartier voisin de Ménay a encore pour patron Saint-Martin.

dédicace de la croix voisine fut contemporaine de celle de cette église.

En second lieu, la persistance du nom de *Gabre*, après la fondation des chevaliers de Malte, qui reçut un *nom particulier,* comme nous le verrons plus bas (V. Chap. IX), nom tombé au contraire dans l'oubli, tendrait également à faire croire que cette localité avait déjà pris naissance antérieurement à cette fondation.

D'un autre côté, l'église de Gabre nous apparaît comme ayant formé le *chef* de la commanderie, et le commandeur comme en ayant été le recteur[1] *primitif :* ce qui semblerait prouver que Gabre, ou tout au moins l'église, tire son origine de cet établissement.

Quoi qu'il en soit, laissant là cette question de pré-existence, sans la trancher en faveur soit de Gabre soit de la commanderie, nous nous contenterons d'ajouter que le village eut un développement parallèle à celui de cet établissement, et que, s'il n'en tira pas son origine, il lui dut tout au moins sa prospérité[2].

---

1. Lisez : *curé* ou *desservant.*

2. On nous saura peut-être gré de donner ici une idée de la manière dont les localités se formaient ou se développaient habituellement au moyen-âge : un seigneur, laïque ou ecclésiastique, établi dans un lieu avec son château-fort, offrait sa protection aux gens épars dans la contrée, leur promettant de les mettre à l'abri de ses murailles en cas de danger, et les encourageait ainsi à transporter leur domicile auprès de sa forteresse. Bientôt un hameau s'élevait autour de la place, ou, s'il existait déjà et si la situation était propice pour son développement, se transformait petit à petit en un village ou une ville plus ou moins importants.

Nous ajouterons que Gabre portait autrefois le nom de *ville*, titre qu'il tenait sans doute de sa qualité de *chef* d'une commanderie, ou bien de son indépendance primitive, l'Ordre de Malte l'ayant toujours considéré comme exempt de toute suzeraineté, plutôt que de l'importance numérique de sa population, qui nous a paru avoir été sensiblement la

CHAPITRE II

Les Chevaliers de Malte.

Avant d'aller plus loin, qu'étaient ces chevaliers de Malte, connus successivement, dans le cours des âges, sous le nom de *chevaliers* d'abord *de l'Hôpital de Saint-Jean-de-Jérusalem,* puis *de Rhodes,* et enfin *de Malte*[1]*?* Ils appartenaient à un ordre à la fois religieux et militaire, consacré d'abord aux œuvres d'hospitalité, et plus tard au service et à la défense de la religion, qui jeta un vif éclat dans la période du moyen-âge et joua dans l'histoire un rôle brillant, contrastant singulièrement avec l'humilité de son origine.

L'institution dont il est sorti, en effet, consistait uniquement, au début, dans un établissement hospitalier, fondé, sous l'invocation de Saint-Jean, à Jérusalem, un peu avant les croisades, par des marchands d'Amalfi, qui y avaient obtenu une concession de terrain vers le milieu du onzième siècle, et destiné à recueillir les pèlerins qui malgré tous les dangers s'acheminaient vers les Saints-Lieux. De là son nom d'*Hôpital.*

Cette institution ne tarda pas à subir une transformation considérable avec Raymond du Puy, qui fit

même dans les temps anciens que dans les temps modernes. Cette population, d'ailleurs, a diminué considérablement depuis le commencement de ce siècle, par suite du mouvement général d'émigration qui ne pousse que trop aujourd'hui les habitants des campagnes vers les villes. Gabre compte actuellement 463 habitants.

1. Ces variations de nom tiennent aux variations mêmes du siège de l'Ordre, comme nous le verrons ci-après.

ceindre l'épée à ses Religieux, au commencement du siècle suivant, en 1118, pour les faire contribuer à la défense de la Palestine.

A dater de cette transformation, qui la lui fit rejeter au second plan et oublier même trop souvent son premier but, l'Ordre acquit un développement rapide ; et bientôt s'en détacha un rameau dont le but plus exclusivement militaire lui attira dès l'abord une grande faveur : dès l'an 1120, Hugues de Payens, fort de l'approbation du pape Honoré II et du concile de Troyes, fonda l'Ordre des *Templiers,* dont Saint-Bernard fut chargé de dresser les statuts, et qui, après avoir rivalisé de gloire avec son aîné, lui laissa son héritage, d'ailleurs en grande partie ruiné, au moment de sa suppression sous Philippe-le-Bel.

Les chevaliers du Temple dominèrent plutôt dans le nord de la France, tandis que ceux de l'Hôpital se répandirent de préférence dans le midi, où ils trouvèrent l'accueil le plus bienveillant, couvrant petit à petit tout le pays de leurs établissements. Ces établissements, qui portaient indifféremment, à l'origine, le nom de *préceptoreries* ou *commanderies,* ne conservèrent plus tard que cette dernière appellation [1], à partir du seizième siècle. Ils durent habituellement leur fondation aux donations de domaines plus ou moins considérables dont l'Ordre était l'objet de la part des seigneurs, qui le prenaient sous leur protection.

Le siège de l'Ordre était d'abord à Jérusalem ; mais, à cause de l'échec des croisades, il fut transporté de là

---

1. Nous nous en tiendrons généralement à cette appellation comme étant la plus connue.

premièrement à Rhodes, d'où les chevaliers de Saint-Jean furent chassés par les Turcs, après une résistance héroïque, en 1522; puis à Malte, où ils eurent encore à soutenir le choc de leurs ennemis en 1565, mais où l'Hôpital resta, grâce au déclin de la puissance musulmane, jusqu'à la disparition de l'Ordre en 1789, et jusqu'au jour où Bonaparte, allant en Egypte et s'emparant de cette île, lui porta le dernier coup (12 juin 1798).

Les *chevaliers*, chargés habituellement de l'administration des commanderies — sauf dans les premiers temps, où ils furent remplacés dans ces fonctions par les *chapelains* et les *frères servants*, parce qu'alors, dès leur entrée dans la sainte milice, ils étaient de partout sur le continent envoyés rejoindre leurs frères de Palestine, leur concours étant éminemment utile dans la guerre contre les Infidèles —, devaient, à l'origine, en faire passer une partie des revenus, consistant en une rente annuelle, dont le taux était fixé proportionnellement à ces revenus, et qu'on désignait sous le nom de *responsion*, directement au Trésor commun de l'Ordre, c'est-à-dire au *grand-maître*, qui en avait la garde.

Mais cette organisation primitive disparut bientôt, et l'on créa des espèces de succursales de la maison-mère de Palestine. Dès les premières années du douzième siècle fut fondé le *prieuré* de Saint-Gilles[1], une des plus importantes maisons de l'Ordre sur le continent, où résidait un lieutenant du *prieur* de Jérusalem, dont

---

1. Saint-Gilles forme aujourd'hui un chef-lieu de canton du département du Gard.

l'autorité s'étendait sur tous les établissements compris entre le Rhône et l'Océan. C'est surtout à partir de ce moment que l'Hôpital prit un développement considérable dans tout le Midi. Les comtes de Toulouse et leurs principaux vassaux lui témoignèrent une grande faveur, et contribuèrent ainsi puissamment à sa rapide extension. Un peu plus tard, en 1315, ce prieuré fut encore divisé en deux : celui de Saint-Gilles et celui de Toulouse[1].

CHAPITRE III

Établissement de la commanderie.

Nous ignorons la date précise à laquelle les chevaliers de Saint-Jean vinrent se fixer à Gabre; mais de ce qui précède et d'une donation qui leur fut faite en 1191, donation que l'on trouvera plus loin (V. Chap. IV), il nous est permis de conclure que ce fut dans le courant du douzième siècle[2].

Quelle fut la condition première de leur établisse-

---

1. La commanderie de Gabre fut comprise dès lors dans ce dernier. Nous avons emprunté nos renseignements généraux sur l'Ordre de Malte à l'*Histoire du Grand-Prieuré de Toulouse* (Toulouse, 1883) de M. A. du Bourg, qui renferme d'ailleurs quelques pages sur la commanderie de Gabre dans une courte notice que l'auteur lui a consacrée (p. 165 à 171) et que nous avons également utilisée, en la corrigeant quelquefois.

2. Une vieille inscription latine, d'une netteté parfaite, mais tronquée, gravée sur une pierre trouvée en creusant des fondations non loin de

ment? La commanderie ne possédait-elle à Gabre, à l'origine, que l'espace de terrain assez restreint et encore reconnaissable entourant l'église et contenant ses bâtiments, acquis en vertu d'une donation partielle primitive, que complétèrent des donations subséquentes? ou n'obtint-elle pas plutôt d'emblée de la libéralité du seigneur du lieu, soit du comte de Foix lui-même, soit d'un vassal fort de l'approbation du suzerain, la cession gracieuse de tout le territoire de Gabre[1]? Nous inclinons de préférence vers cette der-

l'emplacement des bâtiments de la commanderie, dont elle provient sans aucun doute, nous eût renseignés exactement sur cette question d'origine si la date n'avait pas malheureusement disparu. Malgré cette lacune, cette inscription est encore intéressante et mérite d'être relevée. La pierre qui la porte appartient à M. Aristide de Robert-Montal, qui la conserve comme une curiosité et qui nous a permis d'en prendre approximativement le dessin. Elle était placée apparemment sur le fronton de l'édifice de la commanderie, édifice qui dut être sinon démoli du moins fortement endommagé dès les premières guerres de religion (V. Pl. XI fig. 2 et IIIᵉ Part. Chap. II).

Cette inscription, que nous avons essayé de reproduire partiellement, conformément à la figure 1 de la planche ci-dessus indiquée, se rapporte évidemment à l'établissement même de l'Hôpital et renferme les noms des fondateurs : trois chevaliers de Malte appartenant à la famille Longus, probablement trois frères, avec leurs père et mère peut-être.

Il convient de faire remarquer à ce propos que ces chevaliers faisaient précéder leur nom du titre religieux de *frater* (*frère*) : c'était là une coutume de leur Ordre. Cette observation aidera le lecteur à se rendre compte de la provenance de l'inscription, en même temps qu'elle le mettra en garde contre la tentation de voir ici dans ce vocable de *frater* une qualité familiale. Notre supposition qu'il s'agit de trois frères se base non sur ce mot, qui revêt en l'espèce un autre sens (sens mystique), mais sur le nom même de Longus trois fois répété.

Relativement au seul prénom conservé des Longus nous devons signaler une incorrection dans notre dessin : RAUD doit être rétabli sous cette forme : RAOUD.

Traduite en français, l'inscription se lit : L'AN : DU SEIGNEUR : . . . . .RDANA : SA : FEMME : FRERES : RAOUD : LONGUS : . . . . : LONGUS : ET : FRERE : RAYMOND : LONGUS : QUI : FIRENT : CONSTRUIRE : CET : HOPITAL :

1. Ce territoire, qui du côté de l'Ouest, dans le vallon de Gabre, paraît

nière hypothèse, pour plusieurs raisons : Nous savons
d'abord, par l'*Histoire des comtes de Foix* de Bertrand
Hélye et d'Olhagaray[1], que plusieurs de ces comtes,
au douzième siècle, se montrèrent fort généreux vis-
à-vis des Ecclésiastiques en général et encouragèrent
de tout leur pouvoir les fondations pieuses. Et d'un
autre côté nous voyons les commandeurs, dès le siècle
suivant, revêtus de la qualité de seigneurs de Gabre,
et l'Ordre de Saint-Jean disposant à son gré de son
territoire et de ses habitants, en offrant un paréage,
autrement dit un partage de souveraineté, au roi de
France concernant cette seigneurie (V. Chap. VII).
Nous remarquons, en outre, que la commanderie jouissait, en dehors de Gabre, de certains droits sur des
territoires voisins en commun avec les comtes de Foix
(V. Chap. V), droits que ceux-ci lui avaient évidemment concédés à une époque antérieure. Enfin un prince
de cette maison lui consentit encore une autre donation dont il sera question tout à l'heure (V. Chap. IV).
De tout cela il paraît résulter assez clairement que la
seigneurie de Gabre lui fut sans doute également
abandonnée par eux dès l'origine de son établissement dans ce lieu, soit totalement, soit plutôt, suivant
l'usage ordinaire, avec certaines réserves[2].

---

avoir eu anciennement les mêmes limites qu'aujourd'hui la commune
de ce nom, s'arrêtait du côté de l'Est vers Sébeille, où se trouvait approximativement sa ligne de contact avec le territoire des Garils, ligne
partant de la Coudère et aboutissant à la chaussée de Rieutailhol. Ce
dernier territoire ne tarda pas à être agrégé au premier, comme nous le
verrons au chapitre suivant (V. Chap. IV et VII).

1. Bertrand Hélye et Olhagaray : *ouvr. cit.* (V. Ire Part. Chap. VII).
2. Nous aurons l'occasion de revenir sur cet article (V. Chap. VIII).

CHAPITRE IV

Développement de la commanderie : l'hôpital de Castanes et le fief des Garils.

Quoi qu'il en soit à l'égard du mode de son établissement, la commanderie prospéra et acquit un développement rapide, grâce aux libéralités de toute sorte dont les fondations de cette nature étaient habituellement l'objet dans ce temps de foi naïve et enthousiaste.

De ces libéralités, qui ont laissé peu de traces dans les archives de cet établissement, deux seulement nous sont connues; et encore est-ce d'une manière assez imparfaite, puisqu'en l'absence des documents originaux qui les renfermaient et qui ont disparu nous n'avons, pour les reconstituer, qu'un simple résumé trouvé dans un *Répertoire* composé vers la fin du dix-septième siècle[1]. Il s'agit de deux donations, d'inégale importance, faites : l'une en 1191, c'est-à-dire peu de temps après la fondation de l'Hôpital; l'autre, à laquelle nous avons déjà fait allusion dans le chapitre précédent, en 1259.

La première fut consentie, le jour de « la 4ᵉ férie de mars » de l'an susdit, par-devant le notaire Bernard, par Pons de Francasal, qui céda à la maison hospita-

---

1. Ce *Répertoire de Gabre*, dressé à la réquisition du commandeur Jean de Bonard en 1681, figure au Registre n° 70 des *Archives de la Commanderie*.

lière de Gabre l'hôpital de Castanes, avec son casal et ses appartenances, « suivant qu'il est enfermé dans les dîmaires des églises de Saint-Médard et Saint-Pierre de Montegagne ». Ce sont là les seuls détails que nous ayons sur cet acte, et même ils ont été puisés dans deux pièces différentes, que nous tâchons de compléter de notre mieux l'une par l'autre. Néanmoins ces indications suffisent à nous faire entrevoir qu'il s'agit là d'une fondation similaire, également de création récente, qui, placée peut-être dans des conditions de développement moins avantageuses, fut agrégée par son possesseur à celle de Gabre. Cette dernière, en tout cas, jouissait, au siècle suivant, de certaines rentes attachées au casal; mais ces rentes ne semblent pas avoir porté de grands profits à la commanderie. Il est même vraisemblable qu'elles se perdirent bientôt, pour des causes qui nous échappent; car dès l'an 1288 elles formèrent l'objet d'un litige entre le commandeur Hugues d'Hélite et plusieurs familles de l'endroit tenancières de ce casal, familles représentées par « Jean Bertrand Guilhem et Arnaud de Civarols frères Pierre Milheres et Aymar Bosil », et on ne les trouve mentionnées nulle autre part dans les temps postérieurs.

La seconde donation, plus fructueuse pour la commanderie, et qui lui valut un territoire d'une importance à peu près égale à celle que pouvait avoir à ce moment le territoire même de Gabre, fut faite, le troisième jour des ides de juin de l'an 1259, par Bernard et Arnaud frères, fils de Bernard de Montmaur, vassaux de la maison de Foix, qui « donnèrent à Dieu Notre Dame et à Saint-Jean et à frère Guilhaume Arnaud commandeur de Gabre tout le terroir appelé des

Algarils [1] avec tout ce qu'il enferme... laquelle donation lesdits frères firent avec tous hommes femmes
demeurants audit terroir dalgarils et toutes terres possessions agriers ventes chasse et tous autres droits ».
La donation de ce fief fut, comme de raison, soumise à
l'approbation du suzerain, Loup de Foix, qui la ratifia
par sa présence et son consentement à la rédaction de
l'acte, retenu par le notaire Guilhem de Solan.

Ce terroir des Garils, limitrophe de celui de Gabre
du côté du Couchant, était borné par une ligne allant
de « la Fago den botados » [2], leur point de contact sur
la Coudère, en suivant la limite qui sépare encore aujourd'hui la commune de Gabre de celles de Pailhès et
de Montégut, au Pas-del-Roc ; puis remontant d'abord
la Lèze jusqu'au ruisseau d'Aigues-Juntes, appelé
pour lors d'Argensac, ensuite ce ruisseau jusqu'à « la
goutte » (ravin) qui monte à Serredecor ; redescendant
de là vers la Lèze jusqu'à la chaussée qui est en amont
du moulin de Rieutailhol, au point où passe encore la
limite de Gabre (avec Aigues-Juntes) ; côtoyant ensuite
la Lèze jusqu'au moulin, ou plus explicitement jusqu'à
l'embouchure du ruisselet de Tailhol situé quelques
pas en aval ; et rejoignant de là directement la limite
de la Coudère [3].

---

1. C'est le terroir des Garils, dont il a été déjà question dans les premières pages de la *Généalogie* (V. Ire Génér. Art. I).

2. Ce point correspond sans aucun doute au lieu planté de hêtres,
appelé maintenant encore vulgairement en patois *lé Fagè*, sur le plateau de Coudère.

3. La vieille église d'Aigues-Juntes, située de l'autre côté du ruisseau,
dans cet ancien terroir, devait être primitivement, selon toute apparence, l'église paroissiale des Garils. — Nous dirons à ce propos que
chaque terroir, au moyen-âge, paraît avoir eu son église. Si quelques-

CHAPITRE V

Membres de la commanderie : Suzan, son château ; autres Dépendances.

Indépendamment du fief des Garils, uni à l'alleu de Gabre et compris dès lors dans ce dernier, il y avait des territoires sur lesquels les commandeurs possédaient des droits plus ou moins étendus. C'étaient les dépendances ou les *membres* de la commanderie, dont Gabre formait le *chef* : tels ceux de Suzan [1], d'Aron,

---

unes de ces vieilles églises ont disparu, d'autres se sont conservées : celle de Pujagou, par exemple, située sur un coteau au sud de Pailhès ; nous en trouverons mentionnée une autre au chapitre suivant.

1. Le terroir de Suzan, qui doit évidemment à son passé l'avantage d'avoir formé une commune malgré l'insignifiance de sa population (44 habitants), possédait un château dépendant de la commanderie et détruit par un incendie en 1698. Ce château consistait en « une tour entourée d'une palissade et d'une terrasse avec sa porte à herse et pont-levis, précédée par un ravelin à deux portes ». L'armement intérieur était médiocre, mais suffisant sans doute pour le temps et pour le lieu : « un mousquet, une arquebuse de guerre, avec leurs fourches et leurs accessoires et un croc de fer ou demi-pique ». Nous signalerons à cet égard une transaction conclue entre les consuls de cette localité et le commandeur Jean d'André, le 19 mai 1631, ayant trait à l'exercice des droits seigneuriaux, et en vertu de laquelle les consuls, après avoir reconnu le commandeur pour leur seigneur haut justicier, prirent l'engagement suivant : « que les habitants et bientenants de Sussan seront tenus de faire guet et garde dans le chasteau du commandeur, conformément aux arrests de reiglement donnés en pareils cas en temps de guerre, savoir les habitants en personne et les bientenants par leurs métayers, à la charge néantmoings, que le chasteau soyt en estat de deffense et que les habitants y puissent retirer leurs personnes et leurs commodités avec sûreté ».

d'Elit [1], du côté du midi ; et du côté du nord ceux de Moulères, de Taparouch, et de Pailhès.

A part Suzan, qui semble avoir appartenu en entier à l'Ordre de Malte, ces divers terroirs relevaient à la fois de plusieurs seigneurs. C'est ainsi que le comte de Foix avait la part principale de juridiction dans celui de Pailhès, où les possessions de la commanderie paraissent avoir été d'une importance minime, et une portion égale à celle de l'Hôpital dans ceux de Moulères et de Taparouch. L'abbé du Mas-d'Azil [2] partageait également avec le commandeur la souveraineté d'Aron et d'Elit, comme aussi celle de Moulères et de Taparouch avec le même commandeur et le comte de Foix.

La commanderie possédait encore d'autres biens, plus ou moins considérables, dans la majeure partie des localités voisines et dans quelques autres assez éloignées, entre lesquelles nous trouvons spécialement mentionnées Aigues-Juntes, Camarade, Sabarat, les Bordes, le Carla, Artigat, le Fossat, Madière. Elle les faisait valoir par des fermages, qui étaient pour elle une précieuse source de revenus. La plupart de ces rentes datent elles-mêmes du treizième siècle : ce qui est pour nous une preuve de l'intérêt porté généralement à la commanderie dès le début, non-seulement par les personnages de marque de l'époque, qui dispo-

1. La petite église du terroir d'Elit se trouvait située au sommet du coteau s'étendant entre Garrabet et le Freyche. Il n'en reste plus aucune trace ; seul le nom du champ encore appelé « *la Gleyseto* » en a conservé le souvenir. Le laboureur y trouve parfois des ossements provenant sans nul doute du cimetière attenant à l'église.

2. Il y avait dans cette ville une abbaye de l'Ordre de Saint-Benoît, établie là dès le commencement du neuvième siècle.

saient de territoires en sa faveur, mais aussi par les simples particuliers, qui se disputaient à l'envi l'honneur de contribuer à son développement par leurs dons plus ou moins importants.

CHAPITRE VI

Rivalités : Compétitions territoriales et Traités de paréage.

Mais si d'une part les commandeurs pouvaient s'estimer heureux d'être ainsi l'objet de la munificence des peuples, ces libéralités les exposaient d'autre part à des rivalités, à des contestations et à des procès. Ils n'étaient pas les seuls, en effet, à bénéficier de ces libéralités, qui se répartissaient indistinctement sur les divers établissements religieux qui couvraient alors presque toute la surface du pays[1]. De telle sorte que, parfois, la délimitation des droits respectifs de ces établissements sur un même territoire n'était pas chose facile; et les différends survenaient au moindre propos.

Aussi ne faut-il pas nous étonner de trouver, dès avant la fin du treizième siècle, le commandeur de Gabre, Guilhem-Arnaud, en procès avec l'abbé du Mas-d'Azil, Arnaud Garsie. Car le monastère du Mas, qui comptait déjà alors, suivant la remarque que nous

1. Ce furent surtout les grands seigneurs et le peuple qui témoignèrent ainsi leur générosité aux Religieux; la classe moyenne des nobles était moins prodigue de ses faveurs à leur égard.

en avons déjà faite, plusieurs siècles d'existence, et
dont les titres étaient par conséquent plus anciens que
ceux de la commanderie, possédait des droits sur de
nombreuses terres, et quelques-uns en commun avec
elle, ainsi qu'on vient de le voir. Il s'agissait effectivement en l'espèce de leurs prétentions respectives sur
les terroirs d'Aron, d'Elit, de Moulères et de Taparouch
mentionnés plus haut.

Le commandeur et l'abbé, ne pouvant s'entendre entre eux, eurent recours, suivant une coutume alors
assez générale, à un arbitrage, confié à Bernard d'Aure,
commandeur de Saint-Jean-del-Thor[1], et à Pierre Allemand, diacre. Ceux-ci, dans leur sentence prononcée le
3 des nones de novembre 1280, en présence de Nicolas,
évêque de Couserans, et d'Isarn, abbé de Comelongue[2],
concilièrent de leur mieux les droits des deux parties
en adjugeant à l'abbé la seigneurie d'Aron et laissant
les autres territoires indivis entre lui et le commandeur; ils décidèrent en outre que si, à l'avenir, des
différends nouveaux venaient à surgir entre eux, ils
seraient jugés cette fois par les deux témoins ci-dessus,
destinés à échanger pour la circonstance ce rôle de
témoins contre celui d'arbitres[3].

1. Autre établissement de l'Ordre de Malte, situé dans la plaine de
l'Ariège.
2. Autre abbaye, de l'Ordre de Prémontré, et de fondation relativement récente, établie aux environs de Rimont, dans le diocèse de Couserans. Son nom se trouve habituellement mal écrit, du moins dans les
livres que nous avons eus sous les yeux, excepté dans Olhagaray, sous
la forme de *Combelongue;* nous l'avons rétabli tel qu'il doit être, conformément à l'étymologie latine : *coma longua,* en patois *coumo loungo*
(colline longue), et d'après un acte de 1292 rédigé en latin et que l'on
trouvera plus loin, où il figure ainsi : « *Comœlongœ*) (V. Chap. XI).
3. On verra quelques pages plus bas que ces contestations ne tardèrent pas à renaître, du moins quant à la seigneurie d'Aron.

Les contestations territoriales ou juridictionnelles n'étaient pas la seule cause de soucis pour les commandeurs. Ils se trouvaient exposés parfois à de graves dangers, qui tenaient à la constitution même de la société du temps. Depuis la guerre albigeoise et la domination de Simon de Montfort, qui les avait habitués à la suprématie, les seigneurs ecclésiastiques n'avaient eu d'autre but que d'augmenter leur puissance par tous les moyens à leur portée, pour achever de briser les velléités d'indépendance de leurs vassaux et sujets, et pour les maintenir docilement sous leur tutelle. Mais si la croisade avait eu pour résultat l'oppression du menu peuple, les nobles, plus fiers et guerriers de tempérament, avaient souvent maille à partir avec le clergé, qu'ils maltraitaient quelquefois, soit en vue du pillage, soit encore et surtout pour regimber contre le joug spirituel sous lequel on voulait les courber. De là vint le besoin, pour les institutions religieuses en général, de chercher un appui séculier auprès des seigneurs laïques contre les tentatives dont elles étaient fréquemment l'objet; et là est aussi l'explication des nombreux paréages qui se firent alors, et qui constituent un des traits caractéristiques de l'époque.

Ces paréages n'étaient autre chose que des donations, consistant en partages de souveraineté[1], généralement plus ou moins restrictifs, consentis par le possesseur d'une seigneurie en faveur d'un autre seigneur habituellement plus haut placé, qui en échange devait au

---

1. Suivant l'étymologie latine du mot *paréage* (*par agere*), qui indique une action, une puissance égale.

premier sa protection. Les comtes de Foix se trouvaient naturellement désignés pour ce rôle de protecteurs ; et nous voyons en effet dans Bertrand Hélye que Roger III seul fut appelé en paréage à la fois par l'abbé du Mas-d'Azil, par celui de Comelongue, et par ceux de Boulbonne et de Lézat[1], pour qu'il les défendît contre les violences et les attaques fréquentes des nobles : « ut adversus nobilium vim, a quibus sæpius impetebantur, tutiores forent »[2].

Mais on fit intervenir dans ces contrats, en plusieurs occurrences, toutes les fois que des intérêts particuliers le commandaient et que des circonstances spéciales s'y prêtaient, un personnage bien autrement puissant que le comte de Foix, et justement pour le lui opposer : à savoir le roi de France, qui, pour le dire en passant, ne méprisait aucune occasion d'accroître son pouvoir aux dépens des maisons féodales[3].

C'est dans ces conditions que le commandeur ou précepteur de Gabre, pour échapper sans doute à la suzeraineté de Roger-Bernard IV[4], conclut en son absence

---

1. L'abbaye de Lézat, de l'Ordre de Cluny, était de fondation ancienne comme celle du Mas-d'Azil. — Celle de Boulbonne, de l'Ordre de Citeaux, établie dans le voisinage de Mazères, qui fut une des plus célèbres du Midi, ne datait que du milieu du douzième siècle.

2. Bertrand Hélye : *ouvr. cit.* : Vie de Roger III.

3. C'est la pratique ininterrompue de ce système qui amena insensiblement, mais sûrement, la toute-puissance de la Royauté française, établie définitivement par Richelieu sur les ruines de la Féodalité.

4. Cette suzeraineté ne pouvait que déplaire aux chevaliers de Malte, car la maison de Foix témoigna toujours un grand dévouement à la doctrine albigeoise. On sait que les comtes de Foix furent, avec les comtes de Toulouse, les principaux défenseurs de cette dernière. Ce fut l'un d'eux, Roger-Bernard II, dit le Grand, qui, tout en faisant sa soumission (soumission forcée) à la face de l'Eglise, à Saint-Jean-de-Verges, au mois d'avril de l'an 1228, prononça, pour revendiquer la liberté de conscience, devant le légat même du pape, le cardinal Saint-Ange, ces

et malgré lui, le 18 mai 1283, par l'entremise de son supérieur le grand-prieur de Saint-Gilles, Guillaume de Villaret, avec Philippe-le-Hardi, un paréage à la suite duquel cette localité et son territoire firent désormais partie du domaine de la Couronne[1].

CHAPITRE VII

Paréage entre le commandeur et le roi de France.

Il existe plusieurs copies du paréage de Gabre, toutes plus ou moins défectueuses, principalement en ce qui regarde les noms propres, rédigées soit en latin soit en français; et nous mettons sous les yeux de nos lecteurs celle qui nous a semblé la plus exacte. On trouvera cette vieille charte, curieux spécimen des actes du temps et particulièrement de ces traités de paréage, sûrement plus intéressante que la meilleure analyse que nous aurions pu en faire; et c'est ce qui nous a

paroles convaincues et énergiques, qu'on est bien aise d'entendre sonner dans ces temps encore lointains : « Le pape ne doit se mêler de ma religion, vu qu'un chacun la doit avoir libre. Mon père m'a recommandé toujours cette liberté; afin qu'étant en cette posture quand le ciel croulerait, je le puisse regarder d'un œil ferme et assuré, estimant qu'il ne me pourrait faire du mal. » — Olhagaray : *ouvr. cité.* : Vie de Roger-Bernard II.

1. Roger-Bernard IV était occupé à ce moment à guerroyer en Espagne contre Pierre d'Aragon, à l'instigation du roi de France, qui profita de l'éloignement du comte pour faciliter le paréage de Gabre.

décidé à la donner telle quelle. Toutefois, pour en rendre la compréhension plus facile à quelques-uns, nous avons cru devoir en régulariser un peu l'orthographe tout en respectant le vocable, en souligner les points les plus importants, et l'accompagner en même temps de quelques annotations qui nous ont paru nécessaires :

« *Vidimus*[1] *du Paréage de Gabré*

François de Rochechouard chevalier seigneur de Campdener Mamerzac La Mote et Saint Amans Conseiller et chambellan ordinaire du Roi notre sire son sénéchal de Toulouse et Albigeois A tous ceux qui ces présentes verront salut Savoir faisons et par ces présentes attestons que Nous ou par notre Lieutenant sous écrit avons vu tenu et manié et de mot à mot avons fait vidimer et transcrire par le greffier et notaire de notre Cour certain Instrument public et authentique de la *donation* ou *paréage* jadis fait entre le Commandeur de la Maison Hospitalière ou Prieuré Saint Gilles ainsi appelé de l'Ordre Saint Jean de Jérusalem Tant pour soi que pour ses successeurs à l'avenir De certain territoire appelé vulgairement *dé Gabré* dans la Sénéchaussée notre situé Avec le Roi notre souverain seigneur ou notre prédécesseur sénéchal de Toulouse Fait et passé non vicié cancelé ni aucune partie suspecte Duquel la teneur est telle

Sachent tous présents et à venir Que nous Guillaume de Villaret prieur de la sainte Maison Hos-

---

1. *Visa et copie authentique.* La date de cette copie n'est pas indiquée.

pitalière Saint Jean de Jérusalem du prieuré Saint
Gilles Pour l'utilité de nos frères et dudit Prieuré et
de toute la Religion De volonté et exprès consentement
de nosdits frères Gratuitement et de volonté pure pour
nous et pour nos successeurs à l'avenir légitimement
Donnons octroyons et baillons et du tout délaissons à
présent et à tout jamais Par titre de *donation présente
entre vifs* A Vous monsieur Eustache de Bellemarque
Chevalier et Sénéchal de Toulouse et Albigeois pour
notre souverain seigneur Philippe par la grâce de Dieu
roi de France Vous recevant et acceptant au nom dudit
seigneur Roi ses héritiers et successeurs *La moitié par
indivis de tout le territoire de Gabré* situé en la Diocèse de Toulouse [1] et Sénéchaussée susdite Lequel territoire comme il est mieux ci-bas confronté et limité de
la droite Possession et Propriété haute et mixte Justice et totale Juridiction à nous et à notredit Hôpital
appartient absolument [2] Laquelle donation et octroi de

---

1. Cependant l'*Histoire générale de Languedoc* fait dépendre Gabre,
au moment de la formation de la Jugerie de Rieux, à laquelle il se rattachait, entre 1272 et cette même année 1283, du diocèse de Couserans.
— Ces deux renseignements, qui au premier abord paraissent contradic-
toires, sont peut-être aussi vrais l'un que l'autre, mais également incom-
plets; et cette inexactitude provient sans doute d'une compétition ecclésiastique, sur laquelle nous reviendrons dans un instant.

Gabre, ou tout au moins la majeure partie du terroir, continua de se
rattacher au diocèse de Toulouse jusqu'en 1317, époque où fut créé celui
de Rieux, dans lequel il se trouva compris désormais jusqu'à la Révolution, ou plutôt jusqu'en 1801, année où ce diocèse fut supprimé, avec
beaucoup d'autres. Gabre rentre aujourd'hui dans le diocèse de Pamiers,
dont la date de création remonte à l'an 1295.

2. Ceci semblerait indiquer que non-seulement la seigneurie de Gabre
appartenait entièrement au commandeur, mais qu'elle était complètement indépendante, c'est-à-dire que le commandeur ne se trouvait placé
sous la suzeraineté d'aucun autre seigneur. On voit que c'était là du
moins la prétention de l'Ordre de Malte. Cela serait-il exact? Nous ne le
pensons pas. Quels que soient, en effet, et l'origine de la commanderie

la moitié pour l'indivis territoire ci-bas confronté entièrement à vous recevant au nom dudit seigneur Roi A vous faite avec les qualifications pactes et rétentions sous écrits

Premièrement que ledit seigneur Roi et vous pour lui et nous pour nous et pour ledit Hôpital conservions la *nouvelle bastide* [1] par indivis et communément en laquelle dite bastide et en tout le territoire sus écrit culte ou inculte et ses appartenances Le seigneur Roi ses héritiers et successeurs aient *par indivis la moitié des hommes* habitants et qui habiteront en ladite bastide et territoire susdit et ses appartenances à l'avenir avec *la moitié par indivis de tous les droits de la haute et moyenne Justice et Juridiction quelconque* De clameurs justices incours leudes péages agriers cens oblies ventes impignorations des fours et moulins et de tous autres droits consistants dans ladite bastide son territoire et ses appartenances et de tout autre droit temporel comme de mieux peut dire à l'utilité dudit seigneur Roi généralement Et expressément pour nous et susdit Hôpital et nosdits frères présents

---

et le mode de son établissement, il semble qu'en tout état de cause le territoire de Gabre ne pouvait qu'être placé sous la dépendance du comte de Foix, suzerain de tout le pays de droit primitif et incontestable, puisque la constitution du comté, opérée en l'an 1002, remontait à une date antérieure à la fondation de l'Hôpital. Le fait seul, pour le commandeur, d'avoir offert ce paréage au roi de France plutôt qu'au comte, et d'avoir choisi le moment où celui-ci était retenu captif en Espagne, nous suffirait, indépendamment de la protestation de ce dernier, que l'on trouvera plus bas (V. Chap. VIII), pour nous confirmer dans cette opinion. Le commandeur nous paraît donc, encore une fois, avoir voulu échapper, avec la complicité du roi, à la suzeraineté du comte : tentative qui leur réussit.

1. Cette bastide fut appelée par ses fondateurs la *Bastide-de-Plaisance*. Nous en reparlerons ci-après (V. Chap. IX).

et à venir *retenons totalement l'autre moitié par indivis* en ladite bastide et de tout son territoire ci-dessus exprimé et ses appartenances à l'avenir avec *la moitié par indivis de tous les hommes* qui habiteront en icelle ou qui sont de présent en sondit territoire et ses appartenances ci-après avec *la moitié par indivis de tous les droits de la haute et moyenne Justice Et de toute autre Juridiction* de clameurs justices incours leudes péages agriers cens oblies ventes impignorations droits de fours et moulins et de toutes autres choses consistantes en ladite bastide et susdit territoire ou ses appartenances ainsi que de mieux appartiennent et peuvent appartenir au droit du domaine temporel[1]

Excepté toutefois que s'il advenait en ladite bastide et territoire susdit ou ses appartenances être faits en aucun temps aucuns *incours* pour le crime d'hérésie et que cesdits incours consistent en biens meubles ou immeubles ou se mouvants *Que pleinement ils appartiennent au seigneur Roi et ses successeurs* Et de lors le seigneur Roi ou son sénéchal où bien ceux qui seront à son lieu dans l'an et jour que le *confisc* sera fait devront *totalement* remettre les possessions et immeubles que leur seront advenus en ladite bastide ter-

---

1. Nous n'essaierons pas, vu notre incompétence, d'expliquer la nature de tous les droits seigneuriaux, si nombreux et si divers, qui se sont maintenus d'ailleurs, et plus qu'on ne croit peut-être, sous une forme quelconque, dans nos droits fiscaux actuels.

Le *cens*, attaché à la propriété terrienne, et formant sans doute la redevance la plus importante, en dehors de la *dîme*, rapportait annuellement, au dix-septième siècle, à chacun des coseigneurs, le commandeur et le roi de France, une somme de 16 livres 4 sols 7 deniers, plus une poule trois quarts. La rente qu'ils tiraient à la même époque du *moulin* de Rieutailhol était de deux setiers de blé : un setier pour chacun.

ritoire et ses appartenances pour raison desdits incours *en autre main* et transporter en telles personnes desquelles à nous notre Hôpital et frères susdits et audit seigneur Roi soient faits les services devoirs et hommages accoutumés [1]

Item *avous retenu* à nous notre Hôpital et frères d'icelui *toutes les décimes et prémices* prédialles et personnelles en ladite bastide et territoire susdit

Davantage avons retenu à nous et à nos frères présents et à venir Au nom dudit Hôpital *dix sesterées terre* mesure de Pamies avec connaissance en lieu commode et compétent pour y planter une vigne [2]

Item au nom que dessus nous avons retenu à nous les *édifices anciens* de ladite Maison hospitalière de Gabré que sont de présent érigés et *tout l'espace qui*

1. Cet article rappelle assez explicitement la récente croisade albigeoise. Il nous fait toucher du doigt, pour ainsi dire, une des raisons principales de ce paréage et des traités analogues qui se conclurent dans cette période, comme aussi ce système d'incursions et de confiscations dont on usait impitoyablement contre les hérétiques, pour gratifier ensuite les fidèles de leurs dépouilles. Il convient d'admirer, à ce propos, l'habileté avec laquelle le prieur Villaret s'assure, pour cette œuvre pie, le concours du roi de France, résultant de son rôle de protecteur, et l'oblige, par clause spéciale, tout en lui attribuant *pleinement* le produit de la chasse faite aux brebis galeuses de son troupeau, si jamais cette chasse devient nécessaire, à reverser finalement et *totalement* ce produit sur ses chères brebis restées saines, qu'il continuera de tondre, bien entendu, de concert avec le roi.

2. Ce terrain, avec celui qui se trouve mentionné ci-après, constitua dès lors le domaine propre de la commanderie, qui s'est transmis tel quel jusqu'à nos jours, où il forme encore la *métairie de Latour*. Il faut en défalquer toutefois la portion attenante à l'église paroissiale autre que celle du village de Gabre. Ce domaine comprenait en outre, comme on le verra également plus bas, un bois dit *de l'Hôpital*, qui lui non plus n'a jamais été compris dans la métairie actuelle, et dont nous ferons connaître tout à l'heure la destinée. Le commandeur, en sa qualité de seigneur, jouissait du droit de dépaissance sur toutes les terres, à part quelques lieux de défense; et c'est là sans doute ce qui explique l'absence de pâturages dans cette propriété.

est en bas le clos des fossés[1] Et *cinq sesterées terre
au pied desdits fossés*[2] Et *une sesterée terre* à la
même mesure de Pamies *auprès de chacune église
paroissiale*[3] que sont de présent au territoire susdit à
nous et notredit Hôpital et frères d'icelui présents et
à venir par entier absolument retenons pour en faire
à nos volontés et dudit Hôpital perpétuellement

Item retenons à nous au nom que dessus s'il adve-

---

1. Le terrain contigu aux fossés de la bastide du côté du nord fut
aménagé plus tard en jardins. On y a élevé de nos jours quelques constructions.

2. C'est le *Casal* de Latour.

3. De ces deux églises l'une est celle du village de Gabre; quelle est
l'autre? — Celle des Garils ou celle d'Aron? Ce pourrait être la première,
dans le cas où l'ancienne paroisse des Garils se serait maintenue après
l'agrégation de son territoire à celui de Gabre; mais il est plus vraisemblable que c'est la seconde, l'acte de paréage paraissant comprendre le
territoire et conséquemment la paroisse d'Aron (V. à la fin de l'acte).

Il convient de relever à cet égard un usage singulier, auquel nous
avons déjà fait allusion naguère, dont l'origine remonte évidemment à
une époque ancienne, et qui s'est maintenu jusque vers le milieu de ce
siècle : Les habitants de Gabre compris dans une certaine zone au midi
de cette commune, bien que cette zone ait fait de tout temps partie intégrante de son territoire, étaient soumis autrefois aux diverses formalités
ecclésiastiques de leur vivant dans la paroisse de Gabre, où ils pratiquaient le culte, et à leur mort dans celle d'Aron, où ils étaient enterrés,
suivant le dicton patois bien connu : « *Bibis dé Gabré, mortis d'Aron* ».

Cet usage tenait apparemment à une vieille rivalité de diocèses. La
paroisse d'Aron, qui faisait partie du diocèse de Couserans, empiétait
sur le territoire de Gabre, dont la paroisse se rattachait, comme on vient
de le voir, à un autre diocèse. Les deux évêques, également jaloux de
leurs ouailles, qui ne pouvaient cependant pas appartenir aux deux en
même temps, durent, faute d'entente meilleure, pour les avoir l'un et
l'autre, les prendre l'un à la naissance l'autre à la mort. Ils y trouvaient
probablement chacun leur compte.

La ligne de démarcation des deux paroisses est pour nous un peu
incertaine; mais, au dire de quelques vieillards, elle suivait la crête de
Comavère, et, dans l'intérieur de ce hameau, c'était le chemin qui formait limite; de telle sorte que les habitations rentraient dans l'une ou
l'autre paroisse suivant qu'elles se trouvaient situées au midi ou au
nord du chemin.

naît (que Dieu ne permette) ladite bastide et susdit territoire être dépopulé Tellement que elle demeurât par aucun cas fortuit sans habitants Que toutes les choses ainsi données audit seigneur Roi *retourneront librement à notre droit et propriété dudit Hôpital et nous seront rendues*

Davantage a été accordé entre nous et le susdit sénéchal au nom dudit sieur Roi et fait pacte exprès que nous et Hôpital susdit aurons en ladite bastide et ses appartenances notre *baile propre* Et ledit seigneur Roi aura semblablement son *baile propre* en icelle Lesquels dits bailes prendront et lèveront les Clameurs et Justices et tous autres droits pour un chacun des *conseigneurs* à savoir pour ledit Hôpital et pour ledit seigneur Roi Et les diviseront entre eux par moitié légitimement Lesquels bailes à leur nouvelle élection seront tenus de jurer solennellement qu'ils garderont les droits de un chacun des conseigneurs de toutes leurs forces et de leur pouvoir Et tour à tour ou l'un après l'autre rendront bon compte et raison légitime de Clameurs Justices et tous revenus et émoluments que à raison de ladite bastide ils auront perçus

Item retenons aussi à nous et à notredit Hôpital *vingt sesterées de bois* à la mesure susdite de Pamies au lieu auquel nous semblera plus commode et aux frères de notre Maison pour ledit bois et utile[1]

---

1. Il s'agit de l'ancien bois dit *de l'Hôpital*, qui devint une propriété communale après la disparition de l'Ordre de Malte, soit vers la fin du siècle passé, et le resta jusqu'à une date assez récente, où la Commune l'aliéna en faveur de M. de Falentin de Saintenac. Il était situé en face de la ferme de Tardieu, au midi du ruisseau de Gabre. Nous ajouterons que, dans le cours des âges, il s'était étendu de là jusqu'au fond du vallon, et que cette seconde portion, beaucoup plus considérable que la

Item a été accordé entre nous et ledit sieur sénéchal que ledit seigneur Roi aura en ladite bastide un lieu suffisant pour construire et édifier une *maison propre* en tel lieu où semblera plus commode audit seigneur sénéchal pour la utilité dudit sieur Roi et à son choix[1]

Item a été accordé que le *Juge ordinaire* qui sera en ces quartiers pour le seigneur Roi Moyennant toutefois qu'il ne soit suspect aucunement pourra ouïr toutes causes ordinaires temporelles en ce lieu-là et les terminer et tenir cour communément pour le seigneur Roi et pour nous Lequel en l'institution de son office prêtera serment de exercer fidèlement sa charge selon Dieu et conscience[2]

Item que les bans et criées qui se feront en ladite bastide seront faits de la part du seigneur Roi et notre par le *crieur public* institué par le seigneur Roi et nous communément

Item que ledit seigneur et ses successeurs ne pourront en ladite bastide des hommes de icelle recevoir un denier que *gratuitement* les habitants le veuillent faire

---

première, se trouvait déjà de longue date la propriété de la famille de Falentin au moment où celle-ci fit l'acquisition de la première. En voici la contenance totale et les confrontations d'après un procès-verbal de visite de la commanderie de l'an 1648 : « ... Lequel bois est de contenance environ de 80 setiers, confrontant du Levant autre bois dudit s^r Falantin, du Midi comme va la montagne sive serre appelée vulgairement del Galloup, du Septentrion le ruisseau appelé dé Gabré, du Couchant avec le ruisseau qui vient de Filleyt et autre ruisseau appelé de Contanceau ». Nous reparlerons de ce bois (V. IIIe Part. Chap. XI).

1. Le roi de France eut-il jamais à Gabre sa *maison propre?* Nous n'en savons rien; mais nous toucherons encore ce point dans un des chapitres suivants (V. Chap. IX).

2. Cette clause engendra entre les deux parties, au dix-septième siècle, des difficultés et des contestations sur lesquelles nous aurons à revenir (V. IIIe Part. Chap. XII).

ni faire aucune *imposition taille ni contribution volon-
taire ou contrainte* sinon de notre volonté ou successeurs notres De même ni nous sans la volonté dudit
seigneur Roi sinon au cas que ledit sieur Roi ferait
générale levée par la diocèse de Toulouse Et si le cas
advenait que ledit sieur Roi ou ses successeurs fissent
aucune levée sur ledit lieu spéciale en ce cas ladite
levée qui se fera sera divisée entre le seigneur Roi et
nous par moitié sinon que en ce lieu ledit seigneur Roi
fasse comme a été dit une levée spéciale par Toulouse [1]

Davantage et finalement nous promettons à vous
monsieur Eustache sénéchal susdit acceptant au nom
dudit seigneur que nous aurons à jamais ferme stable
et irrévocable ladite donation et n'y contreviendrons
aucunement

Nous aussi Eustache sénéchal susdit Au nom dudit
seigneur Roi recevons et acceptons ladite donation et
concession faite par ledit sieur prieur et commandeur
sous les pactes qualifications rétentions conventions
conditions exceptions sus écrites Promettant en ce que
nous sera possible que nous ferons contenter ledit seigneur Roi des choses qui lui ont été données par vous
en notredite personne sous les modifications pactions

---

1. Cet article, un peu embarrassé, nous montre que ces partages de
souveraineté avaient le mérite de favoriser, inconsciemment peut-être
de la part de leurs auteurs, la cause de la liberté du peuple, et nous
laisse deviner les avantages réservés généralement aux habitants des
localités soumises à ces partages. Chacun des coseigneurs, en effet, dans
le but de conquérir leurs faveurs, quelquefois à l'exclusion d'un rival,
était naturellement porté à respecter ou à développer leurs franchises.
Les Conseils des Communautés profitèrent en maintes circonstances de
cette situation pour étendre les droits soit de la Communauté elle-même
soit des particuliers; et la Communauté même de Gabre ne s'en fit pas
faute (V. IIIe Part. Chap. XI et XII).

et rétentions susdites Aussi que nous ferons homolo-
guer ladite donation concession et toutes autres choses
susdites La confirmer et ratifier par ledit seigneur Roi
Et procurerons de avoir de Sa Majesté Lettres patentes
sur ce en bonne et due forme

Le territoire de Gabré *est limité et confronté*
comme s'ensuit A savoir Selon que le limite qui est
dessus la pierre Saint Martin vers Mollères s'en va jusques Fau de Laiguedos[1] Et comme se divise le fief de
Gabré avec le territoire de Algardes[2] par cette ligne
qui tire droitement jusques au buix du Pas de la Roche
Et comme ladite buixe coupe et divise droitement jusques à la Lèze Et dudit Pas de la Rocque comme la
Lèze divise jusques au ryu de Argensac[3] Et ainsi que
ledit ryu là s'étend ou se montre jusques à la goutte
qu'est au cap du pont d'Aigues Joinctes Et ainsi ladite
goutte s'en monte jusques à Serre de Cor Et ainsi que
le Sarrat s'en monte droitement jusques à Carcopet Et
jusques à la Lèze Et ainsi que la Lèze s'en monte et
divise au ryu de Ryvemale Et comme ledit ryu divise
jusques à la Font de Clyt[4] Et de cette fontaine jusques

---

1. Ce « *Fau de Laiguedos* » n'est autre que la « *Fago den botados* »
que nous avons déjà trouvée et déterminée dans la délimitation du terroir des Garils (V. Chap. IV). Une copie latine du paréage porte « *Cay-
cadas* », une autre encore « *Cayradas* ». On voit que les variantes ne
manquent pas, et l'on avouera qu'il faut vraiment être de l'endroit pour
s'y reconnaître.

2. Lisez : *Algarils*. C'est le terroir des Garils, que nous connaissons.

3. C'est, nous l'avons déjà vu, le ruisseau d'Aigues-Juntes.

4. Lisez : *Font-d'Elit*. Ce nom composé, connu encore de nos jours,
en patois, sous deux formes : *Fount-d'Elit* ou *Fround-d'Elit,* et servant
à désigner l'espace de terrain compris dans le voisinage méridional immédiat de la ferme de Garrabet, emprunte évidemment sa seconde partie
au terroir d'Elit ci-devant mentionné (V. Chap. IV). Quant à la première,
son origine étymologique pourrait être également dans l'un ou l'autre

au ballon de Clyt[1] Et dudit ballon ainsi que le ryu descend jusques al ryu de Calberas et descend jusques au ryu grand Et ainsi que ledit ryu descend jusques à la goutte grande Et ainsi que cette goutte tire droitement jusques à Las termos Et de Las termos jusques au ballon de Montauriol Et de ce ballon ainsi que la frontière droitement descend devers la terme qu'est au près la pierre de Saint Martin vers Mollères[2]

Item les *limites de Aron* sont tels A savoir Comme

des mots latins : *Fons, fontis* (fontaine) ou *Frons, frondis* (feuillage, bois), suivant que ce nom proviendrait de la fontaine voisine de la ferme susdite ou du coteau (*ballon*) particulièrement boisé où se trouve cette fontaine et où passe toujours la limite de Gabre.

1. A partir de ce point jusques au « *ryu grand* » (*rivus major* en latin), aujourd'hui ruisseau de Filleyt ou de Coutanceau, qui se jette dans l'Arize à *Rieumajou*, la limite ancienne continuait évidemment d'être la même que celle d'aujourd'hui. Le ruisseau de « *Calberas* » doit correspondre au ruisseau de Pujol.

2. Cette délimitation de l'ancien territoire de Gabre, on a pu le remarquer, n'est pas toujours précise. De plus, les noms des lieux ne correspondent pas quelquefois aux noms actuels. Il est aisé de voir cependant que les bornes anciennes sont généralement les mêmes que celles de la commune d'aujourd'hui. Il convient toutefois d'observer que la moitié environ de la portion de ce territoire provenant des Garils, de Carcoupet à Serredecor, a été enlevée à Gabre, lors de la formation des communes, pour être rattachée à Aigues-Juntes.

Une seconde remarque à faire, c'est que la limite occidentale actuelle semble avoir été coupée autrefois par un coin étranger comprenant le versant méridional du coteau de Montauriol, du ruisseau de Filleyt ou de Coutanceau à Lasternes, hameau qui formait limite, conformément à l'étymologie du nom (en patois *Las termos : Les bornes*). Cette portion de terrain fut agrégée peut-être au terroir de Gabre, dans l'intervalle compris entre l'an 1283 et l'an 1529, à titre de donation faite à la commanderie. Dans tous les cas elle en faisait partie intégrante à cette dernière date, comme on peut le voir par l'ancien Livre des *Reconnaissances*, dont il a été déjà question précédemment et dont nous aurons à reparler encore (V. *Généal.* Ire Génér. Art. I et Chap. XIII).

Il paraît donc qu'à l'exception de la pointe se prolongeant, du côté de l'Est, de Carcoupet à Serredecor, et du coin étranger s'enfonçant, du côté de l'Ouest, jusqu'à Lastermes, l'ancien territoire de Gabre correspondait partout ailleurs au territoire actuel.

ledit ryu[1] est enclos entre le fleuve de la Lèze et le
fleuve d'Aujolle et entre le territoire de Maillac et le
territoire de Suzan[2]

Toutes ces choses sus écrites et exprimées ont
été faites ainsi et confirmées par convention entre ledit
sieur sénéchal au nom dudit Roi d'une part et ledit
sieur prieur tant pour lui que pour ses frères dudit
Hôpital d'autre en la Chapelle de la salle neuve du
seigneur Roi dessous le Château narbonnais le dix-
huitième de Mai Régnant Philippe roi de France susdit Et Bertrand évêque de Toulouse L'an mil deux
cents huictante-trois Es présences du seigneur Amiel
de Pailhiès chevalier châtelain de St Phélix de Monsieur Pierre de Tournelle et Monseigneur Guilhem de
Catétis professeur des Lois Maître Bernard Saux Maître
Sicard Fabry Monsieur Bernard Molinéry Juges Maître
Ramond Bisteu et de moi Hélye Itezy de Buzet notaire
public qui ai écrit le présent acte

Tiré de son propre original »

---

1. Il faut lire sans doute : *lieu.*
2. Le commandeur ou le prieur, ici encore, en comprenant dans le
paréage le territoire d'Aron, qu'il ne paraît avoir jamais possédé, du
moins en totalité, et qui moins de trois ans auparavant, comme nous le
savons déjà, était encore un objet de litige entre lui et l'abbé du Mas
(V. Chap. VI), semble escompter l'appui du roi de France pour se l'ap-
proprier. Ce qui nous fait soupçonner une fois de plus que ce fut une
tactique du même genre vis-à-vis du territoire même de Gabre et du
comte de Foix qui lui dicta son paréage.

CHAPITRE VIII

Protestation inutile du comte de Foix et Incorporation de Gabre à la France.

Le comte de Foix, dont les ancêtres avaient sans doute abandonné à l'Ordre de Saint-Jean la seigneurie de Gabre avec tous ses avantages, à l'exception de la souveraineté qu'ils devaient s'être naturellement réservée, suivant l'usage, se trouvait, paraît-il, au moment de la conclusion du traité de paréage, prisonnier du roi d'Aragon en Espagne. Il eut beau protester et faire valoir sa suzeraineté, on n'eut aucun égard à ses représentations, et les droits qu'il pouvait avoir encore sur Gabre furent sacrifiés [1].

Roger-Bernard IV avait été plus heureux quelques années auparavant dans un démêlé de même nature avec le même prieur : Le seigneur Vidal de Montaigut ayant, vraisemblablement lui aussi comme vassal du comte de Foix, consenti en 1211, en faveur de l'Hôpital du Thor, la donation du château de Camarade, sans la soumettre à la ratification de son suzerain, celui-ci, pour qui la possession de cette place était d'une importance considérable, avait élevé contre la validité de cet acte des réclamations qui, quoique tardives, avaient été écoutées. Après de longues discussions, l'abbé de Saint-Sernin et Martin de Saint-Gilles, précepteur de

---

1. M. A. du Bourg : *ouvr. cit.*; et Biblioth. publ. de Toulouse : *Cartulaire de Foix*, Manuscrits n° 638.

l'Hôpital de Narbonne, choisis comme arbitres par Roger-Bernard et Guillaume de Villaret, avaient enfin adjugé au comte, le jour des calendes de juin 1271, la seigneurie de Camarade, qui figura toujours depuis parmi les seize châtellenies du comté[1].

Cette fois, une des parties contractantes se trouvait être le roi de France, le fils et successeur de Saint-Louis; et c'était, pour un comte, et surtout pour un comte prisonnier, lutter avec un bien gros seigneur pour faire invalider le traité, qui resta bon. Aussi le territoire de Gabre, qui fut rattaché à la province de Languedoc[2], fit-il désormais partie de la France, et non du comté de Foix, où il forma une enclave[3].

Les rois de France successeurs de Philippe-le-Hardi paraissent avoir joui paisiblement des droits que venait de leur octroyer ainsi l'Ordre de Saint-Jean; et nous voyons dans Olhagaray[4] que l'un d'eux alla jusqu'à gratifier le comte de Foix lui-même des rentes qu'il tirait de Gabre. Déjà peu de temps après, en effet, le roi de France céda au petit-fils même de Roger-Bernard, à Gaston II, qu'il avait nommé gouverneur de

1. Il ne serait pas étonnant, pour le dire en passant, que le prieur eût gardé au comte rancune de cet échec; et peut-être faudrait-il chercher dans ce fait une des multiples raisons du paréage consenti par lui au roi de France.

2. Le Languedoc venait d'être lui-même rattaché au domaine de la Couronne, en 1271.

3. Philippe-le-Hardi, qui avait avec le comte d'autres démêlés que celui de Gabre, vint une fois l'assiéger dans le château de sa capitale et l'obligea à se rendre en minant le rocher de Foix. Roger-Bernard IV fut contraint de jurer fidèle obéissance au roi et de lui céder une partie de ses terres. Le territoire de Gabre fut peut-être compris dans cette cession.

4. Pierre Olhagaray : *ouvr. cit.* : Vie de Gaston II.

Guyenne, entre autres revenus ceux qu'il possédait
dans ce lieu, pour dédommager ce comte des grandes
dépenses qu'il avait faites à son service dans la guerre
contre les Anglais.

CHAPITRE IX

La Bastide-de-Plaisance; le Château; le Couvent.

Le paréage de Gabre marque selon toute apparence
le moment où la commanderie eut acquis à peu près
son développement normal. La localité même de Gabre
avait suivi un développement parallèle et commençait
à prendre de l'importance. La période de formation
touchait à son terme; et nous venons de voir comment
les commandeurs, au moment d'organiser leur établissement, avaient recherché l'appui du roi de France,
chargé de les aider dans cette œuvre d'organisation et
de conservation.

Mais les chevaliers de Saint-Jean, obéissant aux né-
cessités impérieuses du temps, n'avaient pas attendu
jusqu'alors à réaliser la principale condition du succès,
qui résidait, à cette époque, dans la possession d'une
forteresse, sans laquelle tous les autres avantages pouvaient à la première occasion être réduits à néant.
Aussi leur premier soin avait-il été de construire à
Gabre une bastide fortifiée, consistant principalement

en « *une grande et belle tour* »[1], destinée, avec les défenses accessoires, à prévenir ou à repousser les attaques.

Il nous est impossible, faute de documents complets, de donner une description détaillée et précise de cette petite place de guerre. Mais l'inspection actuelle des lieux, rapprochée de quelques renseignements épars que nous possédons sur ce point, nous aidera à la reconstituer dans ses grandes lignes.

Cette bastide, construite sur une terrasse en forme de carré ou de circonférence, entourée d'une muraille palissadée et circonscrite elle-même dans un fossé environnant, renfermait : d'abord l'église, occupant à peu près le centre, avec le cimetière à l'ouest, là où il est encore aujourd'hui ; au sud-est de l'église, partiellement adossée à celle-ci, la tour, la principale force défensive de la place et la demeure du commandeur, qui a donné son nom à la maison de ferme actuelle située sur son emplacement ; au nord, où l'on trouve des fondements en creusant dans le sol, des bâtiments formant peut-être l'habitation du colon chargé de l'exploitation du domaine réservé de la commanderie ; à l'est enfin le *patus* ou *place* destinée à mettre en sûreté, en cas de guerre, le bétail et le mobilier des habitants de l'endroit, sous la protection du châtelain[2].

L'entrée de cette bastide, défendue par des ravelins

1. *Procès-verbal de visite de la commanderie*, 1648. — Cette tour, destinée à servir de défense à la commanderie, se retourna contre elle dans les guerres de religion, à la fin desquelles elle fut démolie, comme nous le verrons en son lieu (V. III⁰ Part. Chap. VIII).

2. De cette *place*, qui paraît avoir été transformée plus tard en jardin de la commanderie, vient assurément le nom de *Derrière-la-Place*, appliqué à l'espace de terrain situé au Nord-Ouest, aux portes du village.

et sans doute aussi par une porte à herse et pont-levis,
devait se trouver sur le passage actuel de la métairie
de Latour[1].

On l'appela la *Bastide-de-Plaisance* : nom qui fut
bientôt appliqué au village même, et que ses fondateurs voulurent peut-être substituer (V. Chap. X et XI),
qui fut dans tous les cas associé, dans la suite, à celui
de Gabre. Cette localité, en effet, figure encore dans les
actes du dix-septième siècle sous le nom de « *ville de
Gabre et Plaisance en France* ». Mais le nom primitif
de Gabre a prévalu et seul est resté.

Il y a, en dehors et assez loin de l'emplacement de
la commanderie, qui se trouvait située dans la partie
basse et occidentale du village, un endroit qu'on ap-
pelle encore *le Château,* situé au contraire dans la
partie haute et à l'extrémité orientale[2]. Cette appellation a certainement son origine dans l'existence à cette
place d'une ancienne maison seigneuriale. Qu'était ce
château? Nous l'ignorons, car il n'en est resté aucune
trace, à part ce vague souvenir. Il pourrait également
représenter soit le lieu de résidence de seigneurs antérieurs aux commandeurs, appartenant peut-être à l'ancienne famille *de Gabre* que l'on trouvera mentionnée
plus loin (V. Chap. X et XI), soit la *maison propre* du
roi de France, dont le sénéchal, si on veut bien se le
rappeler, s'était réservé l'emplacement, à son choix,
dans le traité de paréage. Dans ce dernier cas, c'eût été

1. Nous nous souvenons d'avoir ouï dire à un vieillard, mort aujour-
d'hui, et qui dans sa jeunesse avait réparé une portion écroulée du mur
de soutènement situé au sud de ce passage, qu'il avait trouvé là les traces évidentes d'un portail.

2. A la place occupée maintenant par la maison de M. Philibert de
Robert-Labarthe.

là simplement, selon toute apparence, la maison d'habitation de son baile, sorte de percepteur chargé du recouvrement des impôts.

Nous signalerons encore, dans le vieux passé de Gabre, une autre particularité curieuse : Il existe, sur la crête de Coudère dominant le vallon, à une centaine de mètres à gauche du chemin de Sabarat, un lieu connu encore aujourd'hui sous le nom de *Couvent,* où l'on distingue seulement un petit tas de pierres couvert de ronces. Y aurait-il eu là par hasard un monastère de femmes? Nous ne verrions à cela rien d'extraordinaire; car l'Ordre de Saint-Jean comprenait dans son sein des Religieuses, qui joignaient au début leur dévouement charitable à celui des Hospitaliers.

Ces Religieuses, en effet, avaient une origine aussi ancienne que les Religieux eux-mêmes; car pendant que se fondait à Jérusalem l'Hôpital de Saint-Jean, une noble dame romaine du nom d'Agnès créait dans son voisinage un établissement analogue, soumis au premier, et destiné à être le refuge des femmes chrétiennes qui, armées du bourdon des pèlerins, allaient aussi visiter les Saints-Lieux. Cet exemple avait été suivi en France, où aux pèlerinages vers la Terre-Sainte se joignaient les pèlerinages vers Rome; et la plupart des maisons de l'Ordre de Saint-Jean comptèrent dans leur sein un certain nombre de ces Religieuses.

Celles-ci, appelées sœurs *hospitalières,* n'ayant plus ou presque plus, après une certaine période, de pèlerines à recueillir, s'occupèrent de l'éducation de la jeunesse. Elles vivaient sous la règle de Saint-Augustin, et devaient observer une stricte clôture. Elles portaient, comme les chevaliers, le manteau noir à croix blanche, et étaient admises à la participation de tous les biens spirituels et temporels de l'Ordre.

Elles furent placées, à l'origine, dans les maisons des Religieux eux-mêmes, dans des locaux particuliers, où elles pouvaient recueillir les femmes étrangères nécessiteuses en cours de voyage pour un pèlerinage quelconque. Mais cet usage ne tarda pas à disparaître, à cause des nombreux abus auxquels il donna lieu. On ne trouve plus guère les Religieux et les Religieuses de Saint-Jean établis ensemble à partir du quatorzième siècle. Néanmoins l'institution subsista toujours, et jusqu'à la fin l'Hôpital compta dans ses rangs des femmes, soumises comme les hommes à l'autorité et à la direction des grands-maîtres de l'Ordre. Seulement elles vécurent dès lors complètement à part, dans des maisons qui leur étaient spécialement affectées.

Il n'y aurait donc rien d'étonnant, encore une fois, qu'il y eût eu là, au *Couvent,* à proximité de Gabre, une dépendance de la commanderie affectée à quelques-unes de ces Religieuses. Mais ce couvent, dont nous n'avons pas trouvé, il est vrai, la moindre trace dans les documents que nous avons compulsés, et dont la tradition non plus n'a conservé aucun souvenir, à part le nom du lieu comme pour le *Château,* s'il a jamais existé, fut vraisemblablement détruit à une époque ancienne, avant ou pendant les premières guerres civiles [1].

---

1. Il pourrait également se faire qu'il y eût là un simple couvent ordinaire, dédié à Saint-Martin, car cet endroit se trouve situé dans le voisinage immédiat du monument de ce saint déjà cité (V. Chap. 1).

CHAPITRE X

**Désaccord entre le Commandeur et les Gabrais;
Arrangement à l'amiable.**

Le commandeur ou précepteur sous lequel eut lieu
le paréage, Hugues d'Hélite, bien que directement in-
téressé dans les conséquences de cet acte, avait laissé
très certainement à son supérieur, le grand-prieur de
Saint-Gilles, et mieux encore au roi de France, le soin
de faire face aux complications extérieures immédiates
provenant de l'opposition du comte de Foix, complications qui d'ailleurs s'évanouirent vite. Son rôle à
lui, chargé de l'administration de la commanderie, consistait plutôt à prévenir ou à résoudre les difficultés
intérieures.

Celles-ci ne tardèrent pas à naître. Quelques années
seulement après, en 1292, nous le trouvons en désaccord avec les habitants de Gabre. La Communauté,
représentée par son Conseil, composé d'un consul et
de deux conseillers, était engagée dans un procès avec
le précepteur concernant l'étendue des droits seigneuriaux. Nous n'avons aucun renseignement sur les diverses phases de ce procès; tout ce que nous savons,
c'est qu'en fin de compte les deux parties, lasses de
plaider, résolurent de s'arranger à l'amiable. Une transaction s'ensuivit. Le document qui la contient, dont il
existe une copie latine, revêt un intérêt tout particulier, qui nous engage à l'analyser d'abord, à le transcrire ensuite pour les amateurs :

Le contrat fut passé à Saint-Girons, par-devant le
notaire Pierre de Vascon, en présence d'un grand nombre de témoins, chevaliers de Malte, prêtres et bourgeois.

La matière du contrat porte sur certaines servitudes
ou redevances ecclésiastiques, sur la dîme des carnalages [1], les autres dîmes, et autres questions, au sujet
desquelles la Communauté de Gabre ou de la Bastide-
de-Plaisance se prétendait molestée par le précepteur.

Les contractants sont : d'une part Hugues d'Hélite,
précepteur, agissant avec le consentement et l'approbation de Guillaume de Villaret, prieur de Saint-Gilles,
représenté par son lieutenant de Tervelle, qui lie au
respect du contrat tant lui-même et ses successeurs
que tout son Ordre présent et futur à perpétuité ; d'autre part le Conseil de la Communauté de Gabre, composé de son consul Fabre de Gabre et de ses deux conseillers Guillaume Dessort et Jean de Salbe, qui lient
pareillement au respect du contrat tant eux-mêmes et
la Communauté présente que leurs successeurs et la
Communauté future.

Il demeure entendu entre eux :

Que le précepteur tient la Communauté absolument
quitte de tous procès, différends, réclamations et demandes que lui-même ou un autre à son nom ou au
nom de l'Hôpital aurait ou pourrait avoir jusqu'à ce
jour (à faire valoir) contre la Communauté et son Conseil concernant l'objet de leur désaccord ;

Qu'on lui donnera de la vendange, pour la dîme et
la prémice, seulement de neuf comportes une, sans

1. On appelait ainsi la dîme qui se levait sur les animaux.

plus; et si quelqu'un n'en a pas neuf comportes, il
donnera semblablement de ce qu'il aura la neuvième
partie, sans plus [1];

Qu'on lui payera, pour dîme ou à titre de dîme ou
de carnalages, pour chaque poulain, si gros et si beau
soit-il, et pour chaque mulet ou mule, six deniers toulousains seulement, et pour chaque ànon et chaque
veau quatre deniers toulousains seulement;

Que des agneaux, des chevreaux et des cochons de
lait on lui donnera pour dîme de dix un; et s'il n'y en
a pas dix, on lui payera seulement trois piles pour
chaque agneau, chevreau ou cochon;

Que des oisons on lui donnera pour dîme de dix un;
et s'il n'y en a pas dix, on lui payera seulement une
obole pour chacun;

Que, bien que le desservant de ladite Bastide eût réclamé ou eu et reçu jusqu'alors pour chaque célébration de mariage quinze deniers toulousains de la part
du mari, et autant de la part de la femme, et outre cela
son repas et celui de son clerc, quoi qu'il en eût été à
cet égard jusqu'à ce jour, dorénavant on lui payera
seulement quinze deniers toulousains pour la célébration, et trois deniers tournois pour les deux repas susdits ou, si l'on préfère, les repas mêmes; et ces deniers
ou repas seront payés par le mari, la femme ne devant
rien payer, à moins qu'elle ne quitte la paroisse;

Que ce desservant ne devra prendre dorénavant pour
lui des robes, vêtements, souliers et autres ajustements
du corps des défunts qu'un seul article, le meilleur

---

1. On remarquera la concession faite sur ce point par le précepteur,
qui exige la dime entière pour tout le reste.

toutefois que possédait le défunt ou la défunte au moment de son décès : soit un manteau (?), ou une chemise, ou une gramasie (?), ou tout autre vêtement pour un homme, et pour une femme une garnache (?), ou une cape, ou une chlamyde, ou une chemise, ou tout autre vêtement ;

Que des hortalices[1] et des fourrages faits dans le ressort de ladite Bastide on n'aura à donner au précepteur que la quinzième partie, à moins qu'on ne les vende : auquel cas on devra lui donner de ce qu'on vendra la dixième partie.

Enfin le précepteur et le prieur s'engagent à respecter toujours les conventions faites et à ne jamais plus intenter de procès à la Communauté à cet égard.

CHAPITRE XI

L'Acte de transaction.

Voici, après l'analyse du document, l'acte de transaction lui-même :

« Noverint universi præsentes pariter et futuri quod quum esset quæstio controversia seu dissensio inter religiosum virum dominum fratrem Hugonem de Helito militem præceptorem domus hospitalis sancti Joannis Hierosolimitani de Gabre seu Bastidæ de Pla-

_____

1. Produits des jardins, ou légumes.

centia ex parte una et consules et universitatem dictæ
Bastidæ ex altera Super eo videlicet quod dicti consules et universitas prædicta asseruerant se fore gra-
vatos per prædictum præceptorem prout ibidem dic-
tum fuit super quibusdam ecclesiasticis servitutibus et
decimis carnalagiorum et aliis decimis et rebus aliis
Tandem inter dictas partes talis amicabilis compositio
intervenit Videlicet quod dictus dominus præceptor
pro se et successoribus suis et nomine dicti hospitalis
absolvit penitus et quitavit Fabrum de Gabre consulem
dictæ Bastidæ Guillelmum Dessort et Joannem Salbi
consiliarios ejusdem Bastidæ ibidem præsentes et con-
sentientes pro se et aliis consulibus et universitate
dictæ Bastidæ et omnes alios consules et universitatem
dicti loci præsentem et futuram perpetuo ab omnibus
quæstionibus controversiis petitionibus et demandis
quas idem dominus præceptor vel alius ejus nomine
vel etiam dicti hospitalis haberet vel habere posset
contra præfatos consulem et consiliarios et alios consules et universitatem dictæ Bastidæ occasionne præmissorum usque ad præsentem diem remisit etiam ex
pacto dictus dominus præceptor pro se et successoribus
suis et nomine dicti hospitalis eisdem consuli et consiliariis ibidem præsentibus et aliis consulibus dictæ
Bastidæ et universitati præfatæ et mihi notario infrascripto solemniter stipulanti et recipienti tanquam
notario et publica persona vice et nomine dictorum
consulum absentium et universitatis præfatæ absentis
quod homines dictæ universitatis præsentis et futuræ
de vindemiis pro decima et præmissia tantum dare et
solvere teneantur dicto domino præceptori et ejus successoribus nonam salmatam vindemiæ sine pluri si

vero quis novem salmatas non habuerit solvat de illa
quam habuerit nonam partem similiter sine pluri Item
remisit ex pacto idem dominus præceptor pro se et suis
successoribus universis et nomine dicti hospitalis prædictis consulibus et consiliariis et universitati præfatæ
et mihi notario infrascripto solemniter stipulanti et
recipienti vice et nomine quibus supra quod nulla persona de universitate prædicta de cætero solvere teneatur sibi vel successoribus suis vel dicto hospitali pro
decima vel nomine decimæ seu carnalagiorum pro quolibet pullo equino quantumcunque magno sive bono
et pro quolibet mulato seu mulata nisi sex denarios
tolosanos et pro quolibet pullo asinio et pro quolibet
vitulo quatuor denarios tolosanos tantum Item remisit
ex pacto idem dominus præceptor pro se et nomine
quo supra et ut supra prædictis consulibus et consiliariis et universitati præfatæ et mihi notario infrascripto stipulanti et recipienti vice et nomine quibus
supra quod de agnis edulis et porcellis quælibet persona dictæ universitatis de cætero teneatur dare tantum
pro decima eidem domino præceptori et successoribus
suis et dicto hospitali decimum agnum et decimum
edulum et decimum porcellum si veniunt ad numerum
decimum scilicet quod sint decem et si non fuerint
decem quam tres putas pro quolibet agno et pro quolibet edulo et pro quolibet porcello sibi et successoribus suis et dicto hospitali dare et solvere tantummodo
teneatur Item remisit dictus dominus præceptor pro se
et nomine quo supra consulibus et universitati prædictæ et mihi notario infrascripto stipulanti ut supra
et nomine quo supra quod amodo de anseribus quælibet persona dictæ Bastidæ et universitatis ejusdem

dare sibi et solvere ac etiam successoribus suis et hospitali prædicto pro decima anserem decimam si veniunt
ad numerum quod sint decem sin autem pro qualibet
ansere unum obolum dare et solvere sibi et successoribus suis et dicto hospitali tantummodo teneantur
Item idem dominus præceptor nomine quo supra et ut
supra remisit ipsis superius nominatis et consulibus
et universitati prædictis et mihi notario infrascripto
stipulanti et recipienti ut supra et vice et nomine quibus supra quod cum capellanus dictæ Bastidæ petierit
seu hactenus habuerit et receperit pro nuptiis et arris
quindecim denarios tolosanos. ex quolibet matrimonio
ex parte viri et alios quindecim denarios tolosanos ex
parte uxoris et ultra hoc comestionem dicti capellani
et scholaris sui insero quod qualitercunque factum fuerit usque modo quod nemo amodo de Bastida seu de
universitate prædicta pro uno matrimonio solvere teneatur sibi vel successoribus suis vel etiam dicto hospitali nisi tantum quindecim denarios tolosanos pro
prædictis nuptiis et arris et tres turonenses tantum
pro prædicta comestione ipsius capellani et scholaris
sui vel dictam comestionem si maluerit ille qui con-
traxerit vel fecerit matrimonium et quod dicti quindecim denarii tolosani et dicti tres turonenses vel dicta
comestio solvantur ex parte viri ex parte vero mulieris
nil solvatur nisi causa matrimonii exiverit parrochiam
dicti loci Item remisit dictus dominus præceptor nomine quo supra quod amodo capellanus Ecclesiæ dicti
loci vel successores sui non habeant nec habere de-
beant de raubis seu vestibus calceamentis et aliis cor-
poris ornamentis cujuslibet mortui seu mortuæ dicti
loci nisi tantum unam raubam sive vestem et meliorem

tamen quam mortuus vel mortua habeat tempore mortis suæ cujuscunque status vel conditionis existat et intelligatur et dicatur una rauba sive vestis una videlicet unum supertunicale tantum vel una tunica tantum vel una gramasia tantum vel quælibet alia rauba sive vestis tantum si fuerit homo et si fuerit mulier intelligatur et dicatur rauba una sive vestis una garnacha tantum vel una capa tantum vel chlamis tantum vel una tunica tantum et quælibet alia rauba sive vestis pro se tantum Item idem dominus præceptor remisit nomine quo supra et ut supra ipsis superius nominatis et dictis consulibus et universitati prædictæ et mihi notario infrascripto stipulanti et recipienti ut supra vice et nomine quibus supra quod amodo aliquis homo vel aliqua mulier et de universitate prædicta de ortaliciis et ferraginibus quas fecerit in pertinentiis dictæ Bastidæ nisi illas vendiderit ipsi domino præceptori et ejus successoribus vel dicto hospitali vel alicui ali personæ nisi partem quindecimam dare nullatenus teneatur si vero vendiderit ex his tamen quas vendiderit ipsi domino præceptori et ejus successoribus dare partem decimam teneatur Quæ omnia universa et singula supradicta prout superius sunt expressa fuerunt facta de consilio voluntate auctoritate et expresso consensu reverendi et religiosi viri domini fratris Guillelmi de Vilareto humilis prioris sancti Egidii[1] ordinis hospitalis sancti Joannis Hierosolimitani qui omnia supradicta laudavit approbavit concessit ratificavit et esse rata et firma perpetuo voluit et ejus successoribus universis volens tanquam bene merito prout dixit eisdem

---

1. Lisez : *Gilii* (Saint-Gilles).

superius nominatis et consulibus et universitati prædictis absentibus gratiam facere specialem promittentes
insuper tam dictus dominus prior quam dictus dominus præceptor pro se et suis successoribus universis et
nomine dicti hospitalis ipsis superius nominatis ibidem præsentibus et consulibus et universitati prædictis
absentibus et eorum ordiniis et mihi notario infrascripto solemniter stipulanti et recipienti vice et nomine quibus supra omnia universa et singula prout
superius continentur tenere complere observare et nun-
quam contra præmissa vel aliqua præmissorum facere
vel venire in judiciis vel extra per se nec per interpo-
sitam personam vel interpositas personas de jure vel
de facto ullo tempore ullo modo seu bonam et firmam
et legitimam quirentiam de omnibus contradictoribus
et rebellibus super præmissis omnibus et singulis
bona fide interposita per eosdem perpetuo facere pro-
miserunt renuntiantes scienter et consulte de jure suo
certi et certiorati per me notarium infrascriptum omni
deceptioni restitutioni actioni conditioni et exceptioni
et cuilibet privilegio indulto et indulgendo usui et
terræ consuetudini et statuto facto vel faciendo et omni
ali juris auxilio canonici vel civilis divini vel humani
cum quo posset venire contra præmissa vel aliqua
præmissorum Actum fuit hoc apud sanctum Giron-
tium quinto die exitus mensis octobris anno Domini
millesimo ducentesimo nonagesimo secundo regnante
Philippo Francorum rege Augerio Cosseranensi epis-
copo Arnaldo de Yspania domino Testes hujus rei sunt
dominus frater B. de Miramonte miles dominus frater
P. de Tervello tenens locum domini prioris frater Ra-
mundus de Prata præceptor de Monte dominus frater

Petrus Sagneti miles frater Bertrandus de Miramonte frater Bertrandus Raynoardi capellani dicti domini prioris frater Bertrandus de Borem presbyter frater Bertrandus de Ruperia canonicus Comælongæ dominus Pontius Dales et dominus Paulus de sancta Genia burgenses sancti Girontii dominus Bernardus Fabri capellanus de Larbout et plures alii et ego Petrus Vasconis publicus notarius sancti Girontii et alterius terræ prædicti domini Arnaldi de Hispania qui hanc cartam scripsi et signavi

(Seing du notaire) : (V. Pl. XII n° 1).

Copia præsens[1] fuit cum vero suo originali correcta unde fuit extracta per me Arnaldum de Clavaria publicum loci Mansi Azilis notarium authoritate apostolica creatum qui in fidem præmissorum hic me subscripsi et signo meo solito et autentico quo utor in publicis contractibus authoritate prædicta in fidem præmissorum signavi

(Seing du notaire) : (V. Pl. XII n° 2). »

CHAPITRE XII

Prospérité de Gabre et Dépopulation de quelques localités voisines.

Le document qui précède nous montre les habitants de Gabre possédant, dès le treizième siècle, une orga-

---

1. La copie de cette copie non datée a été relevée par Pierre Brunet, garde des archives de l'Ordre de Saint-Jean au Grand-Prieuré de Toulouse, en 1660.

nisation communale, et se livrant à l'élevage du bétail
et à la culture de la vigne[1] : ce qui nous prouve que
cette localité s'accroissait et prospérait, à la différence
de certaines localités voisines qui allaient au contraire
dépérissant de jour en jour.

C'est un fait à signaler que le mouvement qui s'opérait déjà à cette époque, et dont Gabre bénéficiait assurément pour sa petite part, dans la population. Celle-ci,
auparavant dispersée, tendait de plus en plus à se
grouper dans les milieux les mieux situés au point de
vue de la sécurité des personnes, ou des productions
de la terre, ou du commerce. Ce mouvement, qui s'est
continué depuis sans interruption, et qui se perpétue
encore aujourd'hui avec une intensité croissante allant
jusqu'à constituer un danger social, par la dépopula-
tion des campagnes qu'il amène insensiblement, favorisait le développement de certaines localités au détri-
ment de quelques autres. Nous en trouvons un exemple
frappant dans les anciens terroirs de Moulères et de
Taparouch, qui formaient, sinon en totalité du moins
en partie, comme on l'a déjà vu (V. Chap. V), des
dépendances de la commanderie.

Ces deux territoires, où le comte de Foix, l'abbé
du Mas et le commandeur de Gabre se partageaient
la juridiction, paraissent avoir connu au moyen-âge
un temps de prospérité. Mais leur déclin commença
de bonne heure : dès le quinzième siècle ce pays
autrefois peuplé était devenu presque désert, et une

---

1. Cette culture nous apparaît même comme s'y pratiquant dès lors
sur une assez grande échelle, s'il faut en juger par l'étendue du terrain
(dix séterées, soit cinq hectares) réservé par la Commanderie dans le
paréage en vue de la plantation d'une vigne.

circonstance spéciale acheva de précipiter ce déclin.

En présence de la situation désastreuse de ces territoires, « comme fussent presque tous dépeuplés », le
comte et l'abbé, à qui l'exercice de leur part de souveraineté était depuis longtemps à charge, parce que le
petit nombre des habitants de Moulères et de Taparouch ne leur fournissait plus les ressources nécessaires à l'entretien de leurs officiers de justice, proposè-
rent au commandeur de transporter le siège de leur
juridiction commune à Sabarat, dont ils étaient seigneurs et où le commandeur lui-même levait certaines
rentes. Celui-ci écouta leur proposition ; il se réserva
cependant, bien que n'ayant voix au chapitre que pour
un quart, l'abbé possédant à lui seul la moitié de la
seigneurie des deux *villes*, la faculté d'y avoir pour son
propre compte un bailli (qui n'y fut sans doute jamais
établi) et le droit d'y recevoir le serment des consuls.
Moyennant ces réserves, auxquelles ses deux coseigneurs adhérèrent, ils prononcèrent tous trois, le
31 mai 1429, l'adjonction de Moulères et de Taparouch
à la juridiction de Sabarat : mesure qui acheva de
nuire à ces deux localités, qui continuèrent à dépérir,
tandis que Sabarat, Pailhès et Gabre trouvaient dans
leur décadence une cause de prospérité[1].

1. Moulères ne compte plus aujourd'hui que trois feux, et Taparouch
forme une simple métairie.

CHAPITRE XII

Reconnaissances féodales; nomenclature des Propriétaires de Gabre au commencement du seizième siècle.

De la fin du treizième siècle au commencement du seizième aucune donnée ne nous permet d'entrer dans le moindre détail : c'est une période qui nous est absolument inconnue. Mais à cette dernière date un document particulier nous fournit un renseignement intéressant. Il s'agit d'une reconnaissance féodale, relative à la propriété terrienne et consentie par le corps entier de la Communauté aux deux coseigneurs de Gabre, le commandeur et le roi de France.

Cette reconnaissance générale, faite devant notaire et par actes individuels, avait pour objet d'établir la redevance annuelle attachée à la terre, redevance calculée après arpentement et estimation, et connue sous le nom de *censive* ou d'*oblie*[1]. Elle est de l'an 1529, et il en a été déjà question précédemment au sujet de la propriété des Garils, appartenant à Pierre de Robert[2]. Elle fut faite, non sur la demande du commandeur lui-même, mais sur l'initiative du roi de France son coseigneur, qui fit procéder à ce moment à un arpentement

---

1. Cette redevance, connue plus généralement sous le premier terme, est désignée uniformément sous le second dans la *Reconnaissance* de Gabre.
2. V. *Généal.* Ire Génér. Art. I. On trouvera là un modèle de ces reconnaissances en même temps que la source de ce document.

général du domaine de la Couronne dans la province
de Languedoc, sous la direction de ses Trésoriers Généraux. Ceux-ci déléguèrent à cet effet, pour le ressort
de la Judicature de Rieux, Marc de Prote, licencié en
droit, qui s'adjoignit le notaire du Fousseret Arnaud-
Guillaume Latreille, chargé de recueillir les actes mêmes des reconnaissances et de les cataloguer au fur et
à mesure dans un registre.

Cet ancien Registre ou Livre des *Reconnaissances,*
remplacé plus tard d'abord par le vieux Livre *Terrier*
puis par notre *Cadastre,* en nous présentant un état
complet des propriétaires de Gabre, a l'avantage de
nous apprendre, en même temps que leurs noms, ceux
des diverses localités comprises dans ce terroir vers le
commencement du seizième siècle. En voici la nomenclature [1] :

Propriétaires habitants de Gabre.

— Jacob de Roffiac, de Gabre — Dominique de Rieu,
de Gabre — Bernard et Ramond Boloys frères, de Las-
tourrasses — Raimond de Jean, du Cap del Sarrat de
Labessède — Manaud de Roffiac, de Gabre — Ramond
de Roffiac, de Gabre — Pierre Tardieu, du Clotet de
Filleyt — Ramond de Roffiac, de Gabre — Tardive de
Sclarmonde et Jacob de Jossande son fils, de Courtade
— Pierre Courrent — Les héritiers de Jean de Jean,
de Gabre — Manaud et Étienne Faur frères, de Lacanal

---

1. Le Livre des *Reconnaissances* féodales se trouvant rédigé en latin,
comme on l'a déjà vu par l'extrait relatif à la propriété des Garils, nous
avons donné des noms une traduction aussi exacte que possible.

— Gaspard Balsa, de Lastermes — Jean Teyssené, de
Gabre — Pierre Teyssené, de Gabre — Jean Poude,
des Fajals — Jean de Bosquet, des Mages (sur les
bords de la Lèze) — Arnaud Camyn, des Mages —
Marc Faure — Pierre Teyssené, de Gabre — Guillaume
Teyssené, de Gabre — Pierre Courrent, de Gabre —
Jean Dauvilla, de Filleyt — Jean Peyrau — Martin Ber-
geron — Jean Malet, de Tholsa (quartier de Coudère)
— Jean de Lamarque, de Carcoupet — Jean Calvet, de
Filleyt — Jean et Jeannette Faur, de Gabre — Pierre
de Servien, de la Serre de Cathala — Pierre Bodet, de
Lastermes — Jean Dauvilla, du Casal d'Astouc (près le
Clot des Aliguès) — Blaise et Jean Faurs, de la Plane
de Coudère — Jean de Rieu, de Courtade — Étienne
Meyssonier, de la Coume de Viros — Bertrand Pélata,
de Gabre — Blaise Faur, de Gabre — Jean Marc, de
Lastermes — Pierre Taleyrac, de Gabre — Les héritiers
de Jean de Rieu, de Courtade — Étienne Favareau, de
Coderota — Raimond-Arnaud Faure, de Gabre — Raimond Sania, des Moderi — Védian de Roffiac, de Gabre — Hugues Palis, de la Garrawa — Pierre Tey-
chené, de Filleyt — Bernard Dauvilla, de Filleyt —
Jean Tardieu, de Courtade — Pierre de Tanu, de Gabre
— Les héritiers de Michel Bergeron, de Gabre — Guillaume Faur, de Gabre — Jean Faur, de Gabre — Jérôme Faur, de Gabre — Germain Rey, de Gabre —
Bernard, Jean et Vital de Noguiers frères, des Tacas —
Bernard-Jean Faure, de Gabre — Pierre Faur, de Gabre — Jacob de Roffiac, de Comavère — Jean de Roffiac, des Bernères (près la Goutte de Monnyco) —
Pierre-Jean de Roffiac, du Courtalas — Jean Auriol,
de Gabre — Pierre Bergeron, de Filleyt — Jean de

Roffiac, de Gabre — Guillaume Faur, de Gabre — Jean
et Arnaud-Guillaume de Roffiac, de Tholsa — Arnaud
de Borriane, de Terreblanque (quartier de Lacanal) —
Étienne Micheu, de Monnyuria (quartier de Rieupassat)
— Jean de Viguier, de Carcoupet — Bernard Pagés, de
Gabre — Maître Pierre de Robert, des Garils — Jean
Badet, de Gabre, ayant aussi une maison à Lastermes
— Arnaud Faur, de Gabre[1]; soit un total de 72 familles, composant assurément la plus grande part des
habitants de Gabre, mais non la population tout entière; car il faut remarquer que l'état ci-dessus ne
comprend ni la portion flottante de celle-ci, ni les co-
lons cultivant les terres d'autrui, et particulièrement
celles de 10 propriétaires étrangers, dont il convient
de relever aussi les noms :

Propriétaires étrangers (bientenants).

— Jean Cavé, du Mas-d'Azil, possédant le *moulin
des Garils*[2] et un bien dans le voisinage — Dom Gaspard de Fustier, prêtre, aussi du Mas, ayant deux mai-

---

1. La famille *de Gabre*, dont nous avons trouvé un membre cité dans
la charte de 1292 (V. Chap. X et XI), ne figure pas dans cette nomenclature. Elle n'était cependant pas éteinte, bien qu'elle ne comptât plus de
représentant dans le lieu. L'*Histoire générale de Languedoc*, en effet,
dans un « Extrait du Compte de la Sénéchaussée de Toulouse pour
l'exercice 1336-1337 », mentionne un « maître Raymond de Gabre ». Le
même ouvrage parle encore d'un « Dominique de Gabre, gascon », qui
reçut en 1547 l'évêché de Lodève du cardinal Gui Ascagne Sforce, démissionnaire en sa faveur, et mourut le 2 février 1558. Il signale également
« George de Gabre, Conseiller Clerc à la Cour de Parlement séant à Toulouse (roole du 8 mai 1555) ».

2. Cet ancien moulin des Garils, situé sur la Lèze, n'était autre sans
doute que le moulin actuel du Pas-del-Roc.

sons et de la terre au village de Gabre — Maître Bertrand Lacanal, chirurgien, aussi du Mas, ayant une terre à Filleyt — Pierre Senton, forgeron, aussi du Mas, ayant un bien au village — André Socasse, aussi du Mas, possédant une métairie à Filleyt — Jean Gausence, de la Bastide-de-Sérou, possédant une métairie à Pujol — Pierre Tholsa, d'Aron, ayant une terre à Rieupassat — Jean de Pujol, d'Arnac, possédant une métairie à Courtade — François de Cot, d'Alzen, ayant une terre à Lubac, du côté de Carcoupet — Gaillard de Solan, de Golastat, ayant une terre dans le quartier des Garils.

CHAPITRE XIV

Le droit de Fouage; instrument de Fidélité et Hommage.

Sans entrer dans le détail des redevances seigneuriales autres que la censive, qui devaient, au reste, aussi bien que la censive elle-même, se partager, en vertu du traité de paréage, par portions égales entre le commandeur et le roi de France, il nous faut mentionner ici un privilège du premier, dont le paréage ne dit rien, et qui fut contesté dans la suite au commandeur par la Communauté : à savoir la jouissance exclusive d'un droit de fouage, consistant en une poule, que chaque chef de famille devait lui porter annuellement, pour la Toussaint, à la tour de Gabre.

Cette cote familiale, qui fut, disons-nous, l'objet d'un différend entre la Commanderie et la Communauté au dix-septième siècle (V. IIIᵉ Part. Chap. XI), et faillit même, au siècle suivant, occasionner un procès aux gentilshommes verriers, qui se refusaient à la payer à cause de l'immunité dont ils prétendaient jouir à cet égard en vertu de leurs franchises, comme nous le verrons en son lieu (V. IIIᵉ Part. Chap. XIII), était attachée au serment de « fidélité et hommage » dû par chaque sujet à son seigneur. Ce serment, peut-être individuel à l'origine, et qui aurait dû, en principe, être renouvelé aux commandeurs à chaque nomination nouvelle, fut, en fait, à partir du seizième siècle tout au moins, prêté par les habitants de Gabre en corps de communauté, et seulement de loin en loin [1].

Le premier de ces actes d'hommage figurant dans les Archives de la Commanderie, et qui en cite un seul antérieur, remonte à l'an 1549. Nous y avons déjà précédemment fait allusion au sujet de Bertrand de Robert (V. *Généal.* Iʳᵉ Génér. Art. II). On nous permettra de le relever ici à titre de spécimen de ces sortes d'actes :

« *Instrument de fidélité et hommage.*

Sachent tous présents et à venir que l'an 1549 et le 10ᵉ du mois de Juin au lieu de Gabre Diocèse de Rieux Es présences de moi notaire et témoins sousnommés et par-devant le Noble frère Giraud Dubones Commandeur de ladite Commanderie et ses dépendances étant

---

1. Cette intermittence, pour le dire en passant, nous est une preuve que les Gabrais ne s'y soumettaient pas volontiers; et nous serons témoins en effet par la suite de leurs répugnances et de leurs tergiversations à cet égard.

dans l'église paroissiale dudit lieu de Gabre assis sur
un banc tenant en ses mains le livre missel pour et
afin de recevoir l'hommage de fidélité des habitants
dudit Gabre Ont comparu par-devant ledit seigneur
Commandeur la Communauté dudit lieu de Gabre ou
la plupart d'icelle illec étants pour faire hommage de
fidélité audit seigneur commandeur leur seigneur et
maître Desquels les nommés des habitants illec pré-
sents s'ensuivent Premièrement maître Jean Granier,
Jean De Jean, consuls, Pierre Vigene, Ramonet de
Roffiac, Jean Faur, Pierre Faur, Guillaume Faur, Jean
Roffiac, Étienne Faur, maître Bertrand Roubert, Pierre
Jean de Roufiac, Bortoy Tesesine, Blassy Faur, Do-
menge Caulet, Ramond Gaubert, Ramond Durieu, Jean
Marc, Guilhem Payei Delrieu, Guilhem de Gouassée,
Bernard Balsa, Jean Bergeron, François Teysegnié,
Ramond Faur, Gassiot Teysegnié, Guilhem Caulet,
Arnauton Caulet, Jean Faur, Et illec étants lesdits
Granier et De Jean consuls auxquels ledit seigneur a
fait requérir s'ils le voulaient reconnaître comme leur
seigneur et lui rendre les foi et hommage, Lesquels
susdits consuls et habitants illec présents ont répondu
audit seigneur commandeur leur maître tout présentement être prêts et appareillés lui tenir fidélité ainsi
qu'ils avaient fait à ses prédécesseurs et le maintenir
en tous ses droits prééminences et prérogatives et le
défendre envers tous et contre tous pourvu aussi que
ledit seigneur commandeur leur maître leur conserve
les privilèges que ses prédécesseurs commandeurs leur
ont concédés audit lieu de Gabre [1], Et ainsi lesdits con-

1. Nous ne saurions dire au juste quels étaient ces privilèges; mais il

suls et habitants dessus nommés l'un après l'autre sur
la croix et legitur de leurs mains touchés l'ont juré Et
ainsi ledit seigneur commandeur mettant la main sur
la croix blanche qu'il porte a promis et juré les maintenir en leurs privilèges ainsi que ses prédécesseurs
commandeurs leur ont accoutumé tenir, Et pour raison
dudit hommage lesdits consuls et habitants et un chacun faisant feu à leur maison et bordes audit Territoire de Gabre ont reconnu audit commandeur et à ses
successeurs à l'avenir et ont promis lui bailler donner
et satisfaire perpétuellement chacune année à chacune
fête de Toussaint une galline domestique Laquelle lui
porteront à la tour de Gabre ainsi qu'est contenu en
l'Instrument de fidélité et hommage de feu frère Pierre
Laceda jadis commandeur dudit Gabre, Requérant à
moidit notaire leur retenir acte et Instrument tant ledit
seigneur commandeur que lesdits consuls de Gabre,
Ce qu'ai fait et passé les an et jour que dessus Es
présences de messiré Ramon Dutil prêtre de Sabarat,
Vidal de Maicens du Carla Et de moi Antoine De Dieu
de Clermont témoins requis Lequel présent instrument
de fidélité et hommage a été reçu par feu maître Pierre
Bouissonnat notaire[1] son fils et comme collationnere
de ses papiers et protocoles à moi faite par très illustres princes Antoine et Jeanne Roi et Reine de Navarre
Comtes de Foix l'ai mis en la présente forme comme
l'ai trouvé en ses papiers Lequel après l'avoir bien et

---

faut évidemment compter en première ligne l'établissement de la juridiction consulaire, dont il n'est pas question dans le paréage, et qui
existait cependant dès 1292 (V. Chap. X et IIIᵉ Part. Chap. XII).

1. Il y a là sans doute une petite lacune.

dûment collationné l'ai signé de mon seing en foi de
ce dessus

　　Bouissonnat

Collationné par nous frère Bernard Estival prêtre
Religieux de l'Ordre de Saint Jean de Jérusalem secrétaire et garde des archives pour ledit ordre au Grand
Prieuré de Toulouse sur son grossoyé en parchemin...
... 28 juillet 1689

　　　　　　　　　　　f. B. Estival. »

CHAPITRE XV

Extension nouvelle de la commanderie; ses Revenus; son Déclin.

La Communauté de Gabre se trouve représentée à
cette nouvelle date, si on veut bien le remarquer, non
plus par un seul consul, comme en 1292, mais par
deux. On peut légitimement en induire que le nombre
des habitants s'était accru depuis la fin du treizième
siècle en proportion de cette représentation même.

Quant à la commanderie, sa prospérité était naturellement liée à celle de la localité. Elle eut un développement régulier jusque vers le milieu du seizième
siècle; mais à cette époque l'introduction de la Réforme à Gabre lui porta un rude coup et lui occasionna
de grandes pertes. Toutefois si elle perdit alors d'un

côté, elle gagna d'un autre; car vers le même temps on lui adjoignit deux établissements similaires : d'abord la commanderie de Capoulet, située dans la vallée supérieure de l'Ariège, dont les nombreuses dépendances embrassaient tout le pays environnant, et plus tard, vers 1628, celle de Saint-Hugues[1], située dans la juridiction de Puylaroque, en Quercy.

Il n'existe aucun document ancien nous permettant d'apprécier ses revenus. Le premier qui nous fournit des renseignements à cet égard est de 1679 : c'est le compte rendu d'une visite de la commanderie faite au mois de mai par Jean-François de Roubin-Barbentane, commandeur de Caignac et receveur au Grand-Prieuré de Toulouse, et Bernard Estival, prêtre collégial en l'église prieurale de cette dernière ville, commissaires-visiteurs généraux pour toute la circonscription.

Voici le bilan qu'ils établirent pour la commanderie à cette date :

« *Valeur de la Commanderie*

Capoulet et Niaux.............	300 Livres
Suzan.......................	300
Gabre.................... :..........	300
St Hugues..................	640

---

1. Cette commanderie, bien que placée dans les limites du prieuré de Saint-Gilles, se rattacha dès lors, comme membre de Gabre, au prieuré de Toulouse.

Charges de la Commanderie

Responsions à l'Ordre.......... 273¹ 8ˢ
Décimes au Roi............... 42 11

       Montent........... 315¹ 19ˢ

Reste de net............. ⁴ »

Nous devons faire observer qu'à ce moment, et depuis longtemps déjà, la plupart des rentes primitives de la commanderie, concernant le ressort de Gabre, se trouvaient perdues. Il ne lui restait plus, en dehors du chef même de Gabre et du membre de Suzan, des droits qu'elle percevait autrefois sur bon nombre des localités voisines, qu'une portion, un tiers, de la dîme qui se levait à Moulères, et qui se partageait alors également entre le commandeur, le curé de Sabarat et l'abbé du Mas. Toutes ou presque toutes ces pertes dataient, nous le répétons, de la tourmente des guerres de religion, que nous aurons à étudier dans les chapitres suivants.

Si maintenant nous plaçons en regard de ce bilan celui de 1769², soit probablement le dernier qui ait été relevé, nous constaterons que, malgré les pertes subies, la commanderie jouissait, au point de vue matériel tout au moins, d'une prospérité sans cesse crois-

---

2. Ce bénéfice net, qui n'est pas exprimé dans le bilan, est facile à calculer. On voit, en faisant l'opération, qu'il se montait à 1224 livres 1 sol.

1. Ce sont les deux seuls qui existent dans les Archives de la Commanderie.

sante. Cet état de revenus ne comprend pas le détail
des divers membres; il spécifie seulement que le chef-
lieu de Gabre était affermé par acte du 3 avril 1765,
retenu par Mᵉ Gaubert notaire de Toulouse, au curé
Mieugard au prix de 700 livres.

« Total du revenu pour toute la
    Commanderie............ 3390 livres
Charges................... 1435ˡ 12ˢ
Reste de net.............. 1954ˡ 9ˢ 4ᵈ ».

L'écart entre les deux bilans est considérable, et le
revenu net de la commanderie représente, on le voit,
un assez joli denier. Il faut tenir compte, il est vrai,
de la diminution progressive de la valeur de l'argent,
qui atténue dans une certaine mesure l'augmentation
de ce revenu; mais il n'en reste pas moins que cette
situation budgétaire trahit de l'un à l'autre bilan une
amélioration très sensible. Il est donc incontestable,
encore une fois, qu'eu égard à son rapport pécuniaire,
qui s'était accru dans des proportions assez grandes en
raison de son extension nouvelle, la commanderie était
toujours et resta jusqu'à la fin en voie de prospérité.

Mais cette prospérité était en quelque façon anor-
male, car elle ne provenait pas d'un développement
régulier de cet établissement. Loin d'avoir sa source
dans la vitalité intrinsèque ou la force expansive de
celui-ci, elle lui venait du dehors; et l'on peut dire que
ce développement même était un signe de décadence.
L'adjonction de Saint-Hugues, opérée après celle de
Capoulet, et dont la commanderie bénéficia largement,
ne fut en réalité qu'une réparation ou une compensa-

tion des pertes déjà signalées et des nombreux dommages subis par elle dans la dernière moitié du seizième siècle et la première du dix-septième, à l'occasion du mouvement de la Réforme. Du jour où le protestantisme s'établit à Gabre le déclin de la commanderie commença. Elle se trouva dès lors profondément atteinte dans son prestige, qui malgré ses progrès matériels alla sans cesse diminuant. Les commandeurs ne se relevèrent jamais de ce coup décisif porté à leur autorité morale. Privés désormais de tout ascendant et de toute influence à Gabre, un grand nombre d'entre eux se tinrent éloignés du siège de la commanderie et fixèrent ailleurs leur résidence. Mais nous réservons ce sujet, que nous ne faisons qu'indiquer ici, pour la troisième partie de notre étude.

CHAPITRE XVI

Liste des commandeurs.

Avant de clore cette deuxième partie, nous donnerons la liste des commandeurs de Gabre :

« 1254-1260 — Guilhem-Arnaud
    1263 — Bernard Estraderii
    1275 — Pierre de Saint-Sernin
    1280 — Guilhem-Arnaud (2° fois)
1288-1295 — Hugues de Lite

1296-1299 — Raymond de St-Martin

1323-1324 — Trimond de Saint-Brisse

1348 — Arnal de Saint-Martin

1360 — Bérengier de Saint-Félix

1461 — Guillaume Roques

1479-1488 — Mouchant de Vitomont

1502 — Raymond Falguières

1507-1532 — Pierre Jossendy

1541 — Jean Grenier

1549 — Géraud de Bonnes

1576-1582 — Antoine Massé

1597-1598 — François Merle

1599-1612 — Dominique de Cortade

1624-1625 — Thomas d'Isouard

1626-1641 — Jean d'André

1641-1649 — François Martin

1650-1658 — Pierre Froment

1659-1663 — Bernardin Mingaud

1664-1665 — Jean Pol

1675-1677 — Jean de Bonard

1685-1695 — François de Laugeyret

1714-1719 — Claude Caille

1730-1735 — N. Simon

1737-1741 — Jean Augarde

1752-1765 — François Honorat

1780-1789 — N. Don »

Cette liste, que nous relevons telle qu'elle a été dressée par M. A. du Bourg dans son ouvrage déjà cité
(p. 175-176), est incomplète, comme on voit, et entre
les lacunes qui s'y trouvent on voudra bien remarquer
particulièrement celles qui concernent la période des

guerres religieuses. Nous aurions pu y faire rentrer deux ou trois nouveaux noms : celui de Raymond d'Alby, que nous voyons figurer comme témoin dans l'acte de fondation du couvent de l'Abondance-Dieu ou des Salenques, situé dans le voisinage des Bordes-sur-Arize [1], en 1353 [2]; celui de Pierre Laceda, mentionné dans l'acte d'hommage de 1549 (V. Chap. XIV); et celui de Thomas Ycart, commandeur en 1623 [3]; nous ne l'avons pas fait, d'abord parce que nous n'aurions su à quelle date placer le second, ensuite pour conserver intacte une liste d'emprunt, que nous avons tenu à reproduire telle quelle.

Cette liste renferme aussi, en même temps que des omissions, des inexactitudes relativement aux dates. C'est ainsi, par exemple, que la prise de possession de la commanderie par Mingaud est de l'an 1652; que le commandeur Jean de Bonard était encore en charge en 1679; etc... Ces défectuosités d'ailleurs ne tirent pas à conséquence.

Quant aux noms mêmes, il est possible également qu'ils ne soient pas toujours bien exacts, comme celui d'Hugues de Lite, qui, s'il faut s'en rapporter à la Transaction de 1292 (V. Chap. X et XI), doit être rétabli sous la forme d'Hélite. Mais cela encore a peu d'importance. Une observation est cependant néces-

---

1. Ce couvent se trouve aujourd'hui transformé en un château, appartenant à M. Gaston Raynaud.

2. Lescazes : *ouvr. cit.* (V. Ire Part. Chap. VII). La qualité de « *seigneur de Gabre* » qui lui est attribuée dans ce document nous permet de croire qu'il était commandeur, puisque la seigneurie de Gabre appartenait à cette date à l'Ordre de Malte.

3. Archives municipales de Foix, *Registre des délibérations du Conseil : 10 août 1605 — 29 juillet 1631;* 5 mai 1623, fol. 587.

saire au sujet de Jean Grenier, gentilhomme verrier fourvoyé dans les rangs des commandeurs, qui figure dans un procès-verbal de visite de la commanderie, de 1541, avec le prénom de Gaillard et non de Jean [1].

---

1. Antérieurement à la Réforme, un autre Grenier, Dominique, appartenant sans doute à la même famille, avait occupé le siège épiscopal de Pamiers, de 1326 à 1347 (*Histoire générale de Languedoc*, ouvr. cit.).

TROISIÈME PARTIE

LES GENTILSHOMMES VERRIERS, LES COMMANDEURS

ET LES GABRAIS

CHAPITRE I.

La Réforme à Gabre; les Gentilshommes verriers et les Commandeurs.

Le moment est venu de reprendre l'histoire de la famille de Robert, qui d'un côté se confond désormais, comme nous l'avons déjà dit (V. Iʳᵉ Part. Chap. VII), soit avec l'histoire même de Gabre soit avec celle des autres Verriers du pays, appartenant aux familles de Grenier et de Verbizier, èt rentre d'un autre côté dans le cadre de l'histoire générale du Protestantisme français.

Un grand événement pour les gentilshommes verriers, pour la commanderie, et pour les Gabrais en général, fut l'introduction de la Réforme à Gabre. Quand et comment celle-ci y prit-elle pied? Il n'est pas

facile de le savoir ; mais il est vraisemblable qu'elle y
pénétra insensiblement et en cachette, comme ce fut le
cas pour la majeure partie des localités gagnées aux
idées nouvelles. Le prosélytisme, puni dès l'origine de
châtiments atroces, se faisait généralement dans le plus
grand secret ; et ce n'est guère que lorsqu'ils se sentaient en majorité dans leur bourgade ou qu'il survenait une occasion favorable que les Réformés se décla-
raient ouvertement[1]. Aussi ne faut-il pas s'étonner de
la difficulté, pour ne pas dire de l'impossibilité, qu'il y
a la plupart du temps, surtout pour les petites localités,
à préciser le moment où la Réforme y fit sa première
apparition.

A part Foix et Pamiers, qui durent à la protection
directe de Marguerite de Navarre, sœur de François Ier
et comtesse de Foix[2], la formation d'un noyau de propagande établi dans leur sein bientôt après les premières prédications de Luther et de Calvin, la plupart
des autres lieux du comté[3] n'eurent des représentants
avoués de leur doctrine qu'aux alentours de l'an 1560,

---

1. Là est l'explication de ces conversions, en apparence subites, qui,
durant les guerres de religion, jetaient brusquement une localité dans
le parti Réformé : cette localité se trouvait la plupart du temps gagnée
par avance, elle n'avait fait qu'attendre le moment propice pour rompre
en visière avec le Catholicisme.

2. Cette princesse, femme d'Henri II d'Albret, roi de Navarre, seigneur de Béarn et comte de Foix, et mère de Jeanne d'Albret, non contente de favoriser par tous les moyens, bien que secrètement, la nouvelle
doctrine, se transporta elle-même à Pamiers en 1534 pour encourager les
disciples des Réformateurs — Olhagaray, *ouvr. cit.* : Vie de Henri II
d'Albret ; Lescazes, *ouvr. cit.*, p. 52-53 ; Bertrand Hélye, *ouvr. cit.*,
Liv. IV fol. 102 verso.

3. Gabre, nous l'avons déjà dit (V. IIe Part. Chap. VIII), ne faisait
pas partie du comté ; mais, par suite de sa position enclavée, il se trouvait soumis à l'influence de son milieu ambiant.

c'est-à-dire à la veille même des troubles, à l'heure où les partis s'apprêtaient à mettre flamberge au vent en arborant leur cocarde.

C'est donc en vain que nous chercherions à déterminer exactement la date à laquelle les habitants de Gabre, et particulièrement les gentilshommes verriers[1], embrassèrent la nouvelle croyance[2]. D'une part, s'il faut en croire Lescazes[3], leur conversion remonterait au moins à l'an 1556. Ce chroniqueur considère dès ce moment leur village comme un centre réformé, au même titre que le Mas-d'Azil et les localités circonvoisines du Carla, de Sabarat et de Camarade[4]. D'autre part, un document contemporain[5], que nous analyserons tantôt (V. Chap. II), en reporterait la prise de possession par la Réforme à l'an 1568. La divergence apparente de ces deux renseignements cache peut-être une concordance réelle, trouvant son explication dans une acceptation graduelle de la Réforme, acceptation

---

1. Cette mention spéciale des gentilshommes verriers tient à la prépondérance de leur rôle non seulement dans l'établissement mais encore dans le maintien à Gabre de la Réforme, dont ils se montrèrent toujours les fidèles champions.

Nous rappellerons ici, à titre documentaire, la présence d'un Grenier, en 1541, parmi les chevaliers de Saint-Jean (V. IIe Part. Chap. XVI), et, en 1555, le testament essentiellement catholique de Bertrand de Robert, qui se fit encore enterrer dans l'église de Gabre « sepulture de sous ancestrez », et qui est apparemment le dernier représentant de la famille enterré dans ce lieu (V. *Généal.* 2e Génér. Art. II).

2. Cette croyance nouvelle, ou plutôt renouvelée, n'était pas autre chose qu'un simple retour à la foi chrétienne primitive.

3. Lescazes : *ouvr. cit.*, p. 61.

4. Les Bordes ne se déclarèrent pour la Réforme qu'en 1574 — Olhagaray : *ouvr. cit.*, p. 642.

5. *Requête du syndic du clergé de Rieux au Parlement de Toulouse, ordonnance d'enquête du 22 avril 1569 et inquisition du 25 avril* (Arch. départ. de la Hte-Gar. : *Évêché de Rieux*, no 47).

marquée déjà à la première date mais consommée seulement à la seconde [1].

Quoi qu'il en soit, les gentilshommes verriers, une fois déclarés [2], firent preuve, malgré quelques rares défections survenues parmi eux vers le temps de la Révocation de l'Edit de Nantes ou dans le courant du dix-huitième siècle, d'une fidélité remarquable à l'égard des principes adoptés par eux. Ils les défendirent de tout leur pouvoir et avec une admirable persévérance, aux jours du triomphe comme dans les temps d'épreuve. Mêlés d'abord aux guerres de religion qui ensanglantèrent le Pays de Foix, ils furent plus tard victimes de cruelles persécutions : guerres et persécutions à l'occasion desquelles ils fournirent à la cause de la Réforme leur contingent de soldats et de martyrs, et virent plusieurs de leurs verreries rasées, par le canon et par le feu, durant les troubles (V. Chap. IV) ou par ordre des Intendants pendant la période du *Désert* (V. Chap. XIX et *Généal.* 7ᵉ Génér. Art. VI).

1. Le Mas-d'Azil lui-même, le boulevard de la Réforme dans ces quartiers, ne fut gagné définitivement à la communion nouvelle qu'en novembre 1561, époque à laquelle les moines de l'abbaye abandonnèrent la ville et les Réformés appelèrent un pasteur — Théodore de Bèze : *Histoire Ecclésiastique des Églises Réformées au Royaume de France*, publiée d'après l'édition de 1580 par P. Vesson, Toulouse 1882, T. 1, p. 478.

2. Leur unanimité originelle à embrasser la Réforme, indiquée suffisamment par l'unanimité subséquente avec laquelle ils défendirent sa cause, est confirmée par la tradition, tradition dont nous trouvons un écho, au siècle passé, dans une lettre d'Antoine Court, le restaurateur du Protestantisme français après la Révocation, à Jean Royer, pasteur et chapelain du prince d'Orange à La Haye : lettre datée de Lausanne et du 3 décembre 1745, où il est dit, au sujet des gentilshommes verriers, dont quelques-uns s'étaient refaits catholiques, qu'« *ils étaient anciennement tous de la religion* » — Amsterdam, *Correspondance Royer-Court*.

Ils peuvent, à bon droit, être considérés comme les porte-drapeau de la Réforme à Gabre, où le parti contraire avait pour représentants attitrés les Religieux de Malte. Ces Religieux, en effet, durant la période des guerres, reportèrent généralement en France contre les Chrétiens réformés toute l'ardeur qu'ils avaient autrefois montrée contre les Mahométans infidèles. « Les chevaliers de Saint-Jean », écrit M. du Bourg, « étaient les champions les plus dévoués de la grande cause catholique »[1]. Ce fut un des leurs, le Père Ange de Joyeuse, grand-prieur de Toulouse, dont la famille était d'ailleurs à la tête du parti, qui, — après la mort de son frère aîné à Coutras en 1587, et de Scipion son autre frère au siège de Villemur en 1592, décédés tous deux sans postérité, — délié de ses engagements dans l'Ordre de Malte et rendu à la vie séculière par le pape Sixte-Quint dans le but d'empêcher l'extinction d'une race illustre et chère à l'Église, prit le commandement des armées de la Ligue dans le Midi. Il n'y a donc pas lieu de s'étonner que les Réformés cherchassent à ruiner leurs commanderies, dont chacune était une place forte du Catholicisme, toutes les fois qu'ils pouvaient en trouver l'occasion. « On comprend sans peine », continue M. du Bourg, « avec quel acharnement les Huguenots tâchaient de nuire aux chevaliers de Saint-Jean, et dévastaient leurs possessions, quand les circonstances le leur permettaient. Aussi la désolation était-elle générale dans les domaines de l'Ordre, surtout quand dans le voisinage s'élevait quelque place protestante ».

1. M. A. du Bourg, *ouvr. cit.* ; Commanderie de Gabre.

Ce fut le cas pour Gabre, situé à proximité du centre réformé du Mas-d'Azil, et où les chevaliers de Malte, dévoués naturellement à l'ancienne communion, se trouvèrent bientôt aux prises avec les gentilshommes verriers, partisans de la nouvelle.

CHAPITRE II

Les premières Guerres de religion; Prépondérance des Réformés.

Les Réformés, qui s'étaient rendus maîtres, dès les premiers mouvements de guerre, du Mas, de Sabarat, du Carla, d'Artigat, du Fossat[1], pour nous en tenir au diocèse de Rieux, n'attendaient que le moment propice pour mettre la main sur les localités voisines, dans la plupart desquelles ils avaient ménagé sans doute des intelligences mais qui n'étaient pas encore gagnées à leur cause. Cette occasion se présenta en 1568, en pleine période de troubles. Sur la fin du mois d'août, ils se saisirent d'un grand nombre de villes et villages, qu'il serait trop long d'énumérer ici, et entre lesquels il nous suffira de citer Gabre et Camarade, restés dans la suite seuls fidèles à la Réforme, « y ayant fait tel dégât que les barbares sectes et payens Encore qu'ils

---

1. Ces deux dernières localités échappèrent plus tard à la Réforme. Celle-ci toutefois conserva dans la première quelques adhérents, dont nous trouverons les descendants victimes des persécutions au dix-huitième siècle (V. Chap. XIX).

y fussent passés n'en eussent pas fait tant »[1]. C'est le
syndic du clergé qui parle, se plaignant qu'ils « ont
brûlé toutes les églises et maisons des Ecclésiastiques
desdites villes et villages »; « Et ne se fait », ajoute-
t-il, « ce que ledit syndic ne peut dire sans pleurer
aucun acte ecclésiastique pour le culte et service divin
en aucune desdites villes et villages Ains les abbés
moines prieurs, nonains, curés, et autres bénéficiers
ont été contraints quitter tout et s'enfuir en Toulouse
ou en Espaigne »[2].

Il nous est impossible, faute de documents, d'entrer
au sujet de Gabre dans des détails circonstanciés[3].

1. *Requête* etc... mentionnée ci-dessus (V. Chap. I).
2. Qui sait si les deux vieilles armoires que nous avons à la maison,
qui portent la croix de Malte sur leurs panneaux, ne proviendraient pas
de cette débâcle, au même titre que le fragment de pierre où sont gravés
les noms des fondateurs de la commanderie et dont il a été question
précédemment (V. IIe Part. Chap. III)?
3. Ce même défaut de documents ne nous permet pas de préciser le
rôle des gentilshommes verriers dans cette prise de possession définitive
de Gabre par la Réforme. Il est toutefois vraisemblable, eu égard à la
suprématie de leur influence dans cette localité, qu'ils y contribuèrent
pour la plus grande part. Ce furent eux apparemment qui appelèrent
l'intervention étrangère pour les aider à chasser les Religieux de Malte.
Nous avons, au reste, peu de renseignements sur leur participation aux
guerres de religion en général, excepté dans la dernière période où leur
action se montre davantage (V. Chap. IV, VI et IX); mais ils y furent
cependant assez mêlés puisque deux d'entre eux au moins, appartenant
à la famille de Robert, François et Sicard, y commandèrent en qualité
de capitaines (V. *Généal.* 4e Génér. Art. VIII et XIII). Nous ajouterons
que des recherches familiales particulières sur les Grenier et les Verbizier, semblables à celles que nous avons faites pour les Robert, nous
feraient sans doute pareillement découvrir quelque trace de leur rôle
spécial; et, relativement aux Robert, on nous permettra de mentionner
encore ici deux autres représentants de ce nom, dont la parenté nous
échappe d'ailleurs : un « capitaine Robert » tué à Toulouse en 1563
12 mai) et un « de Roberts », signataire d'un Cahier d'« articles et
requestes de ceux de la religion prétendue réformée de Languedoc assemblés à Montauban » adressé au roi le 24 août 1573 (*Histoire générale
de Languedoc*, ouvr. cit.).

Mais on voit, par les plaintes et les réclamations adressées plus tard, en 1588, aux Trésoriers de France par Messire André de Puylobrier, commandeur de Condat et receveur de l'Ordre de Saint-Jean au grand-prieuré de Toulouse, — à l'occasion de l'impôt exigé de chacun des établissements de cet Ordre pour sa part de contribution au subside de 1.300.000 livres tournois voté par l'Assemblée générale du Clergé dans sa séance du 3 juin 1586 : subside dans lequel les Rhodiens figuraient pour 37.857 livres, et dont le receveur obtint le dégrèvement pour les commanderies mises à sac par les Réformés, en vertu d'un jugement rendu par les Trésoriers le 16 mars 1588 — que le commandeur de Gabre et de Capoulet, dont les maisons étaient ruinées et les domaines dévastés, aussi bien dans la haute vallée de l'Ariège qu'au chef-lieu de la commanderie, avait été complètement privé de ses ressources durant la période des hostilités précédentes. On voit également, par un acte de la commanderie analysé ci-après, qu'en 1582 les représentants de la Communauté de Gabre, dont l'un, il faut le remarquer, était gentilhomme verrier, appartenaient au nouveau culte, et qu'ils professaient, en outre, ainsi que leurs commettants, un respect bien mince à l'endroit du commandeur : preuve qu'ils avaient échappé, en grande partie tout au moins, à sa souveraineté réelle sinon nominale.

Les Réformés, à peine maîtres de Gabre, n'eurent rien de plus pressé que de ruiner l'église, suivant la coutume du temps, et de s'y ménager un lieu de culte[1],

1. Nous ignorons si ce fut un temple proprement dit; mais il est probable que non, car le vieux temple de Gabre, que nous trouverons, dans la suite, condamné et démoli à la veille de la révocation de l'Édit de

pour montrer qu'ils entendaient en bannir le Catholicisme et en faire désormais un centre protestant. C'était là, en effet, à cette époque, la suite ordinaire des prises de possession, de Réformés à Catholiques comme de Catholiques à Réformés; et parfois c'étaient les matériaux mêmes des édifices détruits qui servaient à construire les édifices nouveaux. On ne songeait guère alors, dans l'ardeur de la bataille, pas plus dans un parti que dans l'autre, à la liberté de conscience; les deux cultes cherchaient réciproquement à se supplanter; c'était, pour l'un comme pour l'autre, la lutte armée pour la prépondérance, et par conséquent le triomphe de la force. Mais il ne faut pas oublier de dire, à l'excuse des Réformés, qu'ils étaient, eux, dans cette lutte, dans le cas de légitime défense, et qu'ils se battaient, en définitive, uniquement pour avoir leur place au soleil sur la terre de France.

L'église cependant ne fut pas entièrement démolie; on se contenta d'abattre quelques pans des murailles et d'enlever une partie de la toiture, celle qui se trouvait au-dessus du chœur, pour la mettre dans un état à ne pouvoir pas servir de lieu de culte.

Les Réformés s'emparèrent aussi du cimetière, où ils ensevelirent dorénavant leurs morts.

Ce furent donc eux qui, en vertu du droit de conquête, commandèrent dès lors à Gabre; et leur crédit alla sans cesse croissant, malgré plusieurs retours offensifs des commandeurs, dont le prestige était définitivement perdu. L'avenir, il est vrai, leur réservait,

Nantes, et qui provenait lui-même de l'aménagement d'une maison, nous apparaît comme ayant été construit seulement entre 1630 et 1640 (V. Chap. XV).

comme à tous leurs coreligionnaires de France, des
épreuves sans nombre ; mais toutes les persécutions
n'ont pu faire que l'influence protestante ne prédomi-
nât désormais dans l'endroit, grâce surtout à la fidélité
remarquable et remarquée des gentilshommes verriers
à la foi réformée.

S'il était besoin de constater ici et de faire toucher
du doigt, pour ainsi dire, le manque absolu d'autorité
qui caractérisa depuis ce moment les commandeurs, il
suffirait d'examiner de près l'acte d'hommage qu'ils
essayèrent de se faire rendre en 1582. Il est instructif
par son rapprochement avec celui de 1549. A cette première date, les sujets, réunis en grand nombre dans
l'église autour de leurs consuls, protestent, devant leur
seigneur et maître, à la première réquisition de sa
part, de leur fidélité et de leur entier dévoûment à sa
personne (V. II⁰ Part. Chap. XIV). En 1582, ce n'est
plus la même solennité et surtout la même déférence ;
on sent que la Réforme a passé par là. Plus d'église ;
plus de missel ; plus de concours de monde ; le commandeur, Noble messire Anthoine de Masse, ne se
tient plus cette fois que sur le seuil de sa propre demeure, devant la tour de Gabre ; il n'a plus à la main
son missel, mais un acte d'hommage : celui-là même
de 1549, qu'il voudrait faire renouveler ; les consuls
qu'il a là devant lui, Noble Berd Granier et Jehan de
Roffiac, à l'occasion de leur nomination nouvelle, faite
le 1ᵉʳ novembre, pour en recevoir le serment accoutumé, au lieu de toucher la croix, lèvent simplement la
main droite, à la mode réformée[1], en prononçant ce

1. Cette particularité est curieuse à remarquer, soit en elle-même, soit

serment; ils requièrent, ainsi que les rares habitants présents avec eux à cette cérémonie, le commandeur de leur faire faire lecture de l'acte d'hommage qu'il leur présente, et, cette lecture faite, ils se contentent de lui répondre « que pour ce que la plus grand partie des manants et habitants du présent lieu de Guabre ne sont ici présents ains absents pour le présent n'est à eux possible prêter le serment de hommage par ledit sieur de Masse commandeur requis que au préalable ils n'aient fait assembler et congréger tous les manants et habitants dudit Guabre pour le tout leur communiquer pour en avoir d'eux leur avis pour après être procédé à la réquisition par ledit sieur commandeur requise Et pour ce faire lesdits sieurs de consuls ont demandé audit sieur commandeur délai de huitaine »; délai qui se prolongea indéfiniment, car ce ne fut qu'après les dernières guerres de religion, et en 1626 seulement, que le commandeur tenta de nouveau d'exiger l'hommage des habitants de Gabre.

Cette absence de considération, jointe aux difficultés de toute sorte suscitées journellement aux chevaliers de Saint-Jean par des sujets rebelles, contribua sans doute pour une bonne part à les tenir habituellement éloignés de Gabre. Blessés dans leurs intérêts et plus encore dans leur amour-propre, ils en arrivèrent peu

en tant que signe de la suprématie de la Réforme à Gabre. A cette époque, en effet, les Catholiques et les Protestants ne juraient pas de la même manière : tandis que les premiers mettaient la main « *sur les Saints-Évangiles* », les seconds la levaient « *en haut* » ou « *à Dieu* ». L'usage voulait encore que les Ecclésiastiques eussent une troisième manière : ils plaçaient, eux, la main « *sur leur poitrine* ». Il y avait encore d'autres modes de serment : c'est ainsi que les chevaliers de Malte le faisaient « *sur la croix et habit de leur Ordre* ».

à peu à négliger les affaires de la commanderie en
même temps que leurs ouailles, laissant couler l'eau
sans même chercher à endiguer le courant, se contentant d'affermer leur petit domaine, et de pourvoir tant
bien que mal au service de la paroisse par l'entremise
d'un desservant réduit à la portion congrue[1].

CHAPITRE III

L'Édit de Nantes ou premier Rétablissement du Catholicisme à Gabre.

Le Catholicisme vaincu ayant été banni de Gabre
dès les premières guerres, voyons comment, à la fin de
ces guerres, il y fut rétabli.

Après tant d'autres édits de pacification, aussitôt en-
freints d'ailleurs que promulgués, survint enfin celui
de Nantes, qui amena une paix d'une plus longue
durée[2]. En vertu de cet édit, rendu par Henri IV le

1. Une lettre de François de Laugeiret, que l'on trouvera plus loin
(V. Chap. XII), nous montre que les commandeurs se faisaient tirer
l'oreille par l'évêque sur ce chapitre. Aussi leurs vicaires, mal payés, et
d'ailleurs peu encouragés par leurs ouailles indociles, faisaient-ils leur
service plutôt mal que bien.
2. Cet édit, qui eut le grand mérite de proclamer, théoriquement, deux
cents ans avant la Révolution, la liberté de conscience, fut, pratique-
ment, et contrairement à une opinion très répandue — d'après laquelle
il aurait mis sur un pied d'égalité Catholiques et Réformés au point de
vue de la liberté de culte —, beaucoup plus favorable aux premiers
qu'aux seconds, en ce sens qu'en rétablissant le culte des uns dans tous
les lieux d'où il avait été banni il lui rendait son universalité, tandis

13 avril 1598, deux commissaires mi-partis (c'est-à-dire dont l'un était catholique et l'autre réformé) furent envoyés dans les divers lieux où les partisans des deux cultes entretenaient depuis longtemps le désordre, pour y rétablir l'harmonie. Ces commissaires eurent pour but principal : d'un côté de restituer aux Catholiques, totalement ou partiellement suivant le cas, ce qui était censé leur appartenir, particulièrement les anciens édifices religieux et les cimetières, et d'un autre côté de confirmer les Réformés dans leurs droits acquis, en ménageant entre eux une entente.

Dans cette vue, les deux conseillers d'État Claude de Saint-Félix, président en la Cour de Parlement de Toulouse, et Arnaud Dufaur Pujols firent comparaître devant eux, au Mas-d'Azil, le 4 septembre 1600, « frère Bertrand Capoul Religieux de l'Ordre Saint Jean de Jérusalem recteur du lieu de Gabre Et Jean Ruffia consul < catholique > dudit lieu », en même temps que « Jean Poude aussi consul dudit lieu de la R. P. R.[1] assisté

qu'en maintenant purement et simplement celui des autres là où il se trouvait établi sans lui permettre de s'étendre à d'autres lieux il le parquait pour toujours et immobilisait sa propagande. Il consacrait, à cette heure de lutte, les positions de la Réforme, mais lui défendait toute victoire nouvelle. Ce fut donc en réalité, pour les Réformés, un édit de tolérance, non un édit de liberté. On aurait tort, toutefois, d'en faire, en méconnaissant la grande question de principe, à l'exemple de M. E. Roschach (*Études historiques sur la province de Languedoc* : T. XIII, p. 544 de l'*Histoire générale de Languedoc* déjà citée), « une simple trêve de belligérants transformée en statut constitutionnel »; mais cette dernière expression n'en est pas moins très juste au point de vue pratique; et nous ajouterons que ce statut devint même par la suite malencontreux pour les Réformés, en tant qu'il fut la cause ou le prétexte de l'interdiction de leur culte dans bon nombre de localités inaptes, ou soidisant telles, à faire la preuve d'un exercice antérieur à l'édit : en particulier à Gabre même (V. Chap. XV).

1. Les *Protestants*, qui s'appelaient alors eux-mêmes les *Réformés*,

de plusieurs autres habitants de ladite religion » [1], pour entendre leurs réclamations respectives.

Les premiers demandèrent à être remis en possession de l'église de Saint-Laurent-de-Gabre. Quant au cimetière y attenant, ils requirent les commissaires de « leur assigner lieu pour ceux de la Religion Préten- due Réformée en tel lieu du cimetière que bon » leur « semblera pour le bien de paix n'ayant moyen leur en acheter à part ». Ils leur demandèrent en outre d'« ordonner que le commandeur dudit lieu sera tenu faire réparer ladite église même faire couvrir dans le mois le chœur d'icelle pour y pouvoir faire décemment le service, Et à ces fins que les fruits dudit comman- deur demeureront saisis ès mains de son fermier jus- ques à concurrence de ce que coûtera ladite répara- tion », avec défenses « auxdits fermiers » de s'en des- saisir « à peine d'en répondre en leur propre et privé nom ».

Les seconds déclarèrent ne pas vouloir troubler les Catholiques dans la jouissance exclusive de l'église, mais réclamèrent une part du cimetière, pour y ense- velir leurs morts « tout ainsi et comme ils ont accou- tumé faire de tout temps » [2].

Les commissaires, ayant égard à leurs requêtes, d'ailleurs concordantes, rendirent une ordonnance en

étaient obligés, de par la loi, de faire précéder ce nom du terme *Pré- tendus* dans les actes officiels et publics. La formule R. P. R. (*Religion Prétendue Réformée*) était une formule courante.

1. Les consulats mi-partis avaient été créés précédemment dans la plu- part des localités partagées entre les deux cultes, dans un but de conci- liation et de paix.

2. Cet usage déjà ancien nous confirme qu'il y avait beau temps que la Réforme était implantée à Gabre et que les Réformés y étaient les maîtres.

vertu de laquelle « ledit commandeur et recteur seront réintégrés de ladite église St Laurens et cimetière d'icelle Duquel sera distrait et séparé un petit coin de la longueur de vingt pas et sept de large du côté du soleil couchant à prendre depuis le fossé tirant vers l'église, Lequel sera distinct et séparé par un fossé, haie, ou autre telle clôture que bon semblera auxdits habitants et recteur, laissant suffisant passage vers l'église afin que la procession se puisse commodément faire autour d'icelle Faisant inhibitions et défenses de n'ensevelir d'ores en avant audit cimetière et lieux sacrés autres que Catholiques sur les peines portées par l'Édit Enjoignant audit commandeur faire réparer et couvrir tout le chœur d'icelle église dans six semaines pour tous délais Demeurant à ces fins le Capne Sicard[1] fermier dudit commandeur saisi des fruits de ladite commanderie à concurrence de ce que coûtera ladite réparation... Faisant inhibitions et défenses audit Sicard se dessaisir du prix dudit afferme jusques à ce que ladite réparation sera faite ».

Ils enjoignirent encore « au syndic du clergé de Rieux et recteur d'y faire la diligence requise et à icelui recteur d'y faire la résidence portée par les saints décrets sur peine d'être privé de la pension qu'il a accoutumé prendre audit lieu Et à ceux de la Religion garder les fêtes commandées par l'Église sur lesdites peines »[2].

Ce rétablissement du Catholicisme, qui fut d'ailleurs de courte durée, ne produisit à Gabre, non plus que

---

1. C'est le capitaine Sicard de Robert que nous connaissons.
2. *Archives de la Commanderie.*

dans les autres localités réformées où il eut lieu à la même époque, aucun effet pratique appréciable. Les choses y restèrent à peu près en l'état. Les Réformés, qui appartenaient aux principales familles, qui possédaient plus de lumières [1], et qui étaient habitués au maniement des affaires publiques, y jouèrent encore, malgré toute sorte de tracasseries, un rôle prépondérant; et la condition religieuse des Catholiques continua d'y être misérable, par suite de la négligence ou du découragement de leurs conducteurs spirituels (V. Chap. XIV).

L'ordonnance des commissaires, tout en recommandant la paix, portait en elle-même une semence de discorde en imposant aux Réformés, par son dernier article, le respect des fêtes catholiques. Dès le 20 décembre, l'évêque de Rieux, Jean du Bourg, désireux d'appuyer cette ordonnance de son autorité, en rendit une à son tour « sur l'entretènement des fêtes indictes en l'Église Catholique Apostolique Romaine tout au long en ladite ordonnance imprimée déclairées et mises par rang à chaque mois de l'année tant celles qui sont Mobiles qu'Immobiles »; mais il est curieux de voir avec quel mépris le sergent Dernoves, chargé de la signifier dans les divers centres réformés du diocèse, fut reçu dans quelques-uns lors de sa tournée, qu'il effectua les 22, 23 et 24 dudit mois, conformément au procès-verbal qu'il en dressa [2]. A Gabre, il est

---

1. On trouve, dans un procès-verbal de visite de la commanderie de l'an 1648, des témoignages attestant qu'aucun catholique de Gabre ne savait écrire.

2. Arch. départ. de l'Ariège, *Fonds de l'Abbaye du Mas-d'Azil : Religionnaires.*

vrai, le consul catholique, Jean du Villa, et le vicaire
de la paroisse, frère Guilhem Comes, Religieux du
Mas, qui l'accompagna à cette occasion, acceptèrent
naturellement avec déférence l'ordonnance dont il était
porteur; mais cela n'empêcha pas que cette ordonnance épiscopale ne fut pas mieux observée là qu'ailleurs.

Cette inobservation générale des fêtes, qui devait
donner lieu à des poursuites judiciaires dans toutes les
localités mi-parties, et nommément à Gabre, comme
nous en verrons plus bas un exemple (V. Chap. XV),
n'était qu'une cause, entre beaucoup d'autres, de désaccord entre Catholiques et Réformés. Malgré l'édit de
Nantes, dont le but avait été de faire rentrer définitivement les glaives dans les fourreaux, les anciennes
passions se réveillaient quelquefois menaçantes; car
le feu de la guerre civile n'était pas éteint, il couvait
toujours sous la cendre, et la plus petite étincelle pouvait à chaque instant le rallumer.

D'ailleurs, après la mort d'Henri IV, qui finit par
payer lui-même son édit de sa tête, la persécution,
légale ou illégale, commença vite à s'abattre sur les
adeptes du nouveau culte; et bientôt les nombreuses
injustices dont ils furent abreuvés provoquèrent une
dernière levée de boucliers.

CHAPITRE IV

Reprise des hostilités; Suprématie des gentils-hommes verriers; Expédition de Serredecor.

Les hostilités se renouvelèrent donc en 1621. Les Verriers, aidés sans nul doute de leurs coreligionnaires de Gabre, furent des premiers à répondre à l'appel aux armes du duc de Rohan, le héros de cette dernière guerre. Comme aux troubles précédents, ils se saisirent de la forteresse des commandeurs, de la vieille Bastide-de-Plaisance, et se cantonnèrent solidement dès le début dans la tour, qui leur servit ensuite de camp retranché, d'où ils dominaient sur tous les environs[1]. « De la tour de Gabre », écrit M. du Bourg, « devenue pour eux un formidable centre d'action et un important point stratégique, ils commandaient toute la contrée, et portaient leurs courses dévastatrices dans tout le voisinage »[2]. Ils en restèrent les maîtres jusqu'à la fin de la guerre et y trouvèrent toujours une retraite sûre, car nous ne voyons pas que jamais leurs ennemis soient venus les y attaquer[3].

Ils nous apparaissent comme ayant joui d'une suprématie incontestée non seulement à Gabre et dans

---

1. Lescazes : *ouvr. cit.* p. 177.
2. M. A. du Bourg : *ouvr. cit.* : Commanderie de Gabre.
3. Cette prise de possession de la tour de Gabre leur fut facilitée par l'absence du commandeur, Thomas Ycart, qui était à ce moment à Malte — Arch. municip. de Foix, *Registre des délibérations du Conseil : 10 août 1605—29 juillet 1631;* mars 1623.

tout son territoire, mais encore, du côté de l'Est et du
Midi, jusqu'aux frontières des communes de Baulou
et de la Bastide-de-Sérou, et même au delà, jusque
sur la crête nord du plateau s'étendant d'Aron à Cadarcet.

On les trouve, dans cette époque si troublée, conti-
nuellement sur la brèche partout où on a besoin de
leur bras, pour soutenir leurs principes, qui se défendaient alors les armes à la main. Aussi leurs adversaires ne les ménageaient-ils pas. Ils leur en voulaient
des fréquentes courses qu'ils faisaient, dans l'intérêt
du parti, de divers côtés, mais principalement vers
Foix et la Bastide; de la prise de la tour de Gabre;
en même temps que de l'occupation de quelques maisons fortes situées sur la crête dominant au Midi le
vallon qui va de Gabre à Baulou, au-dessus d'Aigues-
Juntes, notamment à Mane et à Serredecor[1].

Ce dernier hameau surtout excitait leur haine, car il
renfermait une colonie assez considérable de Verriers.
Ceux-ci y tenaient un château-fort, alors appelé, du
nom du lieu ou de son possesseur actuel, le château
de Serredecor ou *de Lilhac*, connu plus communément aujourd'hui sous le nom de *château des Robert*[2],

---

1. Il y avait anciennement à Mane des tours, qui se trouvaient placées à l'ouest, à une centaine de pas du hameau, sur le chemin de Carcoupet. Le Plan Cadastral en conserve le souvenir par le nom sous
lequel cet endroit est encore désigné : *Les Tours*.

2. Ce château-fort, canonné et brûlé à cette époque, comme on va le
voir, et où l'on distingue à peine maintenant, du côté de l'ouest, les
restes de deux tourelles, fut transformé plus tard en une maison ordinaire, qui appartient encore aujourd'hui, du moins partiellement, à la
famille : à la branche des Hautequère. — Nous voyons dans les *Papiers
de famille* que ce château, appartenant primitivement à Jean-Étienne
de Robert, fut vendu par lui à Antoine de Grenier-Lilhac, qui le rétro-

et y avaient en même temps, sur un mamelon voisin appelé *Gayétayré,* situé à quelques centaines de pas à l'ouest du hameau, une fabrique, dont il est facile de reconnaître encore l'emplacement et le chemin.

Cette haine de leurs ennemis ne tarda pas à se donner carrière. Le dimanche 23 juin 1621 une expédition en règle fut dirigée contre les Verriers. Castelnau de Durban, lieutenant-général du comte de Carmaing absent, gouverneur du Pays de Foix, assembla une troupe assez importante à la Bastide-de-Sérou. Il avait sous ses ordres la principale noblesse catholique du pays : les sieurs Dansignan, Montlaur, Taurignac, Nescus, Montgascon, Amplain, Belissens. Ces beaux gentilshommes, résolus à « dénicher ces renards < les gentilshommes verriers > de leurs tanières », suivant l'expression passionnée de Lescazes, firent avancer quelques pièces de canon contre Serredecor, et se mirent en marche escortés du « capitaine Casse avec quantité de piétons ».

Les Verriers, avertis à temps, et comprenant qu'ils ne pouvaient tenir tête à une troupe aussi nombreuse, abandonnèrent la place.

Les ennemis, après avoir canonné le fort, ne trouvant aucune résistance, l'envahirent à la suite du sieur de Nescus, qui fut le premier à y pénétrer en escaladant une fenêtre. On y plaça une garnison pour quel-

---

céda, par acte du 24 août 1624, retenu à Mane par Mᵉ Jean Anglade, notaire de Foix, à Madeleine, fille de Jean-Étienne. — Les Robert se trouvaient à cette date établis en assez grand nombre à Serredecor. Nous trouvons mentionnés dans l'acte de rétrocession, indépendamment de Jean-Étienne, les héritiers de ses deux frères, Arnaud et Jean. Qu'on se reporte à la *Généalogie.*

ques jours; après quoi on y mit le feu[1]. On traita de même la verrerie de Gayétayré.

Ce facile triomphe ne tarda pas à être suivi d'un cruel revers. Mais cette revanche des Verriers fera l'objet d'un autre chapitre (V. Chap. VI).

CHAPITRE V

Une Tradition intéressante.

On nous permettra d'ouvrir à cette place, en attendant de poursuivre notre récit, une parenthèse pour signaler, concernant cette localité de Serredecor, deux faits particuliers, conservés par la tradition et intéressants à des titres divers : le premier comme se rapportant directement à cette histoire, et le second comme indiquant un trait caractéristique de l'Église Romaine, qui jamais ne s'est souciée de mettre la Bible entre les mains de ses fidèles. Nous les tenons d'un vieillard plus qu'octogénaire du lieu, qui nous les racontait il y a quelques années avec cet air mystérieux qui s'attache ordinairement à ces sortes de souvenirs toujours plus ou moins légendaires.

Nous avons dit que le premier de ces faits rentrait dans le cadre de ce travail. En effet, Lescazes, qui fait

---

1. L'acte ci-dessus mentionné nous apprend qu'il n'en resta que les murs.

de la verrerie de Gayétayré un fort, sans avoir l'air de
soupçonner là le moins du monde un établissement
industriel, marque dans son récit qu'on y faisait de la
fausse monnaie. « On y trouva », dit-il, « quantité de
pots et coupelles, avec grand nombre de rognures et
autres ingrédients d'argent faux ». Ces pots et ces rognures, en si grande quantité, se rattachaient sans
aucun doute à la fabrication du verre; mais les *cou-*
pelles et les *ingrédients* dont parle ce chroniqueur
sembleraient bien indiquer la fabrication de la monnaie. Qu'y a-t-il donc de vrai là-dessous? Écoutons
d'abord la narration du vieillard.

« Il y avait autrefois », nous dit-il, « un homme appelé *le Gayétayré* qui fabriquait de la fausse monnaie
sur le coteau de ce nom. La Justice avait essayé plusieurs fois de mettre la main sur lui, mais il avait
toujours échappé à ses recherches, grâce à la protection des Verriers de Serredecor. Enfin, une nuit,
comme il était seul dans sa retraite sur le mamelon de
Gayétayré, les gendarmes < la maréchaussée > réus-
sirent à s'emparer de sa personne. Ils le lièrent aussitôt et prirent le chemin de Foix en l'emmenant avec
eux. Mais, comme ils devaient passer à côté du hameau, pour ne pas donner l'éveil aux Verriers, qui
certainement auraient tenté de le délivrer, ils avaient
eu soin de le bâillonner avec un mouchoir. Ils passèrent donc silencieusement et avec les plus grandes
précautions; et les Verriers ne connurent cette arrestation que le lendemain, trop tard pour sauver leur
protégé.

D'un autre côté, le château du lieu, qui était alors
magnifique et puissant, regorgeait de louis d'or, qu'on

plaçait fréquemment sur la galerie, dans une corbeille, et qu'on voyait reluire au soleil. Tellement qu'ils excitèrent un jour la convoitise d'un homme du voisinage, communément appelé *le Juge,* qui grimpa jusqu'à la galerie, et, passant la main à travers les barreaux de la balustrade, en saisit plusieurs poignées qu'il emporta à la hâte ».

Cette tradition, considérée comme fort ancienne par notre vieillard, tout en ne précisant aucune date, semble confirmer le récit de Lescazes.

Qu'était-ce maintenant que ce *Gayétayré ?*

Il y a, dans les *Mémoires* du duc de Rohan [1], une lettre de celui-ci, écrite d'Alais le 6 novembre 1628, en réponse à une autre du prince de Condé son mortel ennemi, qui, parmi les reproches qu'il lui adresse, l'accuse particulièrement d'avoir fait battre monnaie alors que ce droit appartient au roi seul ; lettre dans laquelle le duc, tout en se justifiant, reconnaît la vérité de l'accusation du prince dans ces mots : « Si on a battu monnaie parmi nous, c'a été au coin du roi, comme il s'est pratiqué en toutes nos guerres civiles ». Il est donc certain que le parti réformé fabriqua de sa propre autorité de la monnaie, non cependant de la fausse, à l'occasion des troubles qui commencèrent en 1621 : voilà un point acquis.

Or, d'autre part, nous trouvons mentionné, dans un document de l'an 1622 [2] — qui n'est autre qu'une plainte déposée par Arnaud Durieu, procureur du roi à Pamiers, par-devant Antoine Martin, « juge royal et

1. *Mémoires du duc de Rohan,* Amsterdan 1756.
2. Arch. départ. de l'Ariège : *Fonds de l'Évêché de Pamiers,* n° 26.

magistrat souverain en la viguerie, pays et terres souveraines d'Andorre », commissaire député d'autorité
de la Cour de Parlement de Toulouse pour informer
contre plusieurs habitants de la ville, membres du
Conseil et autres, chargés par le procureur de toute
une série d'accusations concernant divers attentats
commis par eux contre sa personne et ses biens à
l'occasion des troubles, particulièrement l'année précédente, mais aussi antérieurement —, le nommé « Paul
Domencq dit *le Gayetaire* »[1], accusé avec plusieurs
autres de voies de fait contre Arnaud Durieu dans une
mutinerie soi-disant excitée, en 1610, après le meurtre
d'Henri IV, par les consuls mêmes de cette ville, qui
était alors une place protestante.

Voilà notre homme.

C'est vers la fin de l'année que cette plainte fut déposée, après le traité de Montpellier, signé en octobre,
alors que le parti catholique, à la fin des hostilités
proprement dites, les continuait encore à sa manière
accoutumée en poursuivant devant le Parlement, qu'on
n'avait jamais lieu de suspecter de tendresse pour les
Réformés, ceux d'entre eux qui durant les troubles
pouvaient s'être rendus coupables de quelque crime
particulier, exagéré d'ailleurs comme à plaisir, afin
d'attirer sur eux toute la sévérité de la Cour. Mais
laissant de côté ces considérations étrangères à notre
sujet, nous ferons simplement observer que ce Gayétayré pourrait bien s'être livré, à Serredecor, et sous

1. On voit, par une autre pièce, de l'an 1640, celle-ci comprise dans
les *Archives de la Commanderie*, que ce même « Paul Domenc », toujours désigné sous le nom de « *Gayétairé* », avait pour femme Marie de
Robert.

la protection des Verriers, en qualité d'agent du duc
de Rohan lui-même ou du baron de Léran Jean-Claude
de Lévis [1], fils aîné de Gabriel de Lévis lieutenant du
duc et gouverneur des Réformés au Pays de Foix, à la
fabrication de la monnaie nécessaire au parti durant
la période des hostilités. Cela semblerait même d'autant plus naturel qu'il avait là, à la verrerie, pour
ainsi dire tout prêts les fourneaux nécessaires à cette
fabrication.

C'est là une explication vraisemblable à la fois du
récit de Lescazes et de la tradition. Elle s'adapte au
premier, car le parti catholique devait naturellement
considérer la monnaie fabriquée par le parti contraire
comme fausse; et elle rend compte aussi de la seconde, particulièrement de l'abondance des louis d'or
qui caractérisait l'humble château de Serredecor, abondance qu'on ne comprendrait guère sans cela, car nos
familles n'ont jamais été bien fortunées. Elle s'accorde
également, notons-le, avec la condamnation prononcée
plus tard contre le baron de Léran par le Parlement
de Toulouse, condamnation déjà mentionnée en note et
relative à la fabrication de la fausse monnaie. Elle a
donc tous les caractères de la vérité.

Passons au second fait. Il s'agit encore du *Juge* :

« *Le Juge* donc, qui n'était pas un homme complè-

1. Dont la tête devait tomber plus tard sur l'échafaud, sur la place du
Salin, à Toulouse, à la suite d'une condamnation particulièrement ini-
que prononcée contre lui par le Parlement le mercredi 21 janvier 1654;
condamnation basée sur le « crime de lèse-majesté divine et humaine,
soit à raison de la démolition par lui faite d'une église pierre à pierre,
ayant enlevé les fruits et revenus d'icelle, *d'avoir fabriqué la fausse
monnaie* < c'est nous qui soulignons >, et porté les armes contre le
service de Sa Majesté, sans s'être servi de l'amnistie » — E. Roschach :
ouvr. cit., p. 351-353.

tement illettré, et qui entretenait des rapports avec le curé de Cadarcet, se faisait prêter quelquefois des livres, que celui-ci tenait dans la sacristie. Une fois, lui en désignant un du doigt sur l'étagère : — Et celui-ci, Monsieur le Curé, qu'est-ce que c'est? — Ah! répondit ce dernier, celui-là, tu ne dois pas le lire, tu n'es pas à même de le comprendre. Le Juge ne dit rien, mais sa curiosité fut fort excitée, et quelque temps après il réussit à le prendre en cachette. Il l'emporta chez lui, et ce livre ne le quittait pas. Mais bientôt voilà cet homme hors de lui-même, perdant la tête et rôdant à l'aventure par monts et par vaux, épouvanté et croyant avoir sans cesse le diable à ses trousses. Un jour, il rencontra dans le bois quelqu'un qui, le voyant ainsi ahuri, lui demanda ce qu'il avait. — Taisez-vous! depuis que j'ai lu dans ce livre, répondit-il en le lui montrant, j'ai le diable après moi! malheur à moi! malheur à moi! Dites! que faut-il que je fasse? — Le rapporter au plus vite où tu l'as trouvé, reprit son interlocuteur. Le Juge le fit, et le diable le laissa tranquille ».

Drôle de légende, en vérité; mais de quel livre pourrait-il s'agir là, sinon de la Bible?

CHAPITRE VI

Combat d'Aron et Expéditions diverses des gentilshommes verriers.

Quelque temps après l'expédition de Serredecor, les Verriers, dont on avait ruiné la demeure et la verrerie, « indignés » et impatients de se venger de leurs ennemis, les firent tomber dans une embuscade. Appelant à leur aide le jeune baron de Léran, nommé ci-dessus (V. Chap. V), ils allèrent, le mardi 23 juillet, juste un mois après l'affaire de Serredecor, jour pour jour, et non le « mardi 27 < juin > », comme semble le dire Lescazes, se poster « dans un petit bois d'une métairie dite de Pescajou, près du lieu d'Aron », au nombre d'une soixantaine. Quelques-uns d'entre eux, une fois leurs compagnons embusqués, se dirigent vers Aron, proférant des menaces contre les Catholiques et simulant de vouloir mettre le feu à l'église. Ceux d'Aron, effrayés, appellent immédiatement au secours vers la Bastide, comme ce devait être l'habitude à la première alerte en ce temps de troubles. Une troupe nombreuse de la Bastide accourt aussitôt, et jointe à ceux d'Aron, ils se mettent tous à la fois, mais en désordre, « sans prudence et sans aucun chef, mais à la débandade par pelotons, » à la poursuite de nos hommes, qui vont rejoindre en toute hâte leurs compagnons embusqués, pour faire tomber l'ennemi dans le piège. Celui-ci, en effet, lancé imprudemment sur leurs traces, à peine

18

arrivé au haut d'« une petite montée », derrière laquelle était cachée l'embuscade, tombe, sans y prendre garde, sur nos gens, qui fondent sur lui à l'improviste et le mettent aisément en déroute [1].

S'il fallait s'en rapporter à Lescazes, les Catholiques, après avoir perdu une partie de leur monde, auraient crié vite merci, et « vingt-cinq ou plus », qui se seraient rendus prisonniers avec promesse de vie sauve, auraient été cruellement maltraités, mutilés, et enfin mis à mort contre la foi jurée.

Nous pouvons croire, jusqu'à un certain point du moins, à ces mauvais traitements, dans une affaire de représailles et dans un moment où les passions étaient grandement excitées de part et d'autre, car tout était alors à feu et à sang dans le Pays de Foix; et, en se reportant à cette époque, on les comprend dans une certaine mesure, particulièrement de la part des Verriers, les principaux acteurs de ce combat [2], dont on avait naguère dévasté l'habitation et ruiné l'industrie; mais il est visible que dans cette occasion, comme en bien d'autres endroits de son récit, on doit se tenir en garde contre la partialité et les exagérations, outrées quelquefois, de ce prêtre fanatique.

Au reste, le Mémoire contemporain que nous venons de citer en note, mémoire qui nous a fourni la meilleure partie de nos renseignements sur cette période, écrit au moment même où se passaient ces événements, vers la fin de cette année 1621, bien que rédigé égale-

1. Lescazes : *ouvr. cit.*, p. 177-178; *Mémoire manuscrit anonyme* déposé aux Arch. départ. de l'Ariège : *Évêché de Pamiers*, n° 101, Cahier n° 8.

2. Lescazes les fait même intervenir seuls.

ment par un catholique, aussi partial d'ailleurs que le
premier, ne mentionne que vingt-deux morts en tout,
dont une partie seulement, « une bonne partie », il est
vrai, furent tués de sang-froid, sans qu'il soit du reste
question de mutilation, les autres ayant péri dans le
combat. Du nombre de ces derniers fut M⁰ Jean Icard,
l'un des consuls de la Bastide. Le curé Belissen fut
aussi blessé au bras dans cette rencontre.

Quel fut exactement le lieu de l'embuscade, et celui
du combat? Où était le bois de Pescajou? Il n'y a plus
aujourd'hui, dans l'endroit, de métairie de ce nom;
mais la métairie actuelle du Pla-de-la-Borde, dont
l'appellation même semble indiquer une modification
de nom, pourrait bien avoir remplacé l'ancienne[1]; et
il est très vraisemblable que la surprise eut lieu dans
les environs de cette ferme, placée au bord de l'ancien
chemin de la Bastide et cachée derrière une crête de
rochers au bas de laquelle s'étendent maintenant encore des bois sur un assez grand espace. Les Verriers
durent s'embusquer dans ces bois, au-dessus de la
métairie, sur le versant nord de la crête, et fondre sur
l'adversaire au moment où celui-ci arrivait au haut de
la « petite montée » qui se trouve sur le versant sud,
en vue d'Aron. Ceux qui avaient donné l'alarme, après
l'avoir attiré par leurs menaces, s'étaient enfuis sans
doute à ce moment comme épouvantés vers leurs compagnons, poursuivis à la débandade par sa troupe im-

---

1. Le nom de *Pescajou* ou plus exactement *Pescaillou* s'est du reste
conservé jusqu'à nos jours, appliqué soit à une portion du quartier situé
entre cette métairie et celle de Larché, soit à un pré touchant au ruisseau de la Lèze tout au fond du vallon et dépendant évidemment autrefois de la métairie de ce nom.

prudente, qui se trouva ainsi tout à coup face à face avec le gros de l'ennemi, et se replia à cette vue subitement, fuyant en désordre vers le fond du coteau. C'est là que dut avoir lieu la mêlée, dans la petite plaine qui est au bas, où d'ailleurs on montre encore aujourd'hui, sans trop savoir, il est vrai, de quoi il s'agit, la place où furent enterrées les victimes de cette action, un peu au-dessous du hameau des Ferris[1].

Tel fut le combat d'Aron, resté dans le souvenir de nos familles comme un des épisodes les plus importants dans les démêlés des Verriers avec les Catholiques du pays, et particulièrement de la Bastide-de-Sérou[2].

Les hostilités d'ailleurs ne s'arrêtèrent pas là. Quelques jours après, le 7 août, les Verriers s'emparèrent, « aux Quinots », c'est-à-dire sans doute à Guinot, d'une maison forte, qui fut démantelée dans la suite[3]. Le 10, formant avec leurs coreligionnaires du Mas-d'Azil et des environs un gros de quatre cents hommes, tant de pied que de cheval, ils tombent sur le lieu d'Aigues-Juntes, et y ruinent deux métairies et un moulin appartenant au sieur de Barbazan, grand

---

1. Les habitants de l'endroit racontent qu'il y eut là autrefois une grande bataille, dans laquelle quelques-uns font même intervenir les Anglais ; ils montrent encore le champ où furent enterrés les morts, disant qu'« il y a là du sang ».

2. C'est peut-être en mémoire de ce succès que l'un d'eux, Pierre de Robert-Lahille, qui figure dans la *Généalogie* ci-jointe (V. 5e Génér. Art. V), donna à Jacob, l'aîné de ses quatre garçons, le nom de *Labastide*. Ce nom, il est vrai, pourrait se rattacher également à la prise de la Bastide-de-Plaisance.

3. Il s'agit apparemment de Toumaze, situé à quelques centaines de pas du hameau de Guinot, et où se voient encore aujourd'hui les restes d'un mur d'enceinte.

défenseur de la cause catholique[1]. Le 19 encore, la même troupe fait une course du côté d'Unjat, où elle pille « les métairies ou maisons de Castelverdun, appartenant à Mᵉ Paul Ortet, notaire de Labastide », et brûle entièrement le hameau des Calbets, d'où elle emmène tout le bétail.

Ces courses de part et d'autre, qui se renouvelaient à chaque instant dans tout le pays tant que durèrent les hostilités, tenaient sans cesse les partis en haleine et excitaient toujours plus les passions. Aussi ne faut-il pas s'étonner outre mesure des actes de vandalisme et de cruauté qui signalèrent trop souvent ces temps malheureux.

CHAPITRE VII

Second Rétablissement du Catholicisme à Gabre.

Il va sans dire que le culte catholique, à l'exemple de ce qui s'était passé dans la première période des guerres, avait été de nouveau banni de Gabre[2]. Cette proscription ne cessa qu'à la fin des hostilités. La paix

---

1. Ce doit être Messire Jean-Louis de Rochechouart baron de Barbazan, tué au siège de Pamiers en 1628, dans les rangs de l'armée catholique et royale commandée par le prince de Condé, qui s'empara de la ville le 10 mars et porta le coup mortel à cette place protestante (V. Lescazes : *ouvr. cit.*, p. 209).

2. Les nouvelles injures faites à l'église, dont on acheva d'enlever la toiture, la mirent dans un état lamentable, qui se prolongea durant de longues années, comme nous le verrons ailleurs (V. Chap. XIV).

ayant été faite le 9 octobre 1622, Louis XIII lança, le
20 du même mois, sa Déclaration confirmative; et dès
le 8 février de l'année suivante furent nommés les
commissaires-exécuteurs du nouvel édit de pacification.

Sur la requête à eux présentée par le syndic du
clergé le 12 septembre, Jacques Favyer baron de Méry,
conseiller d'État, maître des Requêtes et intendant de
la Justice en Languedoc, et Henry de Faret sieur de
Saint-Privat, gentilhomme ordinaire de la Chambre du
Roi, se transportèrent à Rieux et rendirent, le 1er octobre, une ordonnance rétablissant pour la seconde fois
le Catholicisme à Gabre.

Ils remirent ou maintinrent « les Recteurs et Ecclésiastiques en possession et jouissance des lieux et places où étaient construites les églises, en leurs cimetières, cloches et clochers, et ès dîmes rentes et revenus
et autres biens et droits à eux appartenants En quoi
faisant seront tenus les consuls et habitants de bailler
lieu commode et honnête pour la célébration de la
messe et autre divin service Jusques à la réédification
des Églises Comme aussi de bailler aux Recteurs et
autres Ecclésiastiques qui ont biens audit lieu maisons
commodes pour leur habitation et logement, et lieu et
place pour dépiquer leurs gerbes et grains Avec vivres
pour eux et ceux qui seront par eux envoyés » ; « Le
tout en payant raisonnablement », ajoutent-ils, contrairement à la demande faite par le syndic, qui, dans
sa requête, exigeait tout cela « sans que pour raison
de ce ils soient tenus de rien payer ».

La question du cimetière fut résolue conformément
à la décision des commissaires de l'an 1600 : « Pour

inhumer les corps morts de ceux de la religion prétendue Leur sera baillé lieu commode Et jusques à ce
pourront se servir des Cimetières qui seront partagés
et séparés par une muraille ou fossé ».

Ils placèrent les Ecclésiastiques et Catholiques « sous
la protection et sauvegarde du roi », défendant aux
Consuls et autres « de leur méfaire ne médire ne souffrir leur être méfait ne médit A peine auxdits Consuls
d'en répondre en leurs propres et privés noms ».

Quant à la demande formulée par le syndic que dans
un bref délai tous débiteurs « payeront auxdits Ecclésiastiques entièrement le prix et arrérages de leurs
affermes et termes échus avant les troubles et mouvements derniers et non échus lors de ladite Déclaration
faite par Sadite Majesté », ils décidèrent que les parties auraient à se pourvoir par-devant les juges chargés d'en connaître.

Ils enjoignirent enfin aux habitants de Gabre, « tant
Catholiques que de la Religion Prétendue Réformée, de
vivre et se comporter en bonne paix et union les uns
avec les autres, ainsi que loyaux sujets et bons conci-
toyens doivent faire »[1].

Ce nouveau rétablissement du Catholicisme, bien que
définitif, ne fut guère plus efficace que la première
fois. Celui-ci recouvra sans doute tous ses droits;
mais, en fait, rien ou à peu près rien ne fut changé à
la situation. Le commandeur, en particulier, fut réin-
tégré dans sa tour : ce qui n'empêcha pas — nous le
verrons tout à l'heure (V. Chap. VIII) — le rasement
de celle-ci, réclamé du reste prudemment par le com-

1, Arch. départ. de la H^te-Gar. : *Évêché de Rieux*, n° 173.

mandeur lui-même ou son mandataire, en prévision
de nouveaux malheurs possibles, attendu qu'elle s'était
toujours jusqu'alors retournée contre lui, et qu'elle
tombait d'ailleurs en ruine; l'église, que les guerres
avaient également laissée dans une condition pitoyable, attendit longtemps à être remise en état, et le service du culte, extrêmement négligé, s'y fit aussi durant
de longues années d'une façon déplorable; le cimetière
enfin continua d'être partagé entre les deux communions. Nous reviendrons sur tous ces points, nous
contentant de dire ici que ce second rétablissement
des Catholiques, pas plus que le premier, ne porta aucune atteinte à la prépondérance des Réformés dans la
localité.

CHAPITRE VIII

Démolition de la tour de Gabre et Soustraction de la cloche de l'église.

Pour ce qui est de la tour de Gabre, elle eut le sort
réservé alors généralement à tous les châteaux et à
toutes les places fortes. A mesure que la royauté française devenait plus absolue, ces boulevards de l'indépendance féodale et de la liberté des peuples dis-
paraissaient successivement, ruinés par une autorité
despotique impatiente de ranger uniformément sous
le joug toutes les puissances politiques ou religieuses
rebelles à sa domination.

Bientôt après la conclusion de la paix, les commissaires royaux chargés, en vertu des Lettres patentes du 31 octobre 1622, de « faire desmolir esplanir et raser de fonds en comble les nouvelles fortifications des villes lieux et places tenues par ceux de la R. P. R. au pays et comté de Foix », « Adrian de Montluc comte de Caramaing, sénéchal et gouverneur pour le roi »[1] audit comté, et « Jean Gaubert de Caminade, conseiller d'État et président en la Cour de Parlement de Toulouse », sur une double requête à eux adressée au printemps de l'année suivante[2], remirent, par une première ordonnance (16 mars), le commandeur de Gabre en possession de sa maison et tour, et par une seconde ordonnance (1er mai) subdéléguèrent messire de Laforest-Toiras, gouverneur de la ville et du château de Foix, pour en faire le rasement[3].

Celui-ci procéda immédiatement à cette démolition, « laquelle il aurait exécutée et ce faisant comblé les fossés rompu les palissades et rebellins et démoli entièrement lesdits tour et maison »; et dès lors « il ne resta plus de la fière tour qui dominait tout le pays qu'un grand amas de ruines »[4].

---

1. Le roi était comte de Foix par suite de la réunion du comté à la Couronne faite par Henri III de Navarre (Henri IV de France) au mois de juillet de l'an 1607 (V. Olhagaray : *ouvr. cit.*, p. 726).

2. Ces deux requêtes furent présentées non par le commandeur lui-même, Thomas Ycart, qui se trouvait encore à Malte, mais par Denis de Poulastron la Hillere, receveur de l'Ordre de Saint-Jean au grand-prieuré de Toulouse. Il demandait : dans la première, la réintégration (en droit) du commandeur dans sa tour, occupée par les rebelles; et dans la seconde, la démolition de celle-ci, à moitié ruinée et désormais inhabitable, en considération de la « liberté publique et service du roi ».

3. Arch. municip. de Foix déjà citées.

4. M. A. du Bourg : *ouvr. cit.* : Commanderie de Gabre.

Le gouverneur, qui s'était, paraît-il, transporté lui-
même sur les lieux pour faire cette démolition, prit, à
cette occasion, la cloche de l'église de Saint-Laurent-
de-Gabre, pour la faire servir d'horloge à son château.
Cette cloche, que les chevaliers de Saint-Jean, rétablis
à Gabre, réclamèrent en vain plus tard soit à lui-même
soit à son successeur le sieur de Lapasse[1], et que le
curé Jean-Paul Augé cherchait sur les lieux il y a une
quarantaine d'années en y pratiquant des fouilles au
milieu d'un reste de ruines[2], n'est autre sans aucun

---

1. Nous voyons, dans un procès-verbal de visite de l'an 1648, que le
chevalier François-Paul de Béon et de Masses-Cazaux, prieur de Bagnè-
res et fermier de la commanderie de Gabre, avait fait des démarches,
ainsi que le commandeur Jean d'André avant lui, pour ravoir cette cloche. Le sieur de Lapasse, à qui il l'avait réclamée à la fois directement
et par l'intermédiaire du comte de Barrault, gouverneur du Pays de
Foix, lui avait répondu qu'il lui était impossible de la rendre pour deux
raisons : d'abord, parce qu'au moment où il avait pris le gouvernement
du château son prédécesseur, le sieur de Laforêt, la lui avait passée,
comme tout le reste, en consigne, et qu'il ne pouvait pas s'en dessaisir
« sans un exprès commandement du Roi » ; ensuite, parce que « ladite
cloche ayant été rompue aurait été refaite et augmentée de son poids
pour la faire servir à l'horloge où elle sert pour lejourd'hui audit Château ». L'affaire en resta là pour le moment; mais une trentaine d'années après, nous trouvons mentionnée, dans un autre procès-verbal de
visite, de l'an 1679, une réclamation nouvelle à ce sujet, faite par Bernard Pons, curé de Gabre et fermier de la commanderie, infructueuse
d'ailleurs comme les précédentes. — *Archives de la Commanderie.*
2. Il y avait encore alors, devant l'église, au coin du cimetière à gauche en entrant, un petit tas de ruines, dont il ne reste plus aucune trace
aujourd'hui. M. Augé, guidé par le vague souvenir de la perte de la
cloche, eut l'idée d'y fouiller; il y trouva, paraît-il, quelques petites
pièces de monnaie; mais de cloche point, cela va sans dire.
Ce reste de ruines provenait naturellement de la démolition de la tour,
à la suite de laquelle, une vingtaine d'années après, la plus grande
partie des matériaux avaient été employés par le sieur de Cazaux à la
construction de la nouvelle maison de la commanderie. Cette maison,
faite encore en forme de tour, carrée, était défendue par deux guérites
de pierre s'élevant à ses deux angles et par une meurtrière placée au-
dessus de la porte. Sur la pierre formant le haut de cette porte étaient
gravées les armes de l'Ordre de Malte, avec le millésime de 1648. La

doute que celle qui sonne encore aujourd'hui les heures à Foix, au sommet des tours.

CHAPITRE IX

Les Gentilshommes verriers et la Cause réformée; le Capitaine Robert.

De même que les Verriers recevaient du secours de
leurs coreligionnaires quand ils étaient attaqués chez
eux, de même ils allaient soutenir ailleurs le parti
toutes les fois que leur concours était nécessaire, et
particulièrement dans toutes les affaires importantes,
du succès desquelles pouvait dépendre l'avenir de la
Cause réformée.

On sait déjà que l'un d'eux, Sicard de Robert, servait le parti en qualité de capitaine, quelque temps
avant la fin des premières guerres, dans la haute vallée
de l'Ariège, où il commandait, en 1592, le château et
la ville de Tarascon[1]; et il est à présumer qu'ils participèrent en corps, en leur qualité de porte-drapeau
de la Réforme à Gabre, à la levée subite que le capi-

construction en ayant été donnée à l'entreprise, c'est Jacob Faure, habitant du village, qui s'en était chargé au prix de 600 livres. — Arch. de
la Commanderie : *Procès-verbal de visite de 1648.* — Cette maison fut
transformée plus tard en une maison de ferme ordinaire. C'est la métairie actuelle de Latour.

1, V. *Généal.* 4º Génér. Art. XIII,

taine du Soulé fit quelques années auparavant, vers la fin de septembre 1580, dans les quartiers du Mas-d'Azil, pour la formation d'une troupe destinée à secourir Pamiers, alors capitale des Réformés au Pays de Foix, menacé par les Ligueurs. Olhagaray raconte qu'à cette occasion quatre cents hommes y furent debout « au premier coup de tambour », volant à l'envi à la défense de cette ville, considérée comme le boulevard de la Réforme dans la contrée[1].

C'est encore ainsi qu'ils allèrent, en 1625, à l'exemple de leurs coreligionnaires des localités voisines, s'enfermer un mois durant au Mas-d'Azil, où ils formaient parmi les défenseurs de la place une compagnie distincte, chargée, avec les hommes de Camarade, de garder la grotte, lorsque le maréchal de Thémines, à la tête de l'armée catholique et royale, vint investir cette ville, où des prodiges de valeur furent accomplis, et dont le maréchal fut obligé de lever le siège à sa confusion[2].

1. Olhagaray : *ouvr. cit.*, p. 663-664.
2. Ce siège est mémorable. Commencé le 11 septembre, avec une armée de 14 à 15,000 hommes, il fut levé le 18 octobre. Ce n'est pas ici le lieu de le raconter ; il nous suffira de relever à l'appui de ce que nous disons ce simple trait : Thémines, en six semaines, et avec toutes ces forces, ne put faire honneur à l'invitation imprudente adressée par lui au comte de Carmaing, l'un de ses maréchaux de camp, le jour où il contempla avec lui pour la première fois des hauteurs du Cap-del-Pouech la petite ville, dont il croyait ne faire qu'une bouchée : « Maréchal, je vous invite à souper avec moi demain soir au Mas-d'Azil » — *Mémoires de la vie de François Dusson* par la Troussière; Amsterdam, chez Pierre François, 1677.
Avant l'assaut de la ville, donné seulement un mois après l'investissement, et en vain, la grotte fut attaquée deux fois par le régiment de Toulouse, qui fut toujours repoussé avec de grandes pertes. C'était le comte de Miramont qui y commandait en chef; et, s'il faut en croire M. Napoléon Peyrat (*L'Arize*), c'étaient les gentilshommes verriers,

S'ils avaient l'ambition de participer généralement aux faits d'armes intéressant le parti tout entier, les Verriers tenaient également à ne pas rester étrangers aux querelles personnelles ou locales dans lesquelles pouvait se trouver impliqué quelque réformé, pour prendre, en cas de besoin, sa défense. Nous signalerons à cet égard l'intervention, au Carla, le 24 juin 1634, jour de la fête patronale du lieu, de Jean de Robert-Montauriol, assisté de Pierre de Langlois son beau-frère et de plusieurs autres réformés de Gabre, du Mas, de Sabarat et des Bordes, en faveur du ministre, Joseph de Lafontaine, victime de poursuites judiciaires[1], et de rappeler en même temps celle de Raymond de Robert-Betbèze, aux Bordes, le 1er juin 1672, en faveur des Dupias, qui se trouvaient sous le coup d'un mandat d'arrêt, comme on l'a vu dans la *Généalogie*[2].

Une particularité intéressante à relever ici, c'est le rôle joué par un verrier à Gabre même, durant le siège du Mas. Tandis que ses compagnons étaient accourus

commandés eux-mêmes par Jacob de Robert-Garils, qui y formaient le principal élément de la défense. — S'il fallait également s'en rapporter à M. Ebrard (*Le Mas-d'Azil*, traduit de l'allemand par J. Chaptal), qui a embelli la narration du siège du Mas en donnant à son récit un caractère historico-légendaire, ce serait probablement un verrier qui, à un moment donné, aurait été envoyé vers le duc de Rohan pour lui demander du secours ; et un autre serait allé de son propre mouvement trouver François Dusson, destiné à devenir, malgré ses hésitations premières, l'un des héros de la défense du Mas, à son château du Cabalblanc, près de Pamiers, pour le tirer de l'inaction funeste où le retenait son serment de garder la paix, fait à la fin des hostilités précédentes.

1. Parce qu'il desservait, contre les prescriptions de l'arrêt du Conseil du 19 mai 1631 défendant aux pasteurs d'exercer les fonctions de leur ministère ailleurs que dans leur église, les Bordes et Sabarat dépourvus alors de pasteur — Arch. départ. de la Hte-Gar. : *Évêché de Rieux*, no 46.

2. V. *Généal.* 4o Génér. Art. I.

en masse au secours de cette place, seul d'entre tous il s'était cantonné dans son village; et ce qu'il y a de plus curieux, c'est que, non content de rester chez lui, il s'était mis au service du comte de Carmaing, sénéchal et gouverneur du Pays de Foix, qui opérait sous les ordres de Thémines, en acceptant de lui le commandement d'une garnison. Ce point paraîtra plus singulier encore si l'on réfléchit qu'il s'agit, non du verrier le premier venu, mais de celui qui nous apparaît alors comme le plus considérable, du *Capitaine Robert,* ainsi que le désignent habituellement les documents de l'époque : de François, père de Jacob, qui commandait lui-même les Verriers dans la grotte[1].

Le fait est pourtant qu'il se trouvait, à cette occasion, « au lieu et fort de Gabre », à la tête d'une compagnie de cinquante hommes d'armes[2], levée de par l'autorité de Carmaing, et qu'il n'en bougea pas jusqu'à ce que l'armée de Thémines eut quitté le pays.

Désertait-il donc la cause commune? Nous ne le pensons pas; car autrement il eût cherché et réussi sans doute à dissuader son fils, encore tout jeune, d'aller au secours du Mas-d'Azil; et si cette trahison s'était produite, il en serait probablement resté quelque trace ou quelque souvenir. Désapprouvait-il la conduite du duc de Rohan, en refusant de s'associer à sa nouvelle levée de boucliers, pour ne pas contrevenir à la Déclaration

1. Son collègue le *Capitaine Sicard (de Robert)*, dont il fut vraisemblablement le compagnon d'armes dans les luttes antérieures, devait être mort à cette date; il l'était en tout cas en 1627 (V. *Généal.* 5e Génér. Art. XIII).

2. *Archives de la Commanderie.* — Un autre document, de la même source, porte la compagnie à cent hommes, et un troisième à trente seulement.

du roi qui avait clos les hostilités précédentes et par respect du serment de fidélité prêté solennellement par les chefs réformés entre les mains de M. de Pellisson, conseiller en la Cour et Chambre de l'Édit de Castres[1]? Ce n'est pas vraisemblable non plus, car il n'y a pas lieu de croire qu'il fût dans le cas de se sentir lié personnellement par ce serment. Tout nous indique qu'il combattait le même combat que ses frères, en usant d'une tactique différente quant aux apparences mais tendant en réalité au même but : Son action fut sans doute une ruse de guerre, destinée à assurer le village de Gabre contre l'invasion de l'armée catholique. En s'en faisant confier la garde par l'ennemi lui-même grâce à un semblant de dévoûment, il réussit à le préserver de la dévastation et de la ruine semées, à l'occasion du siège du Mas, dans toutes les localités protestantes du voisinage.

Voici à cet égard, sans parler des massacres et des incendies qui précédèrent ce siège et dont furent victimes les Bourrets, les Bordes et Sabarat, un document original, relatif à Camarade, qui nous fera toucher du doigt la nature des ordres signés par Thémines concernant les lieux, temples et forts des Réformés dès le lendemain de l'investissement du Mas :

« *Le Marquis de Thémines Maréchal de France Lieutenant général pour le Roi au gouvernement de Guienne et Commandant son armée en Languedoc*

Il est enjoint aux consuls des lieux mentionnés en l'état ci-attaché de mander promptement avec tous

1. Cette Chambre de l'Édit, ainsi nommée parce qu'elle avait été créée

outils le nombre d'hommes qui leur est ordonné pour la démolition du lieu de Camarade temple et autres forts des environs par la direction du sieur de Gardene ou tel autre qu'il pourra mettre en son absence ou légitime empêchement Et qu'à cet effet en cas de refus ou remise Ils y seront contraints comme il est accoutumé pour les propres affaires de Sa Majesté Enjoint à tous prévôts huissiers et sergents de faire tous exploits nécessaires Fait au camp devant le Mas-d'Azil le douzième jour de septembre mil six cent vingt-cinq

(Au bas) : Themines (V. Pl. XII n° 6)

Par Monseigneur
Lacourt.

(Et sur le revers) :

Rôle des lieux qui fourniront les ouvriers pour la démolition du fort de Camarade et autres des environs au nombre porté par Icelui adressé au s^r le Gardeur commissaire par nous député en cet endroit

Premièrement

Montjoy au diocèse de Rieux....	8 hommes
Tourtoze.....................	6
Fabas........................	4
Ste Croix.....................	4
Rimont....	6
Seix.........................	6
Cirizols.....................	6

en suite de l'édit de Nantes, et établie alors à Castres, mais dont le siège varia en attendant sa suppression, qui précéda la révocation même de l'édit, était une Chambre mi-partie, c'est-à-dire composée à la fois de Conseillers catholiques et de Conseillers réformés, et destinée à juger les procès entre plaideurs appartenant aux deux communions.

Bedeille............................	4 hommes
Castelnau de Durban............	6
Alsen de Labastide de Sérou....	6
Montesquieu....................	6
Lescure diocèse de Couserans....	10

72 h.)

Themines[1]. »

C'est, encore un coup, pour prévenir de pareils malheurs du côté de Gabre que le Capitaine Robert imagina vraisemblablement son stratagème. L'attitude du père nous paraît donc avoir eu au fond le même mobile que celle du fils : la défense de la cause réformée; avec cette différence que l'un chercha, par une manœuvre habile, à sauvegarder tout seul les intérêts particuliers de Gabre pendant que l'autre, avec tous ses compagnons, volait au secours du Mas-d'Azil.

CHAPITRE X

Souloumiac et Garils-le-Gros; Assauts d'armes.

Les descendants de ces Verriers n'ont conservé les noms que de deux d'entre eux : un Robert, François de Robert-Garils, autrement dit le Capitaine Robert, et un Grenier, connus dans nos familles sous les noms

1. Arch. départ. de la H^to-Gar. : *Évêché de Rieux*, n° 47.

de *Garils-le-Gros* et *Souloumiac*. La tradition les représente comme deux hommes terribles, doués d'une
adresse et d'une force rares, suivant la légende qui les
fait trinquer aisément, non avec un verre comme le
commun des mortels, mais avec une comporte, qu'ils
faisaient baisser d'un pouce d'un seul coup sans reprendre haleine, et qu'ils reposaient à terre avec autant
de facilité et de prestesse qu'ils l'avaient soulevée [1].
Ils ont laissé un souvenir ineffaçable dans l'imagina-
tion de leurs neveux, et les vieillards aiment encore à
raconter leurs prouesses, soit dans les joutes de l'époque, soit à l'occasion de leurs démêlés avec la noblesse
catholique du pays, et particulièrement de la Bastide-
de-Sérou :

« Une fois, un maître d'armes de Saint-Girons avait
porté un défi à l'épée au maître d'armes du Mas-d'Azil.
Celui-ci lui envoya, pour relever le gant, un de ses
élèves : c'était Souloumiac. On voulait lui faire ôter ses
gros souliers de voyage et lui donner une chaussure
légère, pour qu'il fût plus à son aise, plus libre dans
ses mouvements. Il refusa, disant : « On se bat comme
on se trouve ». L'assaut eut lieu devant une assemblée
de gentilshommes. Les deux champions portent et parent les coups. Mais on voit bientôt la supériorité de
Souloumiac. Il touche souvent, mais avec délicatesse
et comme en se jouant, son adversaire, qui, ne voulant
pas l'avouer, ne dit jamais : « *Touché* ». Il l'avait aussi
prié dès le début de lui ménager le poignet, qu'il s'était
foulé quelque temps auparavant; mais le maître d'ar-

---

1. La chose est possible à la rigueur, car il s'agit de l'ancien *barrail*,
sorte de comporte de petite dimension dont on fait encore usage, paraît-il,
dans le département de l'Aude.

mes, voyant à qui il avait affaire, le frappait au contraire toujours à son point faible pour en avoir raison.
Tant qu'enfin Souloumiac indigné, et sûr de ses coups,
lui dit : « Eh bien ! Monsieur, prenez garde à votre œil
droit ». Il fut impossible à son antagoniste, quoique
averti, de parer le coup, et il y perdit son œil. Alors,
furieux et honteux de sa défaite, le maître d'armes, qui
avait trouvé le sien, eût voulu se battre tout de bon, et
jusqu'à ce qu'un des deux restât sur la place. Souloumiac était à ses ordres. Mais les gentilshommes présents, indignés à leur tour de sa conduite, s'y oppo-
sèrent, et adjugèrent la victoire à qui de droit. »

« Une autre fois, les gentilshommes catholiques de
la Bastide-de-Sérou, qui avaient eu souvent déjà maille
à partir avec les gentilshommes verriers, les provoquèrent à un combat en champ clos. Garils-le-Gros se
présente aussitôt à la tête des siens pour relever le défi.
Les femmes de Gabre et celles de la Bastide étaient
dans la consternation, car cette joute terrible semblait
revêtir le caractère d'un duel à mort entre les deux
partis : catholique et protestant. A peine arrivé à la
Bastide, tandis que ses compagnons sont encore dans
la maison où ils étaient descendus, située sur la place,
et que leurs adversaires viennent à leur rencontre renouvelant de plus belle leurs provocations, Garils-
le-Gros s'avance seul sur le seuil de la porte en face
d'eux, et leur dit avec sang-froid, en quelques paroles
brèves, qu'« il est, avec sa troupe, à leur disposition »;
après quoi il sort tranquillement et se promène de long
en large sur la place, attendant ses compagnons. Épouvantés à la vue de sa prestance et de sa tenue martiale,
sachant aussi, par expérience, quels étaient ceux qu'il

avait derrière lui, les gentilshommes de la Bastide, tout
à coup moins fiers, forment un cercle et délibèrent.
Castelnau[1] leur dit enfin : « Messieurs, si vous voulez
m'en croire, laissons les Verriers tranquilles ; car si,
après le combat, il y avait des veuves à Gabre, il y en
aurait encore plus à la Bastide ». Et là-dessus le combat n'eut pas lieu, faute de combattants. »

On raconte encore que, « dans une autre circonstance, Garils-le-Gros eut un vif démêlé avec le seigneur de Montégut. Il avait une fois mis la main sur
son château[2] ; et ce seigneur, poussé par la vengeance,
avait fait brûler et démolir la maison des Garils. Un
duel s'ensuivit. Les deux champions choisirent pour
arme le pistolet de combat, et convinrent de vider leur
querelle sur le grand chemin : tandis que l'un, désarmé,
se tiendrait adossé à un arbre du bord, l'autre tirerait
sur lui en passant à cheval et au galop, à tour de rôle.
Le sort, chargé de désigner le patient, favorise le seigneur de Montégut, qui passe d'abord à fond de train
et manque son adversaire. Garils-le-Gros monte à cheval à son tour, et, sûr de son fait, se montre généreux.
Il dit au seigneur, qui vient de prendre sa place :
« Votre vie est dans mes mains, mais ne craignez rien,
ôtez-vous, je tirerai sur l'arbre ». Il se lance aussitôt,
et la balle frappe l'arbre au beau milieu. La réconci-
liation eut lieu sur l'heure, le seigneur de Montégut

---

1. Castelnau de Durban apparemment, le chef des Catholiques du
Pays de Foix, que nous avons déjà trouvé à la tête de l'expédition de
Serredecor (V. Chap. IV).

2. Ce coup de main, sur lequel ni l'histoire ni la tradition ne nous
donnent aucun détail, se rapporte évidemment aux guerres de religion.

fit rebâtir la maison des Garils, et nos deux ennemis furent dès lors bons amis ».

Ces trois faits, qui marquent assez bien la physionomie du temps, et particulièrement les deux derniers, se passèrent sans aucun doute dans la période des luttes proprement dites ou immédiatement après, alors que l'excitation des esprits, non encore calmée, devait pousser les partis à satisfaire de vieilles rancunes dans ces sortes de défis [1].

CHAPITRE XI

Tentatives des Commandeurs pour ressaisir la prépondérance ; les Commandeurs et la Communauté de Gabre.

La Commanderie retrouva avec peine une prospérité relative après la période des guerres religieuses [2], qui lui fut si funeste. Dès son rétablissement, le commandeur tâcha de réparer autant que possible les nombreux dommages qu'il avait soufferts ; mais le succès fut loin de couronner toujours ses efforts. Indépendamment des meubles et autres valeurs qui lui avaient été enlevés lors de la prise de Gabre, et dont il ne put

---

2. On a remarqué, d'une façon générale, que cette période de l'histoire fut particulièrement fertile en duels.

3. Ces guerres furent closes définitivement par la paix d'Alais et l'édit de Nîmes des 27 juin et 16 juillet 1629.

jamais obtenir la restitution, la principale perte pour
lui consistait dans celle de ses titres, qui entraîna celle
de ses rentes. Il avait perdu également de nombreux
arrérages; et malgré le soin avec lequel il s'employa
auprès de la Cour de Parlement de Toulouse pour en
exiger le payement, il ne put rien obtenir que des
arrêts, favorables sans doute mais inutiles, à cause de
l'impossibilité où il était de les faire mettre à exécution. Se trouvant aussi désormais sans prestige et sans
influence, il n'avait plus l'autorité nécessaire pour se
faire obéir de ses sujets, et pour imposer le respect
comme autrefois. Tandis que les uns se refusaient à
lui payer la dîme, allant pour cela jusqu'à ne pas travailler les terres[1], que d'autres lui suscitaient, sous
divers prétextes, des procès de toute sorte, que la Communauté elle-même lui disputait la seigneurie, que son
coseigneur le roi de France ou son représentant le juge
de Rieux se posait comme son rival, ceux qui lui cau-
saient encore le plus d'embarras étaient les Réformés,
qui, maîtres de Gabre, lui aliénaient toujours davantage l'esprit des populations.

Une situation pareille était intolérable pour les chevaliers de Saint-Jean[2]. Aussi ne faut-il pas nous étonner que, jaloux de reconquérir leurs anciennes prérogatives, ils mettent tout en œuvre pour ressaisir la
prépondérance. Leurs tentatives eurent des chances

---

1. Le Parlement dut intervenir, de 1627 à 1629, pour obliger les habitants de Gabre à travailler les terres.

2. Nous relèverons en passant deux simples détails marquant, à titre
d'exemple, l'insubordination des Gabrais à l'égard de leur seigneur :
malgré l'ordonnance des commissaires concernant son rétablissement,
ils détenaient toujours le jardin de la commanderie, et continuaient de
traverser licencieusement son pré, où ils avaient fait un chemin.

diverses, comme nous le verrons ci-après ; mais il est permis de dire dès à présent que tous leurs efforts, malgré quelques succès passagers et plus apparents que réels, ne purent venir à bout de la résistance ou de l'inertie qui leur furent constamment opposées.

Les commandeurs s'en prirent tout d'abord à la Communauté de Gabre. Ce qui leur importait avant tout, en effet, c'était de faire reconnaître solennellement par tous leurs sujets réunis en corps leurs droits de seigneurs trop longtemps méconnus. Le 1er novembre 1626 Jean d'André réussit à se faire rendre l'hommage [1] ; mais ses successeurs, moins heureux que lui, furent impuissants à obtenir des Gabrais un pareil acte, car il ne fut renouvelé qu'en 1737, et pour la dernière fois en 1764. A ce serment de fidélité étaient attachés d'une part le droit de fouage, comme nous le savons déjà, c'est-à-dire la contribution annuelle d'une poule par feu allumant, poule qui devait être portée au commandeur le jour de la Toussaint (V. IIe Part. Chap. XIV), et d'autre part l'obligation de soumettre à sa ratification l'élection consulaire.

De ce que les habitants de Gabre s'étaient soumis à cette formalité il ne faut pas conclure qu'ils fussent disposés à accepter les conséquences légales de l'acte. Loin de là. Reconnaître théoriquement le commandeur pour leur seigneur devait leur être, somme toute, chose assez indifférente, surtout s'ils avaient le secret espoir de se soustraire aux obligations de cette reconnaissance. Et nous voyons qu'effectivement ils regimbèrent

---

1. Les consuls de Gabre étaient alors « Noble Capitaine Françoys de Robert et Jean Ruffiac dit Lomailh ».

sans cesse contre les tentatives réitérées de leur soi-
disant seigneur et maître de les réduire à l'obéissance.

Un exploit d'assignation devant la Chambre des Requêtes du Palais de Toulouse, du commandeur nommé
ci-dessus contre les consuls, Jacques de Grenier-Périlhou et Thomas Gouazé, pour venir le reconnaître au
nom de la Communauté et lui payer une geline (*poule,*
en patois *galino*) par feu, du 11 septembre 1627, nous
montre qu'un procès s'était élevé sans retard à raison
de cet acte même d'hommage de 1626. Deux jugements
des mêmes Requêtes, des 17 juillet 1629 et 13 novembre 1630, condamnent les consuls de Gabre à présenter
au commandeur leur nomination, pour qu'il la ratifie[1],
et à lui payer chaque année une poule par feu allumant pour droit de fouage, « avec les arrérages de
ladite poule ou légitime valeur puis vingt-neuf ans
avant l'introduction de l'Instance ».

Le procès traînant en longueur, une transaction in-
tervint entre les parties le 7 mai 1633. Par cet acte la
Communauté s'engagea à respecter les arrêts ci-dessus
mentionnés concernant la ratification de l'élection consulaire et le droit de fouage, et le commandeur de son
côté promit de modérer à cinquante livres tournois tous
les arrérages et dépens à lui adjugés.

Ainsi la Communauté se soumit; et l'élection consulaire du 1er novembre 1634 se fit conformément au
traité d'accord. Jean de Robert-Montauriol et Raymond
Durand, consuls de la présente année, assistés de Jac-

---

1. La Communauté élisait, par le suffrage indirect, par le moyen de
ses consuls présents et de leurs prédécesseurs immédiats, quatre candidats; et de ces quatre le commandeur devait en prendre deux, à son
choix, pour remplir les fonctions du consulat.

ques de Grenier-Dutaux et Raymond Gouazé, consuls de l'année précédente, procédèrent ledit jour, suivant l'usage, à la désignation de quatre candidats, savoir : François de Grenier-Courtalas et Rouge Coly, ou Jacob de Robert-Garils et Pey Dejean. Et le dimanche suivant, 5 du même mois, ces deux derniers furent agréés par d'André, qui leur fit prêter le serment en tel cas requis et accoutumé dans l'église du lieu.

Mais on aurait tort de croire que cette soumission, opérée par la contrainte, fut réelle et définitive. Sur le premier point, en effet, le commandeur jugea bon, à quelques années de là, de faire corroborer dans une transaction nouvelle, que l'on trouvera plus loin, et par un engagement nouveau, le premier engagement qu'il avait fait prendre à la Communauté de lui payer régulièrement le droit de fouage : preuve que les Gabrais ne satisfaisaient à ce droit qu'à contre-cœur et qu'ils cherchaient à s'y soustraire dans la mesure où cela leur était possible; et sur le second point, on voit que François de Laugeiret, vers la fin du dix-septième siècle, se trouvait encore en désaccord avec la Communauté touchant la prérogative qu'il revendiquait dans l'élection consulaire. Prétendant toujours avoir la haute main sur la nomination des consuls, le commandeur, par exploit libellé du 28 décembre 1690, fait par Jean Roques, baile royal des Bordes, et contrôlé à Toulouse le 30 du même mois, assignait les consuls Jacques et Bernard Déjean, nommés de l'autorité privée de leurs prédécesseurs et hors de son intervention, devant la même Chambre des Requêtes, et les faisait condamner par défaut, le 1er février 1691, en vertu du jugement du 17 juillet 1629, exécuté par acte de délibération de

la Communauté de l'an 1634, comme aussi d'un jugement confirmatif des « commissaires députés par le Roi
pour la confection du papier terrier et réception des
aveux et dénombrements dans la province de Languedoc » du 5 septembre 1688, « à procéder, dans trois
jours après la signification du présent jugement, à une
nouvelle nomination consulaire de quatre personnes
idoines et capables pour être ladite nomination présentée audit sieur commandeur ou à son procureur général en son absence afin de faire le choix et élection de
deux pour remplir la charge de consuls l'année courante 1691 », sous peine de 500 livres d'amende. Laugeiret envoya à Gabre en qualité de procureur, pour
présider à cette nomination, M⁰ Bernard Carbonel,
« prieur du temple de la ville de Toulouse »; mais les
consuls, auxquels le jugement précité fut signifié par
Roques le 15 février, ne voulurent en tenir aucun
compte. Le procès s'envenima, et le 9 avril la Chambre rendit un nouvel arrêt, confirmatif du précédent,
signifié le surlendemain à M⁰ Alibert, procureur des
consuls, qui en prit copie dans son étude « pour se
pourvoir ». Qu'en advint-il dans la suite? Nous l'ignorons. Mais ce qui précède suffit amplement à nous
montrer l'autorité précaire des commandeurs et la perte
totale de leur prestige vis-à-vis de la Communauté.

Là ne se bornaient pas, au reste, les points litigieux
existant entre eux. La question de la dîme était encore
pour les parties une question brûlante; car les Gabrais
supportaient avec impatience cette contribution. Des
différends à ce sujet avaient dû vraisemblablement
s'élever à plus d'une reprise entre eux et le commandeur depuis la vieille transaction de 1292; mais il est

aisé de comprendre que leur opposition fût maintenant d'autant plus tenace qu'ils avaient échappé plus ou moins à cette charge durant la longue tourmente religieuse à cause de l'éloignement de leur seigneur. Bernardin Mingaud tenta de les remettre sous le joug, et devant le refus de plusieurs de ses sujets d'acquitter cette redevance capitale, il adressa une requête au Parlement de Toulouse pour faire informer contre ces récalcitrants. Le Parlement se hâta de faire droit à ses réclamations ; et des informations faites par son ordre le 20 juillet 1657, suivies d'un arrêt favorable au commandeur du 15 juillet 1658, sortit, sur une nouvelle requête de ce dernier, un décret de prise de corps, du 26 mars 1659, contre Marc et Abel Rouffiac et Pierre Faur, « faisant... inhibitions et défenses tant auxdits Rouffiac et Faur que à tous autres qu'il appartiendra de par ci-après emporter aucuns fruits des champs que ledit Mingaud n'ait pris son droit de dîme à peine de 10,000 livres et autre arbitraire ». Pour confirmer derechef ce droit, la même Cour rendit un nouvel arrêt le 3 septembre de la même année, condamnant les consuls et habitants de Gabre à payer la dîme au commandeur conformément à la transaction de 1292 (V. IIe Part. Chap. X et XI). Cet arrêt fut encore suivi de deux autres, rendus l'un en contradictoire défense, à deux jours d'intervalle du précédent, c'est-à-dire le 5 septembre, l'autre sur requête civile et opposition de la part des consuls envers le susdit arrêt, le 5 juin 1660, démettant les consuls de leur requête civile et ordonnant que l'arrêt du 3 septembre 1659 sortirait son plein et entier effet.

L'exploit de signification de ce dernier jugement est

du 5 juillet 1660, c'est-à-dire (curieuse coïncidence!)
du jour même où la Communauté de Gabre faisait de
son côté signifier à Mingaud, par Jérôme Audouin,
sergent du Mas-d'Azil, un arrêt du Présidial de Foix
obtenu par elle trois jours auparavant contre le commandeur, qui, au mépris de l'édit du roi du 23 avril
1658 défendant à tous plaideurs du ressort de se retirer
ailleurs qu'audit Présidial et par appel au Parlement
de Navarre séant à Pau, avait assigné le 18 mai précédent le consul Déjean aux Requêtes de Toulouse en
condamnation des censives. On voit par là que si le
commandeur obtenait invariablement gain de cause
auprès des magistrats toulousains, qui furent toujours
on ne peut mieux disposés en sa faveur, il éprouvait
quelquefois ailleurs des échecs d'autant plus pénibles.
Les consuls de Gabre firent si bien en cette occurrence
qu'en fin de compte la Cour présidiale rendit contre
lui, le 2 octobre, un arrêt définitif le condamnant à
400 livres d'amende, qui furent versées le surlendemain par Mingaud entre les mains de Comanay, commis à la recette des amendes de la sénéchaussée et du
siège présidial de Foix.

Si l'on désire se rendre compte par le menu des prétentions de Mingaud, on n'a qu'à consulter la pièce
suivante, que nous relevons à titre de document particulièrement instructif. C'est un mémoire adressé par
lui, au cours de son procès, à Lamalletie, procureur
au Parlement de Toulouse et son propre procureur :

« Demandes que fait le commandeur

1° Qu'étant seigneur son bestial paîtra par toute la terre excepté les lieux de défense

2° Que ne s'étant réservé de toute la terre de Gabre qu'est de l'étendue environ de 2,000 cestairées que seize ou dix-huit cestairées de terre pour sa mesnagerie il ne peut ni s'y doit faire ni prendre aucun chemin dans icelle terre et celui qui s'est fait dans le pré de la commanderie n'est qu'une usurpation attendu l'absence des commandeurs et le mauvais temps qui a passé

3° Que mon jardin me sera rendu

4° Qu'il prendra la dîme de dix un de toute sorte de grains tant des menus grains de blé que de tous autres et de toute sorte de légumages le tout en gerbe et la prémice s'il se trouve lui être due

5° Il prendra la dîme des raisins de dix un tant aux vignes qu'aux treilles [1]

6° Que de toute sorte de bestiaux qui naîtront même des oies payeront la dîme de dix un et n'arrivant à dix payeront à proportion du bestial qu'ils auront eu de naissance tant gros que menu

7° Que chaque maison ou grange pourra avoir son jardin à proportion du tenement de terre et s'il en a davantage en payera la dîme [2]

8° Que du chanvre lin et linette se payera la dîme en gerbe comme du blé

---

1. Mingaud, sans s'en rendre compte peut-être, se montrait sur ce point plus exigeant que ses prédécesseurs du treizième siècle (V. la Transaction de 1292 : II° Part. Chap. X et XI).

2. Cet article nous indique que les jardins étaient, jusqu'à une contenance donnée, exempts de la dîme.

9° Que des depens qu'ils sont condamnés seront payés audit commandeur à ce qu'il aura honnêtement dépensé

10° Se payera aussi la dîme des foins et fourrages au dizain comme des autres choses ci-dessus »

Une autre cause plus grave encore, si possible, de désaccord entre le commandeur et la Communauté résidait dans le fait que celle-ci était devenue, à la suite d'une circonstance imprévue, la rivale de son propre seigneur. Louis XIII ayant, vers la fin de son règne, aliéné une partie du domaine de la Couronne, la terre de Gabre, pour la portion afférente à ce domaine, c'est-à-dire pour la moitié, fut comprise dans cette vente; et les consuls, saisissant l'occasion et profitant de l'éloignement du commandeur, se rendirent acquéreurs, au nom de la Communauté, de cette portion de juridiction cédée anciennement au roi par l'Ordre de Malte en vertu du traité de paréage de l'an 1283 (V. IIe Part. Chap. VII). L'acte d'achat est du 20 février 1640. Cette acquisition mettait les Gabrais sur le même pied que les commandeurs, avec lesquels ils devaient partager dorénavant les droits seigneuriaux, et cette situation favorisait à merveille leur indépendance, car si d'un côté ils demeuraient les sujets du commandeur en tant que particuliers, ils se trouvaient être d'un autre côté ses égaux en tant que Communauté, libres de prendre, au même titre que lui et même contre lui, l'initiative de mesures ou de réformes avantageuses pour eux-mêmes.

Se considérant désormais comme maîtres chez eux, grâce à leur qualité de coseigneurs avec leur seigneur

même, ils firent, de leur propre mouvement et sans
appeler le commandeur, procéder à l'arpentement général de la terre de Gabre, arpentement qui n'avait pas
été fait depuis 1529, et à la confection du Papier ou
Livre terrier, c'est-à-dire de l'ancien Cadastre. Mais le
commandeur, jaloux de n'avoir pas été associé par la
Communauté à cette œuvre, qui lui aurait fourni l'occasion de faire déterminer d'une manière précise et
indiscutable son pouvoir et ses droits, voulut pour son
propre compte faire procéder à la même opération. Le
sieur de Cazaux, procureur de François Martin, s'ap-
puyant sur la Reconnaissance de 1529, bien que celle-
ci n'eût pas été faite de l'autorité de son Ordre[1], fit en
conséquence requérir les habitants de venir reconnaître tous les biens qu'ils tenaient relevant de la commanderie, pour en recevoir ensuite de lui l'investiture.
Les Gabrais, n'osant se mettre dès l'abord en révolte
ouverte avec lui, offrirent de déférer à son désir, mais
en fin de compte n'en firent rien. Ce que voyant, le
sieur de Cazaux les assigna aux Requêtes de Toulouse
par exploit libellé du 5 mars 1644, afin de les obliger à
refaire à son intention l'arpentement général déjà fait
par eux précédemment, prétendant que leur Livre terrier était nul et de nul effet pour son regard, vu qu'il
n'avait pas participé à sa confection. La Communauté
lui ayant opposé un refus, motivé par les grands frais
qu'entraînerait une opération nouvelle, la Chambre des
Requêtes, saisie de l'affaire, condamna, par un juge-

---

1. Cette Reconnaissance, dont il a été déjà question précédemment,
fut faite, nous le rappelons, à l'occasion d'une mesure générale intéressant tout le domaine royal en Languedoc, de l'autorité du roi et par ses
Trésoriers généraux (V. II⁰ Part. Chap. XIII).

ment rendu en contradictoire défense le 4 février 1648,
« les consuls manants habitants et bientenants... à faire
procéder par tout le mois à un nouvel arpentement ».
Sur un nouveau refus de leur part, ils furent, par un
autre jugement des mêmes Requêtes, condamnés à
consigner la somme de 5oo livres pour subvenir aux
frais dudit arpentement.

Les Gabrais, à bout de ressources, résolurent de
proposer à leur partie un arrangement. Ils vinrent
« trouver en corps de communauté ledit s^r de Cazaux
pour le supplier de vouloir rédimer leur Communauté
qui était pauvre et misérable de tant de frais qu'il était
nécessaire de faire pour une nouvelle reconnaissance,
et qu'ils étaient résolus de prendre tous les expédients
possibles pour terminer cette affaire par les voies de
la douceur et suivant l'avis que leur en donnait leur
Conseil ». Cazaux les écouta avec bienveillance; mais
il prit du temps pour répondre, voulant consulter auparavant lui aussi son Conseil. Les deux avocats de
Toulouse auxquels il s'adressa trouvèrent à propos,
sur le vu des titres qu'il avait en sa puissance, de
demander aux habitants de Gabre « une seule Reconnaissance générale par laquelle ils s'obligeraient de
payer toute la rente due audit s^r commandeur par la
main des Consuls dudit lieu, à un seul payement, ensemble ils s'obligeraient et reconnaîtraient à payer une
poule chaque feu allumant ».

Cette proposition fut soumise aux députés de la Communauté, qui refusèrent d'y souscrire, protestant d'une
manière toute particulière contre l'obligation de payer
la poule au commandeur, attendu que le roi, jusque là
son coseigneur, dont les droits étaient égaux aux siens,

n'avait jamais demandé le droit de fouage, dont il
n'est même pas fait mention dans l'acte de paréage de
1283, le commandeur ne pouvant en aucune façon, di-
saient-ils, exiger de plus grande redevance que le roi.
Sur quoi Cazaux, abandonnant le projet d'accord, les
poursuivit de nouveau et fit procéder contre eux par
saisie de leur bétail.

Réduits à la dernière extrémité, les Gabrais se décidèrent enfin, par délibération du Conseil politique du
24 mars, à accepter le projet de transaction qui leur
était soumis ; et le jour même Jean de Robert-Montauriol[1] écrivit au « chevalier de Cazaux, logé au Collège
St Jean à Toulouse près La Dalbade », la lettre suivante :

« Monsieur

Suivant l'arrêté que nous fîmes dernièrement à Toulouse qu'est de vous rendre certain de la volonté du
Conseil de ce lieu de Gabré touchant le procès que
vous avez intenté contre ladite Communauté nous
n'avons pas failli à faire assembler ledit Conseil Lequel a été tenu ce jourd'hui vingt-quatrième mars La
copie de ladite délibération nous avons fait expédier[2]
et vous l'envoyons par le donneur de la présente Ledit
Conseil vous prie très humblement de agréer de passer
le contrat et de payer afin d'éviter frais à ladite Communauté et vu que vous devez venir en ce lieu ainsi
que quelques-uns nous ont assuré Ce que nous espé-

1. Qui agissait sans doute en qualité de syndic de la Communauté.
2. C'était le notaire Jean-François Alciat, de la Bastide-de-Sérou, qui
remplissait les fonctions de greffier ou secrétaire du Conseil politique
de Gabre.

rons de votre courtoisie Après vous avoir prié de croire
que nous sommes sans condition

Monsieur

vos très humbles et très obéissants et affectionnés ser-
viteurs

de Gabre ce 24ᵉ mars   Montauriol (V. Pl. XII n° 7)
     1648   (autre signature illisible) ».

Conformément à cette décision, le sieur de Cazaux,
fermier de la commanderie, et Jacob de Robert-Garils,
premier consul de Gabre, en tant que procureurs, l'un
du commandeur François Martin et de tout le corps de
son Ordre, l'autre de la Communauté, se rendirent à
Foix, le lundi 27 avril, et passèrent devant le notaire
Antoine Alibert l'acte de transaction [1] :

« ..... Lesquelles parties de leurs grés et par mu-
tuelle stipulation intervenant Ont renoncé et renoncent
à tous procès et différends circonstances et dépendances qu'ils ont eus par ci-devant pour le sujet ci-dessus
énoncé, promettant n'en faire aucune poursuite de part
ni d'autre directement ni indirectement de présent ni
à l'avenir, Ayant convenu par exprès que ledit sʳ de
Cazaux au nom et comme procède se départ tant de la
demande des censives et autres droits quelconques en
quoi que puissent consister concernant la demande de
ladite Reconnaissance nouvelle et Arpentement moyennant la somme de seize livres quatre sols sept deniers
une geline et demie et un quart de geline domestique [2]

_____

1. Pour plus de brièveté, nous nous contenterons de relever le dispo-
sitif de cet acte.
2. Représentant la valeur totale des droits seigneuriaux revenant à la

que ladite Communauté sera tenue de payer annuellement et perpétuellement audit s^r commandeur et à ses
successeurs audit lieu à chaque fête de Toussaint com-
mençant à la prochaine sans réquisition à un seul
terme et actuel payement pour le droit de censive sans
préjudice des arrérages d'icelle à liquider entre les
parties comme il appartiendra, Pacte néanmoins convenu et arrêté qu'en cas lesdits habitants viennent à
contrevenir au présent acte et feraient difficulté de ratifier et approuver tout le contenu en icelui Ce que ledit
s^r de Robert promet faire dans huit jours à compter de
ce jourd'hui à peine de tous dépens dommages et intérêts et d'en remettre la délibération en bonne et due
forme ès mains dudit s^r de Cazaux, ledit s^r commandeur et ses successeurs pourront reprendre et pour-
suivre les errements de ladite Instance et demande tant
dudit Arpentement que nouvelle Reconnaissance droits
seigneuriaux et arrérages d'iceux depuis 29 ans en
tenant toutefois en compte tant ce qu'il recevra des
particuliers habitants et emphytéotes pour les arrérages échus depuis sa possession en ladite commanderie
que autres solutions si point en y a. Plus a été convenu que le droit de fouage sera payé à l'avenir audit
s^r commandeur à raison d'une geline domestique par
chaque feu allumant audit lieu conformément aux anciens hommages et particulièrement à celui de l'année
1549 reçu par Boissonade notaire du Mas-d'Azil et Jugement de Messieurs des Requêtes du Palais de Toulouse du 13 novembre 1630 acquiescé par Transaction

---

Commanderie, suivant la vérification qui en fut faite sur l'ancien Livre
des Reconnaissances de l'an 1529.

du 7 mai 1633 reçue par   [1] Comme aussi sera
en droit ledit s^r commandeur et ses successeurs de se
faire payer des lods et ventes pour la moitié que le
compète de tous contrats emportant avec eux lods et
ventes qui se feront ci-après contre les particuliers
contractants sans que pour raison de ce les syndic et
consuls de ladite Communauté puissent être recher-
chés... ».

En suite et conséquence de ce traité d'accord, Jacob
de Robert consentit encore, le même jour, devant le
même notaire, au nom de la Communauté et en faveur
du commandeur, un acte d'obligation de la somme de
cent livres, représentant les arrérages de l'oblie ou
censive, et payables moitié à la Toussaint prochaine,
moitié à la Toussaint de l'année suivante.

De retour à Gabre, conformément à l'engagement
pris, il fit convoquer, de concert avec son collègue le
consul Bertrand Goux, dans l'après-midi du 24 mai,
par Marc Mirabel, baile ordinaire du lieu, le Conseil
politique, qui se réunit « dans le consistoire de la maison commune »; où se trouvèrent les sieurs Deltaux,
Lagraussette, Naudet de Granier, Isaac de Grenier, le
sieur du Courtalas, le sieur de Bosquet, le sieur Pierre
de Granier, gentilshommes verriers, Pey Dejean, Jean
Arnaud de Roffiac, Marc Roffiac, Isaac Rei, Jean Faure,
Guillaume Mercier, Bernard Saguier ». Il dit à l'assemblée qu'il s'était acquitté de la commission dont elle
l'avait chargé par sa délibération du 24 mars, soumit
à son approbation les deux actes précités, et lui de-

1. Une autre pièce nous permet de combler cette lacune : Il s'agit du
notaire Domeng, également du Mas-d'Azil.

manda de mettre les cent livres « en cottise à la première cottisation ». Le Conseil en délibéra, fit droit à
sa demande et ratifia en tous leurs chefs les deux actes
qu'il avait passés au nom de la Communauté.

Le 17 juin, Jacob de Robert revint à Foix, et, « pour
satisfaire à la clause contenue en la transaction du
27 avril », remit devers le notaire Alibert l'expédition
de la délibération approbative du Conseil, pour qu'il
l'enregistrât.

Cette transaction, il faut le reconnaître, fut un grand
succès pour les commandeurs, pour lesquels elle devait
constituer à l'avenir un titre précieux. Ils ne furent pas
sans s'en rendre compte dès l'abord, et ce n'est pas
sans raison que Cazaux tout le premier faisait observer
aux visiteurs de son Ordre qui passèrent à Gabre au
cours de cette même année 1648, « qu'elle est extrêmement avantageuse pour les sieurs commandeurs d'autant qu'ils tireront tous les ans à l'avenir une rente
assurée au lieu que par le passé de mémoire d'homme
ils n'en ont jamais rien tiré, les droits étant si petits et
si épars qu'ils sont presque imperceptibles, et c'est la
cause aussi que les commandeurs n'en ont jamais fait
nul état n'ayant jamais fait procéder aux reconnaissances desdites oblies ».

Il ne faudrait pas croire pourtant que toutes difficultés fussent levées désormais sur ce point. Des contestations nouvelles surgirent dans la suite, et sur les
anciens procès s'en greffèrent de nouveaux, précédés
ou suivis de violences et d'exécutions judiciaires.

Le commandeur, du reste, n'était encore que médio-
crement satisfait. Il supportait avec impatience le partage de la souveraineté de Gabre avec la Communauté,

rêvant de redevenir, comme à l'origine, seul seigneur temporel et spirituel du lieu, pour recouvrer non seulement son indépendance, mais son ancienne domination. Aussi l'édit du mois de décembre 1651, qui ordonnait la revente des domaines royaux aliénés, ne fut-il pas plus tôt publié que Bernardin Mingaud songea à racheter pour son propre compte celui de Gabre. Nous avons de lui un Mémoire, qui n'est autre qu'une consultation d'avocat, portant la date du 25 avril 1653, où il s'informe des voies et moyens d'acquérir la portion de juridiction vendue en 1640 par le roi à la Communauté avec faculté de rachat. Cependant quelques années se passèrent sans qu'il fît cette acquisition, soit qu'il eût éprouvé quelques difficultés soit pour toute autre raison. Ses démarches aboutirent enfin ; et grâce à une surenchère de 220 livres sur l'ancien prix d'adjudication le domaine royal de Gabre lui fut adjugé à lui-même par contrat du 1er février 1657. Ce contrat renfermait une clause l'obligeant naturellement à rembourser aux consuls le prix de leur achat sur la présentation de leur quittance. Ceux-ci ayant refusé de lui remettre cette pièce pour l'empêcher de quittancer son propre acte, le commandeur les fit assigner devant la souveraine Chambre du domaine pour les y contraindre. Sur ces entrefaites, loin de faire droit à ses réclamations, les consuls lui réservèrent la surprise d'une surenchère nouvelle de 81 livres, qui les remettait en possession du domaine perdu. Mais leur concurrent, averti à temps, en fit encore une autre de 55 livres, à la suite de laquelle nouvelle adjudication lui fut faite par autre contrat du 19 décembre 1659. En vertu de cet acte, contenant mandat donné au premier

magistrat royal pour la mise en possession de Mingaud dès que celui-ci aurait fourni la preuve du remboursement précité, et pour vaincre la résistance des
consuls, le commandeur obtint le même jour une ordonnance de la Chambre du domaine portant obligation pour ceux-ci de lui remettre immédiatement « leur
contrat d'acquisition et quittance de finance pour être
procédé à la liquidation d'icelle »; faute de quoi il
était permis à Mingaud « de leur consigner la somme
de 160 livres pour tenir lieu dudit remboursement »,
sauf à augmenter ou à diminuer la somme le cas
échéant, « moyennant quoi il est enjoint (audit magistrat royal) de le mettre en possession suivant son contrat ».

En conséquence, le 24 janvier 1660, le commandeur
adresse au consul Étienne Déjean, à Gabre même, devant Anglade notaire du Mas-d'Azil, la sommation
d'avoir à lui exhiber incontinent le contrat d'adjudication de 1640 en même temps que la quittance, offrant
d'opérer le remboursement, ou de consigner sur l'heure
la somme dite. Le consul se contente de répondre qu'il
communiquera sa réquisition à son collègue et à la
Communauté, s'excusant d'ailleurs de ne pouvoir accepter les 160 livres offertes. Ce que prenant pour un
refus, le commandeur fait aussitôt la consignation entre les mains de Jean Déjean dit Janet « en cinquante-
trois louis d'argent et une pièce de vingt sols », s'offrant
d'un côté à compléter cette somme si elle était inférieure aux déboursés de la Communauté, et se réser-
vant d'un autre côté d'en reprendre l'excédent s'il y
avait lieu.

Cela fait, le commandeur, impatient de se faire mettre

sans retard en possession du domaine royal, va trouver
le surlendemain le juge de Rieux, Urbain de Thomas,
qui se transporte à Gabre le 28 janvier, et procède à
son « installation réelle actuelle et corporelle du domaine dudit lieu... par l'entrée et sortie de l'église et
attouchement du verrou de la maison commune ».

La Commanderie ne jouit pas longtemps de ce domaine. Elle en fut dépossédée, sans même pouvoir
obtenir le remboursement du prix de son achat, dès
l'an 1667, grâce aux intrigues de la Communauté et du
Juge de Rieux lui-même, qui se retourna contre elle et
alla jusqu'à lui disputer, comme nous le verrons tantôt
(V. Chap. XII), les prérogatives seigneuriales[1].

Les démêlés entre la Commanderie et la Communauté ne furent jamais plus vifs que du temps de Mingaud, comme on a pu s'en convaincre déjà. On connaît
les prétentions de ce commandeur, et les nombreux
arrêts obtenus par lui contre les habitants de Gabre. Il
n'eut rien de plus pressé, dès qu'il se trouva seul seigneur temporel et spirituel de cette localité, que de
poursuivre l'exécution de ces arrêts, restés lettre morte
suivant la coutume, pensant trouver dans sa nouvelle
qualité un gage de succès ; mais ses espérances le
trahirent, et il mourut sans avoir pu venir à bout de
son entreprise.

Il en valait la peine pourtant ; car le total des condamnations montait à plus de mille livres, et c'était là

---

1. Nous ignorons les péripéties survenues dès lors relativement au
domaine royal de Gabre ; nous savons seulement, par un « Verbal des
ameilleurissements de la commanderie » de 1769, qu'à cette date il appartenait « au sieur de Falantin seigneur engagiste du Roi », qui en
jouit jusqu'en 1771, époque à laquelle la Couronne reprit les domaines
aliénés.

une jolie somme à encaisser. Aussi, après le décès de Mingaud, malgré la prescription survenue, l'Ordre de Saint-Jean ne voulut-il pas en faire son deuil. François Descomptes de Montpezat, commandeur de La Cavalerie[1] et receveur pour l'Ordre au grand-prieuré de Toulouse, saisit le Parlement, en mars 1667, d'une requête à la suite de laquelle il obtint, le 12 de ce mois, un exécutoire, libellé par le conseiller Rabaudy.

Muni de cette pièce, un autre chevalier du même Ordre, François de Montaud de Labat, procédant comme procureur de Descomptes, et accompagné de trois hommes de la garnison du château de Foix, dont un sergent, Jean Brassac, et deux soldats, Laforest et Bellegarde, et d'un notaire, de Lauriol, se transporte à Gabre dans les derniers jours d'avril pour mettre les habitants en demeure d'ouvrir leur bourse. Mais, malgré tout cet appareil, il ne fait rien de bon, ne pouvant tirer quoi que ce soit des Gabrais, qui se tiennent sur leurs gardes devant les saisies dont ils sont menacés. Las enfin de ses tentatives infructueuses, il descend, le 2 mai, chez le consul Jean de Robert-Montauriol, et lui représente qu'il n'est pas sans connaître le but de sa visite et l'inutilité de ses efforts « d'exécuter des effets appartenants aux habitants et bientenants de cette Communauté... à cause du grand soin qu'on prend de les tenir cachés »; en conséquence il le « requiert de vouloir lui procurer le payement du contenu auxdits exécutoires, Autrement à faute de ce faire proteste du séjour qu'il fera en ce lieu avec ledit sergent soldats et autres personnes pour continuer lesdites exécutions

1. Commanderie située aux environs de Pamiers.

et généralement de tout ce qu'il peut et doit protester ». Le sieur de Montauriol lui répond « que lesdits habitants sont accablés d'une misère fort grande pour le présent et par conséquent dans l'impuissance de pouvoir exiger rien pour pouvoir faire ledit payement, offrant pourtant de faire ce qu'il pourra de son côté afin que lesdites provisions soient exécutées, et n'accepte aucune protestation ».

Le chevalier se retire sur cette réponse dilatoire du consul, prend un jour de répit, espérant peut-être que durant ce temps les Gabrais viendront à résipiscence; mais le lendemain, 4 mai, ne voyant rien venir, il relance le sergent et les deux soldats, qui ont pour consigne de piller deux métairies des environs. Mais les soldats reviennent encore bredouilles : « quelles diligences qu'ils aient faites Ils n'ont pu rien saisir pour avoir les métayers ou ceux qui occupaient lesdites métairies entièrement déserté ».

Le jour suivant, nouvelle expédition. Cette fois nos trois hommes font capture; mais ils n'ont pas la main heureuse, car les saisis, tout en étant, il est vrai, « bientenants » de Gabre, se trouvent être des habitants de la Bastide-de-Sérou : le nommé Belit ou Palit et les héritiers Gauzence[1]. Ils enlèvent au premier « un cheval poil Izabelle », qu'ils conduisent à Gabre et séquestrent chez « Jacob Faure hôte dudit Gabre »; aux seconds, ou plutôt à leur métayer Jean-Paul Nougué, « 24 brebis 12 agneaux et une jument poil noir trouvés à la métairie dite de Pujol », qu'ils emmènent égale-

---

1. Cette particularité provient sans doute de ce que ces gens, se croyant naturellement moins exposés à la saisie, ne songeaient pas à se garer avec autant de soin que les vrais Gabrais.

ment au village et remettent aussi en séquestre à Jean
Valenc. Le métayer y accourt après les soldats ; on lui
notifie la saisie aux lieu et place de ses maîtres, qui
sont assignés au lendemain matin, à 8 heures, « à la
place publique dudit Gabre pour voir exposer en vente
le susdit bétail à l'inquant public et la délivrance au
plus offrant pour le prix en provenant servir en dé-
duction du payement susdit ».

Il est à croire que cette vente aux enchères n'eut pas
lieu, car il en serait resté probablement quelque trace.
Elle avait, du reste, contre elle une sorte d'impossibilité morale, et peut-être même une impossibilité ma-
térielle : l'exécution judiciaire portait réellement à faux
et appelait des protestations légitimes capables de l'empêcher, les habitants de la Bastide ne pouvant pourtant pas payer pour ceux de Gabre ; et qui sait d'ailleurs si Valenc, qui s'était opposé formellement à
signer le procès-verbal de séquestre, ne profita pas
de la nuit pour rendre le bétail à son propriétaire ?

Le *bois de l'Hôpital,* dont nous avons déjà parlé
(V. IIe Part. Chap. VII), et que l'on trouve aussi quelquefois désigné sous le nom de *forêt de Gabre,* fut
encore un sujet de querelle entre le commandeur et les
Gabrais. Ceux-ci prétendaient avoir le droit d'usage
sur ce bois ; et il est bien certain qu'ils l'exercèrent, à
raison ou à tort, soit pendant le temps qu'ils étaient
restés en possession du domaine royal de Gabre, soit
antérieurement durant les troubles ou en l'absence des
commandeurs ; mais ce droit ne se basait apparemment
sur aucun titre, car, mis en demeure d'en produire un,
ils se trouvèrent impuissants à le faire.

Le commandeur, courroucé de les voir user et abuser sans cesse de ce bois tant pour leur chauffage que pour le pacage de leur bétail, profita, vers la fin de l'année 1669, de la députation faite par Sa Majesté de Louis de Froidour, président en la Maîtrise des Eaux et Forêts du Comté de Marle et La Fère, en vue de leur réformation générale au Département de la Grande Maîtrise de Toulouse, pour soumettre le cas à ce commissaire. Par un exploit d'assignation en date du 28 novembre il somma les consuls de faire foi des titres sur lesquels ils fondaient leur prétention d'usagers, et par la même occasion leur demanda compte des dégradations commises dans le bois par leurs administrés. L'un des consuls, Jean de Robert-Montauriol, se présenta devant le procureur du roi chargé de poursuivre l'affaire et se contenta de revendiquer la jouissance du bois, demandant délai pour faire sa production. Le délai de huitaine qui lui fut accordé étant expiré et la production n'ayant pas été faite, le procureur réclama une condamnation à une amende de 500 livres. Mais Froidour donna aux consuls un nouveau délai de huit jours par son ordonnance du 31 janvier 1670, qui fut signifiée le 7 février à Domenge Pélata. Nous ignorons quelle fut la suite du procès, mais il est à présumer que le commandeur obtint définitivement gain de cause; ce qui n'empêcha pas les habitants de Gabre de se comporter dans la suite à l'égard de ce bois comme par le passé, quittes à subir peut-être encore de ce chef des procès et des condamnations illusoires [1].

---

1. Deux simples citations feront bien comprendre l'état de ce bois. Voici

CHAPITRE XII

Les Commandeurs et le Roi de France ou son représentant le Juge de Rieux.

Si les sujets de litige entre la Communauté de Gabre et la Commanderie ne manquaient pas, les droits de cette dernière se trouvaient aussi quelquefois méconnus par le roi de France lui-même ou son officier le juge de Rieux. Celui-ci, dont le rôle devait se restreindre, semble-t-il, d'après l'acte de paréage, à rendre la justice au nom des deux coseigneurs, commandeur et roi, tendait chaque jour davantage à accaparer les prérogatives seigneuriales. Sans rechercher jusqu'où pouvait être allée, dans la suite des âges, sa compétence, nous constatons qu'au dix-septième siècle, loin de se borner à rendre la justice, attribution qu'il partageait

comment s'expriment à son sujet les Visiteurs de la Commanderie, en 1648, et en 1679; les premiers : « Ledit sieur de Cazaux nous aurait conduits à un bois appelé *de l'Hôpital* dépendant de ladite commanderie, Lequel bois avons trouvé en très mauvais état étant entièrement détruit et ruiné, Et parce que par la visite générale (de 1637) il fut ordonné audit sr Dandré et à ses successeurs d'y tenir un forestier pour le conserver et en avoir soin, aurions demandé audit sr de Cazaux pourquoi est-ce qu'il ne le fait garder conformément à ladite ordonnance, A quoi il nous aurait répondu que ce serait une chose superflue et inutile, vu que le bois est tellement ruiné et dépéri que quand il serait gardé durant cent ans il ne pourrait donner nulle utilité ni profit à ladite commanderie »; et les seconds : « Finalement sommes allés visiter le bois taillis dit *de l'Hôpital...* qu'avons trouvé tout perdu et ruiné n'y ayant à la plupart que quelques broussailles à cause que le bétail mange la nouvelle mise Ce qui nous fait dire qu'il n'y aura jamais bois tant qu'il en sera usé de la sorte D'ailleurs nous avons remarqué qu'on y a mis le feu en divers endroits et fait brûler jusques aux racines environ 9 à 10 séterées qui ne jette aucune mise ».

d'ailleurs à cette époque avec les consuls[1], il s'arrogeait le droit de présider à l'élection de ceux-ci, même à l'exclusion du commandeur, et de donner le serment à ces officiers communaux sans être muni à cet égard d'un mandat formel, émanant à la fois des deux pariers, commandeur et roi. Il négligeait aussi de prêter lui-même serment au premier concernant l'exercice des fonctions de sa charge, comme cela devait se faire régulièrement dans le principe ; et il ne pouvait du reste guère agir autrement, car cet acte de subordination aurait par lui-même abattu ses prétentions, qui ne tendaient à rien de moins qu'à supplanter, avec l'approbation expresse ou tacite du roi, le seigneur primitif et direct de Gabre. Le juge poussait même l'audace jusqu'à déléguer parfois sa souveraineté usurpée, en confiant à un simple commissaire, dépourvu d'ailleurs de tout titre régulier, le soin de recevoir en son nom la prestation de serment des consuls[2].

Le commandeur, jaloux déjà de la juridiction consulaire, voyait ces empiétements d'un œil irrité. Aussi le

---

1. Les Consuls rendaient la justice civile d'un écu en bas. Ils avaient également voix au chapitre pour la justice criminelle, dans l'exercice de laquelle ils se faisaient assister par le Conseil du Sénéchal de Foix, comme il résulte d'un procès grave fait de leur autorité contre deux Pierre Villa, père et fils, qui, dans une rébellion, avaient commis un double meurtre à Gabre contre Jean Doumenc, un fils du Gayétayré que nous connaissons, et Jean Lacombe, et qui furent condamnés à mort le 7 août 1640, sur la poursuite dirigée contre eux par la mère de Jean Doumenc, Marie de Robert, et la fiancée de Jean Lacombe, Françoise Doumenc. Les condamnés devaient être exécutés sur la place publique de Gabre, et leurs corps jetés à la voirie ; mais ils firent appel de ce jugement, et nous ignorons quelle fut l'issue définitive de l'affaire, portée à la fois devant le Parlement de Toulouse et la Chambre de l'Édit de Castres.

2. Les frais de voyage et de séjour du juge ou de son commissaire étaient payés par la Communauté.

trouvons-nous, dès l'an 1653, en consultation auprès
d'un avocat de Toulouse, M⁰ Parisot, lui demandant,
d'un air indigné, « avis sur ce dessus Si c'est audit
Juge à donner le serment ou au Commandeur et ses
procureurs Et si le Juge de Rieux a quelque pouvoir
particulier par-dessus les autres Juges et s'il peut faire
ces actions par commis sans montrer lettres ni patentes qui leur donnent ce pouvoir Ce qui semble incom-
patible qu'un Juge qui doit exercer la Justice tant pour
le Roi que pour le Commandeur donne le serment aux
Consuls qui doivent aussi exercer la Justice tant pour
le Roi que pour le Commandeur Par la donation est
dit que le Juge exercera la Justice tant pour le Roi
que pour le Commandeur Des Consuls il n'en est pas
parlé C'est un privilège ou un abus duquel ils se ser-
vent aujourd'hui comme de loi et s'ils exercent la Justice tant pour le Roi que pour le Commandeur pourquoi le Juge de Rieux lui < leur > doit donner le serment et non le Commandeur Car le Juge ne peut être
à Gabre que l'Image du Roi mais le Commandeur est
la personne même qui ne doit céder qu'au Roi »[1].

Il était bien bon, le commandeur, de vouloir céder
au roi, lui le premier seigneur de Gabre, qui libérale-
ment avait octroyé à Sa Majesté la moitié de sa seigneurie! Mais, si bon fût-il, il ne voulait point céder
au juge, qui, d'officier qu'il était à son service aussi
bien qu'au service du roi, se transformait en rival et
se rendait coupable à son égard du plus flagrant abus
de pouvoir. Cependant la protestation qu'il fit dresser
contre lui à l'occasion de la nomination consulaire du

---

1. Extrait d'un *Mémoire* du commandeur Mingaud, qui fut, comme
on l'a vu (V. Chap. XI), un des plus batailleurs.

1er novembre de l'an précité, et dont nous ignorons les suites, n'amena sans doute aucun bon résultat ; car le procès-verbal de visite de 1679 nous apprend que cet abus se perpétuait. Voici, en effet, les paroles qu'adressait à ce moment aux visiteurs de la commanderie Bernard Pons, vicaire de Gabre, qui en était alors fermier : « En qualité de seigneur Justicier haut moyen et bas en paréage avec le Roi ledit sieur Commandeur faisait autrefois les Consuls Mais à présent le Juge de Rieux les vient faire tous les ans et se fait payer 5 livres pour son voyage aux habitants et rend en seul la Justice au nom du Roi quoiqu'elle se dût aussi bien rendre au nom dudit Commandeur qui devrait de même élire les Consuls alternativement avec ledit Juge ». On voit que le juge continuait d'en prendre à son aise avec le commandeur ; et apparemment il se gênait d'autant moins que celui-ci était le plus souvent absent, comme en cette circonstance. L'éloignement du véritable seigneur lui laissait, on le comprend sans peine, les coudées franches pour jouer au seigneur lui-même et usurper la prépondérance [1].

---

1. Il y était d'ailleurs encouragé par la Communauté elle-même, dont les sujets de désaccord avec le commandeur subsistaient toujours, et qui ne demandait pas mieux que de voir le juge faire pièce à son adversaire, pour achever de ruiner son autorité. Deux documents que nous avons sous la main, et qui ne manquent pas d'intérêt, nous font connaître la situation embarrassée où François de Laugeiret avait à se débrouiller quelques années avant la fin du dix-septième siècle. Il s'agit d'un conseil d'avocat, accompagné d'une lettre explicative de ce commandeur à son procureur Carbonel, lettre à laquelle il a été déjà fait allusion précédemment (V. Chap. II et XI).

« *Réponse à Mémoires remis pour Consulte*

Le soussigné qui a vu les Actes de Mr le Commandeur de Gabre et les Mémoires sur ce remis

Dit que le sr Commandeur doit incessamment nommer ses officiers

Que sera-ce donc si le roi s'en mêle, si à son tour il bat en brèche l'autorité ou les privilèges de son cosei-

dans ladite Commanderie, afin que la Justice s'y rende en son nom, et que si on les trouble dans l'exercice de leur charge, il puisse s'y faire maintenir conformément aux actes qu'il a en son pouvoir.

Sans qu'on lui puisse opposer aucune prescription, parce qu'entre pariers et associés la prescription ne peut pas courir.

Ledit sieur Commandeur doit aussi se faire rendre les hommages qui lui sont dus par la Communauté et Consuls de Gabre le plus tôt qu'il pourra parce que la négligence pourrait lui faire quelque préjudice.

Par la même raison il doit se rendre sur les lieux lorsqu'on fera les Consuls, afin qu'on lui communique la nomination qu'on aura faite et qu'il choisisse sur le nombre de quatre les deux qu'il voudra choisir pour Consuls, Auxquels il fera prêter le serment suivant les anciennes coutumes.

Ledit sieur Commandeur ayant acquis les droits du Roi par les moyens de la vente qui en a été faite à ses prédécesseurs est obligé d'en jouir et de se mettre en possession, et si on la lui conteste, il doit se pourvoir devant Monsieur l'Intendant, afin d'y être maintenu ou en tout cas remboursé des sommes qui ont été fournies et délivrées pour l'acquisition desdits droits.

Et pour ce qui regarde la nomination desdits officiers, il sera observé que ledit sieur Commandeur doit nommer un juge ou baile qui soit avocat, afin qu'on ne lui conteste pas sa qualité, comme aussi un procureur juridictionnel qui soit intelligent et qui sache écrire.

Délibéré à Nîmes ce 19 novembre 1687

Poulon »

« Monsieur,

J'aurais souhaité que vous m'eussiez cru lorsque je vous écrivis qu'il fallait en vertu de nos actes nous mettre en possession de la Juridiction de Gabre et de son domaine, Car en cas d'opposition j'avais une occasion tout à fait favorable dans la tenue des États à Nîmes ces jours passés pour avoir une briève justice de Mr l'Intendant par les puissances que j'avais pour lors dans cette assemblée, Mais comme il faut toujours venir à mon avis puisqu'il ne faut jamais se plaindre avant qu'être battu, Vous verrez par le Conseil de l'Avocat qui passe pour habile et qui est incessamment employé par Mr l'Intendant dans les affaires du domaine, comme il faut se mettre en possession en faveur de la donation du paréage avec le Roi de la moitié de notre Juridiction et pour ce je vous envoie quatre lettres pour les quatre officiers dont vous remplirez les vides par des gens capables pour ces charges et qui soutiendront avec vigueur mon droit et surtout le juge ou baile qu'il soit avocat pour qu'on n'y trouve aucun défaut et si on s'y oppose verbalisez contre ces parties, et alors je me pourvoirai devant Mr l'Intendant, Vous devez

gneur! comme il ne manqua pas d'arriver : A l'occasion de la réception des aveux et dénombrements rela-

encore vous mettre en possession du domaine et nommer un rentier
pour cet effet, si Montfort voulait vous servir dans cette affaire il le pourrait facilement, et s'il y a de l'opposition par la Communauté comme le
possédant pour le Roi, vous avez votre Jugement des Requêtes et le
faire valoir, et si c'est du côté du Roi, vous pouvez leur mettre en not-
tice l'achat fait par Mr Mingaud, et n'ayant point d'égard à nos actes
verbaliser et se pourvoir alors devant Mr l'Intendant ou pour la maintenue ou pour le remboursement des sommes livrées pour cet effet, Vous
verrez le Conseil de l'Avocat que je vous envoie et que vous conserverez
pour toujours faire paraître pour nous servir aux ameilleurissements.
Je fus rendre visite à Mr l'Evêque de Rieux qui me fit à son ordinaire
mille protestations d'amitié Mais il a toujours sa marotte qu'il faut donner davantage de 200 livres au Vicaire pour pouvoir bien faire son
devoir que l'autre qu'il s'en était tiré qu'une grande maladie qu'il avait
eu en était la cause et qu'il en avait longtemps craché le sang, Outre
beaucoup de raisons que je lui dis sur ce sujet Mr le marquis de Villeneuve neveu à Mr le Cardinal le pria de vouloir me considérer comme
d'une famille pour laquelle il avait la dernière bonté, Je ne sais si l'empressement de ce Monsieur pourrait l'avoir ramené Néanmoins il y promit beaucoup, Vous le connaîtrez à la nomination de ce nouveau vicaire,
Ce n'est pas que comme je vous ai déjà dit que s'il fallait lui augmenter
sa congrue de 15 ou 20 livres par-dessus les 200 livres de le faire mais
que ce fût gratuitement et non pas d'obligation pour ne me porter pas
coup à l'avenir, Vous vous ménagerez dans toutes ces affaires à votre
ordinaire bonne conduite, Si Mr Rignon est encore à Toulouse conférez
avec lui et s'il veut me servir il le pourra facilement sous l'espoir d'une
récompense.

Mr de Rieux fut fort satisfait des réparations que je fais à l'église de
Gabre et lui fis connaître que je n'y oublierai rien pour attirer les Nouveaux Convertis à venir y faire leur devoir, J'attends l'issue de toutes
ces affaires avec impatience sans pourtant aucun empressement pour ne
faire les choses bien à propos, et n'épargnez pas ma bourse si l'occasion
le requiert, Je suis à mon ordinaire.

Mes respects à Mr le Receveur et salue toute votre famille.

J'avais oublié de vous dire que pour la nomination des Consuls,
Comme le temps qu'on le fait est passé, lorsqu'il reviendra je vous enverrai une procuration expresse pour cela afin d'assister au Conseil et
choisir deux de Consuls et leur faire prêter le serment.

Par une autre occasion je vous enverrai lorsque vous m'en écrirez
d'autres lettres pour les officiers de Suzan si vous le trouvez à propos
          Monsieur
               votre très humble et très obéissant serviteur
     à St Gilles le 1er décembre 1687   f F Laugeiret Comr ».

tifs à une confection nouvelle du papier terrier, les commissaires royaux en Languedoc, sur opposition du procureur du roi au dénombrement remis par devers eux par Me Bernard Carbonel, notaire de Toulouse et procureur du commandeur Laugeiret, qui avait compté parmi ses droits celui d'exercer la justice au même titre que le roi, en même temps que celui de percevoir seul, à l'exclusion du roi, le droit de fouage, rendirent, le 5 septembre 1688, une ordonnance laissant indécise la question de la justice mais adjugeant au roi la moitié du fouage.

C'était la première fois que le roi de France manifestait une prétention pareille. Jamais il n'avait eu part à la poule imposée à chaque feu allumant. Aussi le commandeur, à la suite d'une opposition ardente, fort de son bon droit établi sur un usage immémorial, parvint-il enfin à faire rétracter le jugement ci-dessus par les mêmes commissaires, le 29 octobre de l'année suivante.

Mais cette rétractation, il faut le remarquer, ne visait que le droit de fouage, dont le bénéfice fut attribué totalement au commandeur. Elle laissait pendante, encore une fois, la question de la justice, et conséquemment la rivalité du commandeur et du juge; car sur ce point les commissaires se déclarèrent incompétents et renvoyèrent les parties devant les juges chargés d'en connaître.

Qu'en advint-il par la suite? Nous ne saurions le dire d'une manière précise, faute de documents; mais tout nous porte à croire que les choses continuèrent d'aller comme par le passé, le juge de Rieux et le commandeur renouvelant sans cesse l'un ses empiètements

et l'autre ses plaintes. C'est du moins l'état dans lequel
nous les trouvons encore soixante-neuf ans après. Le
24 octobre 1758, en effet, François Honorat, absent
d'ailleurs de la commanderie, suivant la coutume, et
résidant à Toulouse, fait signifier par l'huissier Jean
Darqué « à Mᵉ Dussol Juge royal de la ville de Rieux
qu'il est venu à la connaissance du sieur requérant
que ledit sieur Dussol s'est immiscé jusqu'à présent à
l'exercice de la Justice de la seigneurie de Gabre et à
procéder à la nomination des Consuls sans aucun pouvoir titre ni mandat de la part dudit seigneur Commandeur Ce qui est totalement contraire aux droits et
titres de la commanderie puisque le seigneur requérant ayant la Justice en paréage avec le Roi dans ledit
lieu de Gabre elle ne saurait être exercée alternativement qu'en vertu d'un titre fait par ledit seigneur requérant et dont n'est pas pourvu ledit Mᵉ Dussol C'est
pourquoi ledit seigneur requérant somme et requiert
par le présent acte ledit Mᵉ Dussol de ne plus s'im-
miscer dans les fonctions de la Judicature dudit lieu
de Gabre et à ne point faire les Consuls comme il l'a
abusivement fait par le passé, lui déclarant que ledit
seigneur requérant est opposant à tout ce qu'il peut
avoir été fait par ledit sieur Dussol et que si au préjudice du présent il continue d'exercer, il se pourvoira
où et par-devant qui il appartiendra pour le lui faire
défendre avec tous dépens dommages et intérêts ».

CHAPITRE XIII

Le commandeur Honorat et les Gentilshommes verriers.

A propos du commandeur Honorat, une question particulière se pose concernant le droit de fouage relativement aux gentilshommes verriers. Ceux-ci étaient-ils soumis à ce droit? Devaient-ils, comme les autres habitants, payer au seigneur la redevance qui y était attachée? Il ne le semble pas, étant donnés les privilèges et immunités dont ils jouissaient en vertu des Lettres patentes que nous connaissons (V. Ire Part. Chap. VI). Le commandeur Honorat essaya toutefois, vers le milieu du siècle passé, de les assujettir à cette imposition. Les gentilshommes verriers, qui formaient alors dans l'endroit une vingtaine de familles environ, et qui prétendaient en avoir été exempts de tout temps, protestèrent avec force contre cette entreprise. L'affaire menaçait de dégénérer en procès, lorsqu'une simple consultation d'avocat fit tenir coi le commandeur. Honorat appuyait à la fois sa demande sur de prétendus précédents, suivant lesquels les gentilshommes verriers auraient payé à ses prédécesseurs le droit qu'il leur réclamait lui-même, et sur la Transaction de 1648 consentie par la Communauté et signée en son nom par un de ces mêmes gentilshommes, Jacob de Robert-Garils. Mais ces derniers n'eurent aucune peine à faire réfuter ses allégations ou prétentions par leur conseil Me Gracie, qui, à la date du 8 novembre 1760, leur

remit sa consultation pour leur servir où besoin serait.
Le commandeur fit prendre copie de cette pièce, qu'il
soumit à son tour à un avocat, sous les yeux duquel il
plaça en même temps la Transaction précitée, comme
aussi les Lettres patentes obtenues par les gentilshommes verriers le 5 janvier 1731, en accompagnant ces
documents d'un Mémoire, pour avoir avis de lui sur le
tout. La réponse de ce dernier, que nous possédons, et
qui termina probablement le différend, est intéressante
et mérite d'être transcrite :

« *Consultation sur la prétention des gentilshommes
    verriers au préjudice de la commanderie de
    Gabre*

Le Conseil soussigné, qui a lu la Transaction passée
entre M. le commandeur de Gabre et le syndic de la
Communauté le 27 avril 1648, l'Extrait de certaines
Patentes du 5 janvier 1730[1] enregistrées au Parlement
de Toulouse le 21 mars 1731, et la Copie d'une Consultation du 8 novembre 1760, estime :

1° Que M. le Commandeur ne peut retirer aucun
avantage, ni prendre aucune induction favorable, de
la circonstance que le sr Robert, gentilhomme verrier,
passa la transaction de 1644 en la qualité de consul,
ou député de la Communauté.

Les raisons qui le prouvent sont très bien expliquées
dans la consultation du 8 novembre 1760. Elles sont

---

1. Nous rétablissons ici les dates erronées ou variantes mentionnées
dans cette pièce : la Transaction est du 27 avril 1648; l'Arrêt du Conseil
du 9 mars 1728; les Lettres patentes du 5 janvier 1731, et leur Enregis-
trement au Parlement de Toulouse du 29 mars de la même année.

sans réplique du moins raisonnable, et cela par la seule observation qu'en 1644 le s^r de Robert n'agissait que pour et au nom de la Communauté, et non comme député ou mandataire des gentilshommes verriers ; Ce qu'il fit en la qualité de syndic de la Communauté ne peut donc pas nuire aux Privilèges, Exemptions et Immunités qui peuvent être attachés à l'Art ou Science de la Verrerie.

2° On assure dans le Mémoire pour M. le Commandeur que les gentilshommes verriers demeurant à Gabre ont toujours payé une geline pour fouage. Il est cependant allégué dans la Consultation du 8 novembre 1760 qu'ils n'ont jamais payé.

Ce fait pourrait être intéressant, parce que si réellement ils n'avaient jamais payé, et que néanmoins les autres habitants eussent payé, MM. les Commandeurs sembleraient avoir reconnu du moins tacitement le privilège d'Exemption en faveur des gentilshommes verriers.

Si au contraire les gentilshommes verriers avaient payé, on pourrait en induire avec quelque fondement qu'ils avaient reconnu que leurs privilèges ne recevaient pas application au cas dont s'agit.

Il faut pourtant convenir que le fait de savoir si les verriers ont payé ou non ne serait pas décisif, ni pour M. le Commandeur ni pour les Verriers, parce que le fouage étant droit seigneurial et imprescriptible, les Verriers, s'ils y étaient assujettis, ne pourraient pas s'en dispenser sous le prétexte de la possession ; et d'autre côté, si l'Art et la Science de Verrerie avait le privilège d'exemption d'un fouage seigneurial, la facilité de ceux qui ont exercé cet art en payant un fouage non dû ne nuirait pas à ceux qui l'exercent actuellement.

3° Au fond l'arrêt du Conseil de 1729 et les Lettres patentes de 1730 sont relatifs à d'autres Lettres patentes du roi Louis XIV de l'an 1655.

Il faudrait voir les Lettres patentes de 1655, pour savoir si elles contiennent des privilèges aussi étendus que ceux exposés dans la Requête sur laquelle a été rendu l'Arrêt du Conseil de 1729.

Car on observe que le Roi heureusement régnant n'a pas maintenu les gentilshommes verriers du Couserans en tous les privilèges qu'ils avaient allégués dans leur Requête, Sa Majesté n'a confirmé que les privilèges énoncés aux Lettres patentes de 1655 et encore à condition qu'ils n'aient pas été révoqués.

On ne peut donc juger de l'étendue des privilèges confirmés en 1729 qu'autant qu'on aurait un Extrait ou une Copie des Lettres patentes de 1655.

On dira cependant que si les Lettres patentes de 1655 contenaient tout ce que les gentilshommes verriers ont allégué dans la Requête sur laquelle a été rendu l'Arrêt du Conseil de 1729, il n'y aurait moyen de les assujettir au fouage tant que cet arrêt subsisterait, et il faudrait nécessairement le renverser, ou l'emporter en l'attaquant par la voie d'opposition, et rappel des Lettres patentes qui l'ont suivi.

En effet les Verriers ont allégué dans la Requête sur laquelle a été rendu l'arrêt du Conseil en 1729 qu'ils étaient exempts non seulement de toutes tailles, mais encore de Censives, Terrages, Habitages, et autres Redevances, qu'il était défendu aux collecteurs des tailles, et aux seigneurs particuliers, de les assujettir ni à la taille, ni à la Censive pour les Biens qu'ils possèdent en leur particulier.

Si un tel privilège était accordé par les Lettres patentes de 1655 confirmées par celles de 1730, il est bien évident que tant que ces Lettres subsisteraient, M. le Commandeur seigneur particulier de Gabre ne pourrait pas exiger le fouage, qui n'est dans la réalité qu'un droit d'habitage, ou d'habitanage, ou d'avoir feu allumant dans Gabre.

Il faut donc que M. le Commandeur exige qu'on lui communique les Lettres patentes du roi Louis XIV de 1655, et si ces Lettres contiennent immunité, ou affranchissement des droits de censive, habitage, et autres, au préjudice même des seigneurs particuliers, il faudra nécessairement se pourvoir par-devers Sa Majesté pour faire révoquer, ou du moins expliquer les Lettres patentes.

Car au surplus on ne saurait se persuader que le Roi, qui ne fait jamais des grâces au préjudice de la justice qu'il doit à ses sujets, ait voulu gratifier les gentilshommes verriers de l'exemption des droits dus aux seigneurs particuliers, soit par les biens que les Verriers possèdent, soit à raison des maisons où ils allument leur feu d'habitation ordinaire, et de leur famille.

Du reste, comme il est désagréable de s'exposer à un procès, pour un objet aussi peu important que l'est une poule pour chaque feu allumant de gentilshommes verriers résidant à Gabre, que cependant il pourrait être important pour l'Ordre de Malte en général que les gentilshommes verriers ne puissent ni abuser de leurs privilèges, ni les étendre, il serait à propos d'instruire l'Ordre de ce qui se passe, afin de pouvoir aviser s'il ne conviendrait pas de se pourvoir au nom de l'Ordre par-devers Sa Majesté, pour faire expliquer les privilèges des Verriers, et les faire limiter dans les bornes de la justice.

Délibéré à Toulouse le 5 mars 1761

Desirat. »

L'affaire en resta là sans doute, comme nous le disions tout à l'heure ; car la seule ressource indiquée au commandeur par son avocat-conseil de mieux s'informer et d'intéresser au litige l'Ordre tout entier était par trop aléatoire. Les privilèges des gentilshommes verriers étaient de longue date et semblaient être bien établis, en fait sinon en droit (V. Iʳᵉ Part. Chap. VI) ; et il n'était pas à prévoir que l'Ordre prît sur lui de leur faire un procès ou de demander au roi le retrait de leurs vieilles franchises.

CHAPITRE XIV

Les Commandeurs et les Catholiques; l'Église de Gabre.

Il est aisé de voir, par ce qui précède, que l'intérêt personnel était sinon le seul du moins le principal mobile de la conduite des commandeurs. Ce qui les touchait par-dessus tout, c'était ce qui pouvait leur

procurer quelque avantage, matériel ou moral, suscep-
tible d'augmenter leur revenu ou de leur faire recouvrer leur ancien prestige. L'intérêt de la religion, qui
aurait dû, semble-t-il, les préoccuper à juste titre,
passait pour eux au second ou plutôt au dernier plan.
Et cependant quel champ d'activité ouvert devant eux!
Les ruines et la désorganisation produites par les
guerres, et dont nous avons été déjà les témoins, appelaient des réparations urgentes et de prompts remè-
des. L'église de Gabre, attenante à la maison démolie
de la commanderie, se trouvait à la fin des hostilités
dans un état lamentable : la majeure partie du couvert
avait été enlevée; son clocher était sans cloche; ses
murs jonchaient partiellement le sol, et ceux du cimetière contigu également détruits laissaient pénétrer les
animaux domestiques jusque dans l'enceinte sacrée. Le
culte était presque complètement abandonné par suite
à la fois de l'état pitoyable du bâtiment et de la négligence apportée à son service par le commandeur lui-
même, d'ailleurs habituellement absent, ou le desservant, mal payé, chargé de le célébrer à sa place. Les
rares fidèles assemblés de temps en temps sous le porche, où ils trouvaient encore le meilleur abri, étaient
livrés au découragement. Quel stimulant des ministres fidèles, des commandeurs zélés, n'auraient-ils pas
trouvé dans une situation pareille faite à leurs ouailles,
au milieu d'une population réformée! Mais ce fut là
pour la plupart le moindre souci, comme nous allons
le voir. L'un d'eux, il est vrai, ou plutôt un de leurs
fermiers, le chevalier de Cazaux, après avoir reconstruit la maison de la commanderie et remis un peu en
état son domaine, fit bien exécuter à l'église quelques

réparations urgentes, commencées déjà par d'André,
et rétablit jusqu'à un certain point le culte; mais
son œuvre incomplète, au lieu d'être parachevée par
ses successeurs, fut abandonnée, et toutes choses,
livrées à leur train-train habituel, continuèrent d'aller
mal.

Au reste, cette insouciance religieuse des commandeurs leur était commune avec tous les ecclésiastiques
en général, amoureux de leur tranquillité plutôt que
dévots. L'évêque lui-même, après l'insuccès de ses premiers efforts dans la lutte engagée par lui, à la suite
des guerres, contre les hérétiques de son diocèse pour
tâcher de restituer aux catholiques la prépondérance
dans les diverses localités protestantes, semblait s'être
endormi dans l'inaction. Leur négligence à tous en
était venue à ce point qu'elle nécessita l'intervention
du Parlement de Toulouse désireux de porter remède
à cette situation déplorable. Sur la plainte du procureur général du roi lui demandant d'« ordonner que
les églises seront rebâties et mises en état que le service divin y puisse être convenablement fait aux dépens
de tous les bénéficiers fruits percevants Soit le Sr Évêque abbés prieurs chapitres curés et commandeurs ou
autres, Et à ces fins que la sixième partie des fruits
du prix des fermes et bénéfices non requérants résidants sera saisie et arrêtée entre les mains des fermiers
d'iceux, Ensemble que les autres fruits des curés non
résidants seront saisis et régis par séquestre pour le
prix en provenant être employé auxdites réparations
distrait le gage des sergents faisant ledit service et
autres charges », le Parlement, renchérissant sur le
procureur, rendit, le 24 juillet 1634, une ordonnance

permettant la saisie desdits fruits jusqu'à concurrence
du tiers au lieu du sixième [1].

L'évêque de Rieux, Jean-Louis de Bertier, mis en
cause avec tous ses subordonnés et rappelé par cela
même à son devoir, procéda alors à une visite générale
de son diocèse, donnant les ordres nécessaires pour
parer aux besoins généraux du culte. Son promoteur,
obligé d'agir contre le commandeur réfractaire, Jean
d'André, fit opérer la saisie de ses revenus, que Roger,
baile du Mas-d'Azil, arrêta, le 27 septembre, entre les
mains de ses fermiers Jean de Robert-Montauriol et
Raymond Gasc, défendant à ceux-ci de s'en dessaisir
« à peine d'en répondre en leurs propres et privés
noms ».

Un peu plus tard l'évêque fit réclamer à ces fermiers
les revenus en nature que le commandeur avait coutume de prendre à Gabre, pour les vendre anx enchères et en employer le produit, suivant l'ordonnance,
au service du culte et aux réparations indispensables
de l'église. Sur leur refus de les lui livrer, le promoteur adressa au Parlement une requête tendant à leur
en imposer l'obligation. Le conseiller Clément Dulong,
commis au règlement de cette affaire, condamna les
récalcitrants à s'exécuter, le 9 mars 1635 ; et le 20 du
même mois Nicolas Charlie, sergent d'Artigat, alla leur
signifier cet ordre, « et ce parlant audit de Robert »,
leur enjoignant de « remettre les fruits... et iceux déli-

---

1. On a déjà vu que les commissaires-exécuteurs de l'édit de Nantes,
au moment du premier rétablissement du catholicisme à Gabre, en 1600,
avaient rendu une ordonnance à peu près semblable. Cette ordonnance
était restée sans effet ; et le second rétablissement, en 1623, n'avait pas
amené un meilleur résultat (V. Chap. III et VII).

vrer tout présentement ès mains dudit sergent pour les
mettre en vente suivant qui est commandé ». Sa mise
en demeure ne produisant aucun effet, le sergent se vit
obligé, de par sa commission, de leur donner assignation au huitième jour par-devant le même Dulong.

.Nous ne saurions dire au juste ce qui en advint.
Nous savons toutefois qu'au bout du compte d'André
fit couvrir tant bien que mal le chœur de l'église. Mais
ce que nous savons aussi, c'est que, malgré ce travail,
imparfait d'ailleurs et qui dut être recommencé à quelques années de là par Cazaux, et malgré même quelques autres réparations urgentes accomplies par ce
dernier en 1647 conformément aux stipulations de son
acte de fermage, l'église, au moment de la prise de
possession de la commanderie par Mingaud, en 1652,
conservait encore un aspect assez piteux, suivant le
procès-verbal dressé à l'occasion de la visite que ce
commandeur en fit le mardi 2 juillet. La porte à peine
ouverte, en effet, Mingaud, qui était accompagné d'un
notaire, du curé, des marguilliers et des consuls, se
plaint que la serrure ne va pas, car il a fallu du temps
pour ouvrir ; il trouve le bâtiment fort délabré, tant
pour le sol que pour le couvert, et les ornements bien
piètres ; il termine la visite en disant que l'église a
besoin d'une réparation immédiate, surtout pour la
toiture, qui laisse encore les fidèles exposés aux in-
tempéries du dehors [1].

Pour ce qui est du service du culte, le procès-verbal
de visite de 1648 et le témoignage de Bertrand Pélata,

---

1. Le dessus du chœur seul était à peu près en état ; la nef était toujours découverte.

premier consul, nous apprennent que l'église est « très mal servie, le recteur d'icelle n'y venant dire la messe que de quinze en quinze jours, et que faisant sa résidence au lieu de La Bastide, distant de deux grandes lieues de Gabre, les paroissiens de ladite Église mouraient le plus souvent sans recevoir les saints sacrements ni nulle consolation ni assistance dudit recteur ».

Plus de trente ans après, les visiteurs de 1679 trouvent toujours l'église « très misérable étant toute découverte, à la réserve du presbytère qui est couvert de tuile et lambrissé des ais fermé d'une muraille de 4 pans de haut et par dessus de barreaux de bois », et le mobilier sacré très réduit et bien triste : « L'autel est seulement garni de sa pierre sacrée, deux nappes dont l'une est double d'un méchant devant d'autel d'un baratin bleu et d'un tableau fort crasseux représentant l'Annonciation de la Vierge qui sert de retable des gradins de pierre avec deux chandeliers de bois au dessus et un petit crucifix de bronze Il n'y a qu'un marchepied de pierre à une marche Le presbytère n'est point paré n'y ayant aucune lampe ni fonts baptismaux le recteur les baptisant dans un armoire qui est du côté de l'épître du côté du presbytère tenant les crémières et vase pour l'eau avec tous les ornements à la maison n'osant tenir rien à ladite église à cause du piteux état où elle est qu'il n'y a rien d'assuré d'autant plus que la plupart du peuple est huguenot de l'autre côté de l'évangile il y a un confessionnal et une petite vue de chaque côté fermées d'une méchante toile ». Le curé qui les accompagne, Bernard Pons, s'apitoye avec eux sur la condition lamentable de cette église, « la-

quelle il serait très nécessaire de remettre à cause que
le grand vent qu'il fait souvent l'empêche de célébrer
la messe Étant très dangereux que le vent ne lui em-
porte la sainte hostie ce qui serait un grand inconvé-
nient et il est même obligé de la couvrir avec la patène;
et il les « supplie d'y remédier d'autant plus que les
Catholiques ne peuvent plus rester sous le porche et
presbytère le nombre en ayant beaucoup cru depuis
peu[1] ».

On ne nous accusera pas d'exagération en présence
de semblables témoignages. Nous ajouterons que malgré les réparations nouvelles, insignifiantes sans doute,
faites quelque temps après par Laugeiret et mentionnées dans la lettre précitée (V. Chap. XII), l'église continua de réclamer longtemps encore une restauration
sérieuse. Quatre-vingts ans plus tard les visiteurs de
la commanderie sont obligés de faire une constatation
à peu près pareille à celle de leurs prédécesseurs. Mais
voyant l'inutilité des remontrances adressées pour ce
regard aux chevaliers de Saint-Jean depuis plus d'un
siècle, remontrances restées sans effet appréciable, ils
eurent l'idée lumineuse de mettre à la charge de la
Communauté les travaux jugés nécessaires et d'y faire
contribuer tous les Paroissiens. Leur ordonnance, datée
du 13 septembre 1759, enjoignait au commandeur de
mettre les consuls en demeure de faire les réparations.
Honorat, heureux de pouvoir passer son fardeau sur
les épaules d'autrui, prit la balle au bond, et dès le

---

1. Les mesures qui précédèrent la révocation de l'édit de Nantes, qui
approchait, expliquent cette dévotion inaccoutumée, soit de la part des
fidèles excités à jalousie par leurs pasteurs, soit de la part des infidèles
poussés de force dans l'église par des lois iniques.

15 avril de l'année suivante fit adresser par « Jean La-
ville huissier de la Châtellenie de Camarade résidant
au Mas-d'Azil » « aux Consuls Communauté et Paroissiens » la sommation d'avoir à « faire réparer », « dans
le délai de trois mois pour tout délai », « les murs et
couvert de la nef de l'Église paroissiale... qui en ont
un besoin très pressant, faire mettre des vitres aux
fenêtres d'icelle, où il n'y en a point, faire carreler
ladite nef qui ne l'est pas, et faire fermer le cimetière
qui est entièrement ouvert de manière que les bestiaux
ne puissent pas y entrer ».

La Communauté s'exécuta-t-elle? Nous n'en savons
rien, et ce point d'ailleurs nous importe peu[1]; la seule
chose que nous ayons voulu faire ressortir dans ce
chapitre, c'est la négligence extrême des commandeurs
sur cet article et leur peu de souci des intérêts de la
religion. Cette négligence et cette insouciance se trouvent particulièrement mises en relief par le dernier
trait que nous avons relevé, par l'empressement avec
lequel ils tentèrent de se décharger sur autrui du soin
qui leur incombait depuis si longtemps à eux-mêmes
et qui était leur premier devoir.

---

1. Au reste, ce fut elle vraisemblablement qui, soit à ce moment soit
plus tard, fut obligée au bout du compte de mettre l'église en état si elle
voulut l'en avoir, cependant que la Commanderie tombait en ruine; car
l'Ordre de Malte, dans son ensemble, touchait à sa fin : la Révolution
approchait, qui emporta cette institution en même temps que tant d'autres.

CHAPITRE XV

Les Commandeurs et les Réformés; le Temple de Gabre.

Autant les commandeurs se montraient insoucieux des besoins ou des intérêts religieux de leurs fidèles, autant ils veillaient avec un soin jaloux à combattre les hérétiques; non certes dans le but pieux de les convertir et de les ramener au bercail, mais en vue de leur susciter des embarras de toute sorte, des vexations et des procès. Toutes les occasions leur étaient bonnes pour cela; et si ces occasions ne se présentaient pas d'elles-mêmes, ils savaient les faire naître au besoin.

La plus propice et en même temps la plus commune qui s'offrait à eux d'exercer ainsi leur fanatisme résidait dans l'observance des nombreuses fêtes prescrites à la fois par l'Église et par l'État, en raison de la facilité qu'elle donnait à une action judiciaire, sur le moindre prétexte, et de la sanction pénale attachée à une infraction sur ce grave chapitre. Cette question a été déjà touchée dans les pages précédentes (V. Chap. III), où nous disions qu'elle donna lieu à de nombreuses poursuites dans les diverses localités protestantes de la contrée. C'est ici le cas d'en relever un exemple pour Gabre.

Cette affaire se passa encore sous le batailleur Mingaud, en 1659. Plusieurs Réformés, au nombre de cinq dont quatre gentilshommes verriers, savoir « Daniel Goazé dit Baron, Sanxon et Jean Robert, Gerac Labade et Jean Granier » furent accusés d'avoir, « au mépris des arrêts de règlement ordonnances royaux et saints décrets », « scandaleusement entrepris de travailler le jour et fête du glorieux Saint Joseph ». Il faut croire que c'était là une accusation sans fondement bien solide[1], car à l'information ouverte sur l'initiative du commandeur et d'autorité du Parlement, Goazé, qui se trouvait plus spécialement visé dans ce procès[2], jugea nécessaire d'opposer une autre information faite d'autorité des Consuls, infirmant les témoignages de la première, et qu'il porta au Sénéchal de Foix. Cependant la procédure de Mingaud ou de son procureur Lamalletie suivait sa marche à la Cour de Toulouse, qui rendit un décret de prise de corps. Mais en présence des obstacles accumulés devant lui par la procédure contraire, le commandeur en demanda la cassation au Parlement. Celui-ci, toujours bien disposé, accueillit favorablement sa requête. Le conseiller Aimable de Catellan, commis à la poursuite de l'affaire, délivra à Mingaud une contrainte tendant à faire remettre par-devers le greffe de la Cour la procédure Goazé. Jean Dupias, greffier des Consuls, se vit signifier un commandement en conséquence. Il se contenta de répondre que les pièces qu'on lui réclamait avaient été déposées par lui au Sénéchal. Là-dessus, Lamalletie pria le commissaire d'octroyer à son client plus forte contrainte contre le greffier pour la remise de la procédure, et l'aimable de Catellan s'empressa de ren-

---

1. Les chefs d'accusation ne se trouvent spécifiés nulle part.
2. Son nom figure seul dans toutes les pièces de la procédure, sauf dans la dernière, qui porte aussi les noms de ses coaccusés et implique même sa femme dans l'affaire.

dre une nouvelle ordonnance mettant Dupias en demeure de s'exécuter « à peine de 5o livres et d'y être
contraint par corps ».

On était au 12 mai. L'affaire traînait depuis près de
deux mois, engagée à la fois devant le Sénéchal et
devant la Cour. Nous n'en connaissons pas la suite
immédiate, non plus que l'effet de l'ordonnance précédente; cependant nous voyons que, deux autres mois
après, le 9 juillet, une information nouvelle amena un
nouvel arrêt du Parlement, daté du 18, et suivi, le 20,
d'un décret à l'adresse des susnommés, portant : soit
prise de corps, soit, au cas de non-capture, ajournement « à trois briefs jours » devant la Cour, soit encore, au cas de non-comparution dans le délai prescrit,
saisie de leurs biens. Pour être complet, il convient
d'ajouter que ce décret s'en prenait encore à « la femme
dudit Daniel Goasé », et la citait elle aussi à comparaître à la même barre « à jour certain et compétent »,
« pour répondre sur le contenu auxdites informations ».

Que résulta-t-il de tout cela en fin de compte? Peu
de chose sans doute; peut-être une amende, dont le
produit fut peut-être lui-même destiné à l'achat de
quelque ornement pour la pauvre église délaissée.
C'était la coutume apparemment d'en agir ainsi en
semblable circonstance, car dans l'énumération, bien
courte, hélas! de ces ornements sacrés contenue dans
le procès-verbal de visite de 1679 figure « une boîte
d'argent ou porte-dieu avec sa bourse de taffetas blanc
qui a été acheté par le curé d'une amende qu'il donna
aux huguenots pour avoir travaillé les fêtes ».

L'amende dont il est parlé dans cette dernière citation se rapporte-t-elle au fait ci-dessus narré? ou à

quelque autre du même genre? Nous l'ignorons. Elle nous prouve, en tout cas, que les commandeurs ou leurs agents savaient fort bien, à l'occasion, puiser dans la poche des Réformés, beaucoup mieux que dans la leur, l'argent nécessaire à l'entretien du culte catholique, sans se faire le moindre scrupule de sa provenance hérétique.

Mais les tracasseries de cette nature ou d'un caractère analogue, par où ils exhalaient de temps à autre leur mauvaise humeur, n'étaient qu'un faible dérivatif à la haine profonde qu'ils nourrissaient contre la Réforme, cause première de tous leurs malheurs. Aussi le principal souci des commandeurs, après leur rétablissement à la suite des guerres, fut-il dès l'abord de l'extirper de Gabre. Le moyen le plus sûr d'arriver à ce résultat et sans contredit leur moyen préféré eût été de provoquer la démolition du temple, dressé près de l'église à moitié ruinée, et dont la vue les offusquait extrêmement[1]. Mais c'était là une affaire grave, trop grave pour le moment; car la persécution légale entreprise contre les Réformés, malgré les encouragements qu'elle donnait déjà au Catholicisme et les espérances qu'elle pouvait à juste titre lui faire concevoir pour l'avenir ne lui permettait pas encore pour le présent d'user à leur égard de mesures si radicales.

Que faire alors? Il restait aux commandeurs la ressource de poursuivre la suspension du culte, en atten-

1. Le vieux temple de Gabre, s'il faut s'en rapporter aux pièces émanant de la Commanderie, n'était autre qu'une ancienne maison aménagée en temple vers 1630. Ce temple, qui fut démoli un peu plus tard, était situé sur l'emplacement occupé aujourd'hui par la maison assez récemment construite des héritiers de M. Jean de Grenier-Vidalens.

dant sa suppression définitive en même temps que celle
du temple. Le prétexte de la demander était tout trouvé
dans l'Arrêt du Conseil du 19 mai 1631, servant de
Règlement par tout le royaume, et défendant à tous
pasteurs de faire les fonctions de leur ministère ailleurs
que dans leur église. On devine pourquoi : l'église de
Gabre était alors, comme beaucoup d'autres, sans pasteur en titre [1]; elle était desservie par ceux des églises
voisines ou par quelque diacre; conséquemment, en
raison de l'état de contravention de l'officiant, le culte
lui-même pouvait être considéré comme illicite et donner prise à l'adversaire.

Telle était la situation lorsque le commandeur Jean
d'André, profitant du passage des visiteurs de son
Ordre au mois de mai de l'an 1637, leur confia ses soucis
à cet endroit. Ils examinèrent ensemble la conduite
à tenir soit vis-à-vis des Réformés eux-mêmes, soit à
l'égard de la « Maison » qui leur servait de « Temple »;
et il n'est pas douteux qu'ils complotèrent la ruine de
celui-ci, ou tout au moins, en cas d'obstacles de ce
côté, la suspension du culte, comme nous le disions
tout à l'heure; car, avant de repartir, les visiteurs laissèrent au commandeur une ordonnance, datée du 14,
lui enjoignant « de faire démolir ladite Maison, Et en
cas lesdits habitants voudraient continuer leurs entreprises et faire leurs prêches publics dans icelle Maison
ni autre dans ledit Lieu et Juridiction Les poursuivre

---

1. C'est ainsi que le pasteur du Carla, en 1634, desservait en même
temps que cette église celles des Bordes et de Sabarat, comme nous
l'avons vu dans un chapitre précédent (V. Chap. IX). Cette pénurie de
pasteurs tenait sans doute aux difficultés de pourvoir soit à leur recru-
tement soit à leur traitement.

comme infracteurs et désobéissants aux Édits et Ordonnances du Roi[1] ».

Fort de sa haine autant que de l'appui de ses supérieurs, Jean d'André intima sans plus de retard aux
Réformés l'ordre de cesser leurs prêches. Mais ses remontrances ne produisant aucun effet, le Chapitre
général de l'Ordre, à trois ans de là, encore en mai,
prit fait et cause pour lui, et l'engagea à « en porter
ses plaintes à la Cour et en poursuivre la réparation ».
En conséquence, peu de temps après, en septembre,
Jean d'André adressa à « Nosseigneurs de Parlement »
une requête mentionnant l'ordonnance de visite précitée en même temps que la résolution du Chapitre,
et tendant à faire ordonner par la Cour « que très
expresses inhibitions et défenses seront faites auxdits
habitants de la R. P. R. dudit Gabre et tous autres
qu'il appartiendra de par ci-après entreprendre de faire
l'exercice de ladite religion dans ladite Maison ni autre
dans ledit Lieu ni Juridiction à peine de quatre cents
livres Et par exprès aux ministres et prétendus diacres
de ladite P. R. des villes circonvoisines de s'ingérer à
y prêcher ni faire autres prières publiques sur ladite
peine et d'être punis comme perturbateurs du repos
public », ou tout au moins que les parties auront à
comparaître devant elle pour être ouïes à ce sujet :
« ou pour sur ce pouvoir ouïr parties et en faire rapport à la Cour commettre et députer un de vos mesdits
sieurs ».

On remarquera tout à la fois l'habileté et la réserve

---

1. Cette citation provient non de l'ordonnance même des visiteurs, que
nous n'avons pas, mais de la requête adressée au Parlement par Jean
d'André en suite de cette ordonnance et la mentionnant.

de cette requête. D'un côté, le commandeur, en y rappelant les ordres de ses supérieurs, instruit indirectement la Cour de son désir et de celui de son Ordre
concernant la destruction du temple préméditée par
eux; et de l'autre, faisant taire son impatience à ce
sujet, il se contente de lui demander une suspension
du culte, ou même une information pure et simple
destinée à faire comparaître et ouïr les parties. C'était
là une manière d'amorcer le Parlement et de mettre en
train l'affaire, qui petit à petit pourrait s'envenimer
selon son gré et lui permettre peut-être un jour, si la
Cour y mettait un peu du sien, de venir à bout de son
dessein.

En attendant, le Parlement, malgré son hostilité
notoire contre la Réforme, ne pouvait, sur cette requête, faire plus que de commettre un de ses membres
à l'instruction de l'affaire. Le conseiller François de
Catellan, désigné à cet effet le 27 septembre 1640,
apposa sa signature au bas de Lettres d'ajournement
qui sont parvenues jusqu'à nous; mais ces Lettres,
sans date et vagues comme la requête elle-même en
tant que ne visant nominativement personne, n'eurent
probablement aucune suite; et les choses, selon toute
apparence, en demeurèrent là, sans que le commandeur poussât plus loin ses démarches [1].

La question devait reparaître plus tard et revêtir une
autre gravité. C'était aux approches de la Révocation,
alors que, par toute la France, les temples tombaient
les uns après les autres sous les coups impitoyables
de la persécution; car un arsenal de lois iniques, fa-

---

1. *Archives de la Commanderie.*

briquées à plaisir et accommodées aux circonstances, permettait de les atteindre tous indistinctement. Les documents se rapportant à l'origine de cette nouvelle poursuite nous manquent. On ne saurait toutefois l'attribuer aux commandeurs, qui ne nous semblent pas avoir fait d'autre tentative que la précédente. La Déclaration royale du 16 décembre 1656, défendant l'exercice du culte réformé non seulement dans les villes archiépiscopales et épiscopales, mais encore dans tous les lieux et toutes les seigneuries appartenant aux Ecclésiastiques, leur fournissait, il est vrai, une belle occasion de reprendre l'instance, surtout à partir de 1659, année où la seigneurie de Gabre leur fut dévolue tout entière; mais il ne paraît pas qu'ils en aient profité. A ce moment, du reste, Mingaud, très occupé de ses démêlés avec la Communauté, pouvait se reposer du soin de mater les Réformés sur l'autorité diocésaine, qui avait entrepris un procès général contre tous les temples de la région.

Ce fut donc, à ce coup, le syndic du clergé de Rieux, « Jean Tornier, docteur en théologie, prêtre et recteur de Saverdun », qui fit la poursuite et qui la mena jusqu'au bout. Les griefs invoqués par lui contre le temple de Gabre, aussi bien que contre la plupart des autres d'ailleurs, étaient fondés sur la prétention que l'exercice du culte réformé dans le lieu était postérieur à l'édit de Nantes, et conséquemment illégal [1]. La preuve d'un exercice antérieur n'était pas toujours facile à faire; et, fût-elle faite, même avec la dernière évidence, que cela ne servait de rien en face de juges

---

1. V. Chap. III, première note.

décidés à la récuser en tout état de cause ; car si, des
deux commissaires-exécuteurs de l'édit chargés de se
prononcer en premier ressort sur les litiges, le commissaire réformé émettait une opinion favorable à ses
coreligionnaires, le commissaire catholique les condamnait invariablement, et les arrêts de partage qui en
résultaient étaient tout aussi invariablement tranchés
contre eux en dernier ressort par le Conseil d'État.
Toute défense devenait donc par le fait même inutile ;
le seul avantage qu'elle pouvait avoir était de retarder
de quelques jours le dénoûment fatal.

C'est ainsi que les Réformés de Gabre, que nous
trouvons en cours de procès avec le syndic du clergé,
en 1667, devant les commissaires accrédités en Languedoc et au Pays de Foix, Claude Bazin seigneur de
Bezons intendant de la province[1], et le sieur de Pey-
remales lieutenant particulier au siège présidial de
Nîmes, nous apparaissent comme renonçant à faire
une production quelconque, la considérant sans doute
comme vaine. Les commissaires, en effet, sur la requête
du syndic, rendirent contre eux, le 27 octobre, une
ordonnance de forclusion, faute par eux d'avoir produit en l'instance les pièces qu'ils pouvaient avoir à
présenter contre le syndic pour leur défense. Cette ordonnance contenait cependant une clause leur accor-
dant un délai de huit jours, à dater de sa signification,
pour faire leur production, si bon leur semblait. Elle
fut signifiée à Mᵉ Jacob de Bissol, avocat à la Chambre
de l'Édit de Castres, leur procureur, dès le lende-

---

1. Celui-là même que nous avons déjà trouvé, au commencement de
ce travail, chargé à la même époque de la vérification des titres de
noblesse (V. Iʳᵉ Part. Chap. II).

main 28. Aucune pièce n'ayant été produite et le délai
étant expiré, les commissaires, sur la requête réitérée
du syndic, et conformément aux arrêts du Conseil
d'État du 5 octobre 1663 vidant les partages intervenus
entre eux sur le fait de la démolition des temples, rendirent, le 8 novembre, à Montpellier, un nouvel arrêt,
signifié à Mᵉ Bissol le 11 du même mois, défendant à
l'avenir tout exercice de la R. P. R. à Gabre, ordonnant
le rasement du temple dans trois mois, et permettant
au syndic du clergé et aux habitants catholiques du
lieu, au cas où ce rasement n'aurait pas été fait par
les Réformés dans ce laps de temps, d'y procéder eux-
mêmes aux frais de ces derniers.

Les Réformés, loin d'avoir égard aux arrêts précédents, ne laissèrent pas, paraît-il, de s'assembler dans
le temple avec un diacre des Bordes, Jean Labat, qui
faisait l'office de pasteur. Le syndic en fit informer, le
3 juillet et jours suivants, par Mᵉ Jean Lannes, lieutenant particulier en la Judicature de Rieux ; et, sur sa
demande, adressée cette fois au commissaire catholique seul, le sieur de Bezons, celui-ci, en suite des
charges relevées contre Labat et plusieurs habitants
réformés de Gabre : « Montauriol, Comobère, Bousquet, La Vignasse, Courtai, Jacob Faure, Estebe, Jean
Faure, Bernard Rey, Guillem Mercie, Marc Rouffia,
Baron et Pompet »[1], lança, le 14 juillet, un décret de
prise de corps contre le diacre, et ajourna les autres

---

1. Les quatre premiers sont des gentilshommes verriers, dont les
noms doivent être complétés comme suit : Jean de Robert-Montauriol,
Pierre de Grenier-Coumebère, Jean de Grenier-Bousquet, Pierre de Gre-
nier-Lavignasse. Le cinquième l'est peut-être aussi ; ce serait alors probablement de Grenier-Courtalas, dont nous ignorons le prénom, père de
Pierre et de Jean de Grenier-Courtalas, ou l'un de ces deux derniers.

à comparaître devant lui dans trois semaines « pour répondre sur les faits résultant desdites charges et informations ».

Un peu plus tard, sur une nouvelle requête du syndic, prétendant que les Réformés, dans leur obstination, non seulement ne procédaient pas à la démolition de leur temple, mais se vantaient même de l'empêcher par toutes voies, ce même commissaire rendit, à Rieux même, où il s'était transporté pour la circonstance, le mercredi 18 juillet 1668, une ordonnance définitive leur enjoignant de procéder au rasement de leur temple au premier commandement qui leur en serait fait, permettant, en cas de désobéissance, au syndic du clergé et aux habitants catholiques d'y faire procéder eux-mêmes par des ouvriers payés à raison de vingt sous par jour, aux dépens des Réformés, et confiant l'exécution de cette mesure au sieur Huchard, « garde du roi en la prévôté de l'hôtel ».

Le jour même, Martin Huchard sieur de Bellefontaine, accompagné du syndic du clergé, du sieur de Rodes, curé de Gabre, qui s'était rendu aussi à Rieux pour l'occasion, de Me François Soueis, notaire de cette ville, et du sieur Rauly de Balnègre, bourgeois de Saverdun, se transporta à Gabre. Cette troupe, arrivée dans l'après-midi, mit pied à terre au logis de Jacob Faure ; et à l'instant, ayant appris que le consul réformé était absent, le commissaire requit Jean de Robert-Montauriol et Jean Faure, anciens de l'Église, de lui indiquer le temple et de l'y conduire. Arrivé sur le seuil, sur leur refus de lui délivrer la clef, il fit enlever la serrure de la porte, entra, et, après avoir constaté, par l'inspection de « la chaire du ministre les

bancs rangés et autres marques de ladite religion »,
que c'était bien le lieu de culte des Réformés, signifia
immédiatement aux deux anciens l'ordonnance portant
sa commission, dont il leur laissa une copie, en leur
enjoignant de la faire connaître à tous les habitants de
la Religion Prétendue Réformée; après quoi, la nuit
arrivant, il se retira dans son logis.

La nouvelle de cet événement fut vite connue, comme
on le pense bien; et le lendemain, dès le matin, la population presque tout entière de l'endroit fut rassem-
blée au village. Le commissaire de son côté, accompagné comme dessus, ne se fit pas non plus attendre
longtemps. Impatient d'exécuter son mandat, et voyant
que les Réformés ne procédaient pas eux-mêmes à la
démolition de leur temple, il fit venir « un nombre
suffisant de maçons, charpentiers et autres ouvriers »,
qui furent à l'ouvrage dès les huit ou neuf heures. En
présence de cette œuvre de destruction, les Réformés
demandèrent qu'on leur laissât au moins retirer le
bois, la tuile et les autres matériaux. On le leur permit.
Le temple fut bientôt rasé « jusques aux fondements »,
suivant l'ordonnance. Ce travail fini, le commissaire et
le syndic du clergé, après avoir réclamé aux Réformés
la somme de cent livres à titre de remboursement des
frais exposés pour le fait de cette démolition, se contentèrent, à la suite d'une protestation bien légitime,
de soixante-dix-sept livres, qui leur furent immédiatement payées par Jean de Robert-Montauriol [1].

---

1. Arch. départ. de l'Ariège; Abbaye du Mas-d'Azil : *Religionnaires.*
Une vague tradition, ou plus exactement un souvenir particulier de
famille, conservé dans une note rédigée au milieu de ce siècle par

CHAPITRE XVI

Les Cimetières : catholique et protestant.

Après la question du temple, la plus délicate et la plus sujette à contestations fut celle des cimetières, ou plutôt du cimetière, car pendant longtemps il n'y en eut qu'un à Gabre : le cimetière catholique actuel, attenant à l'église. Aussi ancien que l'église elle-même selon toute apparence, il n'avait jamais donné lieu sans doute à aucune querelle, sauf peut-être au début pendant la période albigeoise ; et les morts y dormaient tranquillement depuis des siècles leur paisible sommeil quand les luttes du Catholicisme et de la Réforme vinrent troubler ce repos. Le champ de paix devint dès lors un champ de guerre. On se souvient, en effet, que les Réformés, à peine maîtres de Gabre, s'en emparèrent aussitôt. Toutefois ils n'en gardèrent pas la jouissance exclusive, et ils se contentèrent d'y prendre leur place tout en laissant la leur aux Catholiques, estimant qu'il y en avait assez pour tous, comme par le passé. Mais le fanatisme catholique ne l'entendait pas ainsi ; il voyait dans cette confraternité finale une profanation

---

Mlle Élisabeth de Grenier — qui tenait ce souvenir, paraît-il, de son grand-oncle Jean de Grenier-Teulade, né en 1734 et mort en 1814 —, et reproduite par M. O. de Grenier-Fajal dans son ouvrage déjà cité (*Pièc. justif. n° 30*), voudrait que le temple de Gabre eût été rasé trois fois, sans produire d'ailleurs quoi que ce soit à l'appui de cette affirmation. Ce souvenir est évidemment erroné.

scandaleuse, et protestait avec indignation contre ce mélange de cadavres orthodoxes et hérétiques.

Nous connaissons déjà les plaintes adressées à cet égard aux commissaires-exécuteurs de l'édit de Nantes en l'an 1600, au moment du premier rétablissement du Catholicisme à Gabre, par le recteur et le consul catholique, qui, ne pouvant chasser les Réformés du cimetière, où ils étaient établis par droit de conquête et d'usage, demandèrent qu'au moins ils y fussent parqués dans un endroit séparé (V. Chap. III). Les commissaires, faisant droit à cette requête, décidèrent — nous le rappelons —, par leur ordonnance du 4 septembre, un partage dans lequel ils attribuèrent aux Catholiques la portion située au nord et contiguë à l'église, laissant aux Réformés la portion du midi d'une longueur de vingt pas et d'une largeur de sept; de manière à former deux cimetières distincts, qui devaient même être séparés par un fossé ou une haie ou toute autre clôture.

Cette ordonnance, exécutée plus ou moins exactement, créa une situation peu en harmonie avec l'esprit absolu et dominateur du Catholicisme, qui voyait avec dépit la Réforme établie légalement à côté de lui sur la terre sacrée et jusqu'au seuil du sanctuaire. Son intolérance s'accommodait mal de ce partage forcé, et il n'attendait que l'occasion favorable pour mettre un terme à une situation aussi fâcheuse. C'est pourquoi le voyons-nous, dès le second rétablissement de son culte, qui avait été interrompu une seconde fois par la campagne du duc de Rohan, réclamer et obtenir des nouveaux commissaires, en 1623, une ordonnance spécifiant que « pour inhumer les corps morts de ceux de

la religion prétendue Leur sera baillé *lieu commode* »[1]
à part, en dehors du cimetière actuel, avec cette res-
triction toutefois que « jusques à ce pourront se servir »
dudit cimetière, qui restera toujours partagé et séparé
« par une muraille ou fossé » (V. Chap. VII). A ce
moment encore la situation restait donc la même, en
attendant des jours meilleurs, dont on commençait à
préparer l'avènement.

Mais l'impatience des Catholiques de redevenir possesseurs entiers du cimetière, à l'exclusion des Réformés, loin de se satisfaire à brève échéance, comme on
l'espérait sans doute alors, dut attendre pendant une
longue suite d'années la réalisation de ces espérances.
Elle se trouvait même surexcitée de temps à autre,
paraît-il, par des événements particulièrement exaspé-
rants ; car les Réformés, grâce à la prépondérance
qu'ils avaient à Gabre, ne se gênaient pas d'aventure
pour enterrer leurs morts parmi les Catholiques, soit à
cause du manque d'espace dans leur cimetière réservé
soit pour toute autre raison. C'est du moins ce qui
semble ressortir des plaintes adressées au Parlement
de Toulouse par Mingaud au commencement de 1659.
Aussi le commandeur demanda-t-il à la Cour, faute de
mieux, de faire respecter au moins l'ordonnance de
1600, en défendant expressément aux Réformés d'em-
piéter sur le cimetière des Catholiques, et en imposant
aux consuls et autres officiers royaux l'obligation d'empêcher toute transgression de l'ordonnance précitée.
Le Parlement rendit, le 22 janvier, un arrêt en conséquence ; mais il y a lieu de supposer que cet arrêt ne

1. C'est nous qui soulignons.

modifia rien à l'état de choses antérieur. Il est vraisemblable, du reste, que ce mélange de sépultures catholiques et réformées, depuis le partage du cimetière, fut rare et dû à quelque motif majeur et passager [1].

Cette question du cimetière fut, au bout du compte, tranchée définitivement en même temps que celle du temple. La procédure qui en chassa les Réformés fut faite par les mêmes hommes qui réclamèrent, ordonnèrent ou exécutèrent la démolition de celui-ci : à savoir le syndic du clergé de Rieux, l'intendant de Bezons et le commissaire Huchard. En ce même jour qui vit le rasement du temple, soit le 19 juillet 1668, et à la réquisition du même syndic, en vertu d'un arrêt du Conseil d'État du 3 octobre 1663 et d'une ordonnance du même intendant du mois de septembre 1666, ce même commissaire rétablit les Catholiques dans la possession de la totalité du cimetière et défendit aux Réformés d'y faire à l'avenir aucun enterrement. Comme marque de ce rétablissement, on planta à l'endroit le plus éminent de ce cimetière, en grande cérémonie et au milieu d'un grand concours de monde, une croix de bois, qui y est restée jusqu'à une époque assez récente où elle a été remplacée par une de fer.

Après cela, le commissaire, sur la réquisition à lui faite par les Réformés de leur indiquer un lieu commode pour en faire désormais leur cimetière particulier, leur désigna, d'accord avec eux et même sur leur proposition, le lieu dit « *le Cazalou* », appartenant à François Courrent, avec l'assentiment du syndic du

1. *Archives de la Commanderie.*

clergé et du sieur de Rodes, curé de Gabre, qui, s'y
étant transportés avec lui et les Réformés, le trouvèrent
convenable comme n'étant pas gênant pour les Catholiques en raison de sa distance de l'église[1].

Ce vieux cimetière du *Cazalou* était borné : au Levant, par un chemin de service qui n'existe plus[2]; au
Midi, par la terre du sieur de la Vignasse; au Couchant, par celle d'Étienne Déjean; au Nord, par un
autre petit chemin de service également détruit[3].
Transformé aujourd'hui en prairie, il appartient à
M. Philibert de Robert-Labarthe, qui le prit, il y a
trente-six ans environ, en échange de l'emplacement
du nouveau situé à côté de la grand'route. Le chemin
qui y donnait accès, aliéné tout récemment par la Commune, a été acquis par notre père.

1. Ce fait et la démolition du temple se trouvent consignés dans un
seul et même procès-verbal dressé par le commissaire Huchard dans son
logis chez Jacob Faure, dès qu'il eut accompli sa besogne. Le commissaire signa ce procès-verbal conjointement avec Tornier, Rodes, Soueis
et Rauly de Balnègre. — Arch. départ. de l'Ariège; Abbaye du Mas-
d'Azil : *Religionnaires.*

2. On l'appelait, en patois, le *Carrérot de Saint-Quirc.* Il partait du
fond du village, à l'est des dernières maisons de Rouffiac, et, montant le
long de la rigole qui s'y trouve, allait aboutir au chemin de Sabarat
au-dessus du village. La partie supérieure de ce chemin, qui d'ailleurs
n'est guère plus pratiqué, existe seule aujourd'hui.

3. Indépendamment de ce cimetière, il s'établit, surtout chez les gentilshommes verriers, des cimetières familiaux, qui se sont conservés jusqu'à nos jours : comme par exemple celui du Cap-de-la-Serre à Comavère, appartenant à la famille de Robert.

CHAPITRE XVII

La Révocation de l'Édit de Nantes.

Ce n'était pas assez pour l'intolérance catholique d'avoir enlevé aux Réformés leur temple et de les avoir dépossédés du cimetière, on voulut encore leur enlever leur foi. Car cette foi vivace trouvait toujours moyen de se manifester au dehors, et cette manifestation excitait au plus haut point la jalousie et la haine du clergé. Les Réformés de Gabre, en effet, privés de leur lieu de culte, eurent recours à l'église voisine de Sabarat, dont le temple était encore debout. C'est là qu'ils pratiquèrent désormais leur religion jusqu'au jour où ce temple lui-même, à son tour condamné par un arrêt du Conseil d'État en date du 9 avril 1685, tomba sous le marteau des démolisseurs.

Pour ravir aux Réformés leur croyance, pour la modifier si l'on veut, en attendant le rapt pur et simple, on essaya tout d'abord d'un procédé honnête : de la discussion et de la persuasion. Mais il serait oiseux d'insister sur l'inefficacité de ce moyen et snr l'inutilité des missions et conférences organisées dans ce but. Les Réformés, étant généralement plus instruits que les Catholiques, ne laissaient aucune prise à ces derniers, et c'étaient plutôt ceux-ci qui adoptaient les doctrines de ceux-là, de telle sorte que cette œuvre de conversion, au lieu de réussir, allait à l'encontre du dessein de ses auteurs.

Dans ces conjonctures, comme il y avait, en tout état de cause, un plan arrêté d'anéantir la Réforme, le système de l'intimidation fut adopté. Ce ne furent plus alors que des abjurations extorquées sous l'empire de la menace [1], des conversions simulées pour échapper à une persécution savante, ingénieuse à revêtir toutes les formes imaginables. Mais il arrivait souvent que ces pseudo-catholiques, à la première occasion favorable, secouaient les chaînes de la peur et pratiquaient de nouveau ouvertement leur première et véritable foi. Ces retours à la Réforme indisposaient par-dessus tout les zélateurs du Catholicisme, et c'est là ce qui explique les traitements particulièrement rigoureux dont furent victimes les *relaps*.

Au système de l'intimidation vint s'adjoindre celui de la corruption; car pour attirer ou pour retenir les hérétiques dans la communion de l'Église tous les procédés étaient regardés comme licites, même les plus criminels et les plus honteux. L'achat des consciences, à l'ordre du jour, fut l'objet d'une organisation com-

---

1. Pour faciliter ces abjurations, on imagina diverses formules, dont nous citerons, à titre de curiosité, la suivante, rédigée en patois :

« Iou N. d'un cor contrit et humiliat reconesqui et confessi devant la tres sancto trinitat et touto la Cour celesto, et vous autres, quelz aisi temoings, d'avé grandement peccat en cresen als heretiquos et à lours differentos heresios, principaloment à las de Calvin et de Luter. Mes aros que per la gracio de Diu iou me reconesqui, Iou abiuri, execri, et anathematisi libroment, volontarioment et sinceroment toutos las susditos heresios et toutos autros, de qual nom et sorte que se sion. De plus Iou consenti en toutos causos dambe la sancto Gleizo de Romo, Et confessi de cor et de bouco et prometti de garda toutiour sinceroment daisi en devant aquello fè, que La Gleizo de Romo ten, gardo, et predico. Et toutos aquellos susditos causos Iou prometti et Iuri de fa. Plassio à Diu de m'y aiuda, et aquestis sancts Evangelis que soun sius » (Serment prêté la main mise sur les Saints-Évangiles). — Arch. départ. de la Hᵗᵉ-Gar. : *Évéché de Rieux*, nᵒ 46.

merciale dans toutes les règles, et une caisse générale fut fondée pour aider à cette triste besogne, conformément au proverbe jésuitique que *la fin justifie les moyens.*

Malgré notre désir d'être bref sur ce chapitre, nous ne saurions nous dispenser de transcrire ici un fragment d'un *Mémoire* du syndic du clergé, Jean Tornier, destiné à faire connaître la situation religieuse dans la contrée du Mas-d'Azil, vers l'an 1666, situation qui, pour le dire en passant, trahissait le découragement et l'inaction de la propagande catholique. Le syndic, en effet, dans ce fragment, vise plus spécialement deux filles d'un gentilhomme verrier malheureux qui, après avoir abjuré sans doute, revinrent à leur première croyance; et il déplore tragiquement leur perte alors qu'on aurait pu, selon lui, les retenir aisément au bercail moyennant un peu de zèle et quelques espèces sonnantes. Dans un paragraphe pompeusement intitulé : *Biens à faire dans le Mas-d'Azil pour la gloire de Dieu et le salut des âmes,* il s'exprime en ces termes :

« Il en est du Mas-d'Azil et des lieux circonvoisins comme des pays septentrionaux, qui étant extrêmement reculés et n'étant visités que rarement du soleil sont froids et infertiles et les habitants y deviennent stupides et grossiers, De même les Catholiques du Mas-d'Azil qui n'ont la plupart jamais vu leur évêque sont froids et tous sauvages, Car depuis cent ans il n'y a eu qu'une visite, que feu Monseigneur de Rieux fit il y a environ trente et un ans pour le rétablissement des Catholiques[1]. Ce n'est pas que le pauvre peuple

1. L'évêque-soleil, si avare pour le Mas-d'Azil de ses rayons bienfai-

qui reste catholique dans le quartier ne soit fort sin-
cère dans sa foi; mais comme il ne voit rien de beau
et d'éclatant que parmi les huguenots, et qu'il ne voit
ni zèle ni charité dans son parti, il devient froid et se
rebute. Deux demoiselles de ce pays-là, filles à Monsieur de Soulembel pauvre gentilhomme entre le Mas-
d'Azil et Gabre, qui étaient catholiques, se firent huguenotes l'année passée pour n'avoir pas de quoi se
marier parmi les catholiques. Une centaine d'écus pour
chacune aurait empêché ces pauvres créatures de périr
misérablement. Quand une ânesse tombe dans un chemin, il se trouve de gens qui accourent pour la relever; et en ces lieux on voit tomber tant d'âmes soit
des catholiques soit des huguenots dans les enfers, et
personne ne s'en met en peine »[1].

Mais le temps de se lamenter ainsi sur les insuccès
des conversions ne devait pas durer toujours. Les con-
vertisseurs, en effet, ne se trouvaient pas encore à bout
d'arguments. Ils tenaient en réserve les moyens extrê-
mes : procès, prisons, dragonnades[2]. Le for intérieur
des Réformés restant malgré tout en dehors et au-dessus de leurs atteintes, ils s'appuyèrent sur le for exté-

sants, avait, en effet, en la personne de Jean-Louis de Bertier, procédé
à une visite de l'église de cette ville en avril 1635, à l'occasion de la
tournée générale effectuée dans son diocèse, sur l'injonction du Parlement de Toulouse, cette année-là et la précédente, tournée dont nous
connaissons les résultats inutiles relativement à Gabre (V. Chap. XIV);
mais cette première visite forcée et vaine, et où les sujets d'humiliation
ne lui manquèrent pas, ne l'avait guère encouragé, on le comprend, à
en faire volontairement une seconde. — Arch. départ. de l'Ariège;
Abbaye du Mas-d'Azil : *Religionnaires.*

1. Arch. départ. de l'Ariège; Abbaye du Mas-d'Azil : *Religionnaires.*
2. En 1684, à la veille de la Révocation, quatre compagnies de gens
de guerre étaient logées dans les divers quartiers réformés du Pays de
Foix. — Castillon : *Histoire du Comté de Foix,* T. II, p. 400.

rieur,. sur l'autorité d'une justice humaine souverainement injuste, pour les dompter et les soumettre, coûte que coûte, à la loi de l'Église [1]. On les catholicisa de force, tous sans exception, car le but final était de les supprimer totalement, pour avoir le prétexte d'abolir l'édit de Nantes, qui n'aurait plus sa raison d'être du moment qu'il n'y aurait plus de Réformés. C'est ainsi qu'après avoir rasé tous les temples, chassé tous les pasteurs, terrorisé tous les fidèles, on procéda, par la plus tragique des comédies, à la grande abjuration générale qui, dans chaque centre réformé, devait marquer la disparition définitive de la Réforme. Dès lors, la Réforme étant morte ou censée telle, à quoi bon l'édit qui la faisait vivre? Il n'y avait plus évidemment qu'à le révoquer. C'est ce qui fut fait le 18 octobre 1685.

Tel fut, en deux mots, le rapt de la conscience huguenote, le grand mensonge de sa conversion. Et on

---

1. « Il serait difficile », écrit M. E. Roschach dans son ouvrage déjà cité (V. Ire Part. Chap. II), « de faire un état complet de toutes les mesures législatives dirigées contre les protestants, qui, durant cinq ou six années, préparèrent l'édit de révocation ; mais un coup d'œil rapide sur la plupart de ces actes suffit à montrer avec quelle méthode le travail se poursuivait. De jour en jour, les réformés voyaient se resserrer autour d'eux le cercle des prohibitions » (p. 547). Et un peu plus loin : « L'esprit demeure confondu de cette malheureuse fécondité législative. Encore n'était-ce là que les vexations ouvertes et déclarées, celles qui pouvaient paraître au grand jour, avec la majesté du formalisme royal. Mais combien d'autres se prescrivaient mystérieusement, par correspondance secrète ou même de bouche, ainsi que Louvois conseillait à M. de Marillac d'en user à l'égard des échevins! Combien d'injustices commandées ! » (p. 549)... « Un très grand nombre de faits particuliers de cette mémorable révolution échapperont toujours à l'histoire, par suite du mystère dont s'enveloppaient les agents du roi dans le cours de leurs négociations. C'est à peine si, de loin en loin, quelque lumière jaillit, soit des correspondances, soit des archives de famille, et permet d'entrevoir le réseau de ces intrigues » (p. 550).

alla même, à Gabre, jusqu'à faire mettre à ce mensonge l'estampille réformée. Qu'on en juge par l'attes-
tation suivante, faite par le premier consul, Jacques
Déjean, et rédigée, à sa réquisition, par deux soi-disant
Nouveaux-Convertis [1] ou *Nouveaux-Réunis*, Michel
de Robert-Biros et Annet de Robert-La Serre, qui se
virent ainsi obligés de paraître confirmer officiellement
une déclaration établissant que tous les Réformés de
Gabre, eux-mêmes compris, étaient de parfaits catholiques, ayant renoncé définitivement à la doctrine de
Calvin et suivant assidûment la messe :

« En présence de nous soussignés Jacques Déjean
premier consul du lieu de Gabre a déclaré que tous les
susnommés [2] qui ont atteint l'âge de quatorze ans ont
fait leur abjuration entre les mains de feu Me Nicolas
Lanta curé dudit lieu, ou entre les mains du curé de
Capens, commis pour recevoir les abjurations, et que
tous ceux qui avaient des livres concernant la religion
de Calvin les ont remis entre les mains dudit sieur
Lanta, il y a environ un mois, Le nombre desdits convertis à ce compris les femmes et les enfants vont à
cent septante cinq, Lesquels vont tous à la messe, En
foi de quoi sur le rapport dudit Déjean consul, faute
de curé qui est mort depuis trois jours, ni de vicaire
établi audit lieu avons à sa réquisition signé le pré-

1. Les Nouveaux-Convertis furent désignés habituellement sous la
forme abrégée : N. C.

2. Ce curieux certificat figure au pied d'un « *État des Nouveaux-Con-*
vertis du Consulat de Gabre diocèse de Rieux » que nous nous abstenons de reproduire, en ayant relevé un pareil, mais plus détaillé, au
chapitre suivant.

sent certificat et nous aussi déclaré qu'il ne sait pas signer[1].

Fait à Gabre le 4 mars 1686.

Biros, La Serre, signés à l'original[2]. »

On savait fort bien toutefois à quoi s'en tenir à cet égard ; et c'est pourquoi prit-on des mesures pour garder les *Nouveaux-Convertis* dans le giron de l'Église. Aux uns on offrit des avantages considérables, des places, des pensions, pour les avoir par l'intérêt ; et c'est de cette époque que datent les fortunes scandaleuses d'un trop grand nombre de *Nouveaux-Catholiques*, enrichis par la plupart des dépouilles de ces courageux huguenots qui aimèrent mieux s'expatrier et perdre leurs biens que de renier, même en apparence, leur foi. Aux autres on montra la verge toujours prête à frapper, de mille et mille manières, au moindre signe d'émancipation de la tutelle ecclésiastique. Sur tous l'intendant Lamoignon de Bâville, qui ne fut pas surnommé pour rien *la terreur et l'horreur du Languedoc*, veillait avec un soin jaloux, pour empêcher les trahisons ou les révoltes ; et chacun des agents de

---

1. Il est bon de faire remarquer à ce propos que les gentilshommes verriers, à dater de la Révocation, furent systématiquement exclus des fonctions consulaires et politiques, nous dirions aujourd'hui municipales. On connaissait trop l'inanité de leur conversion et leur fidélité à la Réforme pour permettre qu'on leur confiât la direction des affaires de la Communauté. Et comme il n'y avait guère d'instruction que chez eux, ces fonctions durent être exercées tant bien que mal par des magistrats illettrés.

2. Arch. départ. de l'Ariège ; Abbaye du Mas-d'Azil : *Religionnaires.* — C'est dans le même esprit que fut rédigée, dans les *Registres de l'État civil des Bordes-sur-Arize*, la note marginale suivante, à l'année 1685 : « Pendant le mois d'octobre et novembre tous les huguenots des Bordes et des environs ont fait abjuration de l'hérésie de Calvin ».

l'Église ou de l'État se faisait un titre de gloire de contribuer pour sa part à parachever le grand œuvre de la conversion universelle des Réformés [1].

Il est à propos de rappeler à cette place le langage tenu par le commandeur Laugeiret, au lendemain de la Révocation, dans sa lettre du 1er décembre 1687 précédemment citée (V. Chap. XII) : « Mr de Rieux », écrit-il à son procureur Carbonel, « fut fort satisfait des réparations que je fais à l'église de Gabre et lui fis connaître que je n'y oublierai rien pour attirer les Nouveaux-Convertis à venir y faire leur devoir ». Nous savons, au reste, le cas qu'il convient de faire des éloges que se décerne à lui-même le soi-disant zélé chevalier de Saint-Jean, particulièrement eu égard à ces réparations ; et nous estimons que son principal souci à cet endroit était de jeter de la poudre aux yeux de son évêque (V. Chap. XIV).

Mais pour en revenir à Bâville, instrument conscient du fanatisme catholique, il ne négligeait rien, lui, d'accord avec le clergé, pour extirper du plus petit hameau le moindre vestige de la foi réformée. La besogne, il est vrai, n'était pas commode, à cause de la ténacité huguenote. Aussi l'homme politique et les prêtres, en gens avisés, voyant que le présent leur échappait trop souvent, préparaient de concert et mé-

---

1. Un moyen, entr'autres, d'intimidation usité vis-à-vis des nobles consistait dans la menace de les priver, par des ordonnances particulières, du droit de porter les armes, ou de leur faire exhiber, « dans quinzaine », les jugements confirmatifs de leurs titres. Bâville rendit à Nîmes, le 6 novembre 1686, une ordonnance de cette nature concernant spécialement le diocèse de Rieux et visant par conséquent les gentilshommes verriers. — Arch. départ. de l'Ariège ; Abbaye du Mas-d'Azil : *H, Clergé régulier*.

thodiquement l'avenir. Comprenant l'influence toute-
puissante de l'école sur l'esprit du peuple, ils cherchè-
rent à se rendre maîtres de l'éducation, dans l'espoir
de tenir au moins les enfants faute des pères. C'est en
vue de ce résultat qu'à la date du 21 octobre 1699 l'intendant rendit une ordonnance en vertu de laquelle,
« Estant necessaire d'etablir dans la paroisse de Gabre
du diocèse de Rieux une maîtresse d'Ecole et de lui
faire fournir suivant la déclaration du Roy du 13 décembre 1698 pour sa subsistance par chacun an la
somme de cent livres », il mit « les maires [1], consuls
et habitants de ladite Communauté » en demeure de
faire ladite imposition. Il est presque superflu d'ajouter que cette maîtresse d'école devait être établie « de
l'approbation de M[r] l'evesque de Rieux », pour que le
clergé lui-même eût la haute main sur l'éducation de
la jeunesse, qu'il pourrait ainsi pétrir à son gré; car
on ne manqua pas, cela va sans dire aussi, de faire
aux parents une obligation étroite d'envoyer leurs enfants à ces sortes d'écoles [2].

Néanmoins tous les efforts restèrent vains; et, sans
insister plus longuement là-dessus, il nous suffira de
savoir pour l'instant qu'à quelques rares exceptions
près les gentilshommes verriers, et généralement les
Réformés de Gabre, en dépit d'abjurations de pure
forme obtenues par la violence, ne voulurent jamais,
malgré toutes les persécutions auxquelles ils furent en
butte avant comme après la Révocation, consentir à

---

1. Les offices de mairie avaient été établis, par édit royal, en août
1692.

. 2. Arch. départ. de l'Ariège; Abbaye du Mas-d'Azil : *Religionnaires.*

l'abandon de leur foi[1]. Mais, depuis ce temps jusque vers le dernier tiers du siècle passé, époque à laquelle les idées de tolérance religieuse commencèrent à se faire jour, traqués partout comme des bêtes fauves à l'instar de tous leurs frères de France, ils ne purent s'assembler, pour célébrer leur culte, que dans les lieux sauvages et solitaires, dans les grottes ou dans les bois, ou dans des maisons particulières, avec la plus grande prudence, soit de jour dans les temps de calme relatif, soit de nuit lorsque la persécution redoublait, exposés sans cesse, dans leurs personnes et dans leurs biens, aux rigueurs d'une législation aussi barbare qu'insensée. Nous trouverons même là tout à l'heure une abondante matière pour un chapitre spécial (V. Chap. XIX).

CHAPITRE XVIII

État de la Population de Gabre vers la fin du dix-septième siècle.

Durant les années qui précédèrent ou qui suivirent la Révocation on fit, à diverses reprises, dans les localités protestantes, des dénombrements destinés à éta-

---

1. Nous croyons devoir signaler ici, à titre documentaire, la présence d'un Grenier parmi les moines du Mas-d'Azil, en 1693 : « Dom Jean-Louis de Grenier de Lile », qui était alors syndic du Chapitre, et sur lequel nous n'avons d'ailleurs aucun autre renseignement, ni familial ni confessionnel. — Arch. départ. de l'Ariège; Abbaye du Mas-d'Azil : H, *Clergé régulier*.

blir la balance de la population catholique et de la population réformée. Nous possédons, relativement à Gabre, plusieurs états dressés à des moments différents et cependant assez rapprochés, car les variantes qu'ils renferment se réduisent à peu de chose. Nous en relèverons un, qui se trouve sans date, mais qui est apparemment de l'an 1683. Il aura l'avantage de nous faire connaître les noms et la composition des familles de l'endroit vers la fin du dix-septième siècle, en même temps que leur situation confessionnelle. Il nous offrira également, à deux cents ans environ d'intervalle, un terme intéressant de comparaison avec l'état des propriétaires de 1529 reproduit ci-devant (V. IIe Part. Chap. XIII)[1].

On nous permettra de faire deux remarques, l'une générale, l'autre particulière, au sujet de ces dénombrements :

D'une part, nous ne saurions leur attribuer une exactitude absolue, en raison soit des erreurs involontaires qu'ils renferment, les totaux ne s'harmonisant pas toujours avec le détail des nomenclatures, soit du parti-pris qui pouvait parfois engager leurs auteurs à comprendre parmi les Catholiques certains Réformés dont la situation confessionnelle n'était peut-être pas très claire.

D'autre part, en ce qui concerne spécialement Gabre, le premier état relevé ci-dessous serait incomplet si on n'y adjoignait le second ; car celui-ci, bien que se rapportant en apparence à une autre localité, doit en

---

1. On remarquera, en particulier, d'une date à l'autre l'augmentation très sensible de la population et la modification des familles.

réalité et en bon compte être considéré comme un complément de celui de Gabre, en tant que là était le véritable foyer des familles qui le composent. On observera, en effet, que toutes ces familles sans exception sont des familles de gentilshommes verriers, qui se trouvaient établies à Gabre originairement et de longue date, alors qu'elles ne l'étaient que de date récente et accidentellement à Mauvezin en vue de l'exercice de leur industrie[1]; et l'on voudra bien aussi se rappeler à cette occasion la note généalogique où nous avons déjà mentionné la fabrique fondée dans ce lieu par Clovis de Robert-Falga et Jacques de Grenier-Périlhou en 1681 (V. *Généal.* 6e Génér. Art. VII). Il y eut là sans doute pour ces familles une sorte d'expatriation causée par les persécutions qui marquèrent cette époque, persécutions qui durent s'appesantir d'une façon plus particulière sur le centre réformé du Mas-d'Azil et son voisinage immédiat.

Voici les états en question :

« GABRE

CATHOLIQUES

— Le sr François de Granié sr de Solembel
sa femme
un fils âgé de 30 ans
une fille de 18 ans.

— Le sr Henri de Granié
sa femme
son fils Nicolas 25 ans
Pierre 23 ans
Simon 15 ans
Joachim 13 ans
François 7 ans

1. Il conviendrait peut-être d'en distraire les quatre ou cinq familles comprises dans le Rôle des Catholiques de cette dernière localité, originaires sans doute de Fabas, et dont les antécédents religieux nous sont inconnus.

Jean 9 ans
Pol 1 an
Jeanne 20 ans
Françoise 18 ans
Anne 16 ans
Marguerite 4 ans.
— Le s^r Pierre Granié
   sa femme
   un enfant d'1 an
   une fille de 12 ans
   une autre de 8 ans
   autre de 7
   autre de 5 ans.
— Le s^r Jean de Granié
   sa femme
   un fils âgé de 30 ans
   autre de 27
   autre de 25
   autre de 23 ans
   et une fille de 20 ans.
— Mademoiselle de Verdier
   veuve
   un enfant de 12 ans
   autre de 15 ans
   une fille de 7 ans Nou-
     veaux-Convertis.
— Jean Gouazé
   sa femme
   un enfant de 15 ans
   autre de 14
   autre de 5 ans
   une fille de 8 ans.
— Gailhard Braquet
   sa femme sans enfants.
— Vidal Guilbert veuf
   un fils de 40 ans
   sa belle-fille 33 ans

un fils de 20 ans
une fille de 15 ans
un valet.
— François Tailleur
   sa femme
   un fils de 2 ans
   une fille de 8 ans.
— Raymond Balança
   sa femme
   un fils de 20 ans
   autre de 15 ans
   une fille de 17 ans
   autre de 12 ans.
— Raymond Balansa vieux
   sa femme
   un enfant de 22 ans
   une fille de 19 ans
   autre de 16
   autre de 14
   autre de 11 ans.
— Pierre Delgruat
   sa femme
   une fille de 14
   autre de 12
   autre de 5 ans.
— Jean Gilbert
   sa femme
   une fille de 13 ans
   un enfant de 15 ans
   un autre de 9 ans.
— Jean Pelata
   sa femme
   une fille de 17 ans
   autre de 13 ans
   autre de 9 ans.
— Raymond Gautier
   sa femme.

— Pierre Dambrosi
sa femme.
— Bernard Gilbert
sa femme ont 3 garçons
un enfant de 38 ans marié
sa femme
un enfant de 8 ans
une fille de 17
autre fils dudit Gilbert
autre fils dudit Gilbert.
— Le mettayer de Pastegras
sa femme
un frère
autre frère
et une sœur dudit met-
tayer.
— Jacques Rouayx
sa femme
un enfant de 14 ans
autre de 7 ans
une fille de 19
autre de 10 ans.
— Jacques Blocq
sa femme
un enfant de 19
autre enfant de 15
une fille de 12 ans.
— Bernard de Jean
sa femme
un enfant de 17 ans
autre de 12
un valet.
— Arnaud Pujol
sa femme
sa mère
un enfant de 29.
de 17 de 15 et 6 ans.

— Guilhaume Benazet
sa femme
un fils marié
sa femme
un valet de 25 ans.
— François Segala
sa femme
un enfant de 9 ans
autre de 4 ans.
— Raymond Durand
sa femme
un enfant de 17 ans
autre de 14 ans
autre de 8 ans.
— Pierre Riviere
sa femme sans enfants.
- Raymond Riviere
sa femme
un enfant de 15
autre de 12
autre de 6 ans.
— Pierre Cayrol
sa femme
une sœur
une nièce.
— Bernard de Craboutet
sa femme
un enfant de 3 ans.
— Raymond Rouaix
sa femme
une enfant de 6 ans
un autre de 3 ans
un valet.
— Pey Eychene
un valet.
— Pierre Pauli
sa femme

sa mère.
— Raymond Rouaix June
  sa femme
  un enfant de 9 ans
  autre de 5 ans   Nouveaux
    Convertis.
— Arnaud Pelata
  sa femme
  un enfant de 20 ans
  autre de 16 ans
  autre de 12 ans.
— Guilhem Carrere
  sa femme
  un enfant de 16 ans
  autre de 14
  autre de 9
  autre de 4 ans.
— Jacques Beycane
  sa femme
  un enfant de 21 ans
  autre de 23
  autre de 16 ans
  une fille de 12 ans.
— Pierre Rouaix
  sa femme
  un enfant de 7 ans
  autre de 4 ans
  sa belle-mère
  un beau-père
  sa femme
  un garçon de 2 ans
  et un valet de 23 ans.
— Raymond de Pauli
  sa femme
  un enfant de 5 ans
  un autre de 2 ans.
— Jean Arnaud Respaud

sa femme
sa belle-mère
un enfant de 22 ans
autre de 19
autre de 16
autre de 15
autre de 12 années.
— Catherine Gilberte veuve
  une fille de 17 ans.
— Jean Rouaix
  sa femme
  sa mère
  un enfant de 16
  autre de 15
  autre de 11
  autre de 9 ans.
— Jean Rieumailhol
  sa femme
  un enfant de 6 ans.
— Jean Riumailhol June
  sa femme
  un enfant de 9 ans
  autre de 7 ans.
— Pierre Delsol
  sa femme
  un enfant de 17 ans
  autre de 12
  autre de 9 ans.
— Le mettayer de Mr Palisse
    ou Jean Cabart
  sa femme
  un fils marié
  sa femme
  un enfant de 12 ans
  autre de 7 ans.
— Jeannet de Jean
  sa femme

un enfant de 22 ans
autre de 14
autre de 18 ans.
— Arnaud de Jean
sa femme
une fille de 13 ans.
— La veuve dudit de Jean
un enfant de 17 ans.
— Pierre de Jean
sa femme
un enfant de 30
autre enfant
autre enfant
autre enfant de 12 ans.
— Marc de Jean
sa femme
sa mère
un enfant de 18 ans
autre enfant
autre enfant
autre enfant de 4.
— Le mettayer du s^r de Loujou
sa femme
un enfant de 13
autre enfant
autre enfant de 5 ans.
— Le mettayer de Mr Gauzense
sa femme sans enfants
— Jean Pelata
sa femme
un enfant de 18 ans
autre enfant
autre enfant
un valet de 5 ans.
— Paul Rouaix
sa femme
un garçon de 20 ans

autre garçon
autre garçon
une fille
autre fille âgés despuis 20
jusques à 7 ans.
— Francois Faur mettayer du
s^r Cave
sa femme
un enfant de 18 ans
autre enfant
autre enfant
autre enfant de 4 ans.
— Jean et Pierre Rieumailhol
frères
leurs femmes et 7 enfants
de 2 ans jusques à 17
ans.
— Pierre Pelata sa femme et
4 enfants de 7 à 25 ans.
— Jean Rumeau sa femme quatre enfants et deux filles.
— Les mettayers du s^r Fallen-
tin frères leur mère deux
filles de 12 à 18 ans un
valet de 21 ans.
— Francoise Pujol veuve
un enfant
une fille
autre fille.
— Arnaud Riviere
sa femme
son beau-père.
— Ramon Doumenjou
sa femme
un enfant de 4 ans
un autre enfant d'un an
un valet de 19 ans.

— Ramon Faur sa femme deux
    enfants et une fille de 9
    à 22 ans   Convertis.

MONTE LE NOMBRE DES CA-
    THOLIQUES............   330
FAMILLES (autre écriture).   60

———

DE LA R. P. R.

—

— Noble Michel de Robert s^r
    de Biros
    sa femme
    un enfant
    autre enfant
    autre enfant
    autre enfant
    une fille
    autre fille
    une servante.
— Noble Jean de Robert s^r de
    Pontet
    sa femme
    un enfant d'un an.
— Noble Ramon de Robert
    sa femme
    un enfant de 3 ans
    autre enfant d'un an
    une servante catholique de
    15 ans.
— Noble Pierre de Granie s^r de
    la Vignasse
    sa femme
    un enfant
    autre enfant
    autre enfant

une fille
autre fille.
— Noble Jacques de Granie s^r
    de Laplane
    sa femme
    une fille de 2 ans.
— Mademoiselle de Curtalas
    une fille de 4 ans
    autre d'un an.
— Noble Pierre Granie s^r de
    Curtalas
    sa femme
    une fille d'un an et demi
    une servante de 17 ans ca-
    tholique.
— Mademoiselle de Boscq
    une fille de 16 ans
    autre fille de 20 ans.
— Deux demoiselles Delbosq
    veuves
    un enfant de 11 ans
    autre de 14 ans
    une servante de 14 ans ca-
    tholique.
— Noble Pierre Granie s^r de
    Coumobero
    sa femme
    un enfant
    autre enfant
    une fille
    autre fille
    autre fille.
— Noble Jean de Granie s^r du
    Bousquet
    sa femme
    sa sœur
    une fille de 6 ans

autre de 2 ans.

— Noble Jean de Granie s^r de
la Leze
sa femme
un enfant de 12
autre de 7 ans.

— Noble Annet de Robert s^r de
la Serre
sa femme
un garçon
autre garçon
une fille
autre fille âgés depuis
6 ans à 21.

— Damoiselle Jeanne de Granie veuve
une fille de 17 ans.

— Noble Francois de Granié s^r
de Riutailhol
sa femme
un fils d'un an
et sa belle-sœur.

— Abel Roufiac
sa femme
un enfant
autre enfant
une fille
autre fille
un neveu âgés de 5 à
23 ans.

— Jacques et Jean Meritiers
leur mère
une sœur.

— Jeanne veuve de Rey
une fille veuve et a
une fille de 8 ans
autre de 5 ans

et un valet de 24 ans
Lad. veuve de Rey a une
autre fille.

— La veuve de Jacques de Jean
a un garçon
une fille
autre fille âgés de 7 à
23 ans.

— Pierre Faur
sa femme
sa mère.

— Jacques Faur
sa mère
son frère
sa sœur, âgés de 14 à
24 ans.

— Jeanne Faur veuve.

— Samuel Bartes
sa femme
un enfant
autre enfant
autre enfant
autre enfant
une fille âgés de 7 à 26 ans.

— Pierre Nibarol a un fils marié, sa femme, une fille
de 12 ans, un autre de
4 ans.

— Daniel Gouazé, sa femme,
un enfant de 3 ans.

— Jean Poude, sa femme, un
enfant, autre enfant, au-
tre enfant, autre enfant,
âgés de 3 à 15 ans.

— Francois Cap pelat, sa femme, un valet et une ser-
vante catholiques.

— Jean Esquerre et son frère, une femme, autre femme, un garçon, autre garçon, autre garçon, autre garçon, âgés de 5 à 18 ans.

— Michel Gouazé, sa femme, un valet catholique.

— Une mettayere du sʳ de Bax

autre mettayere dud. un garçon marié, sa femme, une fille de 2 ans autre garçon non marié de 23 ans.

MONTE LE NOMBRE DE CEUX DE LA R. P. R.........139

FAMILLES (autre écriture). 31 ›

« *État des familles catholiques et de la R. P. R. qui sont dans la paroisse de Mauvezin annexe de Camarade diocèse de Rieux fait la présente année 1683.*

FAMILLES CATHOLIQUES

— Bernard (etc.)...................................... [1].
— Le sʳ Jacques Grenier dit Labouchète marié avec Marie Grenier ont 4 garçons, l'aîné âgé d'environ 30 ans, le 2ᵉ de 28 ans, le 3ᵉ de 20 ans, le 4ᵉ de 16 ans, ont 2 filles, l'aînée âgée de 36 ans, la 2ᵉ de 18 ans, ont un valet catholique Jean Capilhon âgé de 45 ans.
— Augustin Grenier dit Puᵣctou marié avec Jeanne Grenier et ont un garçon âgé de 2 ans.
— Marc-Antoine Grenier dit Laberdure marié avec Paule Grenier ont un garçon âgé de 8 ans, et 3 filles, l'aînée âgée de 10 ans, la 2ᵉ de 6 ans, la 3ᵉ 4 ans.

1. Il nous suffira de relever, dans ce rôle des Catholiques, comptant 33 familles et 218 communiants, les quatre ou cinq familles de Verriers qui y sont mentionnées, appartenant aux Grenier et aux Verbizier, et originaires celles-là, croyons-nous, de la région de Fabas.

— Pierre et Paul Verbisiés s^{rs} du Mourtis et la Serre, ledit Pierre marié avec Marie de Parde et ont 1 fille âgée de 2 ans, ont une servante catholique Marguerite Basin âgée de 20 ans.

FAMILLES HUGUENOTES

— Jean Robert dit Gassion et Jeanne Robert mariés ont 4 garçons, l'aîné âgé d'environ 18 ans, le 2e de 14 ans, le 3e de 10 ans, le 4e de 5, une fille âgée de 3 ans, un valet huguenot Jean Pons âgé de 40 ans.

— Isaac Grenier dit Louïou et Paule Grenier mariés ont 3 garçons, l'aîné âgé de 15 ans, le 2e 10 ans, le 3e de 2 ans, ont 3 filles, l'aînée âgée de 12 ans, la 2e 8 ans, la 3e 5 ans.

— François Grenier dit Tarailla et Izabeau Bervisié mariés ont 3 garçons, l'aîné âgé d'environ 18 ans, le 2e de 12 ans, le 3e de 6 ans, et une fille âgée de 8 ans.

— Jean Grenier dit Michouné et Paule Robert mariés ont 4 filles, l'aînée âgée de 9 ans, la 2e de 7 ans, la 3e de 4 ans, et la 4e de 4 mois.

— Élie Grenier dit Souloumiac et Marie Grenier mariés ont 2 garçons, l'aîné âgé de 4 ans, le 2e de 2 ans, ont 3 filles, l'aînée âgée de 10 ans, la 2e de 7 ans, la 3e de 5 ans.

— David Grenier dit Lassablière et Anne Verbisier mariés ont 3 garçons, l'aîné Jean marié avec Jeanne Grenier ont une fille âgée de 2 ans, les autres enfants âgés de 25 ans et l'autre de 23 ans ont 4 filles, l'aînée âgée de 30 ans, la 2e de 28 ans, la 3e de 26 ans, la 4e de 20 ans.

— Jacob Grenier dit Latreitte et Marie Verbisié mariés ont 3 garçons tous trois mariés, l'aîné Jean Grenier marié avec Françoise Verbisié et ont 1 garçon âgé de 10 ans 3 filles l'aînée âgée de 12 ans, la 2e de 8 ans, et la 3e de 5 ans.

— Jacob Grenier dit Labelouse marié avec Marie Grenier sans enfants,

— Simon Grenier dit Lebartet marié avec Marie Grenier sans
enfants.

— Jacques Grenier dit la Graussète marié avec Judic Grenier ont
3 garçons l'aîné âgé de 6 ans, le 2ᵉ de 4 ans, le 3ᵉ de 6 mois.

— Jean Verbisié dit Delom marié avec Philiberte Robert sans
enfants.

— Jean Verbisié dit Riucoussat marié avec Marguerite Grenier
sans enfants.

— Clovis Robert dit le Falga marié avec Louise Grenier ont
2 garçons, l'aîné âgé d'environ 8 ans, le 2ᵉ de 4 ans, ont
1 fille âgée de 6 ans.

— Tristan Robert dit Courtalas [1] marié avec Jeanne Grenier ont
1 fille âgée de 2 ans.

— Jacques Grenier dit Périllou marié avec Philiberte Grenier
ont 3 garçons, l'aîné âgé de 10 ans, le 2ᵉ de 8 ans, le 3ᵉ de
4 ans, ont 1 fille âgée de 6 ans.

— Jean et Jeanne Grenier mariés ont 1 garçon âgé de 2 ans,
1 fille âgée de 4 ans.

Jacques Verbisié dit Lalèze marié avec Paule Grenier et ont
leur famille à Gabre.

84 communiants

17 familles

Fin du rôle des huguenots.

— Isaac Grenier marié avec Judith Verbigier ont un garçon âgé
de 10 à 11 ans avec trois filles âgées la première de 8 ans, la
2ᵉ de 5 ou 6 ans, la troisième de deux à trois ans huguenots
habitants de la paroisse de Mérigon. (Cela a été ajouté après
coup ; c'est d'une autre écriture).

---

1. Il doit y avoir ici une erreur ; il faut lire sans doute : *Lagarenne*
(V. *Généal.* 6ᵉ Génér. Art. X).

— Pierre Fauroux, âgé de 20 ans et Daniel Saurine et Jeanne Vergé domestiques de Isaac de Grenier dit Louïou.

— Louise Star servante de Jean Robert âgée de 20 ans.

— Marguerite Recor servante de Jean Grenier dit Vidalens âgée de 15 ans.

— Gabrielle Monnereau servante de Jean Grenier dit Campet âgée de 20 ans. » [1].

CHAPITRE XIX

Les Gentilshommes verriers au Désert.

Si les gentilshommes verriers contribuèrent pour leur part à la défense de la cause réformée durant les guerres les armes à la main ; s'ils lui restèrent fidèles au milieu des vexations légales ou illégales dont furent abreuvés les partisans du nouveau culte pendant le cours du dix-septième siècle ; ils servirent encore la même cause par leur persévérance et leur résignation, au sein des plus dures épreuves, dans la période néfaste du *Désert*, de 1685 à 1787. Malgré les persécutions les plus cruelles ils continuèrent à tenir haut et ferme leur drapeau, encourageant par leur exemple

---

1. Les deux états que nous venons de transcrire sont aux Arch. départ. de la H^te-Gar. : *Évéché de Rieux*, nº 46.

leurs frères en la foi, dont ils se considéraient jusqu'à un certain point, en l'absence de pasteurs, comme les conducteurs spirituels.

Aussi leur histoire peut-elle être regardée, après comme avant la Révocation, comme l'histoire même de l'église de Gabre, dont ils formaient l'élément le plus important. C'étaient eux qui, depuis la ruine du temple, exhortaient dans leurs maisons les fidèles heureux de répondre à leur appel ; eux qui étaient chargés ou plutôt qui se chargeaient eux-mêmes d'organiser les assemblées en pleine campagne[1] toutes les fois que l'occasion s'en présentait lors du passage dans leur quartier d'un ministre en tournée ; eux qui, au besoin, savaient encore tirer l'épée comme leurs pères si par hasard une de ces assemblées se trouvait surprise par les milices ou la maréchaussée ; eux en un mot qui, dans leur milieu et dans la mesure de leurs forces, maintenaient l'église vivante par leur dévoûment, leur zèle et leur courage.

On a justement remarqué, en effet, et Antoine Court en particulier le rappelle dans la lettre citée plus haut (V. Chap. I, note), que toutes les fois qu'un pasteur itinérant se trouva être de passage dans leur canton, les gentilshommes verriers voulurent toujours l'avoir « chez eux », malgré le danger auquel cette protection les exposait ; car il était expressément défendu en vertu des édits, nommément de ceux du 1er juillet 1686 et du 14 mai 1724, sous les peines les plus graves — à savoir les galères à vie pour les hommes et la reclusion per-

---

1. Ces assemblées étaient toujours convoquées dans des lieux solitaires : d'où le nom de *Désert*.

pétuelle pour les femmes, la confiscation des biens et la démolition de la maison —, de loger un ministre, qui était un homme hors la loi, proscrit et par cela même incessamment destiné à la mort.

Voici encore comment s'exprime à leur égard M. A. Borrel, dans sa *Biographie d'Antoine Court* (p. 161) : « Ces rustiques gentilshommes... exerçaient au désert, depuis la révocation de l'édit de Nantes, les périlleux offices de lecteurs, de chantres, de catéchistes, de guides pour escorter les pasteurs, à la chaire, au combat, et même à l'échafaud ». Tous les auteurs protestants, entr'autres M. Charles Coquerel dans son *Histoire des églises du désert,* M. Napoléon Peyrat dans son *Histoire des pasteurs du désert,* et M. Urbain de Robert-Labarthe dans son ouvrage récent sur l'*Histoire du Protestantisme dans le Haut-Languedoc, le Bas-Quercy et le Comté de Foix, de 1685 à 1789*[1], leur rendent le même témoignage.

Nous avons déjà vu qu'ils furent séparés à partir de la Révocation[2]. Les uns, la plupart, étaient restés à Gabre ; les autres avaient émigré vers l'Ouest, espérant peut-être y trouver plus de tranquillité et un milieu plus favorable au développement de leur industrie. Des verreries furent établies par eux dans la région de Sainte-Croix-de-Volvestre, de Mauvezin jusqu'à Fabas,

1. Cet ouvrage, en deux volumes, édités à Paris par la librairie Grassart le premier en 1892 et le second en 1896, est celui qui renferme les détails les plus circonstanciés et les plus intéressants sur les gentilshommes verriers. On pourra consulter aussi avec fruit le livre déjà cité de M. O de Grenier-Fajal sur *François Rochette et les trois frères de Grenier*.

2. Malgré cette séparation ils continuèrent en quelque sorte d'être ensemble, car, quel que fût le lieu de leur demeure, ils se retrouvaient toujours dans leurs verreries durant le temps des campagnes,

et dans le quartier de Pointis, qui devint insensiblement le principal centre de fabrication [1]. Mais, traqués également partout, ils furent sans cesse en butte aux coups d'une persécution tenace habile à les atteindre dans leur industrie aussi bien que dans leur liberté de conscience.

Dès l'an 1697, Pierre de Grenier-Courtalas et (Jean) de Robert-Montauriol, après avoir été décrétés de prise de corps par le lieutenant-général du Languedoc de Broglie, pour avoir assisté à une assemblée tenue à la verrerie de la Bade [2] le soir du 31 août, sous la présidence du prédicant Gardel du Mas-d'Azil, furent ensuite condamnés aux galères à vie par un jugement de l'intendant Lamoignon de Bâville en date du 23 octobre [3]. Ce même jugement ordonnait de conduire à Montpellier, pour y être punies suivant les lois, plusieurs femmes ou filles de gentilshommes verriers : Jeanne de Verbizier, épouse de Courtalas; Marthe, veuve du sieur de Rieutailhol; Louise de Grenier; Mademoiselle de Serres, veuve de de Robert sieur de la Quérette; Louise de Grenier de la Vignasse [4]. Le

1. V. *Généal.* 6e Génér. Art. VII.
2. V. pour la situation de cette verrerie Ire Part. Chap. VII.
3. Furent condamnés avec eux : Jean Mercier; Jean Gaychet; Isaac Mercier dit Comté; Joseph Lafont dit Montférat; Charles Bentajou dit Colomat; Daniel Vignaux fils; Isaac Dulac; Jean Sarradas; Pierre Ticoulet; Daniel Mathurin; Pierre Dumas dit Charlemagne; François Roufiac; Jean Roufiac; Jean Gabé; Lavail; Abraham Fauré; Élie Fauré; tous demeurant à Gabre ou dans les localités voisines.
4. Furent condamnées avec elles : Paule Courrent; Paule Mercier; Françoise Mousson; Marguerite Dardit; Anne d'Arabet; Pauline de Pilles; Suzanne Marquet, du « masage » de Bourtoulou, et chez laquelle devait avoir lieu tout d'abord l'assemblée (on y avait renoncé ensuite parce que c'était trop près du grand chemin); Marie Escafit dite la Quartère; Anne Lafont; Anne Gaychet; Suzanne Mercier; Paule Sans

lieutenant-général avait en outre, dès le début, ordonné le rasement de la verrerie de la Bade et d'une
métairie attenante, qui appartenaient à Courtalas[1].

En 1707, nous trouvons encore deux gentilshommes
verriers, André Bousquet et Pierre Montazer, servant
comme forçats pour la foi sur la galère *la Triomphante*
à Marseille[2]. Quelques années plus tard, en 1716, les
Réformés de Gabre voient leur village occupé par les
dragons en même temps que le Mas-d'Azil et les Bordes et leurs assemblées sabrées impitoyablement dans
les bois[3], suivant les instructions du duc d'Antin et
les ordres de Laugeois intendant de la Généralité de
Montauban, qui demandaient que les ordonnances contre les Réformés fussent exécutées « à toute rigueur »[4].

Ajoutez à ce qui précède sinon les entraves du moins
les conditions nouvelles apportées bientôt après à l'industrie verrière par un arrêt du Conseil d'État, en date
du 9 août 1723, subordonnant l'établissement de toute
fabrique à une permission royale fondée sur des « Lettres patentes bien et dûment vérifiées »[5], et vous com-
prendrez la situation difficile faite désormais aux gentilshommes verriers, que leur dépendance plus étroite
de l'autorité civile devait particulièrement gêner, eu

---

dite la Fournière; Marie Gélade, femme de Joseph Lafont; toutes demeurant à Gabre ou dans les environs.
1. Arch. départ. de l'Hérault : *C. 176*; U. de Robert-Labarthe : *ouvr.
cit.* T. I, p. 238-240. — Nous ignorons les suites de ces condamnations.
2. Ch. Coquerel : *ouvr. cit.* T. I, *Pièc. justif. n° 3*, p. 501.
3. N. Peyrat : *ouvr. cit.* T. I, p. 430.
4. Arch. départ. de l'Ariège : *F. Religionnaires*.
5. Id. : *Ibid.* — Ce n'est pas que cet arrêt visât spécialement les verreries, il s'appliquait à d'autres fabriques; mais il pouvait constituer à
l'occasion pour l'autorité un moyen nouveau de réprimer les sentiments
d'indépendance religieuse des gentilshommes verriers.

égard aux embarras que leur suscitait déjà trop souvent la manifestation de leur croyance religieuse.

Cette croyance, malgré tout, ils ne craignaient pas de la témoigner ouvertement toutes les fois que des circonstances propices leur permettaient de le faire. Dans cette même année 1723, où ils eurent le bonheur de recevoir la visite du ministre Chapel, à qui revient le mérite d'avoir un des premiers préparé la réorganisation des églises du Pays de Foix[1], ils se distinguèrent entre tous les fidèles par leur zèle à fréquenter les assemblées, suivant une lettre écrite le 24 avril par Chapel lui-même à Pierre Cortez, un de ses compagnons d'œuvre[2].

Ce fut avec le même empressement qu'en 1733 ils saluèrent l'arrivée de Michel Viala, un autre apôtre de ces contrées, qui trouva auprès d'eux les mêmes encouragements.

Encouragés eux-mêmes par les résultats bénis de son ministère, qui, en favorisant toujours plus la reconstitution des églises, avait en même temps imprimé une impulsion nouvelle au réveil de la ferveur religieuse, ils n'eurent rien plus à cœur, après son départ, que de parachever son œuvre au sein de leur petit troupeau par une célébration du culte aussi fréquente et aussi régulière que possible. Faisant dès lors l'office de pasteur, ceux d'entre eux qui se sentaient le mieux qualifiés pour cette tâche exhortaient les autres, et tous en-

---

1. Gabre, nous le rappelons encore, ne faisait pas partie du Comté de Foix proprement dit, où il formait, comme on l'a déjà vu (V. IIe Part. Chap. VIII), une enclave du Languedoc. Il dépendait donc, au point de vue administratif, de cette dernière province ; mais, au point de vue religieux ou plutôt ecclésiastique, il se rattachait audit comté.

2. U. de Robert-Labarthe : *ouvr. cit.* T. II, p. 14.

semble ils chantaient avec ardeur les louanges de Dieu
dans ces vieux psaumes dont les accents, graves et
hardis, leur remémoraient les luttes et les triomphes
de leurs pères.

Ils se réunissaient quelquefois en plein air, mais
plus communément chez l'un d'eux : le plus souvent
chez Jean de Robert-Montauriol père et chez ses deux
fils, Jean de Robert-Montauriol et Pierre de Robert-
Labarthe, demeurant au village même de Gabre ; chez
le sieur de Bousquet, du même lieu ; chez Isaac de Grenier-Lastermes, de Lastermes ; chez Jean de Robert-
Lapeirière, de Lapeirière, dans la juridiction de la
Bastide-de-Sérou (section d'Aron). Bien que plusieurs
d'entre eux, nommément Montauriol père, Lastermes
et Léchard fils dirigeassent le culte à l'occasion, c'était,
paraît-il, le sieur de Juncas qui « avait accoutumé de
faire les fonctions de ministre ou de prédicant »[1].

Ce qui se faisait à Gabre se pratiquait également à
Pointis ; et non seulement à Pointis même ou dans les
verreries avoisinantes, dans celle de Mi-Bosc ou du
Milieu-du-Bois et dans celle de La Boucharde, mais
aussi dans les verreries de la région de Sainte-Croix et
de Fabas, plus éloignées mais toujours situées dans le
même quartier. Là c'était Jean de Robert-Monner qui
présidait habituellement à l'édification de ses frères.
Ce fut lui particulièrement qui célébra le service funèbre « de la veuve du sieur Jacques Berbigier de Mon-
redon », sœur du « sieur Mervielle » des Bordes,
« morte comme une sainte à la Verrerie de Poudelay »
le 9 septembre 1734. Il « jeta la première terre sur le

---

1. Arch. départ. de l'Hérault : *C. 203.*

cadavre en disant : Dieu nous fasse la grâce de l'aller
trouver au ciel, à quoi les assistants répondirent : Dieu
le veuille » [1].

Mais ce n'est pas seulement dans leur milieu ou entre eux seuls que les gentilshommes verriers montraient leur zèle pour le culte; ils suivaient assidûment
toutes les assemblées générales convoquées dans le
cercle des églises voisines; on les vit même assister
quelquefois à celles qui se tenaient dans des quartiers
relativement éloignés : quelques-uns d'entre eux, au
nombre d'une douzaine, figurent parmi les auditeurs
de celle qui eut lieu le 18 septembre 1744 aux environs de Calmont et de Gibel [2], où ils avaient apparemment accompagné le ministre, qui venait d'en présider
plusieurs à Gabre quelques jours auparavant, comme
nous le verrons tout à l'heure; et pour celles qui se
tenaient dans leurs propres quartiers, c'étaient eux la
plupart du temps qui les organisaient, toujours de
concert avec le ministre, dont ils se considéraient encore une fois comme les protecteurs attitrés, car les
Mémoires du temps nous les représentent comme « *les
principaux moteurs de ces assemblées* » [3].

1. Arch. départ. de l'Hérault : *C. 203.* — Une information fut ouverte
à raison de ce fait par Bernage, intendant du Languedoc, qui, par son
ordonnance du 5 octobre, en confia le soin à Antoine-Bernard Daydé,
son subdélégué à Rieux. Nous ignorons si cette information, qui fut faite
le 19, eut des suites, et si Monner, « qui s'érige en prédicant », encourut
quelque condamnation de ce chef; mais ce que nous savons, c'est que
ce fidèle témoin de l'Évangile ne fut, en tout cas, jamais perdu de vue
par les agents du pouvoir, qui surent bien le retrouver au moment propice et lui faire payer cher, dans ses intérêts et dans ses affections, sa
piété et son zèle (V. suite de ce chapitre et *Généal.* 7e Génér. Art. VI).
2. Id. : *C. 211.*
3. *Mémoire* concernant les assemblées, émanant de Servat, curé de
Sabarat, et adressé à Siret, subdélégué de l'intendant à Foix, qui le

C'est ainsi qu'en 1735 ils favorisèrent de tout leur pouvoir quelques-unes de ces assemblées qui, durant un certain temps, se tinrent régulièrement plusieurs fois la semaine, ordinairement le jeudi, le samedi et le dimanche, en divers lieux de leur communauté et sur la limite d'une communauté voisine (Pailhès) : au Courtalas, au Fajal et sur la Coudère. Les plus considérables furent celles qui se tinrent sur cette colline au cours de l'été, à la fin de juillet (nuit du 30 au 31), dans les premiers jours d'août (nuit du 4 au 5), et dans la première quinzaine de septembre (nuit du 10 au 11)[1]. Elles furent convoquées par Galatin, originaire de Saint-Girons, préparé au ministère à Genève, que trois hommes du Mas-d'Azil étaient allés quérir du côté de Montauban, ou par un aide suisse que ce ministre avait amené avec lui à son retour en France et dont il se faisait accompagner dans ses courses.

Ce serait apparemment ce dernier prédicant, à s'en rapporter au document relaté ci-dessous, émanant des gentilshommes verriers, qui aurait donné créance au bruit répandu alors d'une autorisation royale concernant les assemblées. Usant d'une conduite peu scrupuleuse et séduit peut-être lui-même par un espoir de

communiqua à son supérieur le 15 novembre 1734 — Arch. départ. de l'Ariège : *F. Religionnaires*. V. aussi Arch. départ. de l'Hérault : *C. 203*.

1. Arch. départ. de l'Hérault : *C. 203*. — Ces assemblées, commencées « vers le soleil couchant », se prolongeaient parfois durant toute la nuit « jusqu'à la pointe du jour ». Cette durée, qui paraît excessive au premier abord, s'explique non seulement par le nombre des exercices religieux (lectures de la Bible, exhortations, chants de Psaumes, prières, services de Cène), d'autant plus développés que pasteur et fidèles éprouvaient plus de bonheur à s'édifier ensemble après une longue attente, mais aussi par les actes (baptêmes et mariages à faire ou à régulariser), qui s'y célébraient.

tolérance prématuré, il ne craignit pas de tromper le peuple par cette prétendue autorisation, se prévalant d'un passeport et d'une permission soi-disant obtenus de Sa Majesté. Ce bruit, en tout cas, eut pour résultat d'attirer à ces assemblées un plus grand concours de monde : on s'y rendait en foule de tous les alentours, et ce mouvement produisit une effervescence générale dans la contrée.

Aussi la répression ne tarda-t-elle pas à sévir, impitoyable. Pour contenir les *Nouveaux-Convertis* — comme on continuait de les appeler si faussement — dans toute l'étendue du Pays de Foix, l'autorité militaire, après s'être concertée avec l'autorité civile, y expédia de Castelnaudary deux escadrons du régiment de cavalerie de Berry, et y distribua les huit compagnies comme suit : une à Mazères ; une à Saverdun ; deux, dont la compagnie commandante, au Mas-d'Azil ; une à Sabarat ; une aux Bordes ; une au Carla ; et une à Camarade [1]. On leur adjoignit bientôt après quatre compagnies de grenadiers, auxquelles on assigna comme quartiers Gabre, le Mas-d'Azil et les Bordes [2].

En outre de ces mesures rigoureuses, qui occasionnèrent partout de grands frais et des vexations de toute sorte, l'intendant du Languedoc prescrivit une information, qui fut faite par Mourlhon juge-mage et Cortade-Belou procureur du roi au Sénéchal de Toulouse [3].

---

1. *Id.*

2. Arch. départ. de l'Ariège : *F. Religionnaires ;* Arch. départ. de l'Hérault : *C. 203 ;* et U. de Robert-Labarthe : *ouvr. cit.* T. II, p. 89.

3. Cette information, longue, compliquée, et visant plus particulièrement les gentilshommes verriers, qui eurent l'honneur d'être l'objet d'une procédure spéciale et dont on dressa des états à cette occasion, donna lieu à la déposition de 41 témoins. Le « local » des assemblées de

La procédure, qui laissait prévoir des condamnations nombreuses et sévères, jeta la terreur parmi les Réformés et les décida à envoyer des « soumissions » à l'intendant, qui les transmit à la Cour.

Les gentilshommes verriers en particulier, qui avaient favorisé et suivi les assemblées avec un enthousiasme d'autant plus grand que, les considérant comme permises, ils étaient heureux de pouvoir concilier enfin les droits imprescriptibles de leur conscience avec leur respect de l'autorité royale, furent consternés de leur erreur et craignirent d'avoir, par un excès de zèle, donné lieu à une accusation de rébellion contre les lois de l'État. Redoutant la gravité exceptionnelle du châtiment qui les menaçait, en raison du rôle prépondérant joué par eux dans l'organisation de ces assemblées et du fait qu'ils s'y étaient rendus armés de leurs épées et quelques-uns même de leurs fusils[1], ils n'hésitèrent pas à faire acte de contrition et amende honorable en adressant à Louis XV une supplique, écrite à Mane le 10 novembre par Jean de Robert-Montauriol, et signée successivement, le 11 et le 12,

___

Coudère, situé dans la communauté de Pailhès, fut soumis à une vérification minutieuse ; on en dressa un « plan figuratif », et l'on y trouva, en guise de chaire pour le ministre, « une espèce de théâtre placé sur le tronc de quatre arbres qui furent coupés à cinq pieds et demi de terre ». — Arch. départ. de l'Hérault : C. 203.

1. Le port des armes, et particulièrement de l'épée, qui rentrait dans la tenue habituelle des gentilshommes verriers, bien qu'autorisé en tout temps pour la noblesse, pouvait dans la circonstance être mal interprété ; d'autant plus qu'à diverses reprises des ordonnances royales, dont la dernière datait du 14 juillet 1716, avaient défendu aux Nouveaux-Convertis d'avoir des armes chez eux. — Une ordonnance de l'intendant du Roussillon et du Pays de Foix, Prosper-André Bauyn, seigneur de Jallais, renouvela ces défenses le 2 novembre de cette même année 1735. — Arch. départ. de l'Ariège : F. Religionnaires.

par les gentilshommes des verreries de Mi-Bosc, de Pointis, de La Boucharde, et du Lenx : des Garils, d'Angéli, Marton, Claux, Biros, de Barreau, Latour, Lavignasse, Gassion, Garils, Monner, Souloumiac, Lanouyère, Labade, Leychard, Lastermes, Lapeirière, Labessède, Lasrives, Dalès, Bousquet.

Dans cette supplique « Les gentilshommes exerçant l'art et science de verrerie, avouent et confessent de bonne foy qu'ils ont fait des assemblées, qu'ils ont cru permises, étant séduits par certain prédicant *étranger* [1], qui s'était introduit chez eux, leur assurant qu'il en avait la permission du Roy, se prévalant d'un prétendu passeport, qu'il disait avoir obtenu de Sa Majesté. Ils conviennent encore qu'il y en a quelques-uns d'entre eux qui ont assisté à ces Assemblées avec des armes, mais non avec aucun dessein de s'en servir... Ils avouent encore que leur exemple d'aller et de faire des assemblées a été pernicieux et a entraîné beaucoup de personnes du voisinage... Ils n'ont point de termes assez forts pour exprimer combien grand est leur repentir. Ils ne peuvent point se consoler d'avoir donné lieu à Sa Majesté de sévir contre eux, et d'avoir encouru son indignation ; ils ont recours à sa clémence ; ils se jettent au pied du throne de sa miséricorde pour qu'elle ait la bonté de pardonner leur faute,... leur criminel procédé dans lequel ils s'étaient engagés par fragilité et par crédulité punissable ; ils protestent devant Dieu, à la face de toute la terre, que leur fidellité pour le roy est inébranlable, que rien n'est en état de les en détourner, et partant ils sont incapables

---

1. C'est nous qui soulignons.

d'avoir eu aucune pensée ni de rébellion ni de révolte, qu'ils sont et seront toujours de très fidèles sujets, et que dans toutes les occasions ils en donneront des preuves jusqu'à la dernière goutte de leur sang... ».

Non contents de s'excuser du passé, les gentilshommes verriers, dans l'excès de leur soumission, prirent ensuite, un peu à la légère, l'engagement solennel, qu'ils ne devaient pas tenir, non seulement de ne plus faire eux-mêmes de ces sortes d'assemblées, de ne plus assister à aucune faite par autrui, mais de dissiper par tous les moyens en leur pouvoir celles dont ils auraient connaissance, et, s'ils n'étaient pas en état d'y pourvoir par eux-mêmes, d'en avertir les intendants des départements de leur ressort (Languedoc, Pays de Foix et Généralité d'Auch). Ils finissaient en implorant encore une fois le pardon de leur faute, étant « plutôt coupables par ignorance que par malice. »[1].

La promesse que firent alors les gentilshommes verriers de ne plus suivre désormais les assemblées du désert fut une promesse souverainement imprudente. Aussi, lorsqu'ils y manquèrent quelques années après, furent-ils traités d'autant plus rigoureusement.

En attendant, malgré les soumissions, la procédure suivit son cours, et Bernage prononça son jugement du 5 décembre, dont voici la teneur :

« Louis Bazile de Bernage chevalier seigneur de St Maurice, Vaux, Chassy, et autres lieux, conseiller d'État, grand'croix de l'ordre royal et militaire de St Louis, intendant de Justice, Police et Finances de Languedoc.

---

1. Arch. départ. de l'Hérault : C. 203.

Vu l'ordonnance du Roi du 11 septembre 1726 portant que le procès sera fait et parfait à tous et chacuns les Nouveaux-Convertis de quelque état et qualité qu'ils soient qui se trouveront à des assemblées illicites ; que ceux et celles qui seront pris en flagrant délit seront condamnés aux peines portées par les Édits et Déclarations de Sa Majesté Et qu'à l'égard de ceux qui n'auront pu être arrêtés sur-le-champ mais lesquels on saura néanmoins avoir assisté auxdites assemblées ils seront par les ordres du commandant ou intendant de Languedoc les hommes envoyés incontinent et sans forme ni figure de procès sur les galères de Sa Majesté pour y servir comme forçats pendant leur vie, et les femmes et filles recluses à perpétuité dans les lieux qui seront ordonnés, Autre ordonnance du Roi du 9 novembre 1728 portant que les habitants nouveaux-convertis des arrondissements dans l'étendue desquels il sera tenu quelque assemblée seront condamnés en une amende arbitraire, Le procès-verbal de transport à Pailhès des sieurs Mourlhon juge-mage et Cortade-Betou procureur du roi au sénéchal de Toulouse par nous commis pour informer des assemblées que les Nouveaux-Convertis avaient tenues sur le territoire des communautés du diocèse de Rieux dépendantes de la province de Languedoc, Les exploits d'assignation à témoin des 10. 11. et 12 octobre dernier, Cahier d'information du même jour contenant les dépositions de 41 témoins, Cahier de récolement et résumption des témoins, Le procès-verbal dudit jour 11 octobre contenant nomination et prestation de serment d'experts commis d'office à l'effet de vérifier le local appelé la Coudère juridiction de Pailhès

sur lequel plusieurs desdites assemblées s'étaient tenues, Le rapport desdits experts dudit jour 11 octobre,
Et les conclusions du sieur Cortade-Betou procureur
du Roi en la commission.

Nous, pour les charges résultantes de ladite procédure, ordonnons que les nommés La Roze, Bonenfant,
Lecomte, forgeron de Cabanac, la femme de Destrems
de Las Bordes, le sieur Lasrives verrier, le nommé
Bogue fournier de Sabarat, le nommé Paul fils de Jean
Dagan presseur d'huile, Jean-Pierre Bouvila, la veuve
de Jean Fagea, Jean Fagea son fils, le sieur Montauriol, Pierre Raynaud, le nommé Vignaux faiseur de
peignes de Sabarat, le nommé Jean Rols, la femme
dudit Rols, le sieur Lapeirière verrier, Dominique
Villa, le nommé Ribaute, Daniel Lafont dit Paulas, le
fils aîné de Vincent des Bourrets, le nommé Dragon,
la femme dudit Dragon, la femme de Croac de Gra-
monal, le nommé François Marc, Antoine Rouaix,
François Pons, Vignaux Pons, le fils et la fille dudit
Vignaux Pons, Isaac Tatareau, Jacques Dumas, Jacques Guiot, le sieur Destrems fils, le nommé Martial
de la métairie du sieur Barbe, la femme dudit Martial,
le nommé Pierre frère dudit Martial, le sieur Lourde
Coquereau, le nommé Jacques métayer du sieur Marveille du Coustalet, les deux fils dudit Jacques métayer, le nommé Paul Daguet cadet, Paule Faurous de
Castéras, Jean Baron, le nommé Jean dit Tatas et sa
femme, la femme de Lafont trafiquant, le nommé Cathala faiseur de peignes, le nommé Paul Lombard de
Guignaué, le nommé Daniel, la nommée Jeanne de la
Mourre, Jean Faure, Jean-Louis Faure, Paul Faure,
Pierre Faure, la mère et les sœurs dudit Pierre Faure,

le sieur de Grenier des Galins, le sieur de Grenier de Souloumiac, les femmes épouses desdits sieurs Grenier, le nommé Jean de Robert sieur de Montauriol fils, le sieur Pierre de Robert sieur de Labarthe, les sœurs desdits sieurs Jean et Pierre Robert, la demoiselle d'Hautequère veuve, les deux fils et les deux filles de ladite d'Hautequère, Antoine Massat, la nommée Paule belle-sœur dudit Massat et la fille de ladite Paule, les deux fils aînés de Marsal, Jean Brassier, la demoiselle de Villa, le sieur Paul de Robert sieur de Leychart, l'épouse du sieur Galines, le nommé Jean Darrien, la femme et le fils dudit Darrien, la femme et les filles d'Antoine Massat, la femme et la fille du nommé Villa, les deux fils de Massat, Jean Merdeil, les deux sœurs dudit Jean Merdeil, le nommé Lafont de Sabarat, la nommée Anne fille de Barthélemy de Sabarat, le nommé Paul maréchal du Carla, la nommée Jeanne belle-sœur de Rols du lieu d'Artigat, Pierre Lourde, Isaac Lourde, Paule Lourde fille dudit Isaac Lourde du lieu de Las Bordes, le nommé Pommez de Sabarat, le nommé Lacombe, le nommé Destrems muletier, le fils dudit Destrems, le nommé Granjour, la femme de Jean Lafont, la fille dudit Jean Lafont, autre Lafont faiseur de peignes, la femme de Pierre Lacombe, la femme de Salomon fermier de la commanderie, la femme du nommé Bourcaud, le sieur Montauriol verrier, le sieur Lastermes verrier, le sieur Tarayla verrier, le sieur Vidalens verrier, le sieur Laboulbène verrier, le sieur Sarrat verrier, le sieur Juncas verrier, le sieur Lateulade verrier, le sieur Comet verrier, le sieur Larrivarole verrier, Marguerite Galy, le beau-frère de Marie femme de Jean Noguiez, le nommé

Pierre de la Prieu, Paul Pontète, Bourbon de Pey-
marty, le nommé Pierre Fauroux, les deux fils du sieur
Lalèze verrier, le sieur Bousquet verrier, le sieur de
Roche du Mas-d'Azil, le nommé Gabriel métayer du
sieur Saintenac, la demoiselle Lafont du Mas-d'Azil,
le sieur Latreyte, le sieur Montazer verrier, le sieur
Vidalens fils verrier, le nommé Louis de Coudère, les
nommés Capétes du Mas-d'Azil, la nommée Rouffiac
aînée, la nommée Espérou femme du sieur Destrems
de Las Bordes, le sieur Feytis verrier, le sieur Comevère verrier, les femmes et les filles desdits sieurs
Feytis et Comevère verriers, la demoiselle de Rieupassat, le fils de ladite demoiselle de Rieupassat, le sieur
de Sarrat, les deux filles et la belle-sœur dudit sieur
de Sarrat, le sieur Bartaragna fils, le sieur de Labessède, son neveu et sa nièce ; Seront pris au corps et
conduits en bonne et sûre garde dans les prisons de
la sénéchaussée de Toulouse, pour être ouïs et inter-
rogés sur les faits résultant desdites charges et informations et autres sur lesquels le procureur du roi en
la commission voudra les faire ouïr, Sinon, et après
que perquisition faite de leurs personnes ils seront
assignés à comparoir à la quinzaine, et par un seul cri
public à la huitaine, leurs biens saisis et annotés et
sur iceux établis commissaires, Ce qui sera exécuté
nonobstant oppositions ou appellations quelconques et
sans préjudice d'icelles. Fait à Montpellier le cinquième jour de décembre mil sept cent trente cinq.

de Bernage » [1].

---

1. O. de Grenier-Fajal : *ouvr. cit.* p. 131-135; et Arch. départ. de
l'Hérault : *C. 203.*

Comme Jallais se mettait en mesure de faire exécuter les nombreux décrets de prise de corps portés par ce jugement, la nouvelle survint du pardon du roi. Celui-ci, ayant égard à la soumission des coupables, s'était décidé à faire grâce, mais d'une façon conditionnelle et restrictive, car il leur fut expressément signifié que « Sa Majesté, préférant miséricorde à rigueur de justice, a bien voulu leur accorder le pardon, *à la charge de payer les dépenses qu'ils ont occasionnées, et que les procédures seront gardées soigneusement, pour y avoir recours au besoin et en cas de récidive* »[1].

C'est le 22 janvier 1736 que l'intendant du Pays de Foix porta cette nouvelle aux intéressés, qu'il avait convoqués pour ce jour-là à Pamiers en la personne de leurs principaux représentants.

Tandis qu'il faisait ensuite dresser les états de répartition des sommes imposées, pour le payement des frais, aux Réformés des diverses communautés de son ressort, l'intendant du Languedoc faisait procéder de son côté à la même opération pour ceux de Gabre et d'Artigat, qui se trouvaient placés sous son autorité administrative. Antoine-Bernard Daydé, son subdélégué à Rieux, soumit à son approbation le rôle ci-dessous fixant la somme totale et la quote-part à payer par chacun, savoir :

« à Gabre

Par Jacques Mercier quinze livres 15 sols,
ci . . . . 15^l 15^s 0^d

---

1. Arch. départ. de l'Ariège : *F. Religionnaires.* — C'est nous qui soulignons. On ne devait pas revenir sur ces procédures, mais c'était toujours là une menace suspendue sur la tête des Réformés.

Par le nommé Pierre métayer de Coudère

26 livres 16 sols 7 deniers, ci.......... 26^l 16^s 7^d

Par le sieur Grenier Tarayla verrier...... 17. 7. 3

Par le sieur Grenier de Bousquet verrier.. 14. 4. 1

Par le sieur Élie Grenier de Lalèze verrier. 12.12. 6

Par le sieur Grenier de Latour........... 26.16. 7

Par le sieur Robert Lapeirière........... 12.12. 6

Par Jean Amardeil...................... 15.15. 8

Par Antoine Massat, métayer de Roufiac.. 11. 1. 0

Par le sieur Grenier Lastermes verrier.... 12.12. 6

Par Jean Marquez tailleur.............. 12.12. 6

Par Jean Faure faiseur de peignes........ 12.12. 6

Par le sieur Grenier Dalez verrier........ 11. 1. 0

Par Étienne Marquez................... 11. 1. 0

Par le nommé Marsal.................. 12.12. 6

Par la veuve d'Abraham Faure........... 6. 6. 3

Par le s^r Robert Montauriol verrier....... 26.16. 7

Par le s^r Grenier Duclaux verrier......... 9. 9. 5

Par d^{lle} Marianne Grenier............... 9. 9. 5

Par le s^r Grenier de Latreyte verrier...... 9. 9. 5

Par le s^r Grenier Teulade............... 9. 9. 5

Par d^{lle} Robert veuve s^r Lalée........... 12.12. 6

Par d^{lle} Claire Grenier................. 9. 9. 5

Par d^{lle} Esther Grenier. 9. 9. 5

Par le s^r Grenier Montazer verrier........ 9. 9. 5

Par le s^r Grenier Courtalas verrier........ 18.18. 9

Par le s^r Grenier de Serrelongue verrier... 18.18. 9

Par le s^r Grenier de Souloumiac verrier... 18.18. 9

Par le s^r Robert des Garils verrier........ 18.18. 9

Par d^{lle} d'Hautequère................... 12.12. 6

Par Jean Delrieu. 6. 6. 3

à Artigat

Par Jean Rols laboureur..................	47^l 6^s 11^d
Par Pierre Rols fils....................	47. 6.11
Par André Estrado Larmissa............	53.13. 2
Par Paul Crouzet Cadajan.............	31.11. 3
Par Jacob Crouzet.....................	63. 2. 6
Par la veuve de Raymond Crouzet........	44. 3. 9
Par Étienne Crouzet dit Cavaillé.........	45.15. 4
Par Dominique Crouzet.	50.10. 0
Par Jacques Bourgail..................	18.18. 9
Par Pierre Carrière dit Perget...........	44. 3. 9
	879^l 0^s 2^d

Bernage, par son ordonnance du 22 février 1737, autorisa ladite répartition et chargea trois des gentilshommes verriers, (Pierre) de Grenier-Latour, (Jean) de Robert-Lapeirière et (Jean) de Robert-Montauriol, d'opérer le recouvrement dans le délai d'un mois, « leur permettant toutefois de nommer pour faire dans le même délai ledit recouvrement en leur nom un collecteur, à la charge par eux d'en demeurer solidairement responsables »[1].

Cependant, au milieu même de tous ces soucis, les gentilshommes verriers n'en continuaient pas moins de célébrer régulièrement leur culte, mais prudemment et sans ostentation, dans leurs maisons particulières. Cette réserve leur fut d'ailleurs facile aussi longtemps que la crainte de la persécution retint les autres fidèles dans une soumission pareille. Mais dès

---

1. Arch. départ. de l'Hérault : C. 203.

que, grâce au zèle des pasteurs J.-B^te Loyre dit Olivier
et Pierre Cortez neveu dit Carrière[1], qui au cours des
années 1744 et 1745 achevèrent de dresser les églises
par la nomination des anciens et l'établissement d'une
discipline plus exacte, les assemblées publiques reprirent avec une ardeur nouvelle dans la contrée; oubliant
à l'exemple de leurs frères leur engagement impru-
dent, ils participèrent au mouvement général avec leur
entrain habituel.

Cette fois, ce fut principalement, mais non uniquement, dans les quartiers de Pointis et des verreries
avoisinantes, où ils travaillaient alors pour la plupart,
que leur zèle se manifesta et que les atteignit une répression terrible. C'est de là que venait, après y avoir
séjourné quelque temps, le ministre qui présida diverses assemblées à Gabre dans la première quinzaine de
septembre de l'an 1744, particulièrement le 11 et le 13,
et probablement aussi le 15[2], assemblées très nombreuses où les fidèles accouraient de toutes parts,
même de Calmont. C'est là que l'année suivante, pour
les fêtes de Pâques, pendant trois dimanches consécu-
tifs, le 4, le 11 et le 18 avril, ce même pasteur ou son
compagnon de travail convoqua les gentilshommes
verriers soit dans leurs verreries soit dans les bois des
alentours, comme il résulte d'une information faite par

1. Les pasteurs du désert prenaient habituellement des noms d'emprunt pour échapper plus facilement aux recherches dont ils étaient
l'objet.

2. Cette dernière assemblée fut tenue par Olivier; nous le savons par
le jugement de l'intendant d'Auch du 5 février 1746 spécifiant qu'il y
baptisa Pauline de Robert-Monner, dont le père, Jean de Robert-Monner
fils, habitait Gabre. Il est vraisemblable que ce fut le même pasteur qui
présida également les deux autres, ainsi qu'une quatrième qui se tint
aux environs du Carla le 12 du même mois.

Antoine-Daydé Comengé, avocat en Parlement et sub-délégué de l'intendance du Languedoc au diocèse de Rieux [1].

Le pasteur, avant de présider ces assemblées, « s'était rendu 4 ou 5 jours à l'avance » à la verrerie du Pas-de-la-Mandre, dans la juridiction de Sainte-Croix, et y avait célébré un culte dans une chambre, suivant la déposition d'un témoin, domestique de François de Verbizier-Campet et de Pierre de Robert-Laprade, Antoine Déjean, qui entendit le sermon « de l'écurie avant où il rangeait les chevaux », « lequel sermon dura environ une demi-heure ».

De ces assemblées, entièrement composées des gentilshommes verriers et de leurs familles, qui formaient un nombre d'auditeurs évalué à cent soixante environ, la première eut lieu dans le voisinage de la verrerie ci-dessus mentionnée, dans un bois appartenant au sieur Faurous et situé dans la juridiction de Fabas. Commencée à sept heures du matin, elle ne finit qu'à une heure de l'après-midi. François Chapot, qui gardait les bœufs dans un bois du sieur de Grenier-Labouchette confrontant avec celui de Faurous, ouï en témoignage, déclara qu'il vit, dès que l'assemblée fut formée, « un homme ayant veste et culotte rouge avec un grand bonnet noir à la polonaise sur sa tête qui monta sur un tronc d'arbre de trois pieds de haut et prêcha pendant un très long temps à l'assemblée en criant comme un désespéré ».

La seconde fut convoquée également dans un bois,

1. Cette information fut commencée le 13 à Sainte-Croix, et continuée le 20 à Rieux. — Arch. départ. de l'Hérault : *C. 213.*

à « La Boucharde, près de la verrerie de Pointis, dans la juridiction de Taurignan-Vieux en Guienne ».

L'éveil avait été vite donné aux agents de l'intendant; car dès le surlendemain, avons-nous dit, son subdélégué s'était transporté à Sainte-Croix, dans la maison du sieur Charpantier, pour commencer son information.

Cette mesure, malgré l'intimidation qu'elle eût pu produire, n'empêcha pas les gentilshommes verriers de se réunir encore, pour la troisième fois, à la verrerie de Cantegril, dans le terroir de Fabas, le dimanche suivant jour de Pâques. L'assemblée, qui commença aussi dès le matin et ne finit qu'à midi, fut « si nombreuse que tous ne purent pas rester dans ladite verrerie, en sorte qu'il y en avait beaucoup dehors ».

La pièce suivante, que nous extrayons de l'information de Daydé, a l'avantage de nous faire connaître les différentes verreries travaillant à ce moment dans les quartiers de Sainte-Croix et de Fabas, en même temps que les noms des gentilshommes verriers qui s'y trouvaient :

    « *État contenant les noms et surnoms des gentilshommes verriers habitants de Ste Croix et Fabas diocèse de Rieux qui font profession de la religion prétendue réformée.*

Pierre Verbizier dit Coustaut
Jean Verbizier dit Latreyte
François Verbizier dit Campet
Jean Verbizier fils du sieur Coustaut
Le nommé Tucau fils au sieur Latreyte
Pierre Robert dit Laprade
Henry Robert dit Bartaragna

Jacques Grenier dit Lalée
Jean Grenier dit Solambel

Leurs femmes et leurs filles dont on ne sait pas le nom,

Habitant à la verrerie du Pas-de-la-Mandre juridiction de Ste Croix.

Jean Grenier dit Labourdette
Le nommé Grenier dit Lamoulette
Le nommé Grenier dit Comavère
Paul de Grenier dit Duclaux
Jean Grenier dit Pommilliers

Leurs femmes et leurs filles dont on ne sait pas le nom,

Habitant à la verrerie de Soye juridiction de Fabas.

Jean Verbizier dit Sablon
Jean Verbizier
Jacques Verbizier-Fajau
Paul Verbizier dit St Paul
Le nommé Larivarole et ses deux fils
Robert Labessède et ses deux fils

Et les filles de ces deux derniers dont on ne sait pas le nom, les autres n'étant pas mariés,

Tous habitant à la verrerie de Poudelay juridiction de Fabas.

Marc Verbizier dit Lavignasse et 4 de ses fils
Le nommé Grenier dit Magnoua et 3 de ses fils

Leurs femmes et leurs filles dont on ne sait pas le nom,

Tous habitant à la verrerie de Salet juridiction de Fabas.

Jean Grenier dit Belloc
Jacques Grenier dit Cantegril
Siméon Grenier dit Laplane
François Grenier dit Vergé, tous quatre frères,
Pierre Robert dit des Garils
Simon de Robert son fils dit Lavernière

Jean Robert dit Gassion

Le nommé Grenier dit Souloumiac

Leurs femmes et leurs filles dont on ignore le nom,

Habitant à la verrerie de Cantegril juridiction de Fabas dans l'arrondissement de Fabas et Ste Croix ».

On remarquera qu'il n'est fait aucune mention, dans l'information précitée, de la verrerie même de Pointis, appartenant à Jean de Robert-Monner, qui fut cependant comprise dans les poursuites et condamnée à être démolie, en même temps que celle de Jean de Grenier-Pommilliers [1]. Cette condamnation nous prouve : ou que quelque assemblée qui nous échappe y fut tenue, soit au cours de cette dernière visite pastorale, soit durant la visite de l'année précédente, que nous avons mentionnée tout à l'heure mais sur laquelle nous n'avons aucun détail ; ou qu'elle fut le résultat des haines accumulées depuis longtemps sur la tête de Monner, qui, ainsi que nous l'avons vu, faisait en temps ordinaire l'office de pasteur dans ces quartiers.

On observera aussi qu'entre les condamnations ci-dessous rapportées, premièrement celle de Pauline de Robert-Monner s'applique à une assemblée différente tenue probablement à Gabre le 15 septembre 1744 ; deuxièmement celle d'Isabelle de Robert-Angéli à une assemblée convoquée nous ne savons où par Pierre Cortez pour les fêtes de Pentecôte de 1745 ; troisièmement enfin les autres paraissent englober la majeure partie des gentilshommes verriers, aussi bien ceux qui

---

1. Cette dernière verrerie doit être celle de Cantegril, qui avait abrité l'assemblée du 18 avril.

se trouvaient fixés à Gabre que ceux qui étaient établis ou travaillaient alors dans les quartiers de l'Ouest.

Les deux considérations qui précèdent sembleraient indiquer que les poursuites exercées contre eux furent basées sur des contraventions répétées et complexes, commises dans les divers lieux de leur séjour.

Quoi qu'il en soit, à la suite d'une procédure qui nous échappe en grande partie [1], et de tentatives faites par l'intendant d'Auch Bejin pour dégrader de leur noblesse quelques-uns des gentilshommes verriers [2], ce même intendant rendit contre eux, le 5 février 1746, un jugement sévère ordonnant le rasement des deux verreries ci-dessus nommées et condamnant à la fois quarante-quatre [3] d'entre eux à la peine des galères à vie, deux de leurs femmes à la reclusion perpétuelle, et tous ensemble à la confiscation des biens [4].

Sur le nombre total de quarante-six, comprenant vingt-deux Robert, dix-huit Grenier et six Verbizier, dont nous allons relever les noms, les sept premiers

---

1. Durant le cours de cette procédure les gentilshommes verriers essayèrent encore une fois d'implorer le pardon de la Cour : huit de leurs frères, dont quelques-uns appartenant à une branche devenue catholique au temps de la Révocation, firent dans ce but un voyage à Paris, suivant une lettre déjà citée d'Antoine Court à Royer du 3 décembre 1745 (V. Chap. I); mais leurs démarches n'aboutirent pas.

2. Ch. Coquerel : *ouvr. cit.* T. I, p. 417.

3. Ce nombre est porté généralement à 45. Cela tient à la présence parmi les gentilshommes verriers de Jean Véziat, musicien, Liégeois de naissance, condamné avec eux, et qui abjura.

4. Nous ne connaissons ce jugement qu'indirectement, par divers ouvrages, mais plus particulièrement par ceux déjà cités d'Armand de Lachapelle (p. 335 et suiv.), qui parmi les renseignements qu'il nous donne renferme quelques erreurs de détail, et de M. U. de Robert-Labarthe, qui a consulté avec fruit les *Papiers Court et Royer* (Amsterdam).

seulement furent arrêtés, les autres condamnés par contumace :

Arrêtés :

1 — Jean de Robert-Monner père, désigné aussi quelquefois sous le nom de Gassion, de Pointis.

2 — Octave de Robert, le plus jeune de ses fils (et non l'aîné, comme le disent à tort Armand de Lachapelle et quelques autres à sa suite).

3 — Louis de Robert-Angéli, de Gabre.

4 — Isaac de Grenier-Lastermes (76 ans), de Lastermes (Gabre) ; n° d'écrou : 21.702 et définitivement 2.922.

5 — Jean de Grenier-Lastermes (39 ans), son fils ; n° 21.703.

6 — Marc de Grenier-Launée (30 ans), autre fils ; n° 21.704.

7 — Jean de Grenier-Courtalas, du Courtalas (Gabre) ; gendre d'Isaac de Grenier-Lastermes ; n° 21.705.

Contumax :

8 — Pierre de Robert-Garils, fils aîné de Jean de Robert-Monner, de Gabre.

9 — Simon de Robert-Lavernière, désigné aussi quelquefois sous le nom de Vincent ou Vincende, son fils.

10 — Jean de Robert-Gassion, second fils de Jean de Robert-Monner, de Gabre.

11 — Jean de Robert-Monner fils, de Gabre.

12 — Jacques de Robert-Bousquet, autre fils de Jean de Robert-Monner, de Pointis [1].

13 — Paul de Robert-Léchard, de Gabre.

14 — Louis de Robert-Cabanac, fils de Louis de Robert-Angéli.

15 — Jacques de Robert-Laprade, de Pointis.

16 — Jean de Robert-Laprade, son fils.

17 — Jean de Robert-Lapeirière, de Gabre.

18 — Paul de Robert-Biros, de Gabre.

19 — Jean de Robert-Hautequère, son frère, de Gabre.

20 — Charles de Robert-Pontiès, autre frère, de Gabre.

21 — Jean de Robert-Montauriol, de Gabre.

22 — François de Robert-Labarthe, de Pointis.

23 — Louis de Robert-Latourette, son frère, de Pointis.

24 — Henry de Robert-Bartaragna, de Lasfites (Unjat).

25 — Pierre de Grenier-Magnoua, de Malet (Gabre).

26 — Pierre de Grenier-Latour, son fils.

27 — Joseph de Grenier, autre fils.

28 — Henry de Grenier-Léchard (Aron).

29 — Jean de Grenier, son frère.

30 — Jean de Grenier-Larivarole, de Lapeirière (Aron).

31 — Jean de Grenier-Canebas, son fils.

32 — Henry de Grenier-Niger, autre fils.

33 — Jean de Grenier-Belloc, de Lafite (Fabas).

34 — Pierre de Grenier-Meauzac, son fils.

---

1. Il s'expatria. Nous le trouvons, en 1778, au service du roi de Sardaigne, enseigne au Régiment de Chablais, Infanterie étrangère, à Turin, où il fit, le 29 janvier, son testament, dans lequel il est spécifié qu'« il entend et veut qu'il lui soit fait la sépulture où l'on enterre les protestants du régiment ». — *Papiers de famille* (V. *Généal.* 7e Génér. Art. VI).

35 — Jacob de Grenier-Cantegril, frère de Jean de Grenier-Belloc.

36 — Simon de Grenier-Laplane, autre frère.

37 — François de Grenier-Vergé, autre frère.

38 — André de Grenier-Barmont, des Bordes-sur-Arize [1].

39 — Marc de Verbizier-Lavignasse, de Sainte-Croix.

40 — Jacques de Verbizier-Vignasson, son fils.

41 — Jean de Verbizier-Lourmet, autre fils.

42 — Guy de Verbizier, autre fils.

43 — Jean de Verbizier-Bersiers (?), de Poudelay (Fabas).

44 — Jacques de Verbizier-Fajau, son frère.

45 — Pauline de Robert-Monner, fille de Jean de Robert-Monner père et femme de Paul de Robert-Biros, condamnée à être rasée et enfermée sa vie durant à l'hôpital de Tarbes pour avoir servi de marraine à sa nièce du même nom, fille de son frère Jean de Robert-Monner, condamné lui-même à 500 livres d'amende pour l'avoir fait baptiser au désert par Olivier le 15 septembre 1744.

46 — Isabelle de Robert-Angéli, fille de Louis de Robert-Angéli, condamnée également à être rasée et enfermée sa vie durant au même hôpital, pour avoir fait bénir au désert, par Carrière,

---

1. Il fut pasteur au désert, après s'être préparé au saint ministère à l'Académie de Lausanne, où il s'était rendu bientôt après sa condamnation. Parti probablement le 2 juin, il y arriva vers le 20 août. — *Lettre de Court à Royer du 23 août 1746* (Amsterdam : *Papiers Royer*).

pendant les fêtes de la Pentecôte de l'an 1745, son mariage avec Paul de Robert-Léchard, condamné lui-même à 500 livres d'amende pour le même motif.

Ce même jugement ordonnait l'exécution sur la place de Saint-Girons des ministres Olivier et Carrière, déclarant la contumace bien instruite contre eux comme convaincus d'avoir prêché dans les assemblées des *Religionnaires* [1], en baptisant et faisant des mariages, « pour réparation de quoi » l'arrêt les condamnait à « faire amende honorable, la hard au col, en chemise, nu-tête, tenant en leurs mains une torche de cire ardente... et ensuite à être pendus et étranglés jusqu'à ce que mort s'ensuive ». Mais ces ministres ne furent pas pris; on ne put les exécuter qu'en effigie, tandis qu'on brûlait, dans un auto-da-fé rappelant encore les pratiques de l'Inquisition, les livres de piété qu'on avait pu enlever.

On saisit les biens de tous les condamnés; on fit démolir, au mois de juin, la verrerie de Pointis, qui, malgré les défenses du jugement, fut rétablie dans la suite; on s'empara en même temps d'une quantité considérable de marchandises, qui furent vendues aux enchères dans la même ville de Saint-Girons.

Des sept gentilshommes verriers arrêtés trois échappèrent au bagne : Jean de Robert-Monner grâce à son âge très avancé [2]; Louis de Robert-Angéli grâce à une

1. C'est le nom sous lequel les Protestants étaient habituellement désignés à cette époque.
2. Armand de Lachapelle : *ouvr. cit,*

abjuration, vraie ou simulée, à la suite de laquelle il
fut mis à l'hôpital, d'où il s'évada[1]; Jean de Grenier-
Courtalas enfin grâce à une maladie qui le fit transfé-
rer des prisons de Toulouse, où il attendait avec ses
codétenus le passage de la chaîne, à l'hôpital, d'où il
trouva lui aussi le moyen de s'évader le 24 février
1747[2].

Les quatre autres, attachés à la chaîne à côté des
criminels les plus dégradés, furent dirigés, en qualité
de forçats pour la foi, d'abord sur Marseille, puis sur
Toulon, où la mort emporta vite, à la suite de cruelles
souffrances, les trois plus jeunes[3], et respecta comme
par miracle le vieillard, qui obtint, paraît-il, sa libé-
ration en 1755[4].

1. D'après Haag (*France protestante*, 2e édit. T. VI, col. 332), Louis
de Robert-Angéli serait mort à Auch en attendant sa mise à la chaîne;
au contraire, d'après une *lettre de Court à Royer* (23 août 1746), il
aurait abjuré, mais peut-être seulement pour la forme, car Court ajoute :
« on dit qu'il est repentant ».

2. Voici ce que nous lisons à son sujet dans l'ouvrage d'Armand de
Lachapelle : « Le sr de Courtelas fut arraché du lit, accablé d'une maladie qui le mit au bord du tombeau, et fut conduit aux Armurats, où,
après avoir passé la nuit avec un agonisant auprès de qui on l'avait
placé, il fut attaché avec ledit agonisant, qui mourut une heure après à
son côté, et avec le cadavre duquel il demeura enchaîné pendant plusieurs heures encore, sans qu'il pût obtenir par ses instances la grâce
d'être séparé d'un objet si lugubre; il fut ensuite renfermé dans l'hôpital, d'où il trouva le moyen de s'évader le 24 février de cette année
1747 ».

3. Octave de Robert mourut plein de résignation à Marseille en cette
même année 1746 (V. *Généal.* 7e Génér. Art. V). Jean de Grenier-Lastermes et Marc de Grenier-Launée moururent également bientôt, l'un à
Marseille, l'autre à Toulon : Marc en 1749; Jean à une date indéter-
minée mais antérieure au 30 septembre 1753 (V. la lettre de son père
rapportée ci-contre).

4. D'après U. de Robert-Labarthe (*ouvr. cit.* T. II, p. 183), et à l'encontre de N. Peyrat (*ouvr. cit.* T. II, p. 432, note), qui dit que « Lastermes dut mourir au bagne en 1754 »,

Nous avons de ce dernier une lettre aussi intéressante qu'émouvante, écrite au cours de sa captivité au pasteur Lafont, et bien faite pour nous représenter sur le vif la piété, les misères et la résignation de ce courageux confesseur et de ses compagnons d'infortune. Bien qu'elle se trouve reproduite, en tout ou en partie, dans la plupart des ouvrages protestants relatifs à la période du désert, elle a sa place marquée dans notre travail :

« A Toulon le 30 septembre 1753.

Vous souhaitez, Monsieur, que la lettre de M. Molinier soit appuyée par M. Mercier et par moi, et vous prenez occasion de là de nous donner des louanges que je suis bien loin en mon particulier de m'attribuer. J'ai plutôt lieu de croire que ma captivité est un châtiment que mes péchés m'ont attiré, plutôt qu'une épreuve de ma fidélité, puisque le bon Dieu m'afflige coup sur coup par la perte de ma famille. J'ai perdu deux fils que Dieu m'avait donnés, l'un à Marseille et l'autre ici. Et je viens d'apprendre la mort de ma chère épouse [1].

Nous voyons, par votre lettre, les soins charitables que vous vous donnez pour les pauvres protestants captifs. Il serait à souhaiter que, Dieu leur ayant suscité un Tite, tous ceux qui font profession de la même religion fussent des Macédoniens. On se servit précédemment du terme de nécessité urgente pour n'avoir pas de termes plus expressifs pour en montrer la nature. Il est impossible de faire un détail exact. Les cir-

---

1. Elle s'appelait Isabeau de Robert.

constances dépendent toujours de ceux qui nous commandent. Elles varient suivant le caprice de ces esprits bizarres et toujours féroces. On vous a fait, Monsieur, le détail des habits que l'on nous donne, avec lesquels il faut essuyer la rigueur du froid et celle de l'été. Occupé aux travaux qu'on nous a marqués, n'ayant pour toute nourriture que du pain et de l'eau, on ne peut s'en exempter qu'en payant un sol tous les matins aux argousins ; autrement on est exposé de suivre les mêmes peines, exposé à demeurer attaché à une poutre avec une grosse chaîne la nuit et le jour. Si la vénérable compagnie de Marseille ne nous donnait pas 2 sols à chacun, la plus grande partie de nous subirait ce cruel supplice ; il y en a plusieurs à qui de plus pressants besoins le font supporter. On veut savoir notre sentiment sur nos demandes ; mais avons-nous quelque chose à prescrire là-dessus ? Nous n'avons que le droit de représenter nos misères ; c'est à ceux qui en seront touchés d'y avoir égard comme ils jugeront à propos. Nous souhaiterions bien qu'il pût se faire quelque établissement d'un fond qui produisît tous les ans quelque chose pour notre soulagement, et remis entre les mains de personnes qui en dirigeassent la distribution de façon qu'aucun ne puisse en abuser pour son propre préjudice. On veut savoir si nous avons écrit ailleurs ; nous ne nous sommes jamais adressés qu'à vous, Monsieur, en faisant même violence à notre discrétion, connaissant votre caractère charitable par les lettres pleines de consolation dont vous nous avez honorés. Permettez-moi de vous en marquer, en particulier, ma vive reconnaissance. Je prie le bon Dieu qu'il couronne les grâces qu'il vous

a communiquées par de nouvelles grâces ; qu'il vous
soutienne dans vos travaux, et qu'il fasse prospérer les
talents qu'il vous a donnés pour la gloire de son saint
nom.

J'ai l'honneur d'être, Monsieur, avec toute la déférence que je dois à votre caractère, votre très humble
et très obéissant serviteur,

Lasterme.

Pardonnez, s'il vous plaît, à mon âge les interlignes
et autres défauts d'écriture » [1].

Pendant que les galériens mouraient minés par les
douleurs physiques et morales du bagne, leurs frères
contumax, obligés, pour éviter un pareil sort, de se
tenir soigneusement cachés dans les solitudes dans la
crainte d'être pris, vivaient dans de perpétuelles an-
goisses [2] ; et « ce n'est pas », ainsi que le dit fort bien
M. U. de Robert-Labarthe, « sans un vif sentiment de
commisération que l'on pense à tous ces gentilshommes, qui pendant plusieurs années durent vivre dans
les bois comme des bêtes sauvages pour échapper aux

---

1. V. O. de Grenier-Fajal : *ouvr. cit.* p. 152-154.

2. « Au mois d'octobre 1749, tous ces contumax étaient encore recher-
chés, et à ce moment-là on procédait à la confiscation de leurs biens. Ce
n'est pas sans un vif sentiment de compassion que l'on pense à tous ces
gentilshommes verriers qui pendant plus de 3 ans avaient passé la plus
grande partie de leur temps dans les bois (Amsterdam, papiers Royer.
Relation de Court du 7 octobre 1749). » — U. de Robert-Labarthe : *ouvr.
cit.* T. II, p. 184, note. — Deux de ces contumax, nous l'avons déjà noté
et nous le rappelons ici, partirent à l'étranger : l'un, André de Grenier-
Barmont, à l'Académie de Lausanne, pour se préparer au saint ministère et revenir ensuite en France prendre le désert en qualité de pasteur ;
l'autre, Jacques de Robert-Bousquet, qui demeura expatrié au service
du roi de Sardaigne.

recherches des agents de l'intendant. Ce n'est pas seulement la terreur qui fut le lot des familles frappées, ce fut aussi, par suite de la confiscation des biens, la misère, et une misère d'autant plus poignante qu'elle s'étendait à toute la colonie des gentilshommes verriers. Cette pauvreté imposa à ces chrétiens courageux de nombreuses privations, mais elle fut aussi, à cause de son origine, un nouveau titre de noblesse » [1].

Aussi le Colloque du Haut-Languedoc du 7 juillet 1746 s'empressa-t-il de voter un secours en leur faveur par la résolution suivante :

« L'assemblée a résolu d'envoyer incessamment une subvention aux gentilshommes verriers de la Comté de Foix condamnés aux galères pour cause de religion, laquelle sera collectée dans toutes les églises du Haut-Languedoc » (Art. 4).

Il nous faudrait encore, pour achever de narrer les épreuves des gentilshommes verriers au désert, raconter par le menu le martyre si émouvant des trois frères de Grenier : Commel, Sarradou et Lourmade, qui moururent sur l'échafaud avec le pasteur Rochette, le 19 février 1762, sur la place du Salin, à Toulouse, où devait périr aussi quelques jours après, le 9 mars, sur la place Saint-Georges, Jean Calas, avec lequel ils partagent l'honneur de clôturer le martyrologe de l'Église Réformée de France. Mais ces détails, que l'on trouve partout, et particulièrement dans l'ouvrage spécial de M. O. de Grenier-Fajal sur ce sujet, nous entraîneraient trop loin et allongeraient démesurément ce chapitre. L'histoire en est d'ailleurs généralement connue.

---

1. U. de Robert-Labarthe : *ouvr. cit.* T. II, p. 185.

Il nous suffira donc de rappeler ce trait de leur mort héroïque :

Après la pendaison du pasteur et la décapitation de ses frères aînés[1], dont l'intrépidité devant la mort n'eut d'égale que leur piété, Lourmade, âgé seulement de 22 ans, qui attendait son tour avec une résolution pareille, exhorté par le bourreau, au moment suprême, à changer de religion pour sauver sa tête, lui répondit simplement : « *Fais ton devoir* ».

« Tous les assistants », dit Court de Gébelin dans ses *Toulousaines*[2], « revinrent chez eux en silence, consternés, pouvant à peine se persuader qu'il y eût dans le monde tant de courage et tant de cruauté : et moi qui vous l'écris, je ne puis m'empêcher de pleurer de tristesse et de joie, en pensant à leur bienheureux sort, et que notre Église soit capable de donner encore des exemples de piété et de fermeté comparables à tout ce que les monuments de la primitive Église renferment de plus beau ».

CHAPITRE XX

Les Gentilshommes verriers et le Marquis de Gudanes.

Ce n'était plus alors le temps de tirer l'épée pour la défense de la foi, mais de souffrir patiemment pour

---

1. Comme gentilshommes, ils devaient être décapités, et non pendus.
2. Lettre XXII.

elle. Cependant, même à cette époque, l'ayant toujours à leur côté en leur qualité de nobles, les gentilshommes verriers durent quelquefois s'en servir pour protéger les assemblées du désert ou les ministres itinérants contre les surprises des milices ou de la maréchaussée.

C'est ainsi qu'en 1759, alors que Louis-Gaspard de Salles marquis de Gudanes, commandant du Pays de Foix, traquait en personne les Religionnaires avec d'autant plus d'ardeur qu'il arrivait fraîchement de Paris muni des instructions et des encouragements du ministre d'État le comte de Saint-Florentin[1], ils se virent obligés, un soir qu'il tomba sur eux à l'improviste à la tête d'un détachement de soldats du côté de Roquebrune, au moment où ils s'en retournaient, avec les autres fidèles, d'une assemblée tenue par Louis Figuières au désert de l'Autane près de Rieubach, de faire usage de leurs épées, pour défendre leurs frères, armés seulement de pierres et de bâtons, et favoriser la fuite du pasteur. Après un rude combat, le marquis, abandonné de ses milices, s'enfuit épouvanté sur la route de Foix de toute la vitesse de son cheval, tandis que leurs compagnons rentraient triomphalement au Mas-d'Azil, et que leur pasteur s'en venait du côté de Gabre par des chemins de traverse, escorté par ses protecteurs accoutumés[2].

1. Arch. départ. de la H^te-Gar. : *Évêché de Rieux, n° 46.*
2. N. Peyrat : *ouvr. cit.* T. II, p. 432-434. — Ce combat de Roquebrune, auquel participèrent les trois frères de Grenier, et dont nous ignorons la date exacte, eut lieu en juin ou juillet; car, d'une part, le 25 mai, Gudanes écrit de Paris, après avoir eu une audience importante du ministre d'État, au curé de Saverdun, qui avec l'évêque de Rieux pressait son retour en vue de le faire sévir au plus vite contre les Religionnaires,

C'est encore ainsi qu'un peu plus tard, comme ce même commandant faisait encore la chasse aux assemblées, ils le firent trembler une seconde fois au point de lui arracher le serment de ne plus persécuter les Protestants :

Le ministre Lacombe avait convoqué une assemblée tout près de Gabre. La veille, on apprit que le secret avait été trahi, et que le marquis de Gudanes devait, le lendemain, se porter sur les lieux avec les troupes de Foix et de Pamiers pour l'empêcher. Mais, pour marcher sur Gabre, il fallait franchir le passage malaisé du Pas-del-Roc, où l'on a percé maintenant une route, mais où deux personnes à peine pouvaient alors passer de front en quelques endroits. Aussi lui ména-

que son « départ », déjà promis dans une lettre précédente au même (18 mai) « du 10 au 15 juin », « est arrêté » ; qu'il est chargé de donner « les premiers exemples » destinés à produire un salutaire effroi « dans le reste du royaume » (Arch. départ. de la H^{te}-Gar. : *Évêché de Rieux*, *n° 46*); et, d'autre part, Saint-Florentin lui écrit le 3 août que le secours de troupes réclamé par lui naguère à son collègue le maréchal de Thomond, commandant du Languedoc, est à sa disposition s'il le désire encore (Arch. départ. de l'Ariège : *F. Religionnaires*). C'est donc entre la première quinzaine de juin et les premiers jours d'août que cette action doit être placée.

« L'éclat de cet acte de résistance légitime, mais qu'on pouvait aisément transformer en une tentative d'insurrection », écrit N. Peyrat, fut étouffé par les bons offices du consul du Mas-d'Azil Dugabé, « et surtout par l'influence du comte de Martignac, dont les explications justificatives prévinrent, auprès de son ami l'Escalopier », intendant de Montauban, « les plaintes vengeresses du marquis ». Il paraît, en effet, que tout s'apaisa vite; et voici comment s'exprime le triste héros de cette aventure dans une autre lettre du 19 du même mois d'août, dont le destinataire nous est d'ailleurs inconnu : « ... J'ai reçu une députation très nombreuse et très distinguée de tous les religionnaires. Ils sont tranquilles et très contents de moi... Je vous promets que je ne réclamerai pas le secours de M. le M^{al} de Thomond, à moins que les religionnaires du Languedoc et de la Guyenne ne viennent sur moi comme ils ont fait au Mas-d'Azil » (Arch. départ. de l'Ariège : *F. Religionnaires*).

gea-t-on là une terrible surprise. Les gentilshommes
verriers, accompagnés sans nul doute de leurs frères
protestants et guidés par les conseils de (Jean) de
Robert-Saint-Polit[1], officier démissionnaire qui par sa
belle conduite à la guerre avait mérité la croix de
Saint-Louis, que le serment exigé des récipiendaires
l'avait d'ailleurs empêché d'accepter[2], allèrent se poster au-dessus de ce passage dangereux, attendant l'arrivée des soldats. Quand le marquis fut engagé avec
ses gens dans cet étroit défilé, dominé à pic des deux
côtés par la montagne de Coudère, arrivé à l'endroit le
plus difficile, au Mal-Pas, resserré entre deux parois
de roches inaccessibles séparées de quelques mètres
seulement par le sentier et le ruisseau de la Lèze réduit là à l'état de torrent, il voit un rocher rouler en
avant de sa troupe, un autre en arrière, et sur les
sommets les Protestants debout avec leurs fusils qui
brillent parmi les rochers prêts à fondre encore sur la
troupe catholique. M. de Gudanes, jugeant la position
désespérée, leva son épée et dit : « Moi, gouverneur de
la province, je promets sur l'honneur de ne plus persécuter les Protestants si moi et ma troupe nous nous

1. Ce Saint-Polit n'est autre apparemment que celui qui se trouve
mentionné dans l'ouvrage de M. U. de Robert-Labarthe (T. II, p. 182),
et qui figure dans la *Généalogie* ci-jointe (V. 7e Génér. Art. I). Natif de
Serredecor et travaillant vers 1745 aux verreries de Moussans, il fut
accusé de faire les fonctions de prédicant et dénoncé par le curé de ce
village à l'intendant du Languedoc. Celui-ci fit procéder à une information dont nous ignorons les suites, mais qui établit « que St-Paulit cherchait à détourner les N. C. d'aller à la messe et qu'il présidait tous les
dimanches et jours de fête un culte auquel les N. C. de Labastide-
de-Rouairoux se rendaient régulièrement ». — Arch. départ. de l'Hérault : *C. 222.*
2. Ce refus, motivé sans doute par les engagements catholiques inhé-
rents à ce serment, avait amené sa démission.

en retournons sains et saufs ». On le laissa tranquillement revenir sur ses pas ; et le marquis, dit-on, tint parole [1].

Mais, encore un coup, ce ne sont là que des exceptions, tenant à des circonstances particulières ; et la règle à cette époque était de courber le front devant les représentants de l'autorité royale. On se cachait le plus possible, et quand une assemblée était surprise, les armes habituelles de ceux qui tombaient entre les mains des soldats étaient la résignation et la patience.

CHAPITRE XXI

Les Gentilshommes verriers et le Rétablissement des Églises protestantes.

A force d'être patients, les Protestants de France, si longtemps proscrits, virent enfin luire pour eux de meilleurs jours. D'abord l'édit de tolérance du mois de

---

1. La mémoire de ce fait nous a été conservée, d'après un souvenir de famille, dans la note de Mlle Élisabeth de Grenier déjà mentionnée précédemment (V. Chap. XV, note). Sa date approximative, que la note fixe vaguement et par erreur « peu après que Mr de Gudanes eut été nommé gouverneur de la province » — ce qui nous reporterait une vingtaine d'années en arrière —, nous est fournie par le ministère du pasteur Lacombe (François-Thomas Lacombe, originaire de Sabarat), qui n'exerça sûrement pas les fonctions pastorales, même à titre simplement préparatoire sous la direction de Figuières, antérieurement à 1760, car ce n'est qu'en 1763 qu'il figure comme proposant dans le *Rôle des ministres, proposants et étudiants du royaume de France* (Ch. Coquerel : *ouvr. cit.* T. II, p. 598).

novembre 1787, puis la liberté de culte proclamée par
la Révolution et suivie bientôt de la restauration définitive des églises, leur permirent de reprendre leur vie
normale de citoyens et de chrétiens.

Les gentilshommes verriers purent dès lors servir en
toute sécurité l'Église pour laquelle leurs pères avaient
combattu et souffert, et plusieurs membres de leurs
familles embrassèrent le pastorat. Ils n'avaient pas, du
reste, attendu jusqu'à ces temps paisibles pour lui
consacrer leur vie ; et nous avons déjà noté que l'un
d'eux, André de Grenier-Barmont, surnommé Dubosc,
Montbar, ou de Broussenac, ne craignit pas d'exercer
ces pénibles et dangereuses fonctions dès le milieu du
dix-huitième siècle. Son ministère fut particulièrement
béni pour les églises de l'Agenais, dont il fut l'apôtre ;
et plus tard il passa en Angleterre, où il devint pasteur du Refuge, à Londres. Son fils, paraît-il, exerça
les mêmes fonctions, à Jersey ; et Jean de Grenier-
Murat, le neveu des trois martyrs, fut à son tour
nommé, vers 1770, pasteur dans le quartier de Montauban, où il eut pour successeur Jean-Pierre de
Robert-Fonfrède, qui mourut président du Consistoire
de cette ville à la fin de 1808 ou dans les premiers
jours de 1809, après avoir contribué pour une bonne
part à la fondation de la Faculté de théologie[1].

---

1. Jean-Pierre de Robert-Fonfrède eut, dit-on, l'honneur de haranguer
Napoléon Ier lors de sa venue à Montauban. Sa femme, qui appartenait
à une des plus honorables familles du Montalbanais, s'appelait Marie
de Rapin-Thoiras. Originaire lui-même de la Lèze, localité située dans
la juridiction de la Bastide-de-Sérou mais dans le voisinage immédiat
de celle de Gabre, il se fit remarquer, s'il faut en croire la tradition, par
son intelligence précoce ; et on raconte qu'interpellé un jour, dans sa
première enfance, par le pasteur Murat, ami et même parent, croyons-

Au moment du rétablissement officiel de leur culte, les gentilshommes verriers de Gabre, tout en se mettant au service général de leur Église, songèrent dès l'abord à relever leur temple détruit. Mais une rivalité fâcheuse entre le haut et le bas de la commune empêcha l'unité d'action à cet égard. Ceux du village prétendaient qu'il devait être reconstruit à Gabre même, au chef-lieu et à la place traditionnelle où se trouvaient non seulement l'ancien temple, mais encore la « *maison d'oraison* » où le culte s'était toujours célébré, plus ou moins régulièrement, depuis une cinquantaine d'années[1]; les autres voulaient l'établir à Lastermes, en raison de la position topographique de ce

---

nous, de sa famille, au sujet de son bonnet crasseux qu'il l'engageait à laver : « Mais ce serait perdre mon bonnet », s'écria-t-il, « car, la crasse enlevée, il ne resterait rien du bonnet lui-même! » Frappé de cette repartie et connaissant d'ailleurs ses aptitudes, Murat prit l'enfant sous sa protection et fit faire son éducation. Il était fils d'Henry de Robert-Fonfrède et de Jeanne de Robert. Sa sœur Anne-Julie mourut célibataire le 21 frimaire an XIV, dans le département de l'Aude et dans la commune de La Digue-d'en-haut (arrondissement de Limoux).

1. Cette maison d'oraison existait à Gabre dès 1755. Il s'en était établi de pareilles vers la même époque dans toutes les églises du voisinage (V. *Bulletin de la Société de l'Histoire du Protestantisme français*, année 1885, n° 3, cité par U. de Robert-Labarthe. T. II, p. 336). La célébration du culte dut s'y faire d'abord d'une façon intermittente, durant les relâches de la persécution; elle s'y fit ensuite régulièrement quand celle-ci eut cessé.

La maison d'oraison de Gabre était une maison louée, et non bâtie spécialement à cet effet. Cette location était sans doute le cas général, du moins à l'origine, car des bâtisses spéciales auraient imprudemment provoqué la répression.

Nous ajouterons, à cette occasion, un détail qui rentre dans notre sujet. Camarade avait deux de ces maisons d'oraison. Il faut évidemment compter pour une celle de Cablong, où se réunissaient les gentilshommes verriers travaillant à la verrerie voisine de Mauvezin, qui y formèrent une Église desservie jusque vers le temps de la Révolution par plusieurs pasteurs du désert, nommément Figuières, Lacombe, Fayet, Loyre, Vernet, Lafont, Rosselloty.

hameau, placé au centre de la commune. L'impossibilité d'une entente produisit chez les deux partis un zèle amer qui les amena à édifier à peu près simultanément, dans les premières années de ce siècle, deux lieux de culte pour un, appelés dérisoirement en ce temps-là temples de *Jérusalem* et de *Garizim*.

Les partisans de Lastermes, qui avaient le maire[1] de leur côté, voulurent ensuite imposer le leur, et firent si bien qu'ils obtinrent de l'autorité préfectorale un arrêté de fermeture du temple de Gabre. Leurs rivaux adressèrent immédiatement une pétition au ministre des cultes[2], et la réouverture du temple qui s'ensuivit remit de nouveau les deux camps sur le pied d'égalité. Les passions exaspérées se calmèrent peu à peu; et bientôt, à la réflexion, reconnaissant de part et d'autre la nécessité de l'union pour assurer la prospérité de l'Église, on finit par s'accorder à célébrer le culte en commun dans les deux temples, à tour de rôle et semestre entre autre. Mais un levain de l'ancienne rivalité subsista toujours, et l'existence du temple de Lastermes fut très certainement une des causes déterminantes de l'établissement de l'Église libre dans ce lieu vers le milieu de ce siècle.

Malgré ce désaccord regrettable, les gentilshommes verriers n'en continuèrent pas moins à tenir haut et ferme le drapeau de la Réforme en lui conservant leur

---

1. Pierre de Grenier-Dalez.
2. *Papiers de famille.* — Les signataires de la pétition au ministère des cultes, datée du 10 brumaire an XIII, sont : Montal, Lechard, Courtalas, Lechard-Grenier, Souloumiac, Faur, Laprade. Une copie, portant l'adresse du sous-préfet de Pamiers, renferme trois signatures de plus : Montaser, Pontet, Jacques Fauré.

vieille fidélité et en soutenant toutes les œuvres susceptibles de contribuer à ses progrès.

Au temps du Réveil, l'Église de Gabre, alors unie et
composée en grande partie de leurs familles, nous
apparaît comme la plus vivante entre toutes celles de
l'Ariège, auxquelles des documents officiels la propo-
sent comme exemple. C'est ainsi qu'à l'occasion de
l'œuvre de diffusion des Livres Saints entreprise par
la Société Biblique — fondée à Paris en 1819, et dont
l'institution fut bientôt suivie de la formation, au chef-
lieu de chaque Consistoire, de Sociétés-auxiliaires se
ramifiant encore dans chaque Église par des Sociétés-
branches; œuvre qui d'ailleurs périclita bien vite, dans
l'Ariège du moins, par le manque de zèle de ces socié-
tés —, on voit, dans le *Registre des Procès-verbaux
des séances* de la Société-auxiliaire du Mas-d'Azil,
dont la circonscription consistoriale embrassait alors
toutes les Églises du département, le pasteur Louis
Vieu, secrétaire de la société et rapporteur du comité
d'administration, mentionner avec éloges, entre toutes
les autres sociétés-branches, dont il déplore l'indiffé-
rence, la société de Gabre, et cela à plusieurs reprises,
particulièrement dans la séance publique et générale
tenue le dimanche 15 février 1829, dans laquelle il la
propose aux autres « pour modèle, en désirant qu'elles
deviennent bientôt les émules de leur digne sœur »[1].

Les familles des gentilshommes verriers, en un mot,
n'ont jamais manqué jusqu'à ce jour à l'attachement
qu'elles témoignèrent de tout temps à la cause protestante. Elles n'ont pas cessé de fournir, dès le siècle

[1]. *Archives consistoriales du Mas-d'Azil.*

passé et surtout depuis le commencement de celui-ci, des pasteurs à l'Église Réformée, soit nationale soit libre, et elles en comptent encore aujourd'hui plusieurs dans leur sein.

Ce fut l'un d'eux, Daniel de Robert-Lafrégeyre, mort il y a vingt-cinq ans, qui contribua pour la plus grande part à la fondation de l'Église libre de Lastermes, dont il fut le pasteur pendant un certain nombre d'années. Ce fut encore lui qui, à la suite d'une mission faite à Gabre, en février 1865, par M. Clergue, connu communément sous le nom de Père Antoine, capucin de Toulouse, pour l'érection d'un christ — mission dont le résultat le plus net fut de mettre dans la commune une division déplorable, disparue heureusement bientôt pour faire place à nouveau à l'ancienne concorde entre Catholiques et Protestants —, eut avec ce capucin un démêlé qui tourna complètement à la confusion de ce dernier. Les deux antagonistes publièrent à cette occasion des brochures, auxquelles nous n'avons rien de mieux à faire que de renvoyer le lecteur. Celle du P. Antoine, qui n'est pas autre chose qu'une grossière diatribe, est intitulée, bien faussement du reste : *Le Protestantisme confondu*. Les deux de notre oncle Daniel, remarquables par leur urbanité et leur dialectique, portent pour titre, l'une : *Conférence publique entre un missionnaire catholique de Toulouse et un pasteur protestant de l'Ariège*, et l'autre : *Un capucin devant la Bible ou Réponse au P. Antoine*.

CHAPITRE XXII

Les Gentilshommes verriers et la Politique.

Un mot encore, avant de clore ce travail, sur la politique.

Les ancêtres des gentilshommes verriers y furent sans nul doute mêlés activement, étant donné le rôle qu'ils jouèrent au Moyen-Age, en leur qualité de partisans de la Royauté dans les luttes politico-religieuses du temps. Mais quand les fils de ces guerriers, échappés au tumulte des camps, eurent abandonné le métier des armes pour la verrerie et se furent définitivement consacrés à leur œuvre nouvelle, il est permis de penser que la politique passa vite pour eux au second plan, et qu'ils la délaissèrent même insensiblement, trouvant une occupation suffisante dans l'exercice et le développement de leur art. Attentifs par-dessus toutes choses à sauvegarder leurs privilèges, les gentilshommes verriers semblent n'avoir eu, durant de longues années, que cet unique souci au cœur; et c'est dans ce but, comme nous l'avons vu, qu'ils donnèrent à leur industrie une organisation spéciale destinée à en assurer le maintien.

Quand vint la Réforme, et qu'ils eurent embrassé sa cause, ils se laissèrent guider, dans leur zèle pour la nouvelle croyance, non par la politique, mais seulement par la religion; et ce fut uniquement au service de la liberté de conscience qu'ils mirent d'abord leur épée, ensuite leur inébranlable constance.

Les luttes du forum leur furent étrangères; et s'ils participèrent, aussi longtemps que la loi leur permit, à la gestion des affaires communales, si leur influence y fut même prépondérante, ils ne connurent pas la politique proprement dite, qui n'eut aucune place dans leur vie[1].

On nous permettra toutefois de relever à cet égard un fait particulier : Lorsque, en 1789, à l'occasion de la convocation des États-Généraux, les trois Ordres du Pays de Couserans (*Clergé, Noblesse, et Tiers-État*) se réunirent à Saint-Girons pour rédiger leurs *Cahiers* et nommer leurs représentants, une des premières questions soulevées dans l'assemblée des Nobles concerna les gentilshommes verriers : à savoir la question de domicile électoral, alors toute nouvelle. Dès la première séance, en effet, le comte de Tersac, l'un des quatre commissaires nommés par l'assemblée, fit naître un incident à ce sujet : il contestait aux gentilshommes verriers le droit de voter dans la Commune, eu égard à leur séjour intermittent, alléguant leur éloignement de leurs terres durant une partie de l'année, c'est-à-dire

---

1. Les fonctions des *Conseils politiques* des Communautés sous l'ancien régime étaient approximativement les mêmes que celles de nos *Conseils municipaux* actuels.

Ainsi que nous l'avons déjà fait observer dans une note précédente (V. Chap. XVII), l'administration de la Communauté elle-même resta, pendant la période du *Désert*, étrangère aux gentilshommes verriers, qui, en tant que Réformés, n'y avaient aucun droit, n'ayant même pas, à ce titre, d'existence légale. C'est seulement à partir de la Révolution, qui les replaça dans le droit commun, qu'ils reprirent les charges municipales.

Nous croyons devoir signaler ici, simplement pour mémoire, l'affiliation de deux d'entre eux, un de Grenier-Portal et un de Robert-Pontet, qui se firent francs-maçons, à l'ancienne Loge de *L'Amitié fervente*, à l'Orient du Mas-d'Azil.

leur déplacement habituel durant le temps des campagnes. On discuta la question, et les trois autres commissaires se rangèrent à son avis ; mais l'intervention et les explications du président, le marquis d'Espagne, sénéchal, firent opiner l'assemblée dans un autre sens, et le droit de vote leur fut acquis[1].

Sur ce premier incident s'en greffa un second, bien fait pour caractériser les sentiments de probité et d'honneur familiers aux gentilshommes verriers. La tradition nous en a conservé le souvenir, et nous nous rappelons l'avoir entendu raconter plusieurs fois à notre grand-père maternel :

« Au moment du vote pour la nomination du député, quelques membres de l'assemblée qui s'étaient prononcés pour la négative dans le vote précédent ayant eu l'imprudence de blesser les gentilshommes verriers en proposant leur candidature, alors que ceux-ci étaient loin de prétendre à cet honneur, sous cette forme de raillerie impertinente : « Eh bien ! mais, si nous nommions un de ces messieurs ? », Jean de Robert-Lassagne se leva aussitôt et leur dit : « Messieurs, vous seriez sûrs au moins de nommer un honnête homme. ». »

Pour être complets, malgré notre brièveté, sur ce chapitre de la politique, si anodin d'ailleurs pour la généralité des gentilshommes verriers, il nous faut signaler encore l'attitude exceptionnellement militante de quelques-uns de leurs descendants, appartenant aux familles de Grenier et de Verbizier, qui, dans les temps

1. Paul de Casteras : *Histoire de la Révolution française dans le Pays de Foix et dans l'Ariège*, Paris 1876.

récents, se jetant dans la mêlée des partis, sont descendus dans l'arène avec une ardeur toute guerrière : nous voulons parler de Gaston de Verbigier-Saint-Paul, le fils du général, qui joua un certain rôle sous le second empire; et surtout des de Granier-Cassagnac[1], dont deux représentants successifs se sont distingués par leur tempérament essentiellement combatif : le père d'abord, qui se fit, si nous ne nous trompons, l'apologiste du coup d'État de Décembre; et le fils ensuite, que l'on peut, à juste titre, considérer aujourd'hui comme un des plus fervents apôtres du trône et de l'autel.

Mais que parlons-nous encore de gentilshommes verriers? ce vocable n'est plus de mise depuis un siècle; car, à partir du jour où l'industrie du verre, dépossédée de ses anciens privilèges, et généralement abandonnée par les vieilles familles nobles qui en avaient autrefois le monopole, est tombée dans le domaine commun, il n'y a plus eu de gentilshommes verriers[2].

1. On a déjà pu se rendre compte, au cours de ce travail, que les formes Granier et Verbigier ne sont pas autre chose que des variantes, exceptionnelles, des noms ordinaires de Grenier et Verbizier.

2. Ce n'est pas à dire, au reste, que l'on ne puisse trouver encore, dans nos usines contemporaines, ouvertes à tout venant, quelque représentant de ces vieilles familles continuant d'exercer, par exception et sous l'impulsion d'une tradition plusieurs fois séculaire, l'industrie de ses pères; mais celui-là même, soumis aujourd'hui, matériellement et moralement, à la condition ordinaire et uniforme d'un ouvrier quelconque, n'a plus, malgré son origine noble, les traits caractéristiques de l'ancien gentilhomme verrier, dont le type a disparu définitivement.

TABLE DES MATIÈRES

15 PLANCHES HORS TEXTE.

Toulouse, Imp. DOULADOURE-PRIVAT, rue St-Rome, 39. — 8173

Pl. I

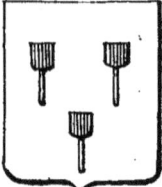

1

2

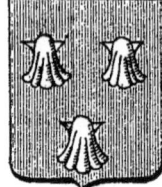

3

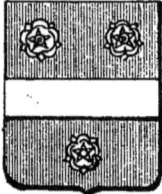

4

5

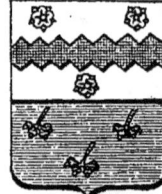

6

7

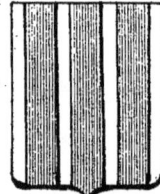

8

9

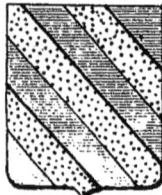

10

11

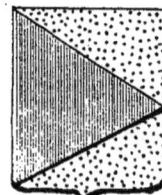

12

Pl. II

13

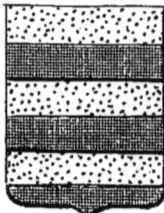
14

15

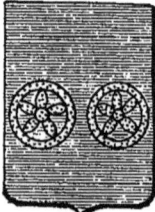
16

17

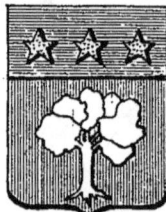
18

19

20

21

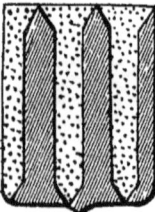
22

23

24

Pl. III

SI FORTUNE ME TOURMENTE-LE-ESPÉRANCE ME CONTENTE

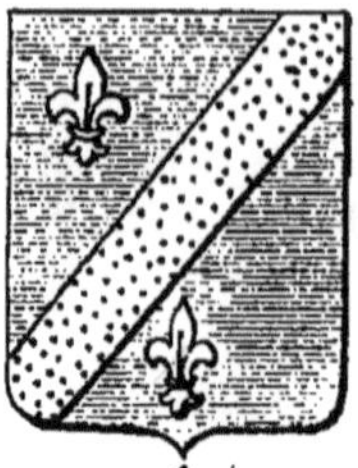

1

2

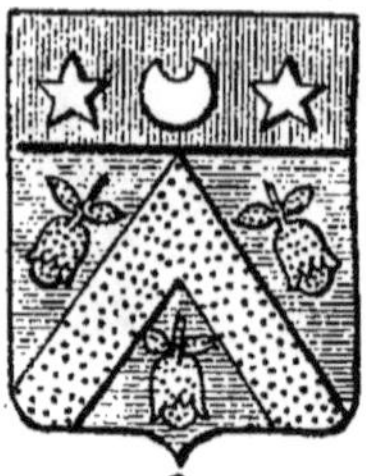

3

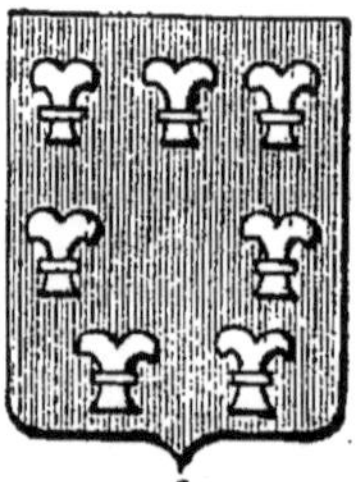

4

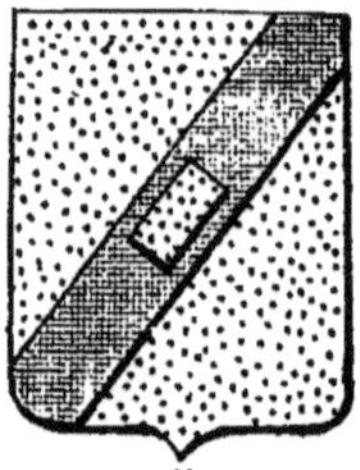

5

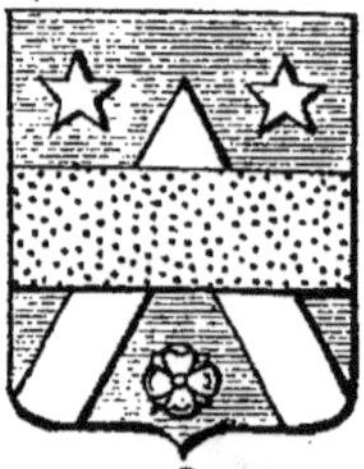

6

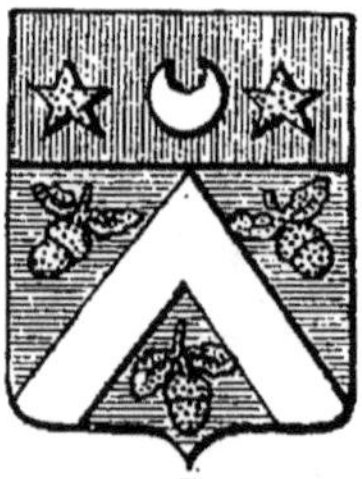

7

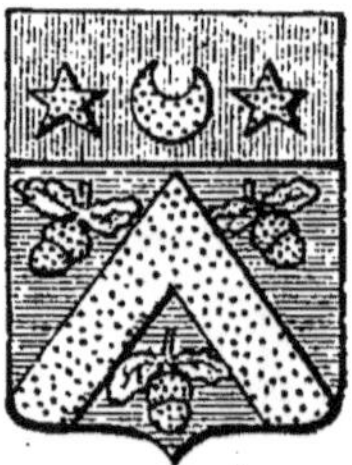

8

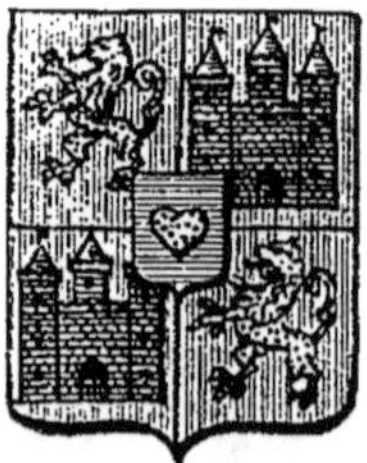

9

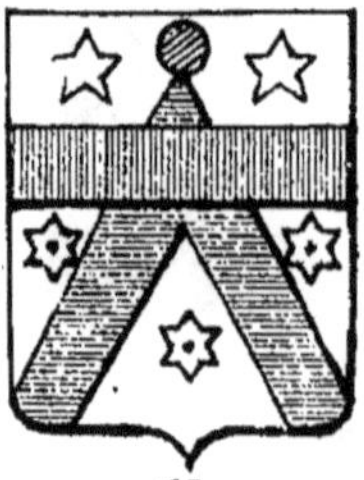

10

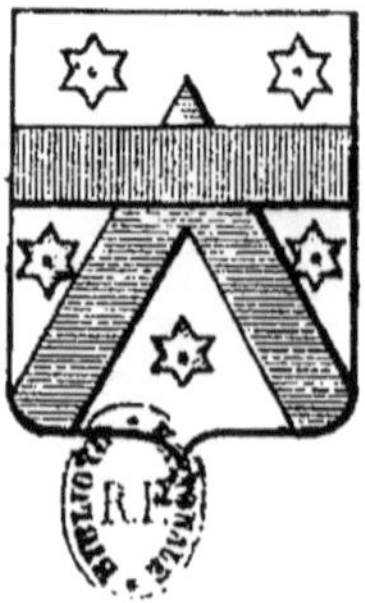

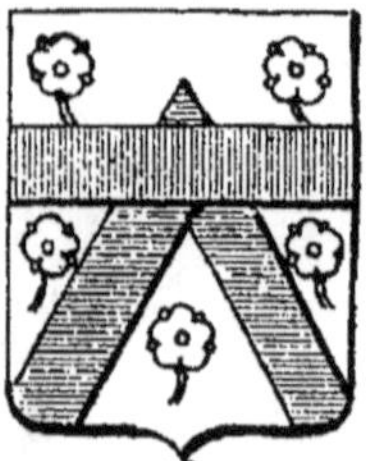

12

DE · ROBERT
LAPEIRIERE

NOBLE · JEAN · DE
SIEUR · DE

1727

Pl. VII _ N° 1

Pl. VII. Nº 2

Pl. VIII

A. M. DE SROBERT

FRANCOIS DES ROBERT
OFF. AU REG.t DE FOIX

Pl. IX _ N.º 2

Pl. IX _ Nº 3

Pl. X

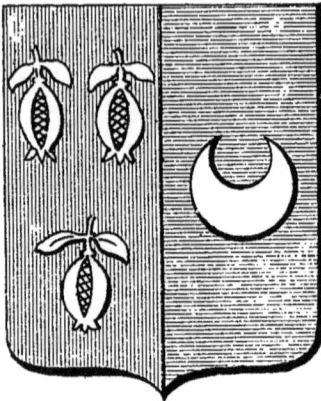

1

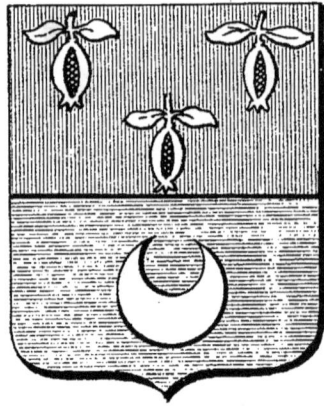

2

3

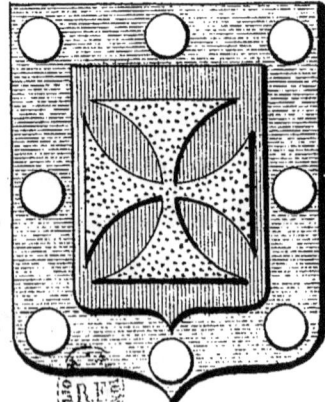

4

Pl. XI

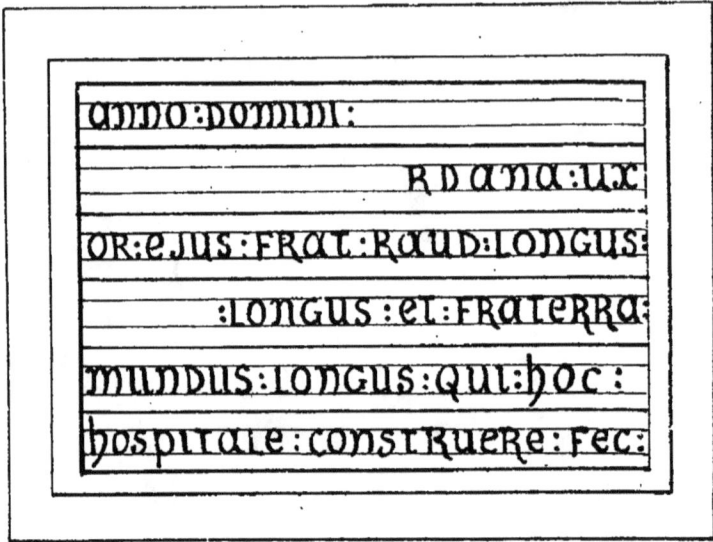

1

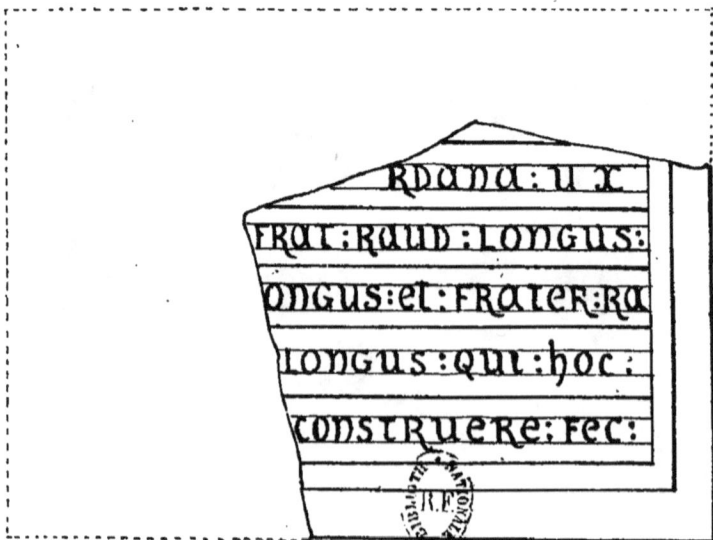

2

1

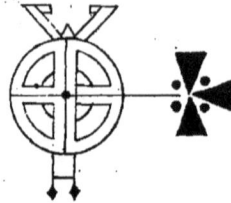

2

Le Vᵉ De Narbonne Pelet

3

Soúliér not...

3   3

4

Le Pelletier de la Houssaye

5

Themines

6

montauriol

7